금수저

교육 불평등 세대

사교육 불평등이 만들어 낸 한국의 불공정 능력주의

김영천
방기홍
윤여선
지음

아카데미프레스

프롤로그

한국 사교육은 어쩌다 사회 악이 되었나?

이 시대 교육학자, 사회학자 그리고 경제학자들의 가장 큰 화두는 불평등인 듯하다. "노력하면 성공할 수 있다"는 신념이나 믿음과 달리, 우리 사회는 더욱 있는 자들의 편이고 노력과 상관이 없이 부의 대물림이 계속되고 있다. 이에 많은 이들이 민주주의와 자본주의의 기본적 토대인 능력주의가 그 이상처럼 실현되지 않고 있음을 지적하고 있다. 어떤 사람들은 우리 사회가 그러한 이상처럼 작동하지 않는다고 한다면, 어쩌면 우리는 잘못된 사회 속에서 살아가고 있는 것은 아닌지 의문을 던지고 있다. 그래서 그런지 많은 학자들이 후기 자본주의의 도래와 문제점을 불평등과 관련지어 글을 쓰고 있고, 또한 그 해결책을 찾기 위하여 노력하고 있다.

이러한 우려 속에 사회적 불평등은 교육을 통하여 효과적으로 재생산되고 있다고 알려주고 있다. 아이의 능력에 상관이 없이 부모의 문화적/사회적 자본의 영향으로 아이들의 성공과 진학이 결정된다는 것이다. 콩 심은 데 콩 나고 팥 심은 데 팥 난다는 속담처럼 아이의 성공을 부모의 재력과 관련시켜 바라보는 관점이 널리 퍼져 있다. 물론 그 아이가 많이 노력했다는 전제 역시 우리가 인정해야 하기는 하지만 말이다. 그러한 점에서 미국 사회에서 통용되는 자수성가의 신념과는 달리 교육 불평등 문제가 심각하게 논의되고 있는 것은 아이러니하다. 위대한 개츠비는 사라진 듯이 보인다. 그 예로서 『정의란 무엇인가』로 유명한 하버드 대학교의 마이클 샌델Michael Sandel 교수는 그의 또 다른 책 『공정하다는 착각』에서 "부자 아빠의 후광 효과나 학교 바깥에서의 특별 교육 경험들이 미국 아이들의 명문대 입학에 더 영향을 끼친다"고 밝혔다. 그리고 능력주의 개념은 더 이상 평등한 것이 아니라고 결론 지었다. 많은 부모의 바람과 달리, 전 세계 많은 대학의 교양수업에서 부모의 능력과 아이의 성공 간의 상관관계를 외우는 것이 기말고사의 중요한 시험 문제가 된 사실은 우리에게 매우 씁쓸한 현실을 일깨워준다.

능력주의 신화의 이러한 오염된 현실은 우리나라에서도 진실인 듯하다. 과거에는 "개천에서 용이 난다"는 속담처럼 가난한 집 아이들이 명문대에 입학하는 것을 많이 목격하였다. 2000년대 지금은 어떨까? 많은 입학생의 가정 배경에 대한 통계들은 이와는 정반대 사실을 보여주고 있다. 공부 잘하여 좋은 대학 들어가는 학생들은 대부분 중산층 이상 또는 상류층 아이들로 가득하다. 특히 서울의 경우를 예로 들면 부자들이 가장 많이 살고 있는 강남구, 송파구, 그리고 전문직업 학부모가 많이 살고 있는 목동 지역에서 서울 명문대에 입학하는 학생들이 가장 많다. 지방에서도 예외가 아니다. 초등학교 교실에서 그렇고 특목고 입학을 위하여 공부하는 아이들이 대부분 부자 부모를 두고 있다. 특목고 입학에서의 학부모의 경제적 영향력은 매우 크다는 통계 결과들이 매년 소개되고 있다. 한국의 이러한 부의 불평등과 교육적 재생산의 현상은 영국의 사회학자인 소니아 엑슬리Sonia Exley의 논문에서까지 인용되고 분석되고 있다.

그러면 능력주의의 이러한 오염은 한국의 교육을 통하여 어떻게 나타날까? 학부모의 재화와 자본은 우리 아이들의 아이의 능력(학교 성적)주의의 형성에 어떻게 영향을 끼치는 것일까? 서구와는 다른 한국의 교육체제를 생각한다면 이 문제는 우리 한국의 교육학자와 사회학자에게 새로운 연구질문을 하게 만든다. 즉, 서구의 대학 입학은 단순히 학교 공부 점수만을 가지고 뽑는 것이 아니어서 아이들의 다양한 가정과 사회에서의 경험들이 중요하게 입시의 결정적 역학을 한다. 이를 위하여 많은 부자 부모를 둔 아이들은 대학 입학 전까지 훨씬 유리한 교육적 경험과 기회를 얻는다. 특히 공립학교와 사립학교라는 두 개의 교육 경로를 가지고 있고 그러한 경로의 선택이 학부모의 경제적 능력과 깊이 연관이 되어 있어서 부잣집 아이들은 사립학교를 통하여 더 좋은 교육적 경험과 성장을 할 수 있다. 더욱 훌륭한 교사, 더욱 개별화된 수업, 더욱 많은 현장 체험과 특별 활동 등 명문대 입학 관계자들이 좋아할 만한 모든 요소를 충족시킬 수 있다. 이에 미국의 부자 학부모들은 비싼 돈을 지불하면서 아이의 장래를 위하여 사립학교에 보낸다. 따라서 학생들의 교육적 경험과 성장이 학부모의 경제적 능력을 통하여 직접적으로 영향을 받는 구조이다.

이에 비하여 우리나라 아이들의 학업적 성공과 진학은 국가에서 실시하는 대학수능고사의 결과에 직접적으로 관련이 된다. 부잣집 아이거나 가난한 아이거나 이 공정하다고 생각하는 지필 검사에서 높은 성적을 받아야 한다. 사립학교에 다니든, 아니면 공립학교에 다니든 말이다. 특히 대부분의 학생이 초등학교에서 고등학교 졸업까지 공립학교에 다니고 있고 소수의 사립학교가 있기는 하지만 국가의 교육 과정 체계와 방향 속에서 운영되고 있어서 미국이나 유럽의 아이들처럼 학교 교육의 교육적 경험이 아이의 학교 성적과 대학 진학에 직접적으로 영향을 끼친다고 결론짓기는 어렵다. 더욱 중요하게 특목고나 자사고가 아니라고 한다면 대부분의 한국의 학교들에서 교육정책가들과 교사들은 헌법이 보장한 평등권의 실천을 중요하게 실행하고 있다. 그리하여 공식적 교육 과정을 통하여 모든 아이에게 차별 없이 가르치려고 노력하고 있다.

그러한 이유로 인하여 우리나라의 능력주의와 관련한 문제 제기에 있어서 서구와는 약간 다른 형태의 교육 불평등의 발발에 관한 질문을 해야 할 필요가 있다. 국가 수준으로 획일화된 교육과정과 학교 생활 속에서 한국 아이들의 공부는 학부모의 영향에서 차별적으로 이루어지는 것일까? 많은 통계 연구가 학부모의 경제적 능력과 학생들의 학업 성취에 차이가 있다고 밝히고 있는데 그렇다면 그 이유는 어디에서 발생하는 것일까? 더 나아가 부잣집 아이들은 학교 바깥에서 일반 계층의 아이들에 비하여 어떤 특별한 교육 그리고 명문대 입학에 필요한 수능고사 점수 향상을 위한 어떤 특별한 공부를 하는 것일까와 같은 새로운 연구문제를 제기하고 답을 찾아야 한다. 서구의 문화 자본의 효과에 기초하여 단순히 가정에서 제공하는 문화 자본의 여러가지 특징들이 학생들의 학교공부와 높은 시험점수 획득에 과연 직접적으로 영향을 준다고 단언할 수 있을까? 물론 학습에 대한 일반적인 태도와 성취의식에 영향을 끼칠 수는 있겠지만 학교의 어려운 시험 문제들, 그리고 대학 수능고사의 그 많고 어려운 지문을 모두 잘 풀어내는 능력이 단순히 학부모의 지위가 갖는 문화 자본의 심대한 효과라고 추측하기에는 너무 설득력이 약하다.

이러한 이론과 현상 사이의 깊은 괴리에 대한 답을 찾기 위하여 저자들은 이 책을 통하여 그 구체적인 한국적 답을 찾고자 하였다. 이에 아이들의 학습 현장에서 계층별로 어떤 교육 불평등이 나타나고 있는지, 그리고 교육 불평등이 나타나고 있다면 어떠한 방식으로 영향을 끼치고 아이들의 학업적 성공에 영향을 주고 있는지를 탐구하고자 하였다. 기존의 이 주제에 대한 많은 연구들이 설문지를 통한 통계 분석만을 하고 있어서 구체적으로 계층별 학생들의 학습 불평등이 어떻게 우리나라 아이들의 학습에서 나타나고 영향을 받고 있는지를 보여주거나 설명해주는 연구는 없는 듯하다. 이에 저자들은 이러한 양적연구로 설명하지 못하고 있는 현상에 대한 심층적 이해를 위하여 신문기자들처럼 아이들의 학교 교육의 현장 그리고 학교 바깥에서 이루어지는 교육의 현장에 직접 방문하고 그러한 계층적 차이가 어디에서 어떻게 나타나고 있는지를 규명하고자 하였다. 다행히도 저자들은 사회과학 연구방법으로서 다양한 질적연구방법들(참여관찰, 심층면담, 문서분석 등)을 차용하여 아이들의 학습 과정과 특징을 계층별로 분석할 수 있었다.

구체적으로는 계층별 아이들의 학습 불평등의 현실과 실제들이 어떻게 이루어지고 아이들의 교육적 삶에 내면화되는지를 밝혀내기 위하여 저자들은 그들의 학습 생애사 수집과 분석에 주력하였다. 학습 생애사는 아이들의 학습의 전 과정과 역사를 생애사 방법(Life History Research)을 통하여 묘사하고 이해하고 분석하는 질적연구방법을 통한다. 생애사라는 용어가 시사하는 것처럼 아이들의 학습이 어떤 특정한 시기에 어떤 사건 속에서 발생하고 있으며 그러한 사건들은 아이의 학습에 어떤 새로운 경험과 가치 그리고 태도를 형성시키는지를 연대기적/전기적인 방법으로 묘사하고 기록할 수 있는 장점이 있다. 어떤 아이의 성장과 성공 그리고 발달의 특징들이 그 아이의 성장의 삶의 어떤 시기에 어떻게 만들어진 것이며 삶이 갖는 여러 가지 조건들과 어떤 관련을 깊게 맺고 있는지를 개인적 차원, 문화적 차원, 발달 공간적 차원 등에서 설명해줄 수 있다. 그리고 그러한 분석의 핵심에는 아이의 발달에 가장 영향을 끼친 중요한 교육적 경험과 사건은 무엇인지를 이야기 방법을 통하여 기록하고 설명할 수 있는 장점을 가진다.

이러한 생애사 분석의 방법을 가지고 연구자들은 한국 아이들의 교육 불평등이 그들의 학습과 관련된 생애 기간 동안에 어떻게 발생하고 강화되고 고착되고 있는지를 분석하고자 하였다. 이를 위하여 아이들의 학습과 관련된 구체적인 학령기(유치원, 초등학교, 중학교, 고등학교 등)를 중요한 발달의 기간으로 상정하고 이 기간 동안에 계층별로 아이들의 학습 성공에 영향을 주는 그 어떤 차별적 교육적 경험과 기회가 나타나고 있는지, 그리고 그러한 기회가 어떤 교육적 결과의 차이를 만들어 내는지를 규명하고자 하였다. 그리하여 각 단계 속에서 어떤 차별적 경험을 하고 있으며 그러한 경험의 누적이 한국 아이들이 능력주의의 정점이자 공적인 증거인 대학 수능고사의 점수 획득으로 어떻게 연결되는지를 종단적인/연대기적 묘사 방법을 통하여 설명하고자 하였다. 그리하여 이 과정에서 아이의 성공과 관련되는 아이의 능력주의(학교 시험 성적, 진학 능력, 학습에 대한 다양한 긍정적 태도와 학습 습관 등)가 어떻게 다르게 형성될 수 있는지를 규명하고자 노력하였다.

약 5년 동안 이루어진 한국 학생들의 교육 불평등에 대한 현장연구를 통하여 연구자들은 사교육으로 널리 알려진 그림자 교육(shadow education)이 한국 아이들의 능력주의를 형성하고 고체화시키는 중요한 교육적 영향력임을 찾아낼 수 있었다. 한국 아이들의 전 학령기를 통하여 그리고 각 발달 기간 내에서 그림자 교육은 아이들의 교육적 성장과 경험에 심대한 차이를 가져오고 있었고, 그 차이는 아이들의 능력주의 형성에 직접적으로 영향을 끼치고 있었다. 그 결과, 부모의 문화적 자본은 직접적으로 학교 교육의 결과에 영향을 끼치고 있지는 않지만 아이의 특별한 사교육을 통하여 아이의 학교성취와 성공에 영향을 끼치고 있었다. 부자 부모들은 가난한 아빠들보다도 더 좋은 학원 강사, 그리고 과외강사들을 고용하고 있었고 아이들의 학교 성적에 더 철저하게 대비시키고 명문대 입학에 필요한 다양한 지적 능력과 태도들을 이 사교육을 통하여 훈련시킴으로써 아이들의 성공 획득에 더욱 유리한 위치를 점유하고 있었다. 현장을 통하여 수집한 많은 연구자료는 연구자들에게 매우 놀라운 것이었으며 일반 한국의 국민이 알고 있는 수준에서의 사교육 경험과 매우 다른 것이었다. 저녁 9시 뉴스에서 보도되는 우리나라 가계당 사교육 비용에 대한 통계와는 크게 달랐고 그 차이 또한 매우 컸다. 더욱 중요한 것은 그러한 차별적 사교육 경험이 아이들의 학교 공부와 성적 획득에 매우 현격한 차이를 유발하고 있었기에 우리가 일상 말하는 아이의 능력주의가 학교 교육의 효과 대신에 사교육의 효과와 깊은 연관이 있다는 결론을 얻을 수밖에 없었다. 사교육이 불법으로 간주되어 학부모들이 고발되었던 과거의 국가적 트라우마가 있어서 이 현상에 대한 비밀스러운 현장들은 해당 학부모와 관계자 아니면 알 수 없는 것이었고 설문지 등으로는 찾을 수 없는 것들이었다. 그러한 이 비밀스러운 한국 아이들의 능력주의 완성의 교육적 대장정은 자신의 아이를 수만 가지 사교육을 시켜 명문대를 보낸 어느 대학교수가 공식적으로는 자신의 아이가 사교육을 거의 받지 않고 노력하여 명문대 입학하였다고 공언하는 사례에서 잘 알 수가 있었다.

이러한 연구 결론에서 연구자들은 연구의 내용들과 새로운 지식을 더 효과적으로 전달하기 위하여 한국 아이들의 불평등한 사교육 경험과 그 효과를 아이들의 발달적 특징을 잘 나타내는 일반적인 학령기 기간에 따라서 구분하여 소개하고자 하였다. 그렇게 하는 것이 독자들이 아이들의 성공과 관련하여 일반적으로 생각하는 발달의 기간 또는 학령기적 사유에 잘 들어맞을 것으로 추측하였다. 즉, 유치원, 초등학교, 중학교, 고등학교 기간 동안에 한국의 아이들은 계층별로 어떤 사교육을 받고 있으며 그러한 사교육의 유무 또는 투자의 비용이 아이들의 교육적 성장과 학교 성공에 어떻게 영향을 줄 수 있는지를 연대기적으로 이해할 수 있도록 하였다. 그리고 그 기간 동안에 사교육 참여에서 계층별 차이가 가장 날 수 있는 교육적 경험이 무엇인지를 특별한 주제어나 용어 또는 사교육 명칭을 통하여 설명하고자 하였다. 예로서 제3장 '영어 유치원'은 우리나라 아이들의 유치원 기간 동안 일어나는 능력주의의 차이가 바로 영어 유치원이라는 점을 시사하고 있고, 제8장 '고액 입시 과외'는 우리나라 고등학생들의 고등학교 기간 학업 성취의 차이를 새롭게 바라볼 수 있는 사교육 차이를 보여주는 문화적 개념이다. 더 나아가 제12장 '1억짜리 재수 학원'은 명문대 입학을 위한 고등학교 졸업생들에게서 나타나는 학부모의 사교육비 투자의 또 다른 계층별 차이를 드러내는 한국적 사건을 나타내는 표현이다. 그러한 점에서 책의 각 장(chapter)의 제목들이 한국 사교육의 교육 불평등을 이끄는/생산시키는 주요한 범인임을 느끼게 해줄 수 있는 매력이 될 것이다.

안타깝기는 하지만 이 책의 결론이 주는 시사점은 우리가 바라지는 않지만 아이들의 교육 역시 다른 자본주의에서 만들어서 팔리는 수많은 상품처럼 살 수 있는 것이며 부자 아빠라고 한다면 자기 아이의 성공을 위하여 더 많이 그리고 더 좋은 상품을 사 줄 수 있다는 것이었다. 이러한 교육 상품의 소비 행위는 한 인간의 잠재력 발달이라는 그 숭고한 목적과는 다르게 약육강식의 야만적 생태계처럼 오직 경제적 자본을 가진 소수의 계층의 아이들만이 자신들의 능력을 훈련시킬 수 있고 강화시킬 수 있어서 자본주의의 기본적 지배구조인 계층에 근거한 불평등한 삶의 방식이 그대로 유지되고 강화시키고 고체화시키고 있다는 점이었다. 그리하여 모두 다 공개경쟁을 이야기하고 "노력하면 성공할 수 있다"는 그 많은 명언과는 달리 아이의 성공 뒤에는 부자 아빠가 있으며 그러한 불평등한 재생산의 연결고리는 부잣집 아이들이 더 성공할 수 있는 교육적 문화의 특징과 구조를 만들어내고 있다는 점이다. 더욱 안타까운 점은 자본주의 능력주의의 신념 아래서 능력이 있어서 3등석 대신에 1등석을 타거나, 명품 아파트에 살거나 이태리 수입차를 타는 것을 비난할 수 없는 것처럼 자신의 아이를 위하여 자신의 재화와 자본을 가지고 아이의 성공을 위하여 더 비싼 교육 상품을 사주는 소비행태를 비난할 수 없다는 점이다. 다만 슬픈 사실은 '공정 영역'이어야 한다고 믿는 많은 시민과 학부모들이 '사적 영역'으로 추락해버린 교육이라는 이름을 붙인 이 새로운 소비 상품을 과연 수용할 수 없다는 점과 이러한 실상을 변화시킬 수 있는 근본적인 대책을 강구해 내기가 어렵다는 점이다.

이 책을 통하여 한국 사교육의 교육 불평등의 문제 제기한 것은 다소 늦은 감이 있다. 그러나 2000년대 이래로 한국의 교육 불평등에 대한 지적들이 계속되고 있고 그 문제점을 해결하는 노력들이 교육부와 정책적 차원에서 많이들 이루어지고 있는 시점에서 그 불평등의 핵심으로서 사교육을 학생들의 학습의 전 과정 속에서 분석한 것은 다행스러운 것이다. 아이들의 학습 불평등의 원흉이면서 그 실상들이 낱낱이 파헤쳐진 적이 없었고 한국의 교육학 연구문화에서 사교육을 학문적으로 탐구하는 것은 학자가 해야 할 일이 아니라는 인식이 집단적으로 자리 잡고 있다. 더욱이 개별 학자들 역시 사회의 악으로 간주되었던 사교육 문제를 굳이 수많은 좋은 연구 주제 대신에 선택할 이유가 없었다. 그러한 한국 연구와 글쓰기 문화를 뒤로한 채 한국 학생들의 학습 불평등이 어떻게 그들의 전 생애 기간을 통하여 형성되고 고착화되고 있는지를 아이들의 경험 이야기를 통하여 보여준 것은 이 주제에 대한 새로운 이해와 해결책을 탐구하기 위한 기초적 분석 자료로써 이용될 것으로 믿는다.

수많은 능력주의 관련 서양 서적이 많이 읽히고 있고 한국 학생들의 교육적 불평등이 날마다 전 국민의 삶 속에서 이야기되는 이 시기에 이 책이 그러한 국가적인 교육적 불평등의 현실을 하나의 소설처럼 또는 하나의 영화처럼 읽혔으면 하는 소망이다. 저녁 뉴스에 날마다 그리고 매년 소개되는 사교육비 관련 소식이 아무런 반향이 없이 들리고 사라지는 것과는 달리, 이 한 권의 책이 한 사람 한 사람 그들의 굳어진 이상 사회에 대한 현실 망각에 차가운 한 잔의 물처럼 느껴졌으면 한다. 그리고 그러한 개인적 읽기가 하나의 집단적 의식으로 승화하여 많은 이들이 이 책 읽기를 통하여 우리 사회가 어떻게 구조적으로 그리고 정책적으로 이 계층별 불평등의 현실을 타개할 것인지에 대한 새로운 생각을 할 수 있는 변화의 텍스트로서 읽혔으면 한다. 수많은 한국의 훌륭한 학부모들이 자신들의 아이들의 학교 성공과 더 나은 미래를 위하여 수많은 인생의 즐거움과 욕망을 견뎌 내면서 대신에 아이의 교육을 위하여 그 숭고한 삶의 희생을 살아가고 있는 현실을 생각하면 말이다.

공저자를 대신하여 저자 김영천은 7년 동안의 이 고통스러운 텍스트 글쓰기를 마감하면서 아직까지 생각나는 고등학교 시절 이야기가 있다. 아마도 가수 아이유의 노래 '나만 몰랐던 이야기'가 그 메시지를 함축하고 있을 것이다. 가난한 집안의 귀한 아들로 태어난 필자. 아들에게 특별히 해줄 것이 없었지만 부모들은 아들이 성공하여 좋은 직업을 갖고 잘 살기를 바랐다. 중학교 시절, 잠을 자지 않으면서 공부하여 전교 1등을 많이 하였다. 그러나 새로운 고등학교의 삶은 달랐다. 학교 선생님 설명에 집중하면서 잠을 자지 않은 노력과는 달리 학교 성적은 떨어졌다. 고등학교 1학년 말, 담임 선생님이 필자를 불렀다. 왜 그렇게 공부를 못하냐고 물었다. 열심히 안 하여 그런 거 같다고 했다. 담임 선생님이 과외받고 있는지 물었다. "아니요"라고 대답하였다. 아직 과외 안 받고 어떻게 공부를 잘 할 수 있겠느냐 하면서 과외 선생님 추천해 줄까라고 물었다. "아닙니다"라고 답하였다. 그리고 그 이유는 차마 말하기 싫었다. 46년이 지났지만 어제 일처럼 생생하다. 그리고 처음 알게 되었다. 세상은 노력하면 나의 것이 된다는 것이 아니라는 것을.

나의 고등학교 시절은 그렇게 막을 내렸다. 원치 않는 대학에 들어갔고 생각하지 않은 전공으로 가장 아름다워야 할 20대 젊음을 마쳤다. 가난한 부모를 만난 것을 슬퍼하지는 않지만, 그때 과외 선생님이 있었고 그 어려운 수학 문제를 더 잘 푸는 방법을 과외 선생님으로부터 배웠다고 한다면 내 인생은 또 어떻게 달라졌겠느냐는 생각이 든다. 정년을 준비해야 하는 이 나이에 그 어렸을 적의 기억이 슬픔으로 다가온다.

김영천, 방기홍, 윤여선 씀.

저자소개

김영천

진주교육대학교 교육학과 교수로서 1998년부터 이 대학에서 교육 과정학 그리고 질적연구방법론을 강의하고 있다. 우리나라 최초로 국내 학부에 '교육한류' 강좌를 개발하여 가르치고 있다. 한양대학교와 동 대학원을 졸업하고 미국 오하이오 주립대학교에서 교육과정학과 질적연구 전공으로 박사학위를 받았다. 한국다문화교육학회 부회장과 한국초등교육학회 부회장을 역임하였다. 문화관광부와 대한민국학술원 등 국가 연구기관으로부터 총 8회에 걸쳐서 우수 저서상을 수상하였다. 구미의 세계적인 질적연구 전문 학술지인 《International Journal of Qualitative Studies in Education》 아시아 지역 편집장을 역임하였다. 한국질적탐구학회를 전영국 교수와 창립하였고 2020년에 아시아 질적탐구 학회(Asian Qualitative Inquiry Association)를 창립하고 제1대 회장을 역임하고 있다.

지난 25년 동안 저자는 한국교육과정학과 교육학 분야에 교육 과정연구방법론 그리고 질적연구방법론의 소개와 확산에 노력하였다. 총 50권의 이상의 저서를 출간하였고 80편 이상의 논문을 국내·외 학술지에 게재하였다. 2016년부터 한국의 교육문화의 국제적 탐구가 필요하다는 학문적 사명감으로부터 서구가 모르는/알아야 하는 한국 교육에 대한 영어 글쓰기와 저서 출간에 심혈을 기울였다. 그리하여 《Shadow Education, the Curriculum, the Culture of Schooling in South Korea(그림자교육, 교육과정 그리고 한국의 학교교육의 문화)》(McMillan, 2016), 《Shadow Education as the Worldwide Curriculum Studies(국제 교육과정 연구로서 그림자 교육)》 (Routledge, 2019), 《Theorizing Shadow Education and Academic Success in East Asia(동북아시아의 그림자 교육과 학생들의 학업적 성공의 이론화)》 (Routledge, 2021), 《South Korean Education and Learning Excellence(K-에듀케이션: BTS 한국 학생들 어떻게 세계 일등이 되었나?)》 (Routledge, 2023)을 출간하였다. 또한 새로운 교육 과정의 개념인 "Shadow Curriculum"을 정정훈 교수와 함께 《세계 교육학 대백과 사전(International Encyclopedia of Education, 4e)》(Elsivier, 2021)에 등재하였다.

2021년부터 K-Pop에 이은 한류의 세계적 확산 속에서 정정훈 교수 그리고 조재성 교수와 함께 한국의 세계적인 교육문화의 우수성을 "교육한류"로 개념화하고 이를 국제화시키는 작업을 하고 있다.

방기홍

진주교육대학교를 졸업하고, 진주교육대학교 교육대학원 교육과정과 수업 전공 석사과정에 재학 중이다. 현재 경남 진주 동진초등학교에 초등교사로 재직하고 있다. 연구 관심은 교육 과정 이론화, 질적연구, 한국 학생들의 학습문화, 다문화 교육의 탈식민적 탐구이다. 논문으로는 국제 학술지 Sustainability(SSCI, 2022) 'Posthuman Learning Culture and Internet-Based Private Tutoring in South Korea: Implications for Online Instruction in Public Schooling' 14권 21호에 개재하였다. 국외 학술발표로는 2022년 AERA(American Eduaction Research Association) 발표를 하였으며, 국내 발표로는 2022년 질적탐구학회, 한국초등교육학회 학술대회, 2024년 한국교육학회 학술대회, 아시아질적탐구학회에서 발표하였다.

윤여선

진주교육대학교를 졸업하고, 진주교육대학교 교육대학원 교육과정과 수업 전공 석사과정에 재학 중이다. 현재 경북 포항 용산초등학교에 초등교사로 재직하고 있다. 연구 관심은 교육 과정 이론, 탈경계 학습문화, 한국 학생들의 포스트휴먼 학습방법이다. 논문으로는 국제 학술지 Beijing International Review of Education에 Transboundary learning culture as emerging discourse for post-Oriental curriculum/comparative studies(2025년 5월 게재 예정)를 게재하였으며, AQIJ(KCI 등재후보지, 2024)에 'Transcultural Humanities in South Asia: Critical Essays on Literature and Culture'를 3권 1호에 게재하였다. 국제 학술발표로는 2024년 AAACS(American Association For The Advancement Of Curriculum Studies), 2024, 2023년 AQIA(Asian Qualitative Inquiry Association) 학술대회가 있으며, 국내 학술발표로는 2024년 한국교육학회 학술대회에서 발표하였다.

차례

1

SKY행 사교육과 오염된 능력주의

금수저 아빠들의 새로운 투자 상품

한국에서 교육과 관련한 가장 유명한 속담 중 하나는 아마 '개천에서 용 난다'일 것이다. 이 속담은 많은 학생과 학부모에 의해서, 학생이 오랜 시간 공부를 하고 노력하면 그 노력한 만큼 결과가 나와, 학업적, 사회적으로 성공할 것이라는 믿음을 보여주고 있다. 여기에는 사회가 개개인의 능력에 따라서 성공의 가능성을 보장하고 사회적 지위의 확보를 할 것이라는 전제가 깔려 있다. 다시 말해, 공부를 해서 개인의 학업적 역량을 기른다면 의사, 변호사와 같은 명망 있는 직업을 가질 수 있을 거란 거대한 기대를 심어주는 것이다.

하지만 돈이나 사회 계급에 따라 학업적 역량을 좀 더 쉽게 기르게 해주고 학업적 성공을 쉽게 할 수 있는 방법이 있다면, 그 덕분에 부잣집 자제들이 손쉽게 의사, 검사를 차지하고 중상위 계급의 학생들이 대기업 자리를 모두 꿰차게 된다면, 이것은 공정한 것인가? 점점 더 교육 불평등이 가속화되고 있는 현상 속에서 개인의 능력에 따른 지위 부여, 사회적 성공의 보장이라는 능력주의는 점점 공정한가에 대한 회의가 짙어지고 있다.

이에 제1장에서는 능력주의 현실 속에서 부모들의 기대는 어떠한지, 그리고 그들은 그러한 기대를 실현시키기 위해서 어떤 지원을 아끼지 않는지 알아보고자 한다. 이를 통해 우리나라와 세계적 현상인 교육 불평등에서 능력주의가 미치는 영향을 알아보고자 한다.

1.1 공정이라는 착각: 능력주의

능력주의는 개인의 능력과 노력에 따라 성공과 보상이 주어진다는 믿음이다. 이는 과거의 세습주의와 대조되는 개념으로, 기존의 사회 형태인 부와 지위의 세습을 비판하며 등장했다. 능력주의는 부모의 부와 지위에 따른 차별을 없애고, 개인의 능력에 따른 차별적 대우를 정당화하려는 취지에서 출발했다. 현대 사회에는 부모의 부와 지위가 더 이상 성공의 필수 요소가 아니라는 믿음이 있다.

하지만 자본주의 경제체제에서 능력주의는 새로운 불평등을 낳고 있다. 자본주의는 사람들로 하여금 끊임없이 경쟁하도록 만들며, 이러한 경쟁에서 이기기 위해서는 능력과 성과가 필요하다. 사회적 지위가 낮은 사람들은 자신의 능력이나 성과가 부족하다고 여기고, 사회적 지위가 높은 사람들은 자신의 재능이 특출나다고 생각하게 된다. 그러나 실제로 자본주의가 경제적 불평등을 정당화하기 위해 능력주의를 이용하고 있다는 사실을 인지하지 못하고 있다. 사람들은 공부를 못했기 때문에 좋은 직장을 가지지 못했다고 어렸을 때부터 배워왔기 때문에, 봉급이 적은 이유도 자신의 탓으로 돌리게 된다.

특히 능력주의는 개인의 자유와 시장 경쟁을 강조하며, 이를 통해 사회적 불평등을 개인의 책임으로 돌리는 경향을 보인다. 능력주의 체제에서는 사회적, 경제적 성과를 개인의 지능과 노력의 결과로 평가한다. 이러한 시스템은 자본주의적 원리와 일치하며, 성공과 실패를 개인의 능력에 따른 결과로 간주한다. 그러나 이는 사회적 불평등을 정당화하고, 상위 계층이 자신들의 지위를 능력과 노력의 결과로 합리화하는 데 기여한다. 따라서 능력주의는 사회적 계급 이동에 한계가 있다는 점을 감추고, 불평등을 지속시키는 이데올로기적 도구로 작용한다.

능력주의가 부모 부의 세습을 비판하며 등장했지만, 능력주의 사회는 부의 세습을 완전히 막아주지는 못하고 있다. 능력주의는 개인의 성과와 능력을 강조하지만, 실제로는 경제적 자원과 기회에 대한 접근성이 불평등하게 분배되어 있다. 고소득 가정의 자녀들은 더 나은 교육과 네트워크를 통해 유리한 출발선을 가지게 되며, 이는 능력주의 체제 내에서 성공할 확률을 높인다. 결과적으로, 부유한 가정의 자녀들이 더 높은 지위와 부를 이어받게 되는 구조적 문제는 여전히 해결되지 않는다. 이러한 상황은 능력주의가 공정성을 주장하면서도, 사회적 불평등을 지속시키는 이데올로기로 작용하는 현실을 반영한다.

능력주의와 자본주의의 결합은 사회적 이동성을 높이기보다는 기존의 불평등을 더욱 공고히 하는 결과를 초래할 수 있다. 능력주의는 개인의 성공을 능력과 노력의 결과로 돌림으로써, 구조적 불평등의 문제를 개인의 책임으로 전가한다. 이는 사회적 불평등을 해결하기보다는, 오히려 이를 정당화하고 지속시키는 역할을 한다. 따라서 능력주의는 자본주의 체제 내에서 불평등을 정당화하는 도구로 작용하며, 실제로는 공정성과 기회의 평등을 실현하지 못하는 한계를 가지고 있다.

능력주의가 자본주의 사회에서 불평등을 공고히 하는 것은 교육에서도 마찬가지이다. 교육 시스템에서의 능력주의는 학생들을 능력과 성과에 따라 평가하며, 이 과정에서 사회경제적 지위(SES, Socioeconomic status)가 높은 가정의 자녀들이 유리한 위치를 차지하게 된다. 부유한 가정의 자녀들은 더 나은 교육 기회를 제공받으며, 그림자 교육, 우수한 학교, 학습 자료 등에 더 쉽게 접근할 수 있다. 이는 결국 이들이 학업에서 더 나은 성과를 내고, 명문 대학에 진학하며, 좋은 직업을 얻는 데 유리한 조건을 만든다. 반면, 경제적 지원이 부족한 가정의 자녀들은 이러한 교육 기회를 얻기 어려워 교육 과정에서 불리한 위치에 놓이게 된다.

교육에서의 능력주의는 사회적 이동을 제한하고, 기존의 불평등을 더욱 고착화시킨다. 학교 성적이나 입시 결과가 개인의 능력과 노력에 의해 결정된다는 믿음은 경제적 배경의 영향을 간과하게 만든다. 이는 실제로 발생하는 교육적 불평등의 원인을 학생 개인의 문제로 만들어, 사회 구조적 문제를 지적할 수 없게 만들고 이를 해결하려는 노력을 저해한다. 결과적으로, 교육에서의 능력주의는 자본주의 사회의 불평등을 강화하며, 사회적 격차를 줄이기보다는 오히려 심화시키는 결과를 초래한다.

1.2 능력주의 척도로서 학교 시험과 평가

학교의 평가나 시험은 능력주의가 공정하다고 믿게 하는 중요한 근거이다. 그러나 동일한 시간과 범위에서 동일한 문제를 푸는 것처럼 보이는 학교의 평가 또한 SES가 높은 가정의 학생에게 유리하게 작용한다. 부유한 가정의 학생들은 다양한 형태의 그림자 교육, 대표적으로 고액 과외를 통해 시험 문제가 무엇인지 알고 있는 상태에서 시험에 응하기도 하고 다양한 유형의 문제들을 미리 접한다. 또한 더 좋은 학습 환경과 자원을 활용할 수도 있다. 예를 들어, 조용한 공부 공간, 최신 학습 자료, 고성능 컴퓨터와 같은 학습 도구들은 더 나은 학습 기회를 제공한다. 부모의 높은 학력과 인맥을 통해 추가적인 학습 도움을 받을 수 있으며, 이는 시험 준비에 있어 큰 이점이 되어 높은 성적을 받을 수 있게 한다. 반면, 경제적 자원이 부족한 가정의 학생들은 이러한 혜택을 누리지 못해 상대적으로 불리한 조건에서 공부하고 시험을 치르게 된다. 결국 교육의 격차를 더욱 심화시키고, 능력주의가 공정하다는 믿음을 무색하게 만든다. 따라서 교육 격차는 초등학교부터 고등학교 졸업까지 항상 존재하며, SES가 낮은 가정의 학생이 아무리 노력하더라도 좁히기 힘들다. 초등학교에서의 교육 불평등은 이미 시작된다. 학원을 통해 학교에서 배울 내용을 선행한 학생들은 주요 과목에서 학습한 내용을 이미 숙지하고 있어 시험에서 항상 상위권을 유지한다. 반면, 경제적 여유가 없어 사교육을 받을 수 없는 학생들은 학교 수업만으로는 시험에서 중간 이하의 성적을 받게 된다.

초등학교의 경우 중학교, 고등학교에 비해 상대적으로 시험이 많이 존재하지는 않지만 그들만의 점수가 서열화되는 것들이 있다. 대표적으로 첫째, 초등학교 2~6학년을 대상으로한 기초학력 진단평가가 있다. 이 시험은 한 학교에 국한되는 것이 아닌 전국 단위로 실시되며, 평균, 도달, 미도달로 성적의 척도를 비교하고 있다. 기초학력 진단평가는 예습의 정도를 평가하지 않지만, 한국의 학생들이 처음으로 자신의 점수를 다른 학생들과 비교할 수 있는 척도가 된다. 그리고 초등학교 교실에서 교사의 기준에 따라 실시되는 형성평가, 수행평가도 정확한 점수로 서열화를 나누는 것이 아닌 미달, 보통, 잘함의 세 단계를 이용하여 학생들의 능력을 평가하고 있다.

중학교에서 한국의 학생들은 능력주의 사회로 접어드는 첫 길목에 놓인다고 이야기한다. 첫째로 중학교에 입학하기 전 학생들은 입학고사를 접하게 된다. 이를 통해 초등학교 6년간의 모든 과정을 시험하고 서열화하게 되는 것이다. 중학교 입학 후 학기별로 중간고사, 기말고사, 프로젝트 과제 등을 통해서 학생들은 점수를 받게 되고 성적과 등수는 확연한 차이가 발생한다. 이러한 능력주의 결과는 고등학교 입학 전 더욱 절정에 다다르게 된다. 중학교 학생들은 특목고 입학을 위해 입시 전문 학원에 다니며, 과목별 고액 과외를 통해 시험을 철저히 대비한다. 학원에서는 모의고사를 통해 시험 유형을 익히고, 개별 피드백을 받아 부족한 부분을 보완한다. 반면, 경제적으로 어려운 가정의 학생들은 학원에 다니지 않고 학교 수업만으로 공부하며, 성적이 낮아지고 자신감을 잃어간다.

마지막으로 능력주의의 최고 절정의 순간인 고등학교에 진학한 학생들은 다양한 평가를 받게 된다. 중학교 때까지 경험했던 중간고사, 기말고사와 더불어 이제는 전국 모의고사를 경험하게 된다. 중학생까지는 학교 안에서만 서열화되었다면 이제는 전국 단위로 점수와 등급이 매겨지는 것이다. 전국 단위의 점수와 등급은 학생들이 SKY(서울대, 고려대, 연세대)로 향할 수 있을 것인가 혹은 그렇지 못할 것인가에 대한 운명의 갈림길에 놓이게 한다. 결국 이러한 능력주의의 과정에서 한국의 고등학생 중 부유한 계층의 학생들은 명문 대학 진학을 목표로 고액 입시 컨설팅을 통해서 맞춤형 학습 계획을 제공받는다. 반면, 노동계층의 학생들은 이러한 고액 그림자 교육을 받지 못한 채 학교 수업과 자율 학습에 의존한 결과, 입시 준비가 부족하여 경쟁에서 뒤처지기 쉽다.

이렇듯 학교의 평가나 시험은 겉보기에는 공정해 보이지만, 실제로는 SES가 높은 가정의 학생들에게 유리하게 작용한다. 부유한 가정의 학생들은 무빙워크를 타고 SKY로 향하고 있다면 노동 계층의 아이들은 맨 흙바닥을 두 발로 걸어가고 있다.

1.3 한국의 학부모가 하는 일곱 가지 착각

한국의 학부모들은 이러한 능력주의 신념에 근거하여 아이들을 학교에 보내고 있고 아이들 역시 더 좋은 명문대학교에 가기 위하여 최선을 다하여 공부하고 있다. 그러나 현실은 능력주의 형성 공간으로서 학교교육이라는 학습공간이 그러한 목적을 잘 달성하는 데 적합한 장소인가에 대하여 여러 가지 점에서 문제가 존재한다. 그리고 학교교육이 갖는 그러한 본질적/구조적/생태학적 특징과 한계는 한국과 전 세계의 학부모들이 학교교육이 유일한 학습공간이었던 과거의 역사에서 벗어나 국가가 등록금을 모두 지불하고 있는 공교육 대신에 기꺼이 자신의 월급으로 아이들에게 사교육을 제공하고 있다. 이에 이 절에서는 왜 그러한 현상이 일어나고 있는지를 한국 학부모들이 갖고 있는 학교교육/자신의 아이들/학교교사에 대한 일반적인 신념과 이데올로기가 무엇인지를 지적함으로써 설명하고자 한다.

내 아이가 열심히 할 것이라는 착각

많은 학부모는 자신의 아이들이 열심히 공부하면 성공할 것이라는 순진한 믿음을 가지고 있다. 자녀가 학교에서 열심히 공부만 하면 명문대에 진학하고 좋은 직장에 취직하여 사회적 성공을 이룰 것이라는 장밋빛 미래를 그리며, 학교와 가정에서 성실하게 학업에 임할 것을 요구한다. 그러나 현실은 그렇지 않다.

학교에서 선생님 수업에 집중하지 않는 아이들이 많다. 친구들과 잡담하거나 졸음을 이기지 못하는 경우가 많다. 육체적 욕망을 통제하기가 어려운 아이들이 많고 아울러 인간이 과연 주체적인가에 대한 회의를 갖게 하는 아이들의 일상생활이 많다. 이런 행동들은 단순히 나태함에서 비롯된 것이 아니라, 아이마다 다른 성격, 태도, 그리고 환경적 요인에서 기인한다. 어떤 아이는 목표 의식이 약하거나 스트레스를 잘 견디지 못하며, 또 어떤 아이는 흥미를 잃고 쉽게 좌절하는 경향을 보인다. 그래서 학업 자체에 흥미를 느끼지 못하고, 억지로 공부하다 보니 오히려 스트레스가 쌓이고 성적도 오르지 않는다. 다시 말해, 학생들이 학업에 집중하지 못하고, 동기부여가 부족한 상황을 보여준다.

그리고 그러한 아이들은 학원에 가도 큰 차이가 없다. 그래서 부모는 매일 학원에 보내고 고액 과외까지 받게 하지만, 학생들은 정작 학교 수업에 집중하지 못한다. 학원에서 이미 들었던 내용이라 지루하고, 집에 가면 너무 피곤해서 그냥 쉬고 싶다는 학생들의 불평도 잦다. 부모는 자녀가 열심히 공부하지 않는다고 타이르지만, 아이들의 학습 태도와 동기를 이해하지 못한 채 다그치기만 하면, 학생들은 점점 더 학교에서 흥미를 잃어가게 된다. 따라서 공부에 관심이 없거나 공부가 아닌 다른 활동이나 주제에 관심을 두는 아이들이 있음을 인정해야 한다. 가드너가 제시한 것처럼 논리 수학적 지능이 높거나 언어학적 지능이 높은 아이들도 있지만 다른 지능이 뛰어나 그쪽 방면으로 성공할 수 있는 많은 아이가 있음을 알고 인정해야 한다.

학교가 아이들의 즐거운 학습공간이라는 착각

아침마다 학부모들은 자신의 아이들에게 학교 가서 공부 열심히 하라고 하면서 학교에 가면 모두 공부가 잘되는 것으로 믿고 있는 듯하다. 그럴 수 있을 것이다. 전 세계적으로 아이들을 공부하도록 맡길 곳은 학교밖에 없기 때문이다. 그럼에도 불구하고 학교라는 교육 공간은 아이들의 삶 속에서는 그렇게 즐겁지만은 않은 고통의 장소이다. 그러한 예로서 푸코는 감옥, 정신병원 그리고 학교를 자본주의 체제 유지를 위한 가장 효과적인 이데올로기 장소라고 비판한 적이 있다. 아울러 서구의 많은 학교교육 비판론자들은 학교가 사회화라는 목적으로 들판에서 놀고 있었던 아이들을 모두 끌고 와서 집단 교육을 시키기 시작하였지만 그 의도와는 다르게 아이들이 학교에서 배우는 것들. 생활하는 것들, 경험하는 것들은 매우 다른 것이며 많은 상처와 상흔을 아이들의 심리적/발달적/사회적 성장에 악영향을 끼치고 있다고 비판하였다.

첫째, 아이들은 학교생활을 통하여 끊임없이 교실 교사와 친구로부터 긍정적이든, 부정적이든 평가 받는다. 그래서 교실은 공부하는 장소이지만 잘하였는지, 못하였는지 끊임없이 지적받고 인정받는다. 그러한 평가 장소로서 학교의 교실은 아이들에게 많은 부정적인 경험, 낮은 자존감, 그리고 성공할 수 없을 것이라는 예측을 하게 한다고 한다. 학년이 올라갈수록 초등학교의 교실에서 선생님의 질문에 답하는 아이들의 숫자가 줄어들고 자신감을 잃어버리는 아이들이 너무 많다, 학교 조직 속에서 교사와 학생의 불평등한 권력관계 속에서 아이들은 생존해야 하고 교사가 기대하는 행동과 가치를 실천해야만 보상을 받을 것이라는 인과 관계를 자신의 정신에 내면화시킨다.

둘째, 학교 조직은 그 태동의 목적이 불순한 것이었다. 독일의 국민교육은 국가에 충성하는 시민을 양성하기 위하여 미국의 초등학교의 탄생, 그리고 중등학교의 시작은 모두 미국 산업사회의 확산과 깊은 관계가 있다. 산업화의 요구에 따른 더 많은 인력을 대량 생산하기 위하여 아이들이 노동력으로 필요하였고 그러한 미래 산업 노동력 확보를 위하여 현대 학교교육의 형태가 갖추어진 것이다. 이에 한 개인으로서 성장보다는 자본주의 대기업에 필요한 노동력 확보를 위하여 학교는 존재한다고 한다. 교장은 CEO고 교사는 담당팀 내의 매니저이며 순수한 아이들은 공장에서 만들어야 하는 생산품에 해당한다. 이를 위하여 아침부터 학교 끝날 때까지 표준화된 교육 프로그램과 시간 속에서 아이들의 육체와 정신은 좋은 인력을 만들기 위하여 최적으로 관리되고 맞춤화된다. 1년이라는 긴 교육과정의 계획 속에서 언어, 수학, 과학, 외국어 등을 배우고 졸업 후 기업체는 필요한 인력을 취사선택할 수 있다. 요사이 실용 학풍으로 변한 한국의 대학가 입학생 쟁탈전이 그 대표적인 예이다.

이에 한국의 아이들 또는 전 세계의 아이들은 미래 공장 노동자가 갖추어야 하는 모두 정의적 태도들을 학교 교육과정과 수업 계획 속에서 잘 배워나간다. 선생님 말씀 잘 듣기를 통해 순응하는 태도, 성실한 출석을 통한 시간을 잘 지키는 습관 형성, 시험을 잘 쳐서 좋은 점수를 받는 오랫동안의 학교 평가는 졸업 후 학부모의 그 아이가 기업체 속에서 자신의 육체적/정신적 노력을 다할 때 많이 학교에서 받던 점수 대신에 월급과 연봉을 받을 수 있다는 최면을 갖게 만든다.

셋째, 앞의 두 가지 이유 때문에 학교에서의 아이의 공부 과정은 참으로 고통스럽다. 아이의 개인적 수준이나 특성과는 달리 1년 연간 계획 속에서 교사는 국가 교육과정을 이수해야 하고 마쳐야 한다. 따라서 교사의 주요 관심사는 아이의 이해나 발달보다는 자신의 직업적 의무인 교과서의 내용을 아이들에게 잘 가르쳤고 평가를 잘 끝내는 것이다. 따라서 학교교육의 주된 관심사는 자본주의 사회에서 요구하는 대량 교육(mass education)이기 때문에 한 개인의 교육적 문제나 어려움은 별로 관심을 두지 않을 것이다. 공립교육 또는 공립학교라는 이름으로 가르쳐지는 대부분의 전 세계의 학교교육이 그럴 것이나. 아이가 이해할 때까지 기다려주지 않으며 학교 수업은 30명이라는 집합을 대상으로 하는 직접 교수법으로서 이루어지지, 사립학교가 아닌 이상 한 아이의 성장과 이해를 기다려주는 학교는 거의 없다. 그리고 자본주의 학교교육의 특징인 누가 훌륭한 인력인가를 알려주고 관리하는 제도로서 1년이 끝난 다음 아이의 앞에서 성적표가 기다리고 있고 그 성적표는 아이의 모든 능력을 대표하여 아이의 미래 능력을 알려주는 최고의 징표로서 남게 된다.

모든 교사가 잘 가르칠 것이라는 착각

많은 학부모는 모든 교사가 아이들을 잘 가르치고 성실히 일할 것이라고 믿는다. 이는 교사에 대한 신뢰와 기대를 반영한 것이지만, 현실은 이상적인 상황과는 다소 거리가 있다. 훌륭한 교사들이 존재하지만, 그렇지 않은 교사들도 적지 않다. 교사라는 직업은 흔히 천직(calling)으로 여겨지지만, 모든 교사가 교육적 열정과 헌신을 유지하는 것은 아니다. 일부 교사들은 자신의 역할을 학생들의 미래를 책임지는 중요한 임무로 생각하기보다 단순한 직업(vocation)으로 간주한다. 진정으로 중요한 아이들의 교육이나 발달이 강조되지만 학교의 교사들의 학교에서 해야 할 많은 행정적 일이 있다. 그리고 그러한 일을 하는 것 역시 학교에서 인정받는 그리고 직업인으로서 해야 할 최소한의 일상적인 활동들이다. 따라서 아이의 특별한 관심사도 중요하지만 학교교육의 많은 활동이 학교의 행정적/관리적인 영역에서의 보고서 쓰기, 문제 해결하기, 출장, 학교 활동과 행사 등에 중요한 교육적 관심과 열의가 투자된다.

교사들의 능력이나 장점들 역시 교사마다 다르다는 점도 아이들 교육에는 문제가 된다. 어떤 교사는 뛰어난 수업 운영 능력으로 학생들에게 학습 동기를 불어넣는 반면, 또 다른 교사는 학생들이 이해하기 어려운 방식으로 수업을 진행하며 그 과정에서 학생들의 흥미를 잃게 만들기도 한다. 전통적으로 자신이 경험하였던 잘 가르치는 방식에 대한 기억에 근거하여 아이들을 가르치거나 아니면 시류에 편승한 새로운 이론이나 모형에 근거하여 학생들을 가르친다. 그리고 가장 중요한 문제로는 변화하는 입시의 내용이나 달라지는 교육과정과 교과서 정책과는 달리 과거에 안주하여 그대로 학생들을 가르치는 교사들 역시 있다. 무엇이 중요한 것인지는 따져보아야 하겠지만 예를 들어 영어 수업의 경우, 문법이 중요하다고 생각하는 교사는 1년 내내 문법 중심으로 수업을 하고 있고 아니면 생활영어가 미국과 외국 여행에 필요하다고 하여 생활영어 중심으로 아이들 수업을 한다.

또한 교사들에게 가르침도 중요하지만, 교직 내에서 승진하는 일 역시 중요하다. 권력을 가지고 싶고 자신의 교육철학을 학교장으로서 실천하고 싶어 한다. 그러한 선생님들은 일반 교사들보다 더욱 학교 행정과 관련된 일을 많이 해야 하고 승진에 필요한 여러 가지 경력과 외부 활동들을 많이 해야 한다. 그러한 선생님들의 교실에서의 수업과 아이들의 관심은 그렇지 않은 교사들에 비하여 상대적으로 낮을 수밖에 없다. 그리고 그러한 선택에 대한 평가는 다소 어렵다. 인간으로서 그리고 다양한 능력을 갖춘 존재로서 교사는 학교 교사가 되고 난 다음에 아이들을 교실에서 가르치는 일보다는 학교 일을 관리하거나 행정가로서 더욱 특출한 재능을 발휘하기도 한다. 그러한 능력과 관심을 가진 교사에게는 승진을 위하여 특별한 점수를 따야 하고 일반 교사가 하지 않는 다양한 학교 일에 관여해야 하고 학교장이 필요로 하는 아이들 수업과 관련이 없는 많은 일들을 해야 한다.

교사들 역시 가르치는 일이 편하였으면 생각한다. 공부 잘하는 아이들이 많고, 중산층 가족의 아이들이 많은 지역, 그리고 굳이 말하지 않아도 학교 준비물을 잘 가지고 학교에 오는 그런 아이들이 많은 지역을 학교를 선호한다. 선행학습을 학원에서 미리 해와서 특별히 수업에서 더욱 신경 쓰지 않아도 되고 그러한 학교의 학부모들은 교사에게 더 많은 관심을 주고 격려해준다. 그래서 그런지 전국 교육대학교 학생들이 시골이나 농어촌 지역보다는 중소도시, 대도시에서 평생 교편생활을 하고 끝내고 싶어 한다. 시골로 발령이 난 어느 여교사는 그 부모와 함께 첫 발령지에 가서 많은 눈물을 쏟았다고 하고 친구들은 모두 위로해준다고 한다.

아이들을 가르치는 한국 교사들의 높은 수학능력과 지력 역시 아이들을 가르치는 데 문제점이 된다. 교육대학교나 사범대학교를 우수한 성적으로 졸업한 교사라 할지라도, 실제 학교 수업에서 학습 속도가 느리거나 개념 이해가 어려운 학생들을 효과적으로 지도하는 데는 어려움을 겪을 수 있다. 이는 교사의 학업 및 성장 과정에서 경험한 환경과 학생들의 현실 간의 괴리에서 비롯된다. 학생일 때 우수한 학업 성과를 유지하며 교직에 들어선 교사가 학습 동기가 낮거나 학업 성취도가 떨어지는 학생들의 어려움을 충분히 이해하기란 쉽지 않다. 개념

이해에 반복적인 도움이 필요한 상황이나 가정 환경으로 인해 학습 시간이 부족한 상황 등 자신이 학창 시절에 겪지 않았던 문제들을 공감하는 데 한계를 느낄 수 있다. 이로 인해 교사는 자신이 익숙한 방식으로 수업을 진행하게 되며, 학생들의 다양한 학습 요구를 충족시키지 못할 가능성이 커진다. 특목고에 오랜 생활 가르치다가 일반고로 옮겨 온 어떤 교사는 특목고 수준의 아이들이 아닌 아이들을 가르치는 것이 너무 힘들어 살고 싶지 않았다고 한다.

또한 너무 교육 자체의 목적에 경도된 나머지 아이들의 진학과 성공에 무관심한 교사들 역시 있다. 일부 교사들은 지식 교육보다는 인성 교육에 더 중점을 두는 경향이 있다. 이는 학생들의 정서적 성장과 인간적 성숙을 돕는다는 점에서 긍정적일 수 있지만, 아이들의 학업적 성공이나 학부모가 기대하는 학교의 모습과 다르다. 교과 내용 이해나 학생들의 학력 향상보다는 훌륭한 인성이나 도덕성 등을 강조하는 수업이나 교훈이 일상적인 수업의 중요한 특징이다. 이러한 아이들의 중요한 학업적 목적과 관련하여 일련의 교사들이 강조하는 학교 수업 내에서의 활동가 경험 그리고 놀이 중심의 수업 방법 역시 아이들의 지적 성장에 직접적으로 도움을 주지 않는 경우가 많다. 많은 교사가 활동과 협동을 중심으로 하는 교육과정과 수업을 한다. 아이들의 개인적인 경험과 그로 인한 발달과 성장을 강조한다고 하지만 그러한 성장이 언제 어떻게 일어날지는 모르는 일이다. 많은 학교에서의 그러한 수업들이 아이들은 의미 있고 재미있었다고 하지만 실제 그 아이들이 주어진 수업의 목표나 어려운 개념을 진정으로 이해하였는지에 대해서는 의문이다. 어떤 고등학교 자녀는 아버지에게 고등학교에서 날마다 토론하고 활동하고 보고서를 쓰라고 하였는데 진정으로 교과서의 수학과 화학의 개념을 이해하는 데는 도움이 안 되었다고 하였다고 한다. 그래서 아버지에게 학원에 보내달라고 하여 그 아버지는 학원 보내는 것이 싫었지만 그렇게 할 수밖에 없었다고 한다.

교사가 잘 가르치면 내 아이가 잘 이해할 것이라는 착각

많은 학부모는 교사가 수업을 잘 준비하고 가르친다면 자녀가 모든 교과 내용을 완벽히 이해하고 학업적으로 성공할 것이라고 믿는다. 이는 마치 학생이 교사의 설명과 자료를 스펀지처럼 흡수할 것이라는 기대에서 비롯되지만, 현실은 그리 간단하지 않다. 학습(learning) 과정은 단순히 교사의 교수(teaching) 능력만으로 결정되지 않으며, 학생 개개인의 이해력, 집중력, 인내력에 따라 크게 달라진다. 실제 한국의 교사들은 매우 잘 가르치고 있지만 그 교사 아래의 학생들이 모두 잘 이해하였는지는 다른 문제이다.

첫째, 학생별로 똑같은 수업에 따라 이해하는 수준이 다르다. 우선 학교 수업을 잘 이해하기 위해서는 해당 개념에 대한 학생의 사전 지식이 필수적이다. 교사가 아무리 명확히 설명하더라도 학생이 이전에 배워야 할 내용을 제대로 이해하지 못한 상태라면 현재의 수업을 따라가기는 어렵다. 수학 시간에 함수의 개념을 배우는 학생이 기초적인 분수 계산이나 방정식을 이해하지 못한 상태라면, 교사가 함수의 정의를 아무리 잘 가르쳐도 이를 온전히 이해하기 어렵다. 특히 이전 수업 시간에 집중하지 못했거나 개인적인 사정으로 결석하여 기초 내용을 놓쳤다면 이러한 이해 실패의 사례는 계속 반복된다. 또한 학생마다 학습 스타일이 다르다는 점도 중요한 요인이다. 시각적 자료를 활용한 설명이 효과적인 학생이 있는 반면, 청각적 설명에 더 익숙한 학생도 있다. 하지만 교사가 한 번의 수업에서 모든 학생의 학습 스타일을 만족시키기는 현실적으로 불가능하다. 어떤 학생은 그림과 다이어그램을 통해 개념을 더 쉽게 이해하지만, 다른 학생은 오히려 글이나 숫자를 통해 정보를 처리하는 데 더 능숙하다. 교사가 시각 자료를 강조할 경우, 청각적 학습자에게는 효과가 떨어질 수 있으며, 그 반대의 경우도 마찬가지다.

둘째, 학생들의 집중력은 학업 성취에 큰 영향을 미친다. 수업 시간 동안 교사가 아무리 흥미롭고 효과적인 자료를 준비하더라도 집중력이 부족한 학생은 내용을 놓치거나 제대로 이해하지 못하는 경우가 많다. 산만한 학생은 교사가 설명하는 동안 주의를 기울이지 못해 중요한 정보를 놓치거나, 단편적으로만 정보를 받아들이는 경향이 있다. 수업 활동을 위해서 게임 활동을 하는데, 학습 내용은 생각하지 않고 게임 요소에만 집착하는 것이 이러한 학생들의 특징이다. 특히 디지털 기기에 익숙한 세대의 학생들은 짧은 시간에 자극적인 콘텐츠에 익숙해져 있어 장시간 집중력을 유지하기 어렵다. 이로 인해 교사가 주제에 대해 심도 있게 설명할수록 오히려 산만해지는 학생들도 있다.

셋째, 인내력도 학생들의 학습 능력에서 중요한 변수로 작용한다. 이해하기 어려운 개념이나 반복 학습이 필요한 내용에서 인내력이 부족한 학생들은 쉽게 좌절하거나 포기하는 경향을 보인다. 영어 수업에서 문법 규칙을 배우는 과정에서 반복적으로 연습하고 오류를 수정해야 하지만, 인내력이 부족한 학생은 단순히 "어렵다"고 느끼며 학습을 중단하기 쉽다. 이러한 태도는 복습과 연습의 기회를 제한하며, 결국 학습 격차로 이어질 가능성이 크다. 또한 인내력이 부족한 학생은 학습 목표를 장기적으로 달성하기 어렵다. 교사가 수업 중 제공한 과제를 끝까지 완수하지 못하거나, 학습 내용에서 느린 진전을 보여 스스로를 과소평가할 수 있다. 이는 학업에서의 성공 경험을 제한하며, 학습에 대한 부정적인 태도를 형성하게 한다.

교실에서 이루어지는 교육은 일반적으로 모든 학생을 대상으로 동일한 내용을 동일한 방식으로 전달하는 구조를 가지고 있다. 하지만 학생 개개인은 각기 다른 학습 수준, 배경지식, 학습 스타일을 가지고 있기 때문에 동일한 수업이 모든 학생에게 효과적으로 작용하지 않는다. 선생님들은 40~50분 수업 시간이라는 제한된 시간 안에 정해진 교과 과정을 소화해야 하는 압박이 있어, 학생 개별의 학습 속도와 요구를 반영하기가 매우 어렵다. 특히 수업 중 어떤 학생은 기초 개념을 다시 설명 들어야 하고 어떤 학생은 더 심화된 내용이 필요할 수 있지만 교사는 전체 학급을 대상으로 수업을 진행해야 하기에 '중간'을 바라보며 수업한다. 또한 공립학교의 환경은 개별화를 지원하기에는 여러 한계가 있다. 한 교사가 담당해야 하는 학생 수가 많고 수업 외에도 행정 업무나 시험 준비와 같은 과중한 업무를 병행해야 하는 상황에서, 학생 개개인의 학습 상태를 면밀히 파악하고 이에 맞춘 지도를 제공하는 것은 현실적으로 어렵다.

사교육이 없어도 내 아이가 잘 공부할 것이라는 착각

한국의 엄마들 사이에는 자신의 아이가 노력하고 학교에서 열심히 공부만 하면 사교육 없이도 충분히 학업에서 성공할 수 있다는 믿음이 널리 퍼져 있다. 그러나 이는 현실과는 거리가 멀다. 특히, 한국의 교육 현실 속에서 사교육은 단순히 선택 사항이 아니라 학업 성취와 직결되는 중요한 요인으로 작용한다. 사교육을 통해 선행학습을 받은 아이들은 이미 학교에서 배우게 될 내용을 미리 익히고 더 깊이 학습한 상태로 수업에 참여한다. 결과적으로, 학생들은 수업 내용을 쉽게 따라갈 뿐 아니라 선생님의 설명을 복습하듯 흡수하며 더욱 자신감 있는 태도를 보인다. 반면, 사교육 없이 학교 수업만을 통해 새로운 개념을 처음 접하는 아이들은 이해 속도에서 차이가 나며 학업에 대한 부담감과 스트레스를 느끼기 쉽다. 선생님 질문에 잘 대답하고 적극적인 아이들을 교사가 좋아하는 것이 당연한 일이다. 아이들이 그 수업의 내용을 진정으로 이해하였는가를 판별하는 많은 증거나 기준 중의 하나, 또는 자신의 수업이 잘 전달이 되었다고 추측하는 대표적인 확신은 사교육을 통하여 선행학습으로 그 수업시간의 내용에 대한 답을 큰 목소리로 말해주는 것이다.

초등학교 교실에서 이러한 현실은 매일의 수업 현장에서 드러난다. 수학 시간에 선생님이 새로운 단원을 설명하기 시작하면, 학원에서 이미 선행학습을 마친 몇몇 학생들은 자신감 있게 손을 들어 문제의 답을 말하고 풀이 방법을 설명한다. 이러한 학생들은 이미 여러 번 연습한 문제를 다시 푸는 느낌으로 수업에 참여한다. 반면, 사교육 경험이 없는 학생들은 교과서를 뚫어지게 바라보거나 연습장에 답을 적어보려 애쓰지만, 선행 지식이 없는 상태에서 새로운 내용을 이해하는 데 더 많은 시간이 필요하다. 선생님이"천천히 해도 괜찮아요"라고 격려하지만, 수업의 속도는 결국 학습을 따라오는 학생들에 맞춰질 수밖에 없다. 이런 상황이 반복되면 사교육을 받은 학생들과 받지 않은 학생들 사이의 격차는 점점 더 벌어진다.

시험 대비 과정에서도 이러한 차이는 더욱 두드러진다. 학교 시험이 다가오면 학원에서 시험 풀이 방법과 출제 경향을 익힌 학생들은 이미 다양한 유형의 문제를 경험한 상태에서 답안을 작성한다. 이들은 시험 문제의 의도를 빠르게 파악하고 정확히 답을 적어나가는 반면, 학원에 다니지 않는 학생들은 문제를 푸는 방법을 처음 배우며 혼란스러워한다. "시험공부 잘하고 있니?"라는 선생님의 질문에 고개를 끄덕이는 학생도 있지만, 아직 문제를 충분히 연습하지 못한 학생들은 대답을 망설이며 연습장 위에 답안을 적었다 지우기를 반복한다. 이 과정에서 학생들이 느끼는 심리적 압박감도 다를 수밖에 없다.

이 문제는 단순히 학생의 집중력이나 지능의 차이에서 비롯되는 것이 아니다. 한국의 교육과정은 세계적으로도 높은 난도를 자랑하며, 학교 수업 시간만으로 모든 교과 개념을 충분히 익히고 연습하기에는 시간이 턱없이 부족하다. 선생님들이 최선을 다해 수업을 진행하더라도 교과서와 학습 자료만으로 모든 학생이 완벽히 이해하기는 쉽지 않다. 결국, 이런 공백을 메우는 역할을 사교육이 담당하게 되면서 사교육을 받은 학생들이 자연스럽게 유리한 위치에 서게 된다. 이는 학생 간 학업 격차를 심화시키는 구조적 문제로 이어진다.

교실에서 진행되는 프로젝트 수업이나 발표 수업에서도 이러한 격차는 확연히 나타난다. 발표 준비를 위해 학생들에게 주어진 주제를 설명하면, 사교육을 받은 학생들은 이미 유사한 과제를 수행한 경험을 바탕으로 발표 자료를 빠르게 구성하고 자신감 있게 발표를 진행한다. 반면, 처음 접하는 과제에 당황한 학생들은 자료를 어떻게 정리해야 할지 막막해하거나 발표 연습 자체를 제대로 하지 못하는 경우도 있다. 이런 상황에서 교사는 모든 학생을 균등하게 도와주려고 노력하지만, 수업 시간과 리소스의 한계로 인해 결국 빠르게 진행하는 학생들에게 더 많은 시간을 할애하게 된다.

결론적으로, 사교육이 없는 상황에서 아이의 노력만으로 학교 수업을 따라가며 학업 성취를 이룬다는 것은 이상적인 목표일 뿐, 현실적으로는 불가능에 가깝다. 사교육을 통해 미리 학습하고 연습한 경험이 아이의 학업 성취에 결정적인 영향을 미치는 환경에서, 사교육은 단순한 보조 수단을 넘어 필수 요소가 되어버렸다. 이로 인해 학교 수업에 의존하는 학생들과 사교육을 받은 학생들 간의 격차는 더욱 벌어지고 있으며, 이는 개인의 노력만으로 해결할 수 없는 구조적 문제로 자리 잡고 있다.

사교육비만 잘 주면 공부를 잘 할 것이라는 착각

한국 사회에서 사교육은 학업 성취도 향상을 위한 필수적인 요소로 인식되고 있다. 많은 학부모는 사교육비를 많이 투자하면 자녀의 성적이 자연스럽게 올라갈 것이라는 믿음을 가지고 있다. 그러나 이러한 믿음은 단순한 착각일 가능성이 크다. 사교육의 효과는 단순히 투자 금액에 비례하지 않으며, 여러 복잡한 요인들에 의해 좌우된다.

우선, 학원에 다니는 이유와 목적이 학생마다 다르다는 점을 고려해야 한다. 일부 학생들은 명확한 학습 목표 없이 친구를 따라 학원에 등록하거나 부모의 권유로 학원에 다니는 경우가 많다. 이런 경우 학원이 제공하는 학습 환경이 학생의 성적 향상으로 이어지기 어렵다. 학습 의지나 목표가 없는 상태에서는 학원이 제공하는 교육 프로그램을 제대로 소화하지 못하며, 이는 곧 성적 향상 효과의 부재로 이어질 수밖에 없다. 또한, 학원의 목적에 따라 사교육의 효과가 크게 달라질 수 있다. 예를 들어, 복습이나 보충 수업을 위한 학원에 다니는 학생들은 부모의 직장 시간에 맞춰 단순히 돌봄 차원에서 학원에 다니는 경우도 적지 않다. 이러한 경우, 학습 시간이 효과적으로 활용되지 못하며, 성적 향상으로 이어지지 않는 경우가 많다. 반면, 선행학습을 목적으로 학원에 다니는 학생들의 경우 시험 준비에서 유리한 위치를 점할 가능성이 커진다. 선행학습은 학생들이 학교 수업을 더 쉽게 이해하도록 도와주며, 시험에서 높은 점수를 받을 기회를 제공한다.

하지만, 이러한 선행학습조차도 모든 학생에게 동일한 효과를 제공하지 않는다. 학교에서 성적이 낮은 학생들의 경우, 사교육을 통해 얻는 성적 향상의 폭이 이미 공부를 잘하는 학생들이 누리는 효과에 비해 상대적으로 낮은 경향이 있다. 이는 학업 능력, 학습 동기, 그리고 개인적인 학습 태도와 같은 학생의 내재적인 특성이 사교육의 효과에 큰 영향을 미치기 때문이다. 공부를 잘하는 학생들은 이미 학습 습관과 동기를 어느 정도 갖추고 있기 때문에 사교육의 도움을 받았을 때 그 효과가 더욱 두드러지게 나타나는 반면, 그렇지 못한 학생들은 사교육으로부터 상대적으로 적은 혜택을 받을 가능성이 크다.

사교육의 효과를 극대화하기 위해서는 무엇보다도 좋은 강사를 만나는 것이 중요하다고 학부모들은 이야기한다. 강사의 실력과 교육 방식은 학생들의 학습 효과에 직접적인 영향을 미친다. 강사의 전문성뿐만 아니라 학생들과의 관계 형성이 중요한 이유는, 강사가 학생의 학습 동기를 유발하고 유지하는 데 큰 역할을 하기 때문이다. 학생들이 강사와 신뢰 관계를 형성하고 적극적으로 소통할 수 있을 때, 사교육은 그 효과를 발휘할 가능성이 커진다. 이는 단순히 강사의 지식 전달 능력뿐 아니라, 학생이 학습에 몰입할 수 있는 환경을 제공하는 능력도 포함된다.

이처럼 사교육이 효과를 발휘하려면 여러 조건이 충족되어야 하기에, 많은 학부모는 자녀를 위해 "좋은 학원"이나 "좋은 강사"를 찾기 위해 끊임없이 노력한다. 학부모들은 학원 선택을 위해 동료 학부모들과 정보를 교환하거나, 직접 여러 학원을 탐방하며 자녀에게 가장 적합한 환경을 찾으려고 애쓴다. 학부모 네트워크는 특히 학원이나 강사에 대한 정보를 얻는 데 중요한 역할을 한다. 입소문과 추천을 통해 학부모들은 자녀를 위한 최선의 선택을 시도하지만, 이러한 정보 역시 제한적일 수 있다.

더욱이, 질 높은 강사나 사교육은 높은 비용이 동반되는 경우가 많다. 경제적 여건이 뒷받침되지 않는 가정에서는 이러한 사교육을 선택하기 어려운 경우가 많으며, 이는 사교육의 접근성을 제한하는 또 다른 요인으로 작용한다. 많은 경우, 이런 질 높은 강사와 학원은 특정 지역이나 특정 계층에만 접근 가능한 형태로 존재하며, 이들 정보는 제한된 인맥을 통해서만 공유되는 경우가 많다. 따라서 사교육이 모든 학생에게 평등한 기회를 제공하지 못한다는 점은 분명하다.

결국, 사교육비를 많이 투자하면 성적이 오른다는 단순한 믿음은 사교육 시장의 복잡한 현실을 간과한 오해일 수 있다. 사교육의 효과는 학생의 개별적 특성, 학습 환경, 강사의 질, 그리고 사교육의 접근성 등 다양한 요소의 결합으로 결정된다. 학부모들의 열정과 노력이 반드시 기대한 성과로 이어지지 않는 이유도 이처럼 복잡한 요소들이 작용하기 때문이다.

한국 사교육이 싫어서 이민 가겠다는 착각

세계에서 공부를 잘하는 학생들이 많은 동아시아 국가를 선택하라고 하면, 많은 사람이 일본, 중국, 대만, 홍콩, 싱가포르를 떠올릴 것이다. 이러한 나라들의 공통된 특징 중 하나는 학생들이 학교 수업이 끝난 후에도 학원과 같은 사교육 기관에 다니며 추가 학습을 한다는 점이다. 동아시아 지역의 사교육 열풍은 이제 단지 이 지역에 국한된 현상이 아니라 전 세계적으로 확산되고 있다. 유럽뿐만 아니라 아메리카 대륙의 미국과 캐나다에서도 사교육은 더욱 강한 형태로 자리 잡고 있으며, 심지어 아프리카에서도 사교육은 빠르게 번지고 있다(Kim & Jun, 2019; Kim & Jung, 2021).

일반적으로 이러한 사교육 현상은 자본주의 국가들에서만 발생한다고 생각하기 쉽다. 흔히 학력을 높여 사회적 지위를 상승시키고, 더 나은 직업을 얻어 높은 소득을 올리기 위해 사교육에 의존한다고 보기 때문이다. 그러나 사회주의 국가인 중국에서도 학부모들은 자녀의 성공을 위해 막대한 사교육 투자를 감행하고 있다. 중국 교육학회에 따르면, 대도시의 학부모들은 연평균 약 1,900만 원을 사교육비로 지출하며, 경우에 따라서는 1년에 최대 4,800만 원까지 사교육비를 부담하고 있다. 이처럼 사교육 시장의 열풍은 더 이상 특정 국가나 지역에 국한된 현상이 아니라 전 세계적으로 확산되고 있는 글로벌 트렌드로 자리 잡았다. 이제 아프리카 지역 그리고 남아메리카 지역에서도 사교육이 난리이고 한국 교육을 모델로 하고 있는 베트남 그리고 몽골의 학부모들 역시 한국의 사교육을 모범적인 학습문화로 배우고 실천한다고 한다.

이러한 사교육의 전 세계적 확산 현상에 대하여 잘 모르는 한국의 학부모들은 교육 경쟁, 사교육비 등의 뉴스가 나올 때마다 많은 댓글을 통하여 외국으로 이민을 가고 싶다 그러고 사교육이 없는 나라에서 살고 싶다고 글을 쓰고 있다. 하지만 앞서 언급했듯이, 사교육 한국만의 특별한 이상 현상이 아니라 전 세계적인 새로운 교육 현상이라는 점을 알아야 하겠다. 결국, 영국, 프랑스, 호주, 캐나다, 미국 등에서도 사교육이 널리 이용되고 있고 학업적 성공에 이민을 목적으로 한 한국의 많은 학부모는 그 새로운 이주 공간에서 자식들의 명문 대학 진학을 위하여 또 다른 사교육을 받고 있다. 나아가 한국식 공립교육이 싫은 개별화를 잘 시키고 있고 명문 대학을 많이 보내는 학교를 보내기 위하여 연 등록비 최소 3,000만 원 이상의 사립학교를 보내야 한다. 그러지 않을 경우, 모두 그러지 않기는 하지만 한국의 그 훌륭한 세계적 수준의 교사들의 가르침을 외국에서 기대하기는 어렵다. 그 한 예로서 미국 중등학교 수학과 과학 교사의 지원 감소로 인하여 미국의 한 주에서는 한국의 중등학교 교사들에게 1년 대학원 공부 마치고 미국 시민으로서 미국 중등학교 교사가 될 수 있는 이민 프로그램을 새롭게 만들었다고 한다.

사교육의 전 세계적인 현상과 그 확산은 따라서 한국만 그런 것이 아니고 세계적인 현상으로서 공교육의 국제적인 쇠락의 경향에서 이해할 필요가 있다. 어느 세계적인 교육학자가 지적하였듯이 학부모와 학생들의 사교육으로의 학습공간의 이동은 근본적으로 국가가 운영하는 공교육의 태생적 한계 때문이다. 영국, 프랑스, 그리고 미국 등의 교원정책과 관련하여 많은 연구가 훌륭한 고등학교 학생들이 교직에 지원하지 않고 있으며 아울러 교사 수업에 대한 만족도가 높지 않다는 점에 많은 고민을 하고 있다. 그리고 그 이유는 인간의 본능처럼 공무원으로서 평생 안정적으로 생활할 수 있고 특별한 일이 없으면 직업을 잃을 일이 없는 교사들이 특별히 더 잘 가르칠 필요가 없다는 점이다. 기업체처럼 물건을 덜 판다고 하여 월급이 깎이는 것이 아니다. 특별히 문제를 일으키지 않으면 정년까지 가르칠 수 있고 그 이후에 노후가 연금으로 보장된다.

최근 대학교 입시에서 MZ 세대 고등학생들에게 왜 교육대학교에 지원하였느냐고 물으면 "국가를 위하여", "훌륭한 아이를 가르치기 위하여"라는 답을 듣기 어렵다. 대신에 "오후 5시 퇴근이어서 그 이후에 취미 생활을 할 수 있어서", "방학이 있어서", "노후 연금 때문에" 등으로 답하는 비율이 높아졌다. 의사인 아빠를 둔 어느 학생은 아빠가 힘든 의사 대신에 편안하게 인생을 지내다 가라고 해서 왔다고 한다. 천직으로 가르침보다는 이제 직업으로서 교직을 선택하고 실천하는 경향이 증가한 셈이다.

그리고 그러한 직업적 안정성은 기업과는 다르게 더욱 노력한다고 하여 그 어떤 물질적 보상이 주어지는 것도 아니라는 점으로 이어진다. 더 잘 가르친다고 하여 매달 월급이 더 많아지는 것은 아니다. 학원이나 일타 강사가 금전적 보상을 위하여 평생을 노력하여 일확천금을 버는 방법과는 거리가 멀다. 그리고 그러한 학교 교사의 직업적 특징은 그들이 나이가 들어감에 따라서 세계관과 생활관이 보수화되고 개인의 안녕과 직접적으로 연결되면서 더욱 강화된다. 서구의 많은 교사의 생애 연구들이나 한국의 연구들에서 나타나듯이 인간으로서 교사의 50대 이후의 교직의 삶은 가르침의 즐거움이나 가치보다는 자신의 건강, 노후, 가족의 안녕 등에 더 우선을 두면서 모험적이고 진보적이고 열성적인 젊은 시절의 교사의 그 이미지를 그대로 유지하기를 어렵게 만든다.

이러한 공교육의 근본적인 난제가 한국을 벗어나도 다른 나라의 많은 공교육에 난무하고 있고 그 나라의 학부모들 역시 그러한 이유 때문에 사교육 학습 전쟁을 벌이고 있는 셈이다.

1.4 새로운 능력주의 형성 공간 그림자 교육

앞서 '한국 학부모들의 다섯 가지 착각'들을 통해 대부분의 학부모는 그들의 자녀가 학업적 성공을 할 수 있을 것이라 믿고 있는 것을 볼 수 있었다. 이것이 말 그대로 착각임을 깨닫는 학부모들은 결국 학생들의 성공이 학교나 학생의 노력에만 있지 않다는 것을 이해하게 된다. 이러한 학부모들은 그렇기 때문에 그들의 자녀가 학교보다, 그들 자녀의 상황에 개별화 수업을 제공해줄, 때로는 더욱 친절하고 자세하게 더 많이 알려줄 그림자 교육에도 매료되게 되는 것이다. 이러한 한국 학부모들과 학생들이 그림자 교육에 매료되는 이유는 다음의 다섯 가지 이유로 이야기할 수 있다.

첫째, 학생의 상황과 실력에 철저히 맞추는 '개별화 수업'이다. 대표적인 그림자 교육으로 과외 수업은 한 명의 학생과 한 명의 선생님이 만나 공부를 한다. 그래서 수업을 준비하는 이유나 내용, 수업 속도, 진행, 결과 평가 등을 모두 아이들에게 맞춰줄 수 있다는 장점이 있다. 이러한 이유로 오로지 우리 아이를 위한 공부 환경을 만들어주고 싶을 때는 과외를 고른다고 이야기한다. 또 다른 그림자 교육의 형태인 학원은 선생님이 학생들을 대상으로 개별적으로 맞춰주지 않지만 다양한 학원 교육 과정을 확인하고 학생이 직접 자신에게 맞는 학원을 선택할 수 있다는 점이다.

개별화 수업은 학생들이 학교 수업과 시험에 더욱 적극적으로 참여하게 하고, 때로는 그들이 학교 수업을 놓쳤더라도 그 내용을 모두 챙길 수 있도록 만들어주고 있다. 학교 수업 진도에 맞추어 그보다 조금 빨리 진도를 나가기도 하고, 학교 진도보다 살짝 느리게 진도를 나가기도 한다. 이를 통해 학생들은 그림자 교육에서 이해한 내용으로 학교 수업에서 학교 선생님이 어떤 내용을 중점적으로 가르치는지, 어떤 내용을 시험으로 낼 것 같은지 이해할 기회를 얻는다. 때로는 학교 수업에서 놓친 내용일지라도 그림자 교육에서 다시 한번 들을 수 있다는 점에서 학생들은 그림자 교육을 통해 자신만의 교육 과정을 만들어 공부하고 있다.

둘째, 학생들이 자신의 학년을 넘어 학습할 수 있도록 만드는 '속진 학습'이다. 학생들은 그림자 교육을 통해 학교의 수업에 비해 훨씬 앞서간 범위를 미리 학습하고 있다. 초등학교 6학년 학생이 벌써 고등학교의 내용을 공부하는 사례는 특출난 몇몇 학생의 사례에서 점차 흔하게 볼 수 있는 사례가 되어 가고 있다. 이러한 속진 학습의 결과는 학생들이 그들이 학교 수업에 참여했을 때 이미 알고 있는 모든 것들을 활용해서 수업의 평가에서 더 좋은 성적을 받을 수 있도록 만들고 있다.

셋째, 학교에서 제공해주지 못하는 시험과 관련한 학습 자료들이다. 학생들은 학교 교재 외에도 학원에서 제공하는 문제집, 인터넷 강의 자료, 참고서 등을 활용하여 학습의 깊이를 더하고 있다. 예를 들어, 수학 문제를 풀 때 학교 교재 외에도 학원 문제집, 온라인 강의에서 제공하는 추가 자료 등을 함께 사용하여 다양한 유형의 문제를 접하고, 이를 통해 문제 해결 능력을 키운다. 이렇게 다양한 학습 자료를 통합적으로 활용함으로써 학생들은 더 풍부하고 다각적인 학습 경험을 할 수 있게 된다.

다양한 학습 자료는 학생들이 학교 시험에서 더 나은 성적을 받을 수 있도록 도와준다. 학원에서 제공하는 문제집과 참고서, 인터넷 강의 자료는 학교 교과서에는 다루지 않지만 시험에 나올 심화 내용을 포함하고 있어, 학생들이 시험에서 고득점을 받을 수 있도록 돕는다. 이러한 자료들은 학생들이 학교 시험에 나올 수 있는 다양한 유형의 문제들에 대비할 수 있도록 만들어준다.

넷째, 정서적 능력의 향상을 도와주고 있다. 학생들은 그림자 교육을 통해 다양한 성취 모델을 경험하고, 이를 통해 자신에게 가장 유리한 학습 환경을 조성하고 있다. 예를 들어, 일부 학생들은 학원을 통해 집중적인 시험 준비를 하며, 다른 학생들은 온라인 강의를 통해 자기 주도 학습을 진행한다. 이는 학생들이 자신의 학습 스타일과 목표에 맞는 다양한 학습 경로를 선택할 수 있게 하며, 학습의 효율성을 높인다. 또한, 그림자 교육은 학생들의 학습 동기와 자율성을 높이는 데 기여한다. 학원과 과외 수업에서 제공하는 체계적이고 지속적인 학습 관리는 학생들이 학습에 대한 흥미와 동기를 유지하는 데 도움을 준다. 학생들은 자신의 학습 진도를 스스로 관리하고 조절할 수 있는 자율성을 키울 수 있으며, 이는 장기적으로 안정적인 학습 습관을 형성하게 한다. 이러한 이유로 많은 학부모와 학생들이 그림자 교육을 필수적인 교육 과정의 일부로 여기고 있으며, 이는 한국 학생들의 전반적인 학업 성취도를 향상시키는 중요한 요소로 작용하고 있다.

그림자 교육에 참여하고 있는 학생들은 학교 수업에서 적극성과 자신감을 보이고 있다. 학생들은 학교 수업 시간에 교사의 질문에 기죽지 않고 적극적으로 답을 한다. 또한 학교 수업에 개방적인 모습을 보인다. 학생들은 학교 교사의 수업이 '이해하기 어려운 것'이 아닌 자신이 충분히 이해할 것이라는 믿음을 가지고 수업에 임하도록 만든다. 다시 말해, 그림자 교육은 학생들이 학교 수업을 '나 따위는 이해하지 못할 것'이라는 걱정에서 벗어나, 자신감을 불어넣어 그들이 학교 수업이나 수업 활동 중의 수행평가에 활발하게 참여할 수 있게 만들어 준다.

다섯째, 학업적 성공을 위한 진로 정보의 제공과 성공 코스 설계의 멘토이다. 그림자 교육에 참여하고 있는 학생들은 자신이 사회적으로 성공하기 위해서 거쳐야 할 학업적 성공의 코스를 알고 있다. 이는 학생이 직접 짜기보다, 그림자 교육의 멘토가 이들을 대신하여 그 코스를 알려주는 것이다. 때로는 학생의 성향, 장점, 특기를 살린 코스를 짜주기도 하고, 이들이 밟아야 할 코스, 참여해야 할 학교 안의 프로그램, 생활기록부에 적혀야 할 체험 활동이 무엇이 있는지 모든 것을 알려준다.

학생들은 그들에게 필요한 진로 정보를 멘토를 통해 이해하고 있고, 이 코스에 올라타기 위해 그들이 해야 할 것 또한 그림자 교육을 통해 받고 있다. 이는 어떤 학생은 고등학교를 졸업할 때 생활기록부가 8~12쪽 정도로 끝이지만, 어떤 학생은 20~30쪽에 달할 정도의 분량을 가지게 하는 이유가 되기도 한다. 그림자 교육의 멘토 또는 강사들은 학생들이 성공했을 때의 미래를 보여주면서 그들이 설계한 명문중-특목고-명문대를 차근차근 나아갈 수 있도록 모든 카펫을 깔아준다.

이러한 그림자 교육의 학업적 성공을 위한 도움들은 명문대 입학에도 큰 영향을 미치고 있다. 이는 특히 입시 준비에 특화된 교육 프로그램과 자원의 제공을 통해 이루어진다. 명문대 입시를 목표로 하는 학생들은 입시 전문 학원을 통해 고도의 준비를 하며, 이는 높은 대학 입시 성적을 얻는 데 기여한다. 학부모들이 빚을 내어 가며 자녀의 학업 성공을 위한 경제적 투자를 멈추지 못하는 이유가 여기에 있는데, 이는 명문대 진학 확률을 높이는 중요한 요인 중 하나이다. 연구에 따르면, 교육 비용이 10% 증가할 때마다 명문대 입학 확률이 0.05%씩 증가한다는 결과도 있다.

1.5 사교육에서의 교육 불평등

지금까지 내용을 정리하면, 그림자 교육은 학자들에 의해 학교 교육을 보완하는 중요한 요소로 정의되며, 전 세계적으로 특히 동아시아 지역에서 큰 영향을 미치고 있다. 한국에서도 대부분의 학생이 그림자 교육에 참여하고 있으며, 이는 학업적 성공과 명문대 입학에 큰 도움이 된다. 그러나 이러한 그림자 교육의 학업적 성공에 대한 효과로 인해 교육 불평등이 심화되고 있다. 경제적 여건이 좋은 가정의 학생들은 더 많은 사교육 기회를 누리며 성적을 향상시키고, 이는 결국 교육 기회의 격차를 더욱 벌어지게 만든다. 따라서 학부모들은 다양한 교육 정보를 수집하고, 자녀에게 맞는 프로그램을 선택하는 데 많은 노력을 기울이고 있지만, 이는 사회적 불평등을 악화시키는 요인으로 작용하고 있다.

사교육이 교육 불평등을 재생산하거나 강화한다는 측면이 있는 것은 명백한 사실이다. 이 진술은 굳이 수많은 연구를 들먹이지 않더라도 대부분의 독자가 동의할 수 있을 것으로 생각한다. 이익을 추구하는 기업체로서 사교육 서비스 제공자들은 자신들의 상품들의 질을 가격에 따라 나누어 제공한다. 즉, 많은 비용을 지불하는 소비자에게는 더 나은 서비스를 제공하여 소비자들로 하여금 많은 비용을 지불할 환경과 욕구를 만들기 위해 지속적으로 노력한다. 이에 막강한 자본력으로 자녀들을 위해 얼마든지 지출할 용의가 있는 부모의 자녀들과 그렇지 않은 자녀들이 갖게 되는 교육적 경험의 기회의 차이는 사교육 공간에서 극대화된다. 실제로 한국의 특목고나 영재고에 입학하거나 입학하려는 학생들의 부모는 그렇지 않은 부모들보다 평균적으로 8배 많이 지출하는 것으로 조사

되었다. 극단적인 경우이겠지만 대구의 한 고등학교 몇몇 학부모는 고등학생 자녀의 과외비용으로 과목당 한 달에 200만 원 이상 지출하는 경우도 있다고 한다. 물론 이는 어떠한 통계에도 잡히지 않았을 것이다. 어쩌면 서울 강남 지역의 학부모 중 더 이상을 지출하는 경우도 있을지 모를 일이다.

이제 그림자 교육은 한국만의 현상은 아니다. 그림자 교육은 전 세계적으로 중요한 교육 요소로 자리 잡고 있으며, 다양한 국가에서 그 형태와 영향력이 두드러진다. 일반적으로, 그림자 교육은 학생들이 학교에서 부족한 부분을 보완하고, 더 높은 학업 성취를 이루는 데 기여한다. 영국에서는 고등학생의 약 25%가 그림자 교육을 받고 있으며, 많은 학생이 대학 입학시험 준비를 위해 그림자 교육을 활용한다. 런던을 중심으로 그림자 교육의 중요성이 강조되며, 이는 학업 성취와 대학 진학률에 긍정적인 영향을 미친다. 영국 내 학부모들이 자녀의 학업 성취를 위해 큰 금액을 투자하고 있으며, 일부 고소득 가정에서는 연간 수천 파운드의 비용을 들여 그림자 교육을 받고 있다.

미국에서도 그림자 교육의 중요성은 점점 커지고 있다. 동북아시아 이민자 가정의 학생들은 학교 수업 외에도 학원에 다니며 추가 학습을 받고 있으며, 이민자 학생의 약 70% 이상이 방과 후 그림자 교육을 받는다. 이러한 그림자 교육은 명문 대학 입학률을 높이는 데 중요한 역할을 한다. 뉴욕과 캘리포니아 지역의 학부모들은 SAT와 ACT 준비를 위해 사설 학원과 개인 교습에 많은 비용을 투자한다. 이러한 투자는 학생들이 더 높은 점수를 받아 명문 대학에 진학할 수 있도록 돕는다. 그림자 교육이 학생들의 학업 능력을 향상시키고, 더 깊이 있는 이해와 문제 해결 능력을 기를 수 있게 돕는 중요한 교육 도구로 작용한다.

싱가포르의 경우, 그림자 교육 시장은 연간 약 1조 원 규모로 추정되며, 학생의 80% 이상이 학교 외부에서 그림자 교육을 받는다. 싱가포르에서는 유아기부터 시작되는 그림자 교육이 일반화되어 있으며, 초등학교 입학 전부터 학습지와 과외를 통해 기초 학습 능력을 키우는 것이 일반적이다. 특히 수학과 과학 분야에서 높은 성과를 보이는 싱가포르 학생들은 학원에서 제공하는 심화 프로그램을 통해 국제 올림피아드에서 우수한 성적을 거두고 있다. 조기 교육은 싱가포르가 국제 학업 성취도 평가(PISA)에서 높은 성과를 보이는 주요 이유 중 하나로 작용한다. 그림자 교육이 학업 성취를 돕는 중요한 역할을 하고 있음을 나타낸다.

일본의 경우, 그림자 교육은 매우 중요한 역할을 하고 있다. 일본의 많은 학생은 학교 수업 외에도 학원에서 추가 학습을 받고 있으며, 이는 일본이 국제 학업 성취도 평가(PISA)에서 상위권을 차지하는 데 기여하고 있다. 일본 학부모들은 자녀의 교육에 많은 비용을 투자하며, 학원의 다양한 프로그램을 통해 학생들이 학교 교육을 보완하고 학업 성취를 높일 수 있도록 지원한다. 일본의 사교육 시장은 연간 수십억 엔 규모로, 많은 학생이 대학 입시 준비를 위해 학원과 과외를 이용하고 있다.

중국과 홍콩에서도 그림자 교육은 매우 보편화되어 있다. 홍콩의 초등학생 중 72%가 방과 후 학원에 다니고 있으며, 중국의 도시 지역 초등학생의 약 60%가 그림자 교육을 받고 있다. 이러한 그림자 교육 열풍은 학생들이 학교에서 부족한 부분을 보완하고, 더 높은 학업 성취를 이루는 데 중요한 역할을 한다. 베이징과 상하이에서는 주말마다 수많은 학생이 사설 학원에서 영어, 수학, 과학 등을 배우며, 일부 학원은 입학시험을 통해 학생을 선발하기도 한다. 전반적으로, 그림자 교육은 전 세계적으로 학생들의 학업 성취를 돕고, 더 나은 교육 결과를 가져오는 데 중요한 역할을 하고 있음을 알 수 있다.

한국에서도 그림자 교육은 매우 보편적이다. 2023년 통계청과 교육부가 발표한 자료에 따르면, 2023년 한국의 사교육비 총액은 약 27조 1천억 원으로 전년 대비 4.5% 증가하였다. 초중고 사교육비 총액은 각각 초등학교 12조 4천억 원, 중학교 7조 2천억 원, 고등학교 7조 5천억 원으로 나타났다. 초중고 학생들의 사교육 참여율은 78.5%였으며, 주당 평균 참여 시간은 7.3시간이었다. 초등학생의 사교육 참여율은 86.0%, 중학생은 75.4%, 고등학생은 66.4%로 나타났다. 2023년 전체 학생의 1인당 월평균 사교육비는 43만 4천 원으로, 참여 학생의 경우 55만 3천 원으로 집계되었다.

전 세계의 학자들은 그림자 교육이 학생들에게 새로운 학습 문화로 정착되는 현상의 이유로 그림자 교육이 학생의 학교 수업 성취에 영향을 미치고 있다는 것을 밝히고 있다. 다시 말해 학생들은 그림자 교육을 학교 공부, 시험성적 향상과 더 좋은 학교로의 진학에 사용하고 있다(Baker & LeTendre, 2005; Kuan, 2011; 변수용 & 박현준, 2012; Entrich, 2014a; Sen, 2014; Jerrim, 2015; Yung, 2019; Fülöp & Győri, 2021; Liang 외, 2022). 학생들이 그림자 교육을 학교 공부를 위해 받고 있다는 점은 일본과 독일의 사례에서 Entrich(2014a)가 밝혀내었다. 일본과 독일의 학교 정규 교육 시간은 비슷하지만 일본이 독일보다 학업 성취가 높은 이유로, 일본 학생이 독일 학생에 비해 그림자 교육에 더 많은 시간을 소요하며 이 시간 동안 일본 학생들이 그림자 교육을 통해 학교 공부를 더 많이 하고 있음을 밝히고 있다. 이는 Yung(2019)가 자전적 내러티브 탐구를 통해 홍콩의 학생이 그림자 교육을 통해 학교 성적이 올랐다고 주장한 바와 일치한다. 그림자 교육을 통해 학교에서의 시험성적이 향상될 수 있었던 이유로 Kuan(2011)은 학생에게 부담되는 시험에 미리 대비하며 학생의 수준에 따라 보충, 심화 학습을 하기 때문이라고 주장하고 있다. 한편 학생들은 대학 입시 시험을 대비하는 학원이나 명문 중, 고등학교 입시 학원에 다니고 있다. 미국에서는 동아시아계 미국 학생이 입시 학원에서 SAT 시험성적이 향상되었다(변수용 & 박현준, 2012). 이와 유사하게 Yung(2019)은 홍콩에서 그림자 교육을 통해 명문 학교에 입학하는 사례를 제시하였다. 이외에도 Jerrim(2015)이 밝힌 PISA에서 동아시아 학생들이 그림자 교육으로 인해 성적이 높다는 점이나, Liang 외(2022)가 밝힌 그림자 교육을 받는 홍콩 학생들이 그림자 교육을 받지 않는 학생에 비해 감정적 안정, 학교에 대한 소속감, 삶의 의미 수준이 높다는 점들은,

Sen(2014)가 인도 학생들이 학업적 성공을 위해 과외 강사에 의존한다고 주장한 것처럼 학생들이 그림자 교육을 받는 또 다른 이유이다.

앞서 언급한 연구들에서 공통적으로 드러나는 특징은 학생 가정의 사회경제적 계층과 그림자 교육의 수혜에는 상당한 관계가 있다는 것이다. 다시 말해 사회적 계층에 따라 받을 수 있는 그림자 교육은 달라지고, 이러한 불평등은 학생의 학업적 성취에 영향을 미치고 있다(Nath, 2008; Buchmann 외, 2010; Tsiplakides, 2018; Gupta, 2019; Entrich, 2020). 저렴한 그림자 교육을 받을 기회도 없이, 가정의 사회경제적 계층에 따라 그림자 교육을 받지 못하는 학생들도 많다. 총 63개 사회 중 미국 및 북유럽 등 16개 사회를 제외한 대부분의 사회에서 학생 가정의 Socio-Economic Status(SES)이 높을수록 그림자 교육을 받을 확률이 높다(Entrich, 2020). 이는 방글라데시의 도시 거주 학생 51.7%가 그림자 교육을 받을 동안, 소득 수준이 낮은 가정의 학생이 많이 다니는 비정규학교와 마드라사의 학생 12.3%와 20%만이 그림자 교육을 받았다는 연구와 유사하다(Nath, 2008). 한편 그림자 교육을 받을 수는 있지만 그림자 교육의 비용으로 인해 비교적 저렴한 그림자 교육을 선택하는 학생과 비싼 그림자 교육을 받는 학생의 사이에도 불평등이 발생하고 있다. 그리스에서는 경제적 배경에 따라 상류층과 중산층 가정의 학생은 개인 과외를 받으며 근로 계급 가정의 학생은 학원이나 그룹 과외를 받아, 학생의 영어 수준에 차이가 있었다(Tsiplakides, 2018). 이와 유사하게 Buchmann 외(2010)는 밝힌 고액에 해당하는 개인 과외가 1600점 만점인 SAT에서 30~40점의 점수 상승에 기여하며 명문대학교 입학의 기회를 제공한다고 주장하였다. 이 밖에도 Gupta(2019)는 학생의 교육을 위해 가정의 사회적, 경제적 자본이 모두 필요하다고 언급하며, 동일한 비용의 그림자 교육을 선택하더라도 사회적 자본에 해당하는 어머니의 교육 수준과 그림자 교육에 대한 문화 자본에 따라 학생의 학업적 성공에 차이가 있다고 주장하였다.

그러한 점에서 우리나라의 그림자 교육에서도 경제적 불평등이 나타나고 있다는 점은 주지할 바이다. 변수용과 김경근(2008)의 연구는 한국 그림자 교육에서의 불평등한 참여를 보여주는 대표적인 연구이다. 그들에 따르면 부모의 교육 수준, 가계소득이 높을수록 수학과 영어에서의 학생의 학업 성취가 높으며, 어머니가 경제활동을 하는 경우 학업 성취가 낮았다. 이외에도 많은 연구들(최형재, 2007; 이연옥, 2010; 오병돈, 2012; 오호영 & 이정수, 2015; 최유리 & 백일우, 2017; 김라경, 2019; 통계청, 2020, 2023;)은 우리나라 학생들의 그림자 교육을 통한 학습에서 나타나는 불평등의 문제를 심각하게 제기하였다. 오병돈(2012)은 가구소득이 학생의 그림자 교육 참여의 정도에 영향을 미치며, 학생의 수능에서의 학업 성취는 부모의 교육 열망과 그림자 교육 참여 지원을 통해 간접적으로 영향을 미친다는 것을 밝혀내었다. 이는 최형재(2007)와 오호영, 이정수(2015)가 가구소득과 자녀의 상위권 대학 입학의 정도를 통계적으로 밝혀준 연구와 결과적으로 유사하였다. 특히 이 연구는 고소득층 가정의 학생은 저소득층 가정의 학생에 비해 우리나라 상위 10개 대학에 입학하는 비율이 8배에 달하고 있다는 점을 밝히고 있다(오호영 & 이정수, 2015).

그림자 교육은 한국 학생들의 학업적 성공에 중요한 역할을 한다. 학생들은 그림자 교육을 통해 학교 교과 내용을 보완하고, 선행 학습과 심화 학습을 통해 더 높은 성적을 얻을 수 있다. 학원과 과외 수업에서 제공하는 추가 학습 자료, 문제 풀이, 맞춤형 교육과 반복 학습은 학생들이 학교 수업에서 이해하지 못한 부분을 보완하고, 시험 준비를 체계적으로 할 수 있도록 돕는다. 이러한 교육 방식은 학생들이 주요 과목에서 높은 성적을 받게 하며, 입시 준비의 효율성을 높인다.

1.6 SKY를 보내줄 수 없는 아빠들

근래 한국의 드라마 〈스카이 캐슬〉, 〈펜트하우스〉, 〈그린마더스클럽〉 등은 교육 불평등의 현실을 생생하게 묘사하며 큰 주목을 받았다. 이 드라마들은 상류층 가정이 자녀의 성공을 위해 막대한 사교육비를 지출하고, 교육 정보와 자원을 독점하는 모습을 통해 교육 불평등이 어떻게 심화되는지를 보여준다. 〈스카이 캐슬〉에서는 부모들이 자녀를 명문대에 보내기 위해 치열하게 경쟁하며, 사교육과 비밀과외를 동원하는 모습을 그린다. 〈펜트하우스〉에서는 부유한 가정의 자녀들이 명문 학교에 입학하기 위해 불법적인 방법까지 동원하며 교육 전쟁을 벌이는 내용을 다룬다. 〈그린마더스클럽〉은 교육 특구에서 상류층 부모들이 자녀의 교육을 위해 헌신하는 모습을 통해 경제적 배경이 교육 기회에 미치는 영향을 강조한다.

이러한 드라마들은 완전한 허구가 아니라 한국 사회의 현실을 반영하고 있다. 한국의 교육 불평등은 부모의 경제력과 정보력이 자녀의 교육 성취에 큰 영향을 미친다. 경제적으로 여유 있는 가정은 자녀에게 더 많은 사교육 기회를 제공하고, 고액 과외와 명문 학원을 통해 성적을 향상시킨다. 반면, 경제적 여건이 부족한 가정의 자녀들은 이러한 기회를 얻기 어려워, 교육 격차는 더욱 벌어지게 된다. 드라마에서 묘사된 바와 같이, 상류층 부모들은 자녀의 교육을 위해 불법적인 방법을 동원하거나 지나친 경쟁을 유도하기도 하며, 이는 현실에서도 빈번히 발생하는 문제이다. 이러한 상황은 사회적 계층 이동을 제한하고, 계층 간 격차를 심화, 고착화시킨다. 결과적으로, 교육 불평등은 공정한 경쟁을 저해하며, 사회 전반에 걸쳐 부정적인 영향을 미치고 있다.

능력주의 사회에서 부모들은 자녀의 성공을 위해 적극적으로 경제적 지원을 아끼지 않은 경우도 있었고, 어떤 지원을 해야 할지조차 몰라 지원을 하지 않은 경우도 있었다. 다시 말해, 이미 성공한 부모들은 자녀의 학업적 성공에 그들의 도움이 큰 영향을 가진 것을 알고 있었으며 경제적 지원과 함께 성공의 비결을 전수해오고 있었다. 하지만 중산층만 되어도 성적을 올리는 데 탁월한 과외는 엄두를 내기가 어려웠으며, 성공의 비결은 부모부터가 알지 못하였다.

이에 경제적, 사회적 지위가 높은 가정의 학생은 항상 공부에 대한 긍정적인 인식을 가지고 계속 공부를 하였다. 손쉽게 성적을 올릴 수 있는 그림자 교육의 도움까지 더해져 그들은 항상 전교 상위권의 성적을 유지할 수 있었다. 하지만 경제적, 사회적 지위가 낮은 가정의 학생들은 "공부를 왜 해야 하지?", "어차피 내 성적이 오를 일은 없을 텐데", "이(번) 생(은) 망(했다)"와 같은 말을 반복하며 공부를 포기하는 모습을 보였다.

학생의 능력과 노력에 따라 성공과 보상을 분배한다는 능력주의가, 세습에 비해 공평하다는 인식에 따라 생겼지만 실상은 여전히 부모의 경제적, 사회적 배경이 큰 영향을 미친다는 것을 확인하였다. 성공한 부모들은 자신이 가지고 있는 직업을 그들의 자녀에게 물려주고 싶어 했다. 이는 그들이 그림자 교육을 통해 그들의 자녀가 남들보다 훨씬 쉽게, 적은 노력을 들이고도 명문대학교에 진학할 수 있게 만들었다.

이에 저자들은 한국 학생들이 유아기부터 대학을 입학할 때까지의 모든 과정에서 교육 불평등을 경험하고 있지만, 이와 관련한 논문이나 책은 부족하다는 점에서 문제의식을 느꼈다. 특히 단순 통계에 따라 학부모의 SES에 따라, 예컨대 학부모의 경제적 소득에 따른 학생의 명문대 입학 비율 등의 연구 결과만 있다는 점에서 학생들의 실제적 삶을 탐구할 필요가 있다고 생각하였다. 하여 질적 사례 연구를 통해 한국 학생들의 삶을 연대기적으로 탐구하고자 하였다.

1.7 끝맺는 말

이 책은 유치원부터 재수 학원까지의 학생 발달 과정을 따라 각 장을 구성하고 있다. 이는 각 교육 단계에서 나타나는 불평등을 체계적으로 탐구하기 위해 중요하다. 생애사 연구는 개인의 생애를 통해 교육 현상의 맥락을 이해하고, 교육 불평등의 구조적 원인을 파악하는 데 유용하다. 생애사 연구는 연구 대상자의 삶을 종합적으로 분석하며, 주관적 경험을 바탕으로 사회적 현상을 해석하는 데 중점을 둔다.

각 교육 단계에서의 경험과 그로 인한 결과는 학생의 학업 성취도와 사회적 이동에 큰 영향을 미친다. 예를 들어, 유치원 단계에서 시작되는 영어 교육의 격차는 초등학교와 중학교를 거쳐 더욱 심화된다. 초등학교 6년 동안 부모의 경제력 차이에 따른 학업 성취도의 차이는 중학교와 고등학교로 이어지며, 결국 대학 입시에서 큰 영향을 미친다. 이러한 발달 과정을 단계별로 탐구함으로써, 교육 불평등이 어떻게 누적되고 고착화되는지를 명확히 밝힐 수 있다.

생애사 연구를 통해 얻어진 데이터는 교육 불평등을 이해하는 데 있어 중요한 통찰을 제공한다. 각 발달 단계에서 다양한 그림자 교육의 유형과 그 수업 방식이 어떻게 학업 성취도에 영향을 미치는지를 분석함으로써, 교육 불평등의 구체적 구조를 파악할 수 있다. 이를 통해 모든 학생이 동등한 교육 기회를 누릴 수 있는 사회를 만드는 데 필요한 시사점을 제공할 것이다.

참고문헌

Baker, D., & LeTendre, G. K. (2005). National differences, global similarities: World culture and the future of schooling. Stanford University Press.

Buchmann, C., Condron, D. J., & Roscigno, V. J. (2010). Shadow education, American style: Test preparation, the SAT and college enrollment. Social forces, 89(2), 435-461.

Byun, S. Y., & Park, H. (2012). The academic success of East Asian American youth: The role of shadow education. Sociology of education, 85(1), 40-60.

Entrich, S. R. (2014). German and Japanese Education in the Shadow--Do Out-of-School Lessons Really Contribute to Class Reproduction?. IAFOR Journal of Education, 2(2), 17-53.

Entrich, S. R. (2020). Worldwide shadow education and social inequality: Explaining differences in the socioeconomic gap in access to shadow education across 63 societies. International Journal of Comparative Sociology, 61(6), 441-475.

Fulop, M., & Gordon Gyori, J. (2021). Japanese students' perceptions of the role that shadow education plays in competition in education. Hungarian Educational Research Journal, 11(2), 143-165.

Gupta, A. (2019). Heterogeneous middle-class and disparate educational advantage: Parental investment in their children's schooling in Dehradun, India. British Journal of Sociology of Education, 41(1), 48-63.

Jerrim, J. (2015). Why do East Asian children perform so well in PISA? An investigation of Western-born children of East Asian descent. Oxford Review of Education, 41(3), 310-333.

Kim, Y. C. Jung, H.J. (2019). Shadow Education as Wordlwide curriculum Studies. New York: McMillan.

Kim, Y. C, and Jung, H. Jung(2021). Theorizing shadow education and academic success in East Asia. New York: Routledge.

Kuan, P. Y. (2011). Effects of cram schooling on mathematics performance: Evidence from junior high students in Taiwan. Comparative education review, 55(3), 342-368.

Liang, H., Wang, Z., & Wu, W. (2022). The Effect of Shadow Education on Hong Kong Student Wellbeing: Evidence From PISA 2018. Frontiers in Psychology, 13, 1-8.

Nath, S. R. (2008). Private supplementary tutoring among primary students in Bangladesh. Educational Studies, 34(1), 55-72.

Sen, P. (2014). "We follow the private tutors not the teachers": An ethnographic insight into educational practices among the students of an Indian city. International Journal of Research in Social Sciences, 4(4), 819-840.

Tsiplakides, I. (2018). Shadow education and social class inequalities in secondary education in Greece: The case of teaching English as a foreign language. International Journal of Sociology of Education, 7(1), 71-93.

Yung, K. W. H. (2019). Learning, teaching, and researching in shadow education in Hong Kong: An autobiographical narrative inquiry. ECNU Review of Education, 2(1), 64-76.

김라경. (2019). 초등영재학생의 사교육 실태 및 사교육이 학업스트레스 및 학습동기에 미치는 영향. 예술인문사회 융합 멀티미디어 논문지, 9(1), 635-643.

변수용 & 김경근. (2008). 한국 고등학생의 교육결과에 대한문화자본의 영향. 교육사회학연구, 18(2), 53-82.

오병돈. (2012). 학습참여와 학업성취의 불평등: 공교육, 사교육, 자기주도적 학습. 석사학위논문, 성균관대학교, 서울.

오호영 & 이정수. (2015). 청년층의 계층이동과 시장경제에 대한 태도. 한국직업능력연구원 학술대회 발표자료집, 10, 284-309.

이연옥. (2010). 초등학생의 영어 사교육 실태와 인식 조사. 박사학위논문, 부경대학교.

최유리, & 백일우. (2017). 초등학생의 사교육 참여가 학업성취도에 미치는 영향. 교육재정경제연구, 26(3), 25-53.

최형재. (2007). 사교육의 대학진학에 대한 효과. 한국노동연구원.

통계청. (2020). 2019년 초중고사교육비 조사 결과. 대전: 통계청.

통계청. (2023). 2022년 초중고사교육비 조사 결과. 대전: 통계청.

2

명품처럼 비싼 교사들

청담동에 갈 수 없는 아이들

이 번 장은 학부모의 경제적 능력에 따른 학생들이 그림자 교육에서 얼마나 다른 교육적 경험을 하고 있는지 드러내고자 한다. 다음 그림에서처럼 한국 통계청에서는 경제적 계층을 10분위로 나누어 설명하고 있다. 10분위를 기준으로 한국의 한 커뮤니케이션에서는 미국의 '은수저를 물고 태어나다(Born with a silver in one's mouth)'는 말에서 유래하여 수저 계급론을 만들어 냈다.

수저 계급론은 사회·문화적 공간마다 기준점이 다르다. 일반적으로 흙수저, 은수저, 금수저, 다이아몬드 수저로 나눈다. 흙수저는 월 소득 150만 원 이하, 은수저는 월 소득 250~400만 원, 금수저는 월 소득 450~ 700만 원, 다이아몬드 수저는 월 소득 1,000만 원 이상의 가정을 의미한다. 각 수저 계급별로 학생들이 받는 그림자 교육의 비용과 개수는 달라지고 있고 이러한 결과는 결국 학습 불평등을 초래하고 있다.

이러한 점은 많은 교육 연구자, 정책가들에게 큰 비판을 받고 있다. 최근 10년간 유명 강사들의 인터넷 강의가 활성화되었고, 이에 따라 교육 불평등이 해소되었다는 착각을 가지고 있다. 하지만 인터넷 강의마다 금액 차이는 10만 원에서 100만 원까지 천차만별이며, 인터넷 학원과 개인 과외의 차이는 더 날 것이다. 이러한 점에서 이제는 옥탑방에서 펜트하우스로 올라가는 엘리베이터를 타는 것은 거의 불가능할 것이다. 그럼 도대체 부유한 가정의 아이들은 어떠한 그림자 교육을 받고 있으며, 가난한 아이들과 어떤 차이가 있길래 이러한 차이가 나타나는지 한번 이야기해보고자 한다.

2.1 흙수저 아빠의 이야기

흙수저 가정의 아빠들은 연봉 1,500 ~ 1,700만 원 정도를 받는다. 대체로 흙수저 아빠들은 정규적인 직장이 없다. 일반적으로 건설 현장의 일용직, 중소기업 혹은 아예 직장이 없어 기초생활수급자로 지정되어 나라에서 일정 금액을 매달 지원 받는 가정의 아빠들이다. 보통 흙수저 가족이라고 말하면 자신이 소유한 집과 차가 없다. 매달 정기적인 월급을 받는 것이 아니라 하루 벌어 하루 먹고 사는 일용직이 대다수이기에 매달 들어가는 그림자 교육 비용을 지출하는 것은 거의 불가능하다고 이야기한다.

우리가 조사한 흙수저 가정의 아빠들의 최종학력을 보면 고등학교 중퇴, 중학교 졸업과 같이 중등교육까지 받은 아빠들이었으며, 대개 초등학교 졸업으로만 끝나는 아빠들도 있다. 이러한 흙수저 아빠들이 들어갈 수 있는 직장은 거의 없으며, 학력이 거의 필요 없고 단순한 기술이나 신체적 조건만 요구하는 직장에서 다니기에 소득이 매우 낮은 편에 속한다.

이러한 흙수저 가정에서 태어난 아이들은 초등학교, 중학교, 고등학교까지 그림자 교육을 거의 받지 못하는 아이들이 대다수이며, 그림자 교육을 받는 학생들도 저렴한 금액의 그림자 교육이나 무료로 제공하는 EBS 강의만 듣는 경우가 많았다. 그림자 교육을 거의 받지 못한 흙수저 가정의 아이들은 결국 학교에 다니는 동안 수업 진도를 따라가지 못하고 이해하지 못해 흥미가 떨어지고 결론적으로 대학진학 포기라는 학업적 실패를 경험하게 된다. 한국에서 대학 진학의 실패는 직업의 선택과 유무에 큰 영향을 끼치게 된다. 연봉이 높지 못한 직장에 취직한 아이들은 결혼 후 또 다른 흙수저 가정을 만들면서 가난이란 순환의 과정은 계속적으로 반복된다. 그렇다면 흙수저 가정의 아이들이 받는 그림자 교육은 무엇이며 학업적 결과는 어떻게 나타나는지 사례들을 살펴보자.

[표 2-1] 흙수저 가정의 아이들

이름	아빠 직업	가정소득	그림자교육 비용	학업적 효과
미소	중소기업	월 133만 원	월 7만 원	전교 208등 대학진학퍼기
하랑	일용직	월 80~90만 원 기초생활수급	0원	모든 과목 미달
수현	택배업	월 140만 원	연 18만 원	전교 172등
하정	무직	기초생활수급	0원	대학 진학 실패

한국의 경우 초등학생부터 고등학생까지 방문형 학습지(이하 '학습지')가 많이 활성화되어 있다. 이러한 학습지는 주 1회, 20분 수업에 한 과목당 25,000원에서 35,000원까지 그림자 교육 중 가장 저렴한 편에 속한다. 흙수저 가정의 경

우 한 과목당 약 30,000원의 비용을 지불하는 것도 쉽지가 않다. 하지만 자신의 아이가 학교에서 뒤처지지는 않을까, 친구들에게 창피당하지는 않을까 하는 생각에 큰 결심을 가지고 시작시킨다. 하지만 부모의 마음과는 달리 학습지만으로는 학교 교육을 따라가기 힘들며, 일주일에 한 번이라는 시간으로는 아이들이 완전한 학습을 하기란 쉽지 않다.

처음 미소를 만났을 때 미소는 중학교 2학년이었다. 미소의 가정은 월 소득 133만 원으로 형편이 아주 어려웠다. 미소는 공부에 관심이 많고 학교에서도 열심히 하려고 했지만, 다른 아이들의 속도를 맞춰가기란 쉽지 않았다. 결국 학교 성적은 하위권을 받았다. 미소의 중학교 성적을 받은 부모는 미소가 공부할 수 있는 학원에 보내고 싶었지만, 월 30만 원 정도의 학원에 보내는 것은 거의 불가능에 가까웠다. 그래서 비교적 저렴한 학습지를 신청하기로 마음을 먹었다. 미소의 부모는 한 과목당 35,000원에 수학, 영어로 월 7만 원의 학습지를 신청했다. 주 1회에 20분 정도의 수업을 하지만 조금이나마 공부를 시킬 수 있다는 마음에 조금 안심했다. 하지만 미소의 반 아이들은 초등학교 때부터 학원에 다니며 선행 학습을 했고 주 1회로 미소의 성적을 올릴 수는 없었다. 학습지를 하더라도 공부 시간이 너무 짧고 추가적인 공부자료를 제공해주지 못하는 학습지는 미소의 공부에 대한 열정을 채워주지 못했고 성적도 채워주지 못했다. 미소가 중학교 3학년이 되면서 결국 미소는 학원에 다니지 않으면 아이들의 성적을 따라잡지 못한다는 점과 자신의 부모가 학원에 보내줄 수 없다는 사실을 인정하면서 결국 공부를 포기했다. 마지막으로 미소를 찾아갔을 때는 중학교 졸업식 직전이었다. 미소는 자신은 학원이나 다른 그림자 교육을 받을 수 없기에 공부를 포기할 것이고, 실업계에 진학해서 고등학교 졸업 후 바로 취직할 것이라는 말을 전하며 인사를 했다. 미소는 마지막으로 이렇게 이야기했다.

선생님들은 항상 교과서만 보고 공부해도 성적이 오른다, 학원에 안 다녀도 성적을 올릴 수 있다고 이야기하는데 전부 거짓말 같아요. 교과서에는 문제도 없고, 선생님들은 진도 나가기에 급해서 제대로 알려주지도 않고. 그럼 저는 어디서 개념을 배워야 할까요? 학원에 다니지 못하면 공부를 포기해야죠.

— 중학생 미소의 이야기

우리가 만난 미소의 경우는 다른 아이들보다는 괜찮은 가정의 아이였다. 미소를 위해서 학습지도 시켜줄 수 있는 형편이었기 때문이다. 하지만 초등학교 때는 중학교 과정을, 중학교 때는 고등학교 과정을, 고등학교 때는 심화 과정을 알려주는 그림자 교육은 아이들이 좀 더 심층적이고 효율적인 공부를 할 수 있도록 만들어준다. 이에 학생들에게 있어서 그림자 교육의 부재는 선행 학습을 포기한다는 것과 이로 인해 성공적인 학습의 결과물을 포기해야 한다는 입장과 똑같다. 미소의 경우도 제대로 된 그림자 교육을 받지 못해 인문계 고등학교와 대학 진학을 포기하게 되었듯이 말이다. 미소의 아버지는 그래도 작은 기업에 다니면서 정규적인 월 소득을 받고 있지만 그렇지 못한 가정도 있다.

우리는 하랑이 5학년 때 처음으로 만나게 되었다. 제일 처음 하랑의 집에 방문했을 때 충격을 받지 않을 수 없었다. 하랑의 집에 들어갔을 때 부엌이 있는 거실에 방 한 칸에서 세 명의 가족이 살고 있었다. 평일 낮임에도 하랑의 아빠는 집에 누워서 TV를 보고 있었다. 하랑의 아빠는 일용직 노동자로 일이 없는 날은 하루 종일 집에 있다고 하였다. 하루 일하고 받는 돈은 9만 원으로 그마저도 한 달에 10일 이상 일이 없다고 하였다. 공부할 책상도 없는 하랑의 집은 공부를 할 수 있는 환경이 전혀 아니었다. 그리고 일정치 않은 소득 때문에 하랑의 부모는 공부를 위해 학원을 보내야 한다는 생각도 하지 못한 채 살고 있었다. 그래도 하랑이네 가족은 기초생활수급자로 등록되어 있어 학교에서 시행되는 모든 방과후 프로그램들을 무료로 수강할 수 있었다. 하랑은 학교에서 월요일은 댄스교실, 화요일은 로봇과학, 수요일은 미술, 목요일은 클레이 교실, 금요일은 줄넘기 교실에 다녔다. 하지만 학교 공부를 위한 방과후 프로그램은 없었기 때문에 학교가 끝나고 추가로 공부를 할 수 있는 기회는 전혀 없었다. 집에 돌아와서도 책이나 문제집을 살 형편이 되지 않아 교과서를 보고 공부하는 수밖에 없었다. 이 때문에 하랑은 학교를 끝나고는 전혀 공부를 하지 못했다. 당연히 하랑은 반에서 기초 학력 수준이 '미달'로 나왔다. 담임 선생님이 부모에게 이 사실을 전했지만 하랑의 부모는 어떻게 해줄 수가 없는 노릇이었다. 결국 하랑은 초등학교를 졸업할 때까지 한 번도 학원이나 학습지를 경험하지 못했고, 국어, 수학, 영어 과목에서 '부족'이 적히면서 졸업하였다. 우리는 마지막 만남에서 하랑을 위해 책상, 의자 그리고 문제집을 선물해주면서 하랑과의 마지막 만남을 마무리했다.

> 방과후 학교에서는 거의 놀기만 하고 공부는 안 해요. 집에서도 문제집이 없으니까 공부를 아예 안 하죠. 학교에서 선생님이 알려주기는 하지만 뭔 말인지 모르니까 그냥 멍때리고 있어요. 이제는 수학책을 펴면 전혀 모르겠어요.
>
> — 하랑의 이야기

하랑은 학원에 한 번도 다녀본 적이 없는 아이였다. 학교에서 담임 선생님의 수업만으로는 모든 공부를 이해시킬 수 없었으며, 하랑만 따로 남겨서 공부시켜줄 수도 없었다. 그 결과 초등학교 생활기록부에 '미달'이라는 단어가 적히면서 결국 졸업을 하게 되었다. 중학교에 가서도 자기 성적이 어떨지는 눈에 보이는 결과라고 하랑이 얘기하였다. 이처럼 아무런 그림자 교육 없이 모든 수업을 따라가는 것은 아이들에게 많은 노력을 요구한다. 그림자 교육의 경험 여부는 하랑과 미소만 보아도 큰 학습 격차가 생길 수 있음을 짐작할 수 있다. 그렇다면 흙수저 가정에서는 그림자 교육을 받는다는 것이 불가능할까라는 의문을 가지게 된다.

한국의 경우 2004년부터 그림자 교육의 불평등을 해소하기 위해 무료 인터넷 강의인 EBSi를 출시했다. 이를 기점으로 한국의 그림자 교육 시장은 오프라인이 아닌 온라인으로 탈바꿈하기 시작했고, 온라인 그림자 교육의 시대가 열렸다. 많은 그림자 교육 업체들은 서로 경쟁하면서 저렴한 인터넷 강의 플랫폼을 출시하기 시작했고, 이제 인터넷 강의는 저렴한 가격으로 누구나 접근할 수 있는 그림자 교육이 되었다. 하지만 저렴한 인터넷 강의 혹은 무료 인터넷 강의에서 얻을 수 있는 학습적 기회는 값비싼 강의보다는 적다는 점에서 한계점을 볼 수 있다. 이에 흙수저 가정의 아이들이 인터넷 강의를 통해서 얻게 되는 학업적 결과가 어떻게 나타나고 있는지 아이들의 이갸야기를 한번 들어보자.

우리가 수현을 처음 만났을 때는 고등학교 1학년이었다. 수현의 아빠는 월 소득 140만 원 정도의 택배 배달 일을 하고 있다. 집에는 공부할 수 있는 책상이 없어 항상 학교 자습실에 남아서 공부했다. 수현은 고등학교에 들어가며 학교 진도로 자신의 학교 성적을 올릴 수 없다는 것을 첫 중간고사가 끝나고 뼈저리게 깨달았다. 하지만 아빠가 자신을 위해 학원이나 과외를 시켜줄 수 없는 형편이라는 것을 잘 알고 있었다. 그래서 1년에 12만 원 즉, 월 1만 원의 인터넷 강의와 강의에 필요한 문제집 6만 원을 지불하여 인터넷 강의를 듣기 시작했다. 모든 과목의 문제집을 살 형편이 되지 않아 수학과 과학 문제집만 사서 인터넷 강의를 들었다. 인터넷 강의를 듣기 시작하면서 성적이 오르기는 했다. 하지만 전 과목을 학원과 인터넷 강의, 과외를 듣는 학생들과 비교한다면 턱없이 부족한 점수였다. 그래도 수학과 과학에서는 괜찮은 점수를 받기 시작했고, 지금은 국어와 영어만 문제집과 인터넷 강의를 결재해서 듣고 있다. 수현과의 만남에서 수현은 이렇게 이야기하였다.

> 당연히 전 과목 과외를 받는 애들이랑은 경쟁이 안 되죠. 학교 수업 따라가기도 벅차고 혼자 다 정리하려면 주말이라도 부족해요. 근데 그 친구들은 학원이나 과외 선생님이 족집게로 다 정리해주니까 훨씬 더 수월하게 공부하고, 성적도 훨씬 좋죠.
>
> — 고등학교 1학년 수현의 이야기

이렇게 수현, 하랑, 미소의 이야기들을 비교해보면 조금이라도 그림자 교육을 받은 아이와 그렇지 못한 아이의 차이는 확연하게 드러나고 있었다. 수현과 하랑의 경우 조금이나마 그림자 교육을 경험할 수 있었기에 공부를 완전히 포기를 하지는 않았다. 하지만 미소는 그림자 교육을 전혀 받지 못했으며, 결국 공부에 대해서 포기까지 하게 되었다. 이러한 점에서 결국 그림자 교육의 경험 여부는 아이의 학업적 성공과 동기부여에서 크나큰 요소로 작용한다는 점을 발견할 수 있었다. 이러한 환경 혹은 학습적 경험이 없는 아이들이 어른이 되었을 때 어떠한 모습일까 하는 궁금증을 갖는다. 우연한 기회로 알게 된 하정이도 이와 비슷한 환경에서 태어나 지금 사회생활을 하고 있었다.

식사 자리에서 하정은 자신이 살아온 환경을 이렇게 이야기했다. '월 소득이 없는 흙수저 가정에서 태어나 고등학교를 졸업했고, 지금은 아무도 모르는 이름 없는 직장을 다니고 있다. 초, 중, 고등학교까지 한 번도 학원에 다니지 못했고, 고등학교 실업계 고등학교에 다니며 고등학교를 졸업하는 동시에 중소기업에 취직했다. 그리고 지금 경력 7년 차에 월 180만 원을 받으면서 생활하고 있다. 초등학교 때는 학원에 다니지 않아도 그럭저럭 수업을 따라갔지만 중학교에 입학하면서 학원 없이는 학교 성적을 받을 수 없다. 그래서 공부를 포기하고 취직을 할 수 있는 길을 선택했다. 그래서 실업계 고등학교에 진학했고 졸업과 동시에 이름 모를 중소기업에 취직해서 지금 7년 차 직장이다.' 정말 간단하게 자기의 일생을 이야기했다. 하정의 삶에서 학업적 기회나 경험이라고는 전혀 없었으며, 그 결과로는 지금 좋지 못한 직장에 다니고 있다고 이야기했다. 하정에게 그동안 학교 혹은 사회에서 들었던 생각을 말해달라고 하면서 하정과의 식사 자리를 마무리했다.

> Z세대(1990대 생) 사이에서 이런 말들이 있어요. 가난은 대물림 된다. 개천에서 용은 이미 떠나버렸다. 이 말들이 사회생활을 하면서 이제는 이해가 돼요. 한 번도 학원에 다녀보지 못했고 대학도 못갔고.... 학원에 다니고 공부를 해서 대학을 간 친구들은 지금 좋은 회사에 다니면서 저보다 훨씬 높은 연봉을 받고 있으니까요.
>
> — 하정의 이야기

하정의 이야기를 들으면서 '이제는 개천에서 용이 나지 않는다. 개천에는 이제 피라미들만 남아서 평생을 살아간다.'라는 말이 생각이 났다. 개천에서 용이 나기 위해서는 교육적 경험은 필수적이다. 그리고 교육적 경험을 제공해주기 위해서는 부모의 경제적 여유가 뒷받침되어야 한다는 것이다. 자신의 삶 속에서 그 상황을 개척하기 위해 아무리 발버둥을 쳐도 우리는 다시 깊은 늪 속으로 빠져들어 가고 있는 것은 아닐까 하는 의문을 품기 시작했다.

2.2 은수저 아빠의 이야기

은수저 가정의 아빠들은 대부분으로 고등학교 졸업이거나 혹은 2년제를 졸업해서 이른 나이에 공무원에 합격했거나, 4년제 대학을 졸업하여 중견기업에 재직하는 아빠들이 대다수였다. 은수저 아빠들은 중견기업 혹은 공무원에 재직하면서 연봉 2,000만 원에서 4,000만 원 정도를 받고 있었다. 은수저 가정의 형편은 일반적으로 집은 전세 혹은 자그마한 자기 집이 있으며, 자신의 자동차도 있는 가정이다. 정규적인 소득이 있어 자신의 아이들에게 일반적인 그림자 교육을 제공해줄 수 있으며, 문제집 등 흙수저 가정의 아이들보다는 좀 더 부유하게 그림자 교육을 제공해줄 수 있다.

은수저 가정은 보통 월 30~40만 원 정도의 그림자 교육을 아이에게 제공한다. 이는 일반적인 단과 학원, 종합학원에서부터 인터넷 학원, 저렴한 과외까지 시켜줄 수 있는 형편이 되는 가정이라는 의미이다. 월 100만 원이 넘어가는 고액 학원이나 과외도 가능은 하지만 자신의 자동차나 집을 포기하고 아이에게 전적으로 투자해야 한다. 그렇다면 은수저 가정의 아이들은 어떻게 그림자 교육을 받고 있으며, 어떤 학업적 성공을 이루고 있는지 한번 확인해보자.

[그림 2-2] 은수저 가정의 아이들

이름	아빠 직업	가정소득	그림자교육 비용	학업적 효과
예은	공무원	월 300만 원	월 40만 원	초등 : 매우잘함 중학교 선행×
서준	중견기업	월 350만 원	월 150만 원	전교 83등
신우	중견기업	월 250만 원	월 150만 원	전교 89등
민구	무직	월 400만 원	월 200만 원	B 국립대학교 경영학부 합격 공기업 취업

초등학교 6학년인 예은의 아빠는 월 300만 원 정도의 월급을 받는 공무원이다. 예은의 가족은 아파트 살고 있으면서 예은을 위한 공부방도 마련되어 있다. 그리고 예은의 아빠는 차를 몰고 다니고 있다. 예은의 아빠는 예은이 공부할 수 있도록 학교 근처에 있는 공부방에 보내고 있다. 공부방은 월 40만 원 정도로 국어, 수학, 논술을 가르쳐주며, 주 5회 1시간 30분씩 수업을 해준다. 공부방은 여러 학원 중 아주 저렴한 편에 속하는 학원이다. 학원에서는 선생님 한 명에 6명의 수업으로 진행되고 학교 수업과 비교하여 1개에서 2개의 단원 정도의 선행 학습을 해주고 있다. 예은은 학교의 수업에서도 큰 걱정 없이 잘 따라가고 있다. 그리고 성취도평가, 수행평가에서 큰 무리 없이 '매우 잘함'을 받으면서 좋은 성적을 유지하고 있다. 하지만 단과 학원에 다니는 친구들이나 개인 과외를 받는 학생들과 비교하면 지금 성적은 똑같지만 선행의 차이는 확연하게 드러난다. 단과 학원이나 개인 과외를 받는 아이들은 벌써 수학과 영어를 중학교 1학년 과정을 다 끝냈지만 예은은 그러지 못해 걱정이 많다. 이는 예은의 아빠도 마찬가지다. 예은의 미래를 위해서 여러 개의 단과 학원에 보내고 싶지만 그럴만한 금전

적 여유가 되지 않기 때문이다. 예은은 초등학교를 졸업하면서 공부방을 그만두고 월 40만 원의 수학 단과 학원 하나만 선택해서 다니고 있다. 예은은 이렇게 얘기했다.

> 마음 같아서는 영어, 수학, 국어 단과 학원에 전부 다니고 싶어요. 다른 애들은 벌써 중학교 과정을 다 끝냈다고 하는데 전 그렇지 않으니.... 불안하기도 하고 그 애들에 비해서 성적이 낮을 게 분명하니까요.
>
> **ㅡ 초등학교 6학년 예은의 이야기**

한국의 아이들이 학원에 다니는 이유는 선행 학습이 가능하고, 반복 학습을 통해서 과목에 대한 완전한 이해를 할 수 있다는 점이다. 단과 학원의 경우 중학교 과정은 한 과목당 월 35만 원, 고등학교 과정은 월 40만 원 정도가 일반적인 금액이다. 중학교, 고등학교에서 입시를 위한 과목을 생각했을 때, 국어, 영어, 수학, 과학, 사회 학원에 다니면 중학교 때는 최소 월 180만 원 고등학교 때는 월 200만 원이 드는 셈이다. 1년에 2,000만 원을 들여서 아이에게 투자해주는 것이란 정말 쉽지 않다. 중학교 3년, 고등학교 3년 도합 6년의 과정을 생각하면 총 1억 2,000만 원의 그림자 교육비를 투자해야 하는 것이다. 하지만 은수저 가정에서도 아빠들은 자신의 삶과 여가를 포기하면서 자신의 아이에게 월 100만 원 이상의 그림자 교육을 투자하는 아빠들도 있다.

고등학교 2학년인 서준의 아버지는 월 350만 원의 월급을 받는 중견기업에서 일하고 있다. 그리고 고등학교 3학년인 신우의 아버지는 월 250만 원을 받는 중소기업에 재직 중이다. 서준과 신우는 중학교 때부터 친구이고 지금까지 계속 같은 학교에 다니고 있다. 두 아이 모두 똑같은 수학, 과학, 영어 학원에 다니고 있었다. 각 과목당 매달 50만 원이었다. 똑같은 그림자 교육의 비용과 종류를 경험하는 두 아이는 성적도 거의 비슷했고, 시험에서 틀리는 문제도 거의 같았다. 이러한 점에서 그림자 교육의 비용과 종류의 차이가 없을 때 학업적 성공도 비슷한 결과를 만들어낸다는 점을 알 수 있었다. 서준과 신우는 이렇게 이야기했다.

> 똑같은 학원이랑 문제집을 푸니까 성적도 비슷한 거 같아요. 만약에 신우가 더 비싸거나 좋은 학원에 다니고 더 좋은 문제집을 풀었다면 저보다 성적이 훨씬 더 높지 않을까요? 제 친구들 중에 학원비로만 300만 원을 쓰는 애들은 전부 전교 50등 안에 들거든요.
>
> — 고등학생 서준의 이야기

서준과 신우의 아빠는 직업도 다르고 연봉도 1,000만 원 이상 차이가 난다. 하지만 신우의 아빠는 자신의 삶과 경제적인 여유를 포기하면서 아이를 위해 서준과 똑같은 그림자 교육 비용을 투자하고 있다는 특징이 있다. 이러한 학습적 경험의 결과는 신우와 서준 모두 비슷한 결과를 낳았다. 이러한 점에서 우리는 아빠의 경제적 능력에 따라 아이들의 학업적 결과가 다를 수 있는 이유가 아이들에게 투자해줄 수 있는 금액이 다르기 때문이라는 점을 알 수 있었다.

은수저 가정의 경우 일반적인 학원에 보내면서 조그마한 집과 자동차를 누릴 수 있는 정도의 수준이다. 하지만 한국의 아빠들은 이러한 것들을 포기하면서 자신의 아이의 학업적 성공을 위해서 모든 돈은 투자해주고 있다. 하지만 은수저 아빠들이 투자해줄 수 있는 그림자 교육의 비용은 아이들이 선행 학습을 하기에는 턱없이 부족한 금액이다. 중학교부터 수없이 많아지는 과목 수와 급격하게 어려워지는 문제들의 난이도는 아이들이 학교 수업만으로 따라가기에는 거의 불가능하다. 아이들이 이러한 모든 과정을 따라가기 위해서는 현재 한국에서 그림자 교육은 필수적이라고 말할 수 있다. 이러한 점에서 은수저 가정의 아이들은 금수저, 다이아몬드 수저 가정의 아이들에 비해 월등히 낮은 학교 성적을 받게 되고 결국 대학 진학에서도 확연한 차이가 나타나고 있다.

현재 민구 아빠는 공무원으로 재직 중이다. 민구의 아빠는 월 400만 원의 월급을 받는 은수저 아빠이다. 민구의 아빠는 민구를 위해서 월 200만 원의 그림자 교육 비용을 투자해서 민구를 공부시켰다. 민구는 한 과목에 50만 원의 과외를 통해 영어, 수학, 과학을 배웠으며, 한 달 교재비로 50만 원 정도를 사용했다고 이야기했다. 과외 선생님은 민구를 위한 개별적인 수업을 해줬으며, 민구가 이해하기 쉬운 방식으로 수업을 진행해 주었다. 민구는 상위 20%의 성적을 계속 유지할 수 있었고 B 국립대학교 경영학과에 합격하였다. 민구와 비슷한 가정의 한 친구는 수학, 영어 학원으로 100만 원을 사용했고, 자신보다 낮은 대학에 합격했다고 말했다. 그리고 유명 공기업에 취직해서 5년 차인 지금 월 350만 원을 받으면서 생활을 하고 있으며, 자신의 친구는 중견기업에 취직해서 월 300만 원을 받으면서 생활하고 있다고 이야기했다.

> 우리가 보통 투자라고 하지 않습니까? 투자를 통해 잃을 수도 있지만 그에 대한 보상도 크다는 것이죠. 부모가 아이에게 학원에 보내는 것도 투자라고 생각해요. 자식들이 성공하기 위해서 부모가 돈을 투자하는 것이죠. 투자 금액이 많을수록 그 결과도 다른 것이 당연하다는 말이죠.
>
> — 민구의 이야기

은수저 가정의 아이들을 보면 모든 아이가 그림자 교육을 받고 있으며 흙수저 가정의 아이들에 비해 좀 더 다양한 종류의 그림자 교육을 받고 있는 것을 볼 수 있었다. 각 그림자 교육의 종류별로 금액도 다르고 아이들에게 투자하는 그림자 교육의 총금액도 차이가 있었다. 차이에 따른 아이들의 학업적 결과는 확연하게 보여주었고 부모들의 경제적 지원 필요한 이유를 볼 수 있었다.

2.3 금수저 아빠의 이야기

금수저 아빠들은 연봉 5,000만 원에서 9,000만 원을 받고 있다. 금수저 아빠들은 대부분 자신이 어렸을 때, 그림자 교육을 받은 경험이 있으며, 그 결과로써 한국에서 유명한 4년제 대학들을 졸업했다. 그리고 대기업, 중견기업의 고위직 혹은 고위직 공무원 등 일반적인 사람들이 부러워하는 화이트 컬러 직장에서 근무하고 있다. 금수저 가정의 집에 가면 거실과 세 개의 방 그리고 두 개의 화장실이 있는 아파트에 거주하고 있다. 그리고 아이를 등하교시켜줄 수 있는 자동차가 있는 가정이다. 매년 방학이면 저축해놓은 돈으로 해외여행을 가거나 혹은 국내 여행을 자유롭게 갈 수 있다. 하지만 교육에 많은 관심이 많은 금수저 아빠는 이러한 돈을 아이들의 교육적 경험에 투자하고 있다.

금수저 아빠들은 자신의 아이들을 위해 그림자 교육 비용을 전혀 아까워하지 않는다. 아까워하지 않는다가 아니라 높은 그림자 교육의 비용 지출에 무리가 없다고 말하는 것이 맞을 것이다. 금수저 아빠들은 아이들을 위해서 200만 원 이상의 비용을 지불하더라도 일상적 생활에서 전혀 무리가 없다. 자신의 아이들을 위해서 전 과목을 학원이나 과외를 보내거나 혹은 고액의 학원이나 과외를 보내면서 아이들의 학업적 성공을 위해서 큰돈을 투자한다. 또한 중, 고등학교의 수업 진도와 높은 성적을 받기 위한 선행 학습을 해줄 수 있는 학원도 보낼 수 있는 수준이다. 그렇기에 금수저 가정의 아이들은 학교에 입학하기 전에 어느 정도의 선행 학습을 거치고 학교에 진학하게 된다. 결국 학업적 성공은 은수저, 흙수저 가정의 아이들과 확연한 차이점을 만들어내 이는 직업까지 결정하게 된다. 또한 금수저 가정부터는 그림자 교육을 보내기 위해 한국에서 찾는 것이 아니라 이제는 다른 나라를 넘어가면서까지 아이들에게 돈을 투자한다. 그렇다면 금수저 가정의 아이들은 어떤 그림자 교육을 받고 있으며, 은수저 그리고 흙수저 가정의 아이들과 어떤 불평등이 존재하는지 한번 살펴보려고 한다.

[표 2-3] 금수저 가정의 아이들

이름	아빠 직업	가정소득	그림자교육 비용	학업적 효과
정민	대기업	월 600만 원	월 300만 원	전교 10등 내외
구정	서울 대학가 임대사업	월 500만 원	월 250만 원	전교 15~20등
민수	대기업	월 700만 원	월 400만 원	미국 유학중 상위 5%
선호	중견기업 팀장	월 650만 원	월 450만 원	서울 명문중학교 상위 10% 이내

한 선생님의 소개로 우리는 정민과 구정이를 2020년 4월에 처음 만나게 되었다. 정민과 구정을 만났을 때 둘은 같은 반 친구였다. 정민의 아버지는 한국에서 명문대인 K대 기계공학과를 졸업하여 서울에 있는 대기업에서 그때 당시 월 600만 원을 받고 있었다. 정민의 아버지는 자신이 어렸을 때도 그림자 교육을 받았으며 그 결과로 자신이 좋은 대학과 좋은 직장을 갈 수 있다고 믿고 있는 아빠였다. 그래서 정민도 중학교 때부터 학원에 다녔다. 중학교 때는 한 과목에

40만 원인 학원을 국어, 영어, 수학, 과학, 사회 학원에 다녔다. 정민의 아빠는 정민을 일반계 고등학교에 보내는 것이 아닌 좋은 대학교를 보낼 수 있는 자율형 사립 고등학교(이하 '자사고')에 입학시켰다. 자사고의 한 달 학비는 기숙사비를 포함하여 평균 100만 원 정도이다. 하지만 정민의 아버지는 여기서 끝내는 것이 아니라 정민 주말에 집에 왔을 때 공부할 수 있도록 한 과목에 100만 원이 드는 수학과 과학 과외를 시켜주었다. 이러한 결과로 정민은 전국 모의고사에서 1,000등 안에 드는 결과를 만들어냈다.

구정의 아빠는 직장은 없지만 서울 대학가에서 임대사업을 하고 있었다. 구정의 아빠는 일정하지는 않지만 평균적으로 월 700만 원의 월세를 받으면서 생활했다. 한국에서 조물주보다 위라고 말하는 건물주이고 건물을 구정에게 물려줄 수 있어서 구정의 미래는 전혀 문제가 없었다. 하지만 구정의 아버지는 구정이 학업적으로 성공하기를 원했고 건물도 가지고 있으면서 좋은 직장에 취직할 수 있는 자식이 되었으면 했다. 그래서 중학교 때부터 고액 과외를 시키면서 구정을 공부시켰다. 중학교 때는 한 과목에 50만 원을 지불하면서 영어, 수학, 과학, 사회를 공부시켰으며, 그 후 정민과 같이 자사고에 입학시켰다. 구정은 정민과 비슷하게 주말이면 집으로 오는 것이 아닌 바로 기숙 학원으로 가서 토요일, 일요일을 학원에서 공부하고 바로 다시 학교 기숙사로 들어갈 수 있도록 하였다. 기숙 학원은 주말 동안 아침 8시부터 저녁 10시까지 전 과목을 공부시켰으며, 매달 학원 비용은 250만 원 정도가 들었다. 결론적으로 구정의 아버지는 자사고 학비 100만 원과 학원비 250만 원을 합친 350만 원 정도의 그림자 교육 비용을 매달 투자한 것이다. 기숙 학원에서는 자신들만의 교육 과정을 통해서 학생들이 최고 성적을 올릴 수 있도록 스파르타식으로 공부를 시킨다. 이러한 과정을 통해서 구정은 전국 모의고사에서 전국 2,000등 안에 드는 쾌거를 이뤘다.

제 주변 친구들에 비하면 학원에 많이 다니고 있는 것 같아요. 근데 학원도 다니고 과외도 받는 친구들에 비하면 학원비가 적은 편이에요. 전교 5등 안의 친구들은 저보다 학원에 더 많이 다니고 주말이면 과외도 받으니까 제가 성적으로 이기기가 힘들어요.

— 정민의 이야기

이렇게 자신의 아이를 위해서 학원에 보내는 것을 넘어서 대학에 잘 보낼 수 있는 비싼 고등학교로 보내는 아빠들도 있다. 현재 한국의 일반계 고등학교의 경우 1년에 100만 원 정도의 학비가 들지만 정민과 구정이 다닌 자사고의 경우 1,500만 원 정도의 비용이 든다. 이러한 학교의 차이부터 벌써 학습의 격차가 벌어지고 만다. 하지만 여기서 끝나는 것이 아니라 주말에는 학원이나 과외를 하면서 성적을 더 높이고 있는 것이다. 과연 흙수저와 은수저 아이들이 이러한 이 정도의 경제적 투자를 이겨내면서 자신의 학업적 성공을 이뤄낼 수 있을까라는 생각에 사로잡히게 된다. 하지만 여기서 끝나는 것이 아닌 아이의 학업적 성공을 위해서 한국이 아닌 외국의 그림자 교육에 참석시키면서 학업적 성공을 이룰 수 있도록 하고 있다.

고등학교 3학년인 민수의 아버지는 지금 6년째 기러기 아빠를 자처하고 있다. 민수는 지금 미국에서 중학교, 고등학교에 다니고 있다. 민수의 아버지는 대기업에 다니면서 실수령액 700만 원 정도를 받고 있다. 민수의 아버지는 민수가 어렸을 때부터 가족과 함께 방학 때마다 외국에 다니면서 민수가 여러 문화와 언어에 익숙해질 수 있도록 하였다. 그리고 민수가 외국인과 친해질 수 있도록 세계 여러 나라를 다니면서 친구를 만나고 비행기 표를 보내어 한국에서 민수와 같이 지낼 수 있도록 하였다. 이러한 과정을 통해서 민수는 중학교에 가기도 전에 외국인과 영어로 기본적인 의사소통을 할 수 있을 만큼 영어 실력이 좋아졌다. 그래서 민수의 아버지는 민수를 미국에 있는 중학교에 민수를 보냈고 14세부터 민수는 엄마와 함께 미국 생활을 시작했다. 미국 국제 학교의 학비는 매달 200만 원 정도가 들었으며, 미국에서도 사회와 수학 과외를 할 수 있도록 300만 원을 그림자 교육 비용으로 투자했다. 그리고 회사에서 상여금이 나올 때면 가족과 다 같이 멕시코, 브라질, 페루, 캐나다 등 여러 나라를 여행하면서 라틴어 등 다른 언어를 배울 수 있도록 하였다. 그 결과 민수는 지금 한국어, 영어 그리고 라틴어, 3개 국어를 할 수 있는 학생이 되었다. 학교 수업, 그림자 교육과 여러 문화 자본 경험의 결과로 민수는 미국 국제 학교에서 상위 5% 안의 모범생이 되어 있었다. 민수는 지금 외교부의 외교 대사로 일하기를 꿈꾸고 있으며, 미국의 행정학과에 지원하기 위해서 준비 중이다.

> 제가 이러한 직업을 꿈꿀 수 있었던 것도 아빠랑 같이 여러 나라를 여행할 수 있었기 때문이죠. 다른 나라의 문화를 보면서 저기서 살고 싶고 그러면서 꿈도 생겼던 것 같아요. 만약에 제가 이런 경험을 하지 못했다면 지금 한국 학교 교실에 틀어박혀서 꿈도 없이 공부만 하고 있었겠죠?
>
> — 미국 캘리포니아 사립학교에 다니고 있는 민수의 이야기

금수저의 아빠들부터는 이제 한국에서만 그림자 교육을 시키는 것만이 아니라 외국어와 친숙해지고 여러 문화에 동화될 수 있도록 직접 아이를 데리고 세계 여러 나라를 여행하거나 외국인 친구를 한국에 초대하는 것까지 아이를 위해서 막대한 돈을 쓰고 있다. 민수의 경우 외국 문화와 친해지기 위해서 외국에 갔다면, 공부와 친해지게 하기 위해서 좋은 학교와 학원이 모여 있는 곳에 자신의

아이를 이사시키는 아빠들도 있다.

중학교 2학년인 선호는 지금 어머니와 함께 서울 생활 중이다. 원래 부산에서 전 가족이 같이 살았지만 선호를 좀 더 좋은 중, 고등학교가 있고 주변에 더 비싸고 좋은 학원이 있는 곳으로 보내기 위해서 선호랑 선호의 엄마만 서울의 한 지역에 자취방을 구해서 학교에 다니도록 하였다. 또한 부산에서 찾을 수 없던 고액 학원에 아이를 등록시켜 남들과 다른 특별한 교육을 받을 수 있도록 하였다. 선호의 아버지는 매달 150만 원의 월세와 300만 원의 학원비를 지불하고 있다. 부산의 선호가 살던 동네에도 학원가가 많았지만 그 종류는 단과 학원들이 대다수였으며, 논술, 면접 그리고 영재 학원 등과 같은 다양한 특수 학원들은 거의 없었기 때문에 다양한 그림자 교육의 경험을 하는 것은 거의 불가능했다. 서울에서는 선호가 어떤 학원에 다니고 싶다고 말만 하면 그런 학원들이 즐비하게 놓여 있었으며, 선호가 원하는 학원을 선택해서 갈 수 있을 정도로 그 수는 어마어마하게 많았다. 다양한 교육적 경험을 제공하기 위한 아빠의 노력으로 선호는 서울의 명문 중학교에서 전교 30~40등을 받는 모범생으로 생활하고 있다.

> 확실히 제가 있던 부산에서 볼 수 없는 여러 학원들이 많은 것 같아요. 만약에 제가 부산에 있었다면 이런 학원이나 문화들을 볼 수 없었을 거예요. 지금 서울에 이사 온 거 너무 만족하고 있어요.
>
> — 선호의 이야기

한국의 아빠들은 자신이 번 돈을 전적으로 아이에게 투자해서 아이의 학업적 성공을 돕고 있다. 아이를 한국 내에서 혹은 외국에 이사를 시키면서, 기러기 아빠를 자처하면서까지 자기 자신을 헌신하면서 말이다. 이러한 노력을 아이들에게 새로운 문화 자본을 경험하게 하고 학업적 성공까지 이끌어내고 있는 것이다. 하지만 만약 금수저의 아빠들이 돈이 없었다면 이러한 교육적 경험을 시켜줄 수 있었을까 생각했을 때, 흙수저나 은수저 아빠들은 절대 할 수 없는 수준의 교육적 제공이며, 결과적으로 아이들의 성적의 불평등까지 만들어내고 있다.

2.4 다이아몬드 아빠의 이야기

[표 2-4] 다이아몬드 가정의 아이들

이름	가정소득	그림자교육 비용	학업적 결과
여선	월 2000만 원 이상	월 평균 1,000만 원	전국 500등 이내 S대 의예과 합격
정훈	월 1억 원 이상	월 평균 2,500만 원	미국 W대 의예과 합격
영철	월 1억 원 이상	월 2,000만 원	미국 M대 기계공학과 합격
정현	연봉 30억 원 이상	월 5,000만 원	전국 1등 미국 W대 항공운항과 합격

한국의 'SKY 캐슬', '그린마더스클럽', '팬트하우스'와 같은 드라마를 보면 자신의 아이들을 위해 수억 원의 돈을 아이에게 소비하는 부모들을 볼 수 있다. 과연 이러한 일들이 드라마에서만 일어날 수 있는 일일까? 결론을 말하자면 현실에서도 지금 일어나고 있다고 말할 수 있다. 다이아몬드 아빠들은 아이들을 위해 매년 몇천만 원에서부터 억 단위까지 천문학적인 돈을 아이들의 학업적 성공

을 위해서 사용하고 있다. 과연 다이아몬드 아빠들은 아이들에게 어떤 교육적 경험을 제공하고 있으며, 그로 인해서 어떤 교육적 불평등이 발생하고 있는지 한번 이야기를 들어보고자 한다.

[표 2-5] 여선이의 교육적 경험과 효과

이름	교육적 경험	효과
여선	방학 중 어학연수 (500만 원)	여러 언어와 문화에 대한 직접적으로 경험하여 언어에 대한 친숙함 조성
	개인 과외(월 600만 원) 수학, 과학, 영어	여선만을 위한 개인 선행 수업을 해줌 중학교 때 전국 모의고사 1~2등급 성적을 받음 고등학교 전교 1등, 전국 500등 이내
	명문 자사고 입학	일반 고등학교와 다른 커리큘럼과 교사들이 배치되어 있어 수능에서 고득점을 받을 수 있음

지금 대학교에 다니고 있는 여선의 집은 월 2,000만 원 이상의 고소득 가정이다. 여선은 초등학교 때 여름, 겨울방학마다 필리핀, 미국, 영국 등 월 500만 원이 드는 어학연수를 다녀왔다. 여선의 아빠는 각 나라를 다니며 한국에서 경험할 수 없었던 다양한 문화들을 배우고 기본적인 언어인 영어와 다양한 언어에 친숙해질 수 있는 경험을 제공해주었다. 여선이 중학교 때는 매달 한 과목당 200만 원의 과외를 수학, 과학, 영어를 받으며 총 600만 원의 그림자 교육 비용을 사용했다. 여선의 아빠는 과외 선생님에게 여선과 과외를 할 동안은 다른 과외생을 받지 않아도 될 정도로 돈을 주겠다고 얘기했다. 과외 선생님은 여선의 중학교 3년 동안 여선만을 위한 선생님으로 탈바꿈하였고, 여선만을 위한 수업을 준비하였다. 여선이 이해하기 쉽도록 여선만을 위한 교육 과정과 교과서, 문제집을 만들어줬으며, 학교 시험 기간에는 학교 내신을 위한 시험지를 만들어주

었다. 여선이 중학교 2학년이 되었을 때, 여선은 고등학교 과정까지 전부 숙달해버렸고, 고등학교 모의고사를 치면 1~2등급 정도의 성적을 받아올 만큼 선행학습을 하였다. 당연히 여선의 중학교 성적은 항상 전교 1등이었고, 과학고, 자사고, 국제고, 영재고 기타 등등 어디 학교든 선택해서 들어갈 수 있을 정도의 학생으로 만들어졌다. 여선의 아빠는 여기서 여선의 교육적 투자를 끝내지 않았다. 여선이 고등학교에 입학할 무렵 시간당 100만 원의 상담비를 받는 대치동 강사들을 만나면서 여선이 서울 S대 의대를 합격할 방안을 찾아다녔다. 그리고 찾아낸 H 자율형 사립 고등학교, 일명 자사고에 진학해서 한 분기당 300~400만 원의 학교 회비를 내면서 공부를 시켰다. 또한 매달 1,000만 원의 그림자 교육비를 지불하면서 공부했고 시기에 따라 과학 대회에 입상하기 위한 학원, 논술 대회에 입상하기 위한 학원 등 여선이 필요할 때마다 전혀 경제적인 걱정 없이 모든 학원에 보내주었다. 학교 회비와 월 지속적으로 나가는 그림자 교육 비용만 1,000만 원에 플러스 알파로 매달 그림자 교육 비용으로 투자하였다. 여선은 매년 여러 대회에서 입상했으며, 학교 성적도 전교 1등, 전국 단위의 모의고사에서도 전국 500등 안에 들어갈 정도로 높은 성적을 받았다. 여선은 한국에서 가장 유명한 S대학 의대에 진학해서 레지던트 과정을 수료하면서 지금 연봉 7,000만 원을 받으며 일하고 있다. 여선은 자신이 경험해 온 학업적 성공에 대해서 이렇게 이야기했다.

> 한 번도 돈이 없어서 무언가를 못 한다는 생각이나 말을 들은 적이 없습니다. 무언가를 원하면 다 들어주셨고, 경험하고 싶은 것은 전부 경험해봤던 것 같습니다. 아버지의 재력이 있었기 때문에 모든 것을 할 수 있었고, 남들이 부러워하고 돈을 많이 벌 수 있는 직장에 있을 수 있지 않겠습니까?
>
> — 여선의 이야기

여선의 사례를 살펴보면 일반적인 소득 혹은 금수저 아빠들이 할 수 없었거나 제공하기 힘들었던 여러 교육적 기회를 누구보다도 쉽게 제공해주고 있다. 이러한 교육적 경험의 결과들은 아이들의 학업 성적에도 나타났으며, 결론적으로 아이들의 직업과 연봉에도 큰 영향을 미치고 있음을 알 수 있었다.

[표 2-6] 영철, 정훈의 교육적 경험과 효과

이름	교육적 경험	효과
영철 정훈	방학 중 어학 외국 여행 (300~500만 원)	여러 언어와 문화에 대한 친숙함
	미국 명문 사립학교 (월 600만 원)	영어를 모국어로 사용 가능 수준 높은 교육적 경험 가능
	개인 과외와 학원 (월 2,000만 원)	미국 학교에서 상위권 유지 미국 명문대학교의 의예과와 기계공학과 합격

이와 비슷한 사례로 정훈과 영철의 이야기가 있었다. 정훈과 영철의 집은 기업을 운영하는 집안이다. 정훈이네 집은 정원사와 전용 운전사가 있을 정도로 부자이며, 영철은 부산에서 세 손가락 안에 드는 기업 회장의 아들이다. 두 아이의 아빠는 매달 자신이 받는 소득이 평균적으로 1억~2억 원이 될 정도로 한국에서도 부자 아빠 중 한 명이었다. 정훈은 미국에서 태어나 유치원까지 미국에서 다녔다. 정훈의 아빠는 정훈이 태어나면서부터 미국에서 생활하고 영어를 배울 수 있도록 임신한 아내를 데리고 미국에서 정훈을 낳도록 하였다. 미국에서 유치원을 나온 정훈은 집 밖에서는 영어로 대화하고 집 안에서는 한국어로 대화하면서 일곱 살이 되던 때 기본적으로 2개 국어를 할 수 있는 학생으로 만들어졌다. 초등학교에 진학할 무렵 정훈의 아빠는 한국의 학교에 보내야 할까, 미국의 학교에

보내야 할까 하는 고민에 빠졌고, 한국에서 영철 아빠와 만나게 되었다.

영철은 한국에서 태어나 한국의 유치원에 다녔다. 하지만 영철의 아빠는 일반 유치원이 아니라 영어, 과학, 수학을 알려주는 월 300만 원의 전문 영재유치원을 보내면서 유아기 때부터 영어, 수학, 과학에 친숙할 수 있도록 공부시켰다. 영철 아빠도 영철이 방학 때가 되면 가족과 다 같이 미국, 유럽을 같이 다니며 문화에 친숙해질 수 있도록 하였다.

초등학교를 입학할 시기가 되었을 때, 영철, 정훈 두 아빠가 같이 의논하였고, 미국에 있는 사립 국제 학교로 보내기로 결정하였다. 사립 국제 학교의 비용은 기본적인 학비로 월 600만 원이 들었고, 개인 과외, 학원, 생활비 등을 전부 포함하면 월 2,000만 원은 그냥 넘어갔다. 영철의 말에 의하면 시험 기간이 되어서 여러 학원이랑 과외를 신청했을 때 월 3,000만 원이 넘어갈 때도 있었다고 이야기했다. 정훈과 영철이 성적이 떨어질 것 같으면 과외 선생님을 붙여서라도 어떻게든 상위권의 성적을 유지할 수 있도록 두 아빠가 계속적인 투자를 하였다. 영철과 정훈은 미국의 사립 국제 학교에서 수석으로 졸업해서 지금 영철은 미국 M대의 기계공학과에 재학 중이며, 정훈은 미국 W대의 의학대학교에서 흉부외과에 재학 중이다.

> 지금 생각하면, 제가 미국에서 태어나지 못했다면, 미국 학교에 다니지 못했다면 지금 한국에서 대학교에 다니고 있었겠죠? 한국에서도 아빠가 고액 학원이나 과외를 보내줬겠지만 영어를 배우는데 미국에서 있는 것보다 더 잘 배울 수 있었을까 생각해요. 제가 지금 미국에서 의대에 다니고 있는데 벌써 한국의 병원에서 제안들이 와요. 이 정도 성공이면 지금까지 썼던 돈이 아깝지가 않아요.
>
> — 정훈의 이야기

정훈처럼 미국에서 태어나지는 않았지만 한국에 있을 때도 한국어로 대화해본 경험이 거의 없는 거 같아요. 그래서 지금 미국 대학에 있을 때도 전혀 어려움이 없는 것 같아요. 전부 돈의 힘이겠죠? 다들 학원이 나쁘다고 하는데 만약에 여유만 있다면 학원에 다니면서 공부하는 게 더 빠르게 성공할 수 있는 지름길이 아닌가 생각해요.

— 영철의 이야기

여선의 아빠가 한국에서 공부시켰다면, 영철과 정훈의 아빠는 돈을 투자해서 외국 학교에 입학시키고 외국에서 학원과 과외를 할 수 있도록 돈을 보내주었다. 그리고 그 결과는 세계에서 명문이라고 불리는 M대 기계공학과, W대 의과대학에 합격한 것이다. 정훈과 영철이 태어난 환경과 시작점은 전혀 달랐다. 정훈은 미국에서 태어났고 영철은 한국에서 태어났다. 하지만 두 아이의 공통점은 딱 한 가지였다. 아이들의 학업적 성공을 위해서 천문학적인 돈을 아이들에게 투자해주는 다이아몬드 아빠가 있다는 점이다. 이러한 아빠들이 제공해줄 수 있는 교육적 경험과 그림자 교육 비용의 차이는 아이들의 학업적 성공의 결과물들에서 확연한 차이를 만들어 낼 수 있었다.

이처럼 아이들이 가고 싶어 하는 여러 학원, 과외, 유학 등을 보내주는 아빠들도 있다. 하지만 오로지 한국 안에서 아이의 학업적 성공을 위해서 과외 하나만으로 월 3,000만 원 이상의 비용을 사용하는 한국의 다이아몬드 아빠도 있다.

[표 2-7] 정현의 교육적 경험과 효과

이름	교육적 경험	효과
정현	고액 컨택 과외 (월 5,000만 원)	정현을 위한 교육 과정 설계 학교 시험 문제, 수능 문제를 족집게로 알려줌 전교 1등, 전국 3등 미국 W대 항공운항과 합격

우리는 친구의 소개로 정현을 소개받고 온라인 미팅을 통해 약속 시간과 장소를 정했다. 정현은 미국에 있어서 정확한 약속 시간을 정해주면 맞춰서 한국에 들어오겠다는 말을 들으면서 놀람을 금치 못했다. 자신이 원할 때 아무 때나 한국에 오는 비행기 표를 살 수 있다는 뜻이니 말이다. 약속 날짜가 되었고, 약속 장소에서 정현을 기다리는데 우리 앞에 나타난 사람은 정현이 아니라 정현 아버지의 운전기사님이었다. 우리는 운전기사님이 태워주는 차를 타고 어디론가 향했다. 운전기사님이 향한 곳은 바로 정현의 집이었다. 정현의 집에 들어가면서 우리는 첫날 의문이 들었던 모든 생각이 정리가 되었다. 집에는 지하 차고지가 있고, 1층으로 올라가면 넓은 정원과 정원사가 있으며, 집 안에는 여러 예술품과 오케스트라에 필요한 모든 악기가 오케스트라 단상에 전시되어 있었다. 후에 알고 보니 정현의 아빠는 한 대기업의 임원직으로 있었다. 연봉이 20억이 넘으며, 성과에 따라 그 액수는 기하급수적으로 올라간다고 듣게 되었다.

본론으로 돌아와 우리는 정현에게 학창 시절 동안에 어떤 그림자 교육을 받았으며, 비용과 그 효과는 어땠는지 설명해달라고 부탁했다. 정현은 자신은 유치원 때부터 한국의 일반적인 다이아몬드 가정에서는 알 수 없는 비밀의 과외를 받았다고 이야기했다. 다이아몬드 아빠들 중에서도 1%의 아빠들만 암암리에 알고 있는 비밀의 과외 '컨택 과외'이다. 컨택 과외 선생님(이하 '컨택 선생님')은 일반적인 가정에서는 찾기도 힘들며, 돈과 명예가 있는 가정에서만 입소문으로만 알고 연락할 수 있는 과외 선생님이라고 설명했다. 이 컨택 선생님은 매일 학생의 집이나 혹은 자신의 집에서 수업하고 기본 수업비로 3,000만 원을 받는다고 한다. 여기서 끝이 아니라 만약 과외받는 학생이 시험에서 전교 1등을 하면 보너스로 1,000만 원을 더 주거나, 한 등급을 올릴 때마다 월 과외비가 500만 원씩 올라간다고 한다. 만약 아이가 4등급에서 시작해서 1등급까지 올라가고 전교 1등을 유지한다면, 1년의 과외비가 6억 정도가 드는 셈이다. 컨택 선생님은 어디서 정보를 들었는지는 몰라도 학교에서 나올 시험 문제와 모의고사에서 나올 시험 문제를 거의 비슷하게 시험지를 만들어 학생들에게 제공해줬다. 정현은 아빠가 정보를 받아온 컨택 과외를 초등학교 때부터 시작했다고 얘기했다. 중학교 때 전교 1등은 당연하고 중학교 당시 전국 모의고사에서 항상 전국 10등 안이었다고 한다. 그리고 고등학교 때는 전교 1등, 전국 3등을 했다고 이야기했다. 이러한 결과를 만들어 낸 컨택 선생님에게는 매달 5,000만 원의 과외비를 지불했다. 정현은 고등학교를 졸업하고 미국 W 대학교의 항공운항과에 재학 중이다.

제 주변에도 연봉 10억이 넘는 아빠들이 많죠. 그런데 컨택 과외를 받는 친구는 딱 한 명 있었어요. 그 친구 아빠도 연봉 50억이 넘었고 지금 만약에 그 아저씨 이름을 말하면 선생님들도 바로 누군지 아실걸요? 아무리 돈이 있다고 하더라도 받을 수 없는 과외죠. 그 정도로 비밀에 싸여 있고 아무나 받을 수 없는 과외니까 제가 전국 1등을 할 수 있었지 않을까요? 아무나 받을 수 있었다면 누구나 전국 1등을 했겠죠?

— 정현의 이야기

다이아몬드 아빠들을 만나면서 우리는 상상할 수 없고 들어볼 수도 없었던 그림자 교육이 있으며, 이러한 경험을 누구보다 쉽게 접근하고 있다는 점에서 놀라움을 금치 못했다. 우리는 다이아몬드 가정의 아이들을 만나면서 이렇게 생각했다.

> 우리가 흔히 가장 비싼 보석을 말하라고 하면 다이아몬드라고 할 것이다. 하지만 또 다른 의미로 깰 수 없는 물질이 뭐냐고 질문을 하면 그것 또한 다이아몬드라고 말할 것이다. 이처럼 다이아몬드 아빠들의 연봉과 그림자 교육의 투자 비용은 그 어느 아빠들보다도 높은 수준의 값어치를 가지고 있고 그 벽은 다이아몬드처럼 깨부술 수 없을 정도로 단단할 것이다.

그림자 교육 비용에 따른 학업적 성공은 다른 누구와 비교할 수 없을 정도로 큰 결과물로 되돌려 받았다. 이러한 아빠들의 투자는 아이들의 성공에 큰 영향을 미치고 학교 성적, 대학 진학, 직업에서도 큰 불평등이 발생하고 있음을 확인할 수 있었다.

2.5 끝맺는 말

지금까지 흙수저 가정의 아이들부터 다이아몬드 수저 가정의 아이들까지 각 가정마다 어떤 그림자 교육을 받고 있으며, 그 결과물은 어떤 차이점을 낳고 있는지를 살펴보았다. 아빠가 아이의 학업적 성공을 위해서 높은 그림자 교육 비용을 지불할수록 아이들의 성공의 발걸음을 한 발자국 더 나아갈 수 있다는 점을 알 수 있었다. 사회 · 경제적 지위에 따른 교육적 불평등은 계속적인 순환의 과정에 속박되어 있다. 이러한 굴레는 결국 사회 재생산 이론에 의해 또 다른 교육 불평등을 만들어내고 있다. 이런 한국의 교육 불평등 속에서 흙수저 가정의 하정이 말한 가난은 대물림 된다는 말이 계속적으로 생산되는 것이 아닐까 생각한다. 이러한 굴레를 벗어던지기 위해 교육 정책가들과 교육 연구가들이 좀 더 활발한 연구를 지속하여 교육적 불평등을 해소할 수 있는 그날이 오기를 우리는 기대하고 있다.

3

영어 유치원

금수저 아이들의 아우라가 탄생하는 곳

영어 유치원은 우리나라 아이들이 초등학교 입학 전에 영어를 배우기 위하여 들어가는 유치원이다. 일상을 원어민과 함께 보내며 그 속에서 영어로 소통하는 경험을 통해 아이들은 다른 일반 유치원의 아이들에 비해 집중적인 영어 사용 환경에 놓이게 되며 그 효과 역시 좋다고 알려져 있다. 그러나 실상 영어를 배우기 위해서라는 명목하에 목적 달성을 위해 필요한 비용은 상당하다. 서울 강남의 한 영어 유치원은 한 해 수강에 드는 교습비가 2천 6백만 원에 달한다. 이는 국내 4년제 대학교 연평균 등록금의 4배 수준이다. 또한 입학 자격을 얻기 위한 영재 검사비나 입학시험 응시비 등을 생각하면 더한 비용이 요구된다. 하지만 그럼에도 불구하고 영어를 포함해 그 이외에도 미리 학교 성공에 필요한 필수지식과 태도, 다양한 교과 지식에서의 능력을 배운다는 점은 일반적인 유치원을 다니고 초등학교에 입학한 아이들에 비해 굉장한 차별성을 갖는다.

이러한 영어 유치원은 우리나라 아이들의 능력주의가 불평등하게 이루어지고 있는 한국 사회에서 아이들의 발달 시기 중 가장 일찍 시작되는 학습이라는 특징을 갖는다. 이에 이 장에서는 영어 유치원을 통해서 아이들의 교육과 나아가 대중들의 전반적인 사고에 있어 능력주의적인 시각이 어떻게 형성되는 것이며 공교육에 들어가기 이전부터 상류층의 아이들은 영어 유치원에서 어떤 교육을 받고 어떤 능력들을 향상시켜 나가는지 알아보려 한다.

3.1 영어 유치원에 입학하기 위한 학부모의 조건들

영어 유치원이 성행하게 된 그 배경에는 1997년, 초등학교 3학년의 공식 과정으로의 영어 교과 도입이 있다. 그 때문에 당시의 많은 유치원들을 비롯해 유아 교육기관에서는 유아들을 대상으로 한 영어 교육이 시작되었다. 이후 2010년대 중반부터 교육 인플레이션 기조에 따라 영어 교육의 수요와 필요성이 강조되면서 본격적으로 부유층 학부모들 사이에서 영어 유치원이 유행하기 시작했다.

얼마 전 자녀를 막 영어 유치원에 보낸 지인 A씨와 만날 기회가 있어 이 주제로 이야기를 나눈 적이 있다. 올해 다섯 살이 된 딸아이를 키우고 있는 A씨는 서울에 거주하고 있다가 잠시 일 때문에 가족과 떨어져 있는 상황이다. A씨는 최근 많은 고민 끝에 딸아이를 서울에서 유명한 영어 유치원에 입학시켰다. 그렇지만 이야기를 이어 나가는 A씨의 표정이 어둡기만 했다. 사정을 들어보니 A씨 부부는 영어 유치원에 소모되는 비용 때문에 많은 고민을 하고 있다고 한다. 방과 후 수업비, 교재비 등을 포함해 한 달에 지출하는 금액은 200만 원 전후이며 입학 시 동계 · 하계복과 체육복 등 원복비로만 100만 원을 넘게 냈다고 한다. 이러한 선택의 근거에는 최근 여러 마케팅으로 유명해지고 있으며 학부모들 사이에서도 필수 요소로 퍼져나가고 있는 영어 유치원의 인식 확대와 자녀의 사교육에 대한 불안감 때문이다. A씨 주위에는 전문직 부부나 고위 관리직 지인들이 많은데 이들은 자녀들을 영어 유치원에 필수적으로 보내는 분위기고, 그렇기에 A씨 본인도 많은 조사 후에 보내게 되었던 것이다.

영어 교육에 대한 폭발적인 수요로부터 비롯되어 영어 유치원 유행이 시작되었으며 상류층 학부모들 사이에서 영어 유치원 선호도가 굉장히 강해졌다. 특히 최근 영어 유치원의 수는 5년 사이 70%나 증가한 것으로 확인됐다. 저출산 문제로 인해 사립 유치원과 어린이집이 줄이어 폐원하는 와중에도 영어 유치원 홀로 세를 확장하며 중산층 이상의 돌봄 수요를 대거 흡수하고 있다. 교육부에 따르면 하루 4시간 이상 교습하는 유아 대상 영어 학원은 2022년 말 기준 전국 811곳으로 집계됐다. 이는 2017년 집계된 474곳보다 71.1%, 337곳이나 급증한 규모다. 영어 유치원은 법적으로 존재하지 않는 단어이며 따로 사용하고 있는 공식적인 단어가 아니기 때문에 집계되는 통계자료도 따로 없다. 그렇기 때문에 교육계에선 '1일 4시간 이상 수업하는 유아 대상 영어 학원'이라는 이름으로 영어 유치원의 전국적인 규모를 파악하고 있다. 영어 유치원은 2018년 562곳, 2019년 615곳, 2020년 724곳 등으로 매년 늘고 있는 추세를 보였다. 2021년에는 코로나19의 영향으로 증가세가 다소 감소했으나 2022년을 기점으로 다시 100곳 가까이 늘어 증가세를 보이고 있다. 저출산의 여파로 사립 유치원은 5년간 20% 가까이 줄었다는 점을 고려하면 무서운 성장세가 아닐 수 없다. 그리고 가장 최근, 2023년 6월을 기준으로 지역별 분포하고 있는 영어 유치원의 수는 서울이 289곳으로 가장 많았고, 경기 221곳, 부산 73곳, 대구 41곳, 경남 33곳 등의 순으로 많았다. 신도시라 할 수 있는 세종의 경우 2020년까지만 해도 4곳에 불과했지만, 2023년 6월 11곳으로 3년 사이 2배 넘게 늘었다. 이렇게 지속적인 증가세를 보이며 현재 전국의 영어 유치원은 총 840곳으로 집계된다.

이렇게 늘어나는 영어 유치원임에도 불구하고 일반적인 서민층과 중산층의 학부모들이 자녀를 쉽사리 영어 유치원에 보낼 수 없는 이유는 상당히 높은 학비에 있다. 영어 유치원의 교습비에는 영어와 같은 교과목을 가르치는 학습비용과 더불어서 아이들의 급식비, 원복과 체육복 맞춤에 드는 피복비, 등원과 하원에 이용하는 차량비, 그리고 아이들의 영어 실력 가늠을 위해 주기적으로 시행하는 자체 모의고사 비용들이 포함되어 있다. 2023년 6월 기준으로 전국에 있는 영어 유치원들의 한 달 평균 교습비는 약 124만 원에 이른다. 통계에 따르면 교습비가 가장 높은 곳은 세종으로 월 약 170만 원, 충남은 약 145만 원으로 두 번째로 높았으며 그 뒤로 서울 약 144만 원, 인천 약 142만 원, 제주 약 137만 원, 대구와 광주는 동일하게 약 132만 원, 대전과 경기 약 120만 원 선, 울산과 강원 약 110만 원 선, 부산과 전남, 경남은 약 100만 원 선으로 책정되어 있으며 가장 교습비가 낮은 곳은 경북으로 월 90만 원 정도이다. 평범한 아이들이 다니는 공립 유치원의 원비에 비하면 터무니없이 높은 액수이다. 평균적인 소득분위에 위치한 가정에서 자녀를 영어 유치원에 보내려면 월 소득의 절반 가까이를 투자해야 한다는 소리다. 고소득 직업군이 많은 부유한 가정, 상류층에 위치한 가정에서는 이러한 지출을 한다고 해서 생계에 직접적인 영향이 가지 않기 때문에 기꺼이 높은 비용을 감수하고 자녀를 영어 유치원에 보낼 수 있다. 심지어 시간이 지날수록 영어 유치원의 교습비는 점점 올라가는 증가세를 보이고 있다. 2021년에는 가장 높은 교습비를 보이는 서울이 약 128만 원, 가장 낮은 곳인 전남에서는 70만 원이었다. 하지만 불과 2년이라는 시간 사이에 서울은 약 20만 원 정도, 전남은 25만 원 정도가 올랐으며 전국적으로 평균 20~30만 원 정도로 오르는 양상을 확인할 수 있다. 시간이 지날수록 낮은 소득층의 자녀들이 입학할 수 있는 문턱이 높아지고 있음을 확인할 수 있다. 자녀의 교육에서 자본주의는 거대한 영향력을 발휘하며 자본주의의 탈 안에서는 소득에 따라 자녀에게 제공할 수 있는 교육적 기회의 양과 질이 달라진다.

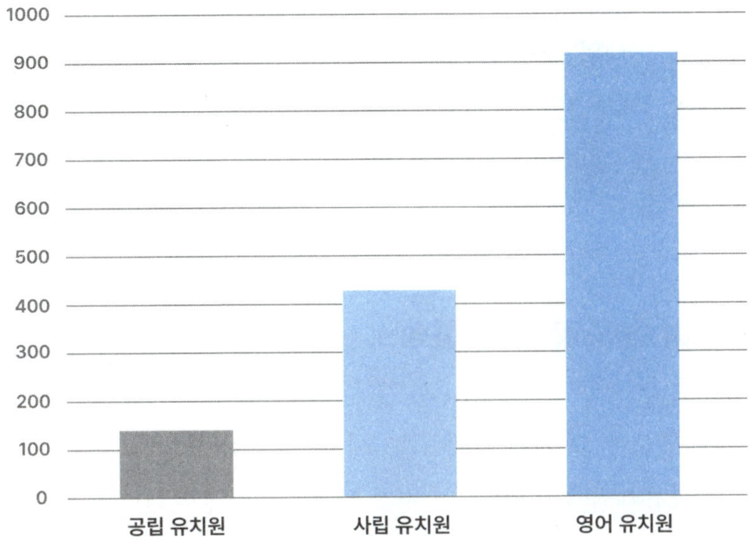

[그림 3-1] 서울 소재 유치원들의 종일반 1년 교육비용 비교 (단위: 만 원)

[그림 3-1]은 공립 유치원, 사립 유치원, 영어 유치원 등 세 가지 유형의 유치원별 필요한 교습비와 부가 비용들을 보기 쉽게 비교해 놓았다. 대부분의 일반적인 가정에서는 아이들을 공립 유치원에 보내게 된다. 공립 유치원과 사립 유치원 사이에서도 연간 교습비와 기타 비용들의 차이가 10배 가까이 나지만 영어 유치원과의 차이는 그보다 더 크다. 공립 유치원에 비해 영어 유치원은 약 20배 가까이 필요한 비용이 차이가 났다. 이는 입학뿐 아니라 졸업까지의 총비용을 계산해본다면 그 차이는 어마어마할 것이다.

이러한 기조에 최근에는 '4세 고시'라는 단어까지 생겨났다. 이는 부잣집 학부모들이 자녀 교육의 궁극적인 도착점을 의대나 약대와 같은 메디컬 계열로 설정하고 모든 사교육의 흐름을 집중시키는 모습에서 유래된 신조어이다. 많은 부잣집의 아이들은 3세부터 영어 유치원 입학을 위한 입학 테스트를 시작으로 초등 의대 준비반과 같은 다양한 사교육 과정을 거쳐 입시 준비를 한다. 따라서 영어 유치원은 부잣집 아이들의 4세 고시, 그 첫 번째 여정인 셈이다. 이 첫 여정에서 아이들은 아래와 같은 다양한 능력주의의 전형들을 배울 수 있게 되기에 학부모들은 영어 유치원을 선호하는 것이다.

3.2 영어 습득과 능력 향상

영어 유치원은 말 그대로 영어를 배우는 유치원을 뜻한다. 따라서 아이들은 아침부터 저녁까지 주로 영어 실력 향상을 목적으로 공부한다. 그러기 위해 영어 유치원에서는 영어 교과뿐만 아니라 일반 주지교과들까지도 영어로 수업을 한다. 또한 등원을 한 이후부터 영어로만 소통해야 하며 한국어 사용이 제한되는 환경을 가진 유치원들도 있었다. 하지만 그와 동시에 일반 유치원과 같이 놀이시간도 주어지며 친구들과, 선생님들과의 소통에 한국말 사용이 허용되는 유치원도 있었다. 그렇다면 영어 유치원에서는 아이들은 어떤 환경과 어떤 교육과정을 통해서 영어를 학습하고 영어에 대한 태도를 기르게 될까? 직접 서울의 한 영어 유치원들을 방문해보았을 때, 가장 먼저 눈에 들어왔던 것은 영어 유치원의 학습 시스템이었다. 보통 40분을 1교시의 수업으로 하며 대부분 점심식사 시간을 포함한 반일제로 진행하는 모습을 볼 수 있었다. 영어 유치원의 아이들은 같은 연령에 있는 친구들과 함께 수준별 교육을 제공받으며 반을 담당하는 담임교사와 특정 교과목 교사로부터 교육을 받는다. 영어 유치원의 한 반은 15명에서 25명 사이의 인원으로 구성되는 일반 유치원과는 달리 10명 안팎의 소수 정원제로 운영된다. 반 배정은 대부분 연령에 따라 진행되며, 이미 타 교육기관에서 영어를 배운 경험이 있는 아이는 영어 유치원에서 자체적으로 실시하는 영어 인터뷰를 통해 수준을 파악한 후 반을 편성한다.

우리나라의 대표적인 영어 유치원에는 폴리Poly, 브라이튼Brighton, 와이비엠YBM ECC, 원더랜드Wonder land, 서강 SLP 등이 있다. 이처럼 유명한 영어 유치원에서는 연령, 수준, 학습 시간에 따라 운영하는 프로그램별 학습 시간이 다르다. 하루에 3~6시간의 수업을 운영하고 있으며, 일반적으로는 일반 유치원과 같은 형식으로 아침 9시부터 오후 3시 50분까지 진행하는 곳이 많다. 기관에 따라서 원어민 담임과 한국인 부담임으로 배치하거나 한국인, 원어민 모두 담임으로 하기도 한다. 영어 유치원에서는 한 반에 원어민 선생님, 이중언어 구사가 가능한 선생님, 보조 교사 이렇게 세 명의 교사가 함께 들어간다. 이중언어 가능 교사는 대부분 한국인인 경우가 많으며 원어민 선생님들은 보통 영어권 국가 출신으로 출신 학교와 더불어 교육적 경력을 포함해 철저하게 이력 확인을 거친 사람들이 대부분이다. 또한 영어 유치원에서는 교사들을 채용할 때 교육 관련 학과를 전공 및 졸업했는지를 중요하게 본다고 한다. 그렇지 않은 경우에는 국제영어 교사 양성을 위한 자격증인 TESOL 자격증을 필히 요구한다. 이처럼 높은 스펙과 검증된 실력을 갖춘 교사들이 진행하는 수업이기에 학부모들에게 그 전문성과 신뢰성의 증명은 충분하다.

영어 유치원에서는 영어 교육에 있어서 실제 미국 유치원이나 초등학교 현장과 같은 분위기, 커리큘럼 등을 활용한 실제성 있는 교육을 추구한다. 그렇기 때문에 아이들이 학습하는 교과서도 실제 미국 초등학교에서 활용하는 교과서를 그대로 사용하는 경우가 많다. 보통 메인으로는 저니즈, 원더즈, 리딩 스트릿 Journeys, Wonders, Reading Street 등의 출판사에서 나오는 책들을 채택하여 사용한다. 보통 이러한 미국 교과서들은 Kinder Level, 줄여서 K레벨에서 시작한다. 실제로 교과서 표지에 표시되어 있는 G2.1은 미국 초등학교 기준 2학년, 첫 번째 해당하는 교과서라는 것을 의미한다. 이처럼 아이들은 본인의 연령과 수준에 따라 영어 유치원이 선정한 교과서를 활용해 학습하고 있으며 메인 교과서로 수업을 한 이후에는 부수적인 보조 교과서로 추가 활동을 진행하는 형식으로 수업한다. 5세부터 시작해서 3년간 영어 유치원에 다닌 아이들은 보통 미국 초등학교 2학년에 해당하는 교과 과정까지 마치고 졸업하게 된다. 6~7세 사이에 입학하여 약 2년간 영어 유치원에 다녔다면 미국 초등학교 교과서 1학년에 해당하는 과정을 수료하고 졸업하는 것이 일반적이다. 영어 유치원을 졸업한 아이들의 영어 능력 수준 파악에서 더 쉬운 이해를 돕기 위해 미국 교육 연구소 메타메트릭스MetaMetrics가 개발한 영어 읽기 지수인 렉사일Lexile 지수 비교를 통해 알아보자. 우리나라의 영어 교과서별 렉사일 지수는 초등학교 6학년이 보통 220L에서 290L 사이이다. 또한 현재 우리나라 중학교 1학년 영어 학습 수준에서의 렉사일 지수(L)는 300에서 500L 사이에 분포한다. 이에 비해 영어 유치원 아이들이 졸업할 때의 도달 수준은 최소 미국 초등학교 1학년 수준이며 190에서 530L 사이로 나타난다. 영어 유치원의 아이들은 사실상 영어라는 과목만 놓고 보았을 때, 거의 중학교 1학년 수준에 해당하는 수업을 소화해내고 있다고 봐도 무방하며 또래에 비해 상당히 높은 수준의 영어 능력을 갖추게 된다는 것을 알 수 있다. 초등학교 입학과 동시에 영어를 배우는 아이들도 또래에 비해 빠른 편이며 높은 영어 실력을 갖추게 되지만 어릴 때부터 영어 유치원에서 학습해온 아이들과 다른 또래 아이들과의 영어 실력 격차는 이미 따라잡기 어려울 만큼 벌어져 있음을 알 수 있다.

학부모들은 영어 유치원을 교육 방식에 따라 놀이식과 학습식으로 구분하는데 자율적 분위기 속에서 놀이시간이 있고 다른 교과를 병행하는 것을 놀이식, 이와 비교되게 책을 읽거나, 테이프 듣기, 영어 유치원의 멀티미디어 내용 복습, 영단어 쓰기, 주제 발표와 같은 Show&Tell 등에서의 학습 내용과 부수적인 과제들을 중심으로 진행하는 것을 학습식이라고 한다. 대부분의 학습식 유치원에서는 입학시험 제도를 시행하고 있다. 하지만 입학시험은 영어를 제대로 접하고 학습해본 경험이 없는 아이들이라면 쉽게 치르고 합격할 수 없다. 그렇기에 대부분의 입학 준비생들은 이 입학시험 합격을 위해 또 다른 준비 코스를 수강한다. 이미 이런 시스템이 존재한다는 것만으로도 영어 유치원의 입학은 그 진입 장벽이 매우 높다는 것을 알 수 있다. 높은 학비와 입학을 위한 준비 과정 수강료 등은 일반적인 가정에서는 교육에 대한 투자라는 명목으로 지출하기에 너무 과한 금액으로 다가오기 때문이다. 이를 통해 우리는 다시 한번 왜 일반적인 서민층과 중산층들이 자녀를 쉽사리 영어 유치원에 보낼 수 없는지를 체감한다.

영어 유치원에 다니는 아이들과 학부모들은 기관에 따라 교육 시간, 교육 비용, 교사 체계, 교육 방식, 한국어 사용 여부, 과제와 시험 여부 등을 다르게 경험한다. 영어 유치원은 아이들의 언어적, 신체적, 사회적, 인지적 그리고 정서적인 부분에서의 발달과정에 대한 폭넓은 이해를 통하여 더 쉽고 재미있게, 그리고 생생하게 영어를 학습할 수 있도록 교육 과정을 구성한다. 오전에는 영어로 된 수업, 오후에는 영어와 관련된 수업 등을 하며 영어에만 초점을 두는 것이 아닌 영어를 사용하는 문화권의 문화와 전통 등도 학습할 수 있게 된다. 또한 한 달에 한 번씩 현장 견학을 나가기도 하고, 연중행사로 핼러윈 축제나 공개수업을 하기도 한다. 이러한 교육 과정은 보통 한 달에 한 번씩 구성되기도 하며 이러한 부분들에서 학부모들은 가정통신문을 통해 교육 계획 및 교육 일정을 전달받고, 한국인 상담교사와 주 1회 이상 전화로 원내 생활과 교육 진도를 안내받는다.

사실상 한 명의 담임이 한 반의 모든 아이를 통제하며 교육을 이끌어나가는 일반 유치원에서는 불가능한 개별화 교육, 맞춤형 교육이 영어 유치원에서는 가능하다. 무엇보다 영어 유치원은 일반 유치원에 비해 상대적으로 적은 인원이 한 반을 구성한다. 그렇기 때문에 교사 한 명이 학생 한 명에 들이는 정성과 시간이 더 많으며, 하원 이후 학부모들은 담당 교사들과 학습 진도 전달 및 행동 특성 파악을 통해 지속적인 소통이 가능하다. 부유층의 학부모들은 자녀가 다른 아이들과는 차별적인 교육을 받기를 희망하며, 이 역시 개별적으로 그리고 집중적으로 이루어지는 것을 원한다. 영어 유치원에서는 학부모들의 니즈를 충족시킴과 동시에 학부모들은 이러한 과정을 전달받으면서 자녀들의 유치원 학습 과정에서 드러나는 능력과 가능성에 맞추어 조기에 적성을 찾는 것이 가능해지며, 이것만 하더라도 부잣집 아이들은 다른 아이들보다 몇 발짝을 앞서 나갈 수 있게 되는 것이다.

3.3 영어 중심의 생활

일반적인 한국어 유치원에서의 영어 학습은 보통 외부 영어 프로그램의 도입과 활용으로 이루어지는 경우가 많다. 주로 단어의 학습과 암기가 위주가 되는 듣기, 말하기 위주의 수업으로 진행되며 일주일에 2에서 3회, 회당 20분 정도로 시행된다. 이와 비교되게 영어 유치원에서는 영어에 노출되는 시간이 훨씬 길며 일반 유치원에 비해 영어 수업 진행 속도가 빠르다. 이는 아이들이 영어에 대해 가지는 흥미도와 공부에 대한 동기부여 등의 면에서 많은 차이점을 만들어낸다. 그렇다면 영어 유치원에서는 아이들이 어떻게 영어 학습을 하고 있을까?

전체적인 연령별 교육 목표를 살펴보면 영어에 대해 처음 접하고 유치부의 예비과정이라고도 볼 수 있는 4~5세의 과정에서는 다양한 놀이를 중시하는 교육 과정을 통해 영어에 대한 긍정적인 인식과 환경조성을 가장 우선시하고 있다. 이후 본격적으로 유치부로 분류되는 6~7세 과정은 언어의 4대 영역과 누리교육 영역의 5대 발달 영역의 교육효과 극대화를 위한 영어 프로그램을 진행한다. 또한 초등학교 입학 이전에 과학, 미술, 음악, 수학과 같은 주요 교과목과 예체능 교과에 대한 선수지식의 확장을 통해 어떻게 보면 초등부의 과정까지 선행한다.

대표적인 영어 유치원들의 교육 과정과 학습 프로그램들을 살펴보며 아이들이 어떻게 영어 학습을 하고, 나아가 초등 교육 과정의 선행과 선수지식 학습까지 이루어지는지를 살펴보도록 하자.

영어 유치원들은 학생들의 수준, 각 레벨에 맞는 1년 기준의 교육 과정을 가지고 있다. 일반적으로 오전 시간에 영어에 대한 기본적인 학습을 진행한다. 이 시간대에 기초적인 영어의 듣기, 읽기 등부터 시작하여 원어민과 직접적으로 대화하는 시간을 갖는 등 영어 회화와 영어 기초 능력 향상을 위한 시간이라고 볼 수 있다. 대부분의 영어 유치원들도 마찬가지겠지만 4~5세의 유아반 아이들은 학습 영역에 기초한 영어 공부보다는 다양한 놀이를 통해 친구들, 선생님들과 놀고 그러한 과정에서 영어에 대한 긍정적인 환경과 인식을 형성하는 데 집중한다. 대표적인 예시로써 B영어 유치원 5세반 시간표의 교육 과정과 학습 활동들에 대한 설명을 통해 자세히 알아보도록 하자.

B영어 유치원에서는 일주일에 주 5회의 수업을 진행하고 있는데 모든 수업 시수의 절반을 차지하고 있는 것이 Language Art로 제시되어 있는 영어 학습 시간이다. 이 영어 학습은 Wonders, Phonics, Quiz, Library 등 다양한 놀이 위주의 활동들로 구성되어 있다. Phonics는 영어를 구성하는 기본 글자인 알파벳의 모양을 인지하고 변별할 수 있게끔 놀이로 구성된 학습 활동이다. 알파벳을 알고 난 이후에는 단어를 읽고 나아가 아이들 스스로 생각하고 글을 쓸 수 있게끔 기초적인 영문법까지 다루어주는 핵심적인 프로그램이기도 하다. 이외에도 수준에 맞게 도서를 선정하고 독서 활동을 통해 영어 어휘 확장과 기초 상식 확장까지 도모할 수 있는 Library, 배운 내용을 아이들이 점검하고 실력을 파악할 수 있는 Quiz와 같은 특색 있는 프로그램을 볼 수 있다. 친구들의 이야기를 귀 기울여 듣고, 상호 질문과 대답을 통해 언어발달과 사회성 발달을 동시에 이루어지도록 하는 Show & Tell, 노래와 춤, 공연을 통해 역할 놀이를 수행하고 그 과정에서 정서적인 상호교감과 타인에 대한 배려심을 길러줄 수 있는 활동인 Drama, 주말 동안 가족들과 함께 한 시간에 대해 친구들과 나누어보고 발표할

수 있는 Weekend Story 등 영어 자체의 실력뿐 아니라 사회성 발달 요소와 인격 발달을 도와주는 다양한 요소들을 향상시킬 수 있음을 확인할 수 있다.

영어 유치원의 기본적인 영어 학습은 연령별로 다른 주안점과 주제를 가지고 진행이 된다. 4~5세의 경우, 아이들이 흥미를 느끼거나 재미있어하는 놀이를 바탕으로 사물, 상황에 대한 인식 강화와 의사 표현 연습에 중점을 둔다. 아이들은 파닉스와 문장학습을 통해 텍스트를 스스로 읽도록 도와주면서 읽기 능력을 향상하는 단계를 먼저 거친 후 영어로 된 문제를 읽고, 이에 대해 질문하는 과정을 통해 문제를 해결하는 경험을 얻게 되며 나아가 놀이교육이나 게임을 활용한 교육 방법을 통해 영어로 표현할 수 있는 역량이 향상된다. 이 과정에서는 주로 인사, 가족, 날씨, 숫자, 감정 등과 같이 일상과 연관되고 아이들의 수준에서 진입장벽이 낮은 주제들을 활용하는 모습을 볼 수 있었다.

6세의 경우 영어로 할 수 있는 표현의 범위를 확장하는 것을 목적으로 영어를 학습한다. 영어 학습의 4가지 요소인 말하기, 읽기, 쓰기, 문법을 본격적으로 공부하게 되며 유창성과 표현력 향상을 목표로 다양한 배경지식을 축적하며 관련된 어휘에 대해 집중적인 학습을 시작한다. 그와 동시에 운동, 취미, 협동, 지도, 정보교환 등 조금 더 넓은 범위의 주제를 활용하여 영어 학습이 진행된다. 아이들은 6세반을 기점으로 본격적인 영어 쓰기, Writing 학습을 시작하게 된다. 영어 작문은 아이들의 입장에서는 높은 장벽이 느껴지며 자칫하면 영어에 대한 두려움이 생길 수 있기 때문에 처음에는 교사들이 제시해주는 단어들을 활용하여 문장을 만드는 연습을 계속해서 한다. 이후에는 스스로가 스스로에게 단어를 제시하여 문장을 만들거나 하나의 주제를 설정하고 주제와 관련된 단어들을 직접 찾아보면서 문장 만들기 학습까지 해나간다. 이는 이후에 문단 글쓰기 활동인 Paragraph Writing 단계로 나아갈 수 있는 기초 단계로 작용하며 7세반을 거쳐 졸업할 때가 되면 주제와 관련된 논리적인 글쓰기 Essay Writing까지 가능하게 되는 것이다.

마지막 7세의 경우 실제로 미국의 초등학교에서 사용하는 교과서를 활용해 수업을 진행하는 경우가 많다. 교과서에 제시된 내용이나 교사들이 별도로 추가하는 내용들을 중심으로 친구들과 의견을 교환하는 토론 중심의 학습이 주가 된다. 주로 미국 초등학교 1학년에서 2학년, 나아가서는 3학년 초반 수준에 상응하는 주제들을 활용하는 모습을 볼 수 있다. 아이들은 이러한 영어 유치원의 다양한 학습 및 동기유발 프로그램 등을 거치면서 자기주도적, 능동적인 학습 습관을 영어 학습에서 발휘할 수 있게 된다.

> 저희 아이는 영어 유치원에 입학 후 7세반까지 1년 반 정도를 다녔는데 실제로 같은 나이대의 사촌들이나 다른 아이들과는 확연히 수준이 차이가 나요. 영어로 글을 쓰는데 서론, 본론, 결론처럼 글의 기본 구조에 맞춰서 짧은 글을 쓸 수 있게 되었어요. 그리고 가끔 집에서 영어를 활용하여 그림일기를 쓰거나 하고 싶은 말을 담은 엽서나 카드도 쓰기도 해요.
>
> — 진주에서 영어 유치원을 다니는 단아 어머니와의 인터뷰 중에서

영어 유치원에 다닌 아이들은 영어 쓰기 능력뿐만 아니라 말하기와 듣기 능력에서도 향상된 모습을 보인다. 위 인터뷰 속 주인공인 아이는 영어를 활용하여 현재형, 미래형에 해당하는 짧은 문장을 활용하여 이야기를 이어 나갈 수 있었으며 간단하게 자신이 좋아하는 것에 관해 설명하거나 앞으로 하고 싶은 일에 관해 설명할 수 있는 능력을 갖추고 있었다. 일반적인 7세 아이들이 이제 막 알파벳을 학습하거나 단어 학습을 시작하는 것에 비하면 확실히 높은 수준의 영어 실력을 갖추고 있다는 것을 체감할 수 있었고, 영어 유치원이 아이들의 영어 학습적인 측면에서 형성해주는 능력이 추후 학습에서도 유용하게 활용될 수 있을

것이라 생각했다.

이렇게 다양한 프로그램과 체계적인 영어 학습 교육 과정을 가지고 있는 영어 유치원에 다니는 아이들은 어떤 효과를 볼 수 있을까? 먼저 영어 유치원에 다닌 아이들은 영어 학습에 대해 다른 일반 유치원에 다닌 아이들에 비해 더 적극적인 태도를 보인다. 영어로 진행되는 수업이나 원어민 선생님들과의 놀이와 학습을 통한 지속적인 접촉, 그리고 영어권 나라의 문화와 언어를 배우면서 자신감이 향상된 것이다. 부잣집 아이들은 영어 유치원에서 모든 활동을 영어로 이미 해보았기 때문에, 초등학교 3학년 때 갑작스레 처음 영어를 접하게 되더라도 영어 유치원에 다닌 학생들은 놀라지 않는다. 영어를 처음 학습하는 학생들은 영어를 '두려운' 존재로 받아들여 학습에 방해가 되는 반면 영어 유치원에 다녀본 학생들은 영어 공부를 저항감 없이 할 수 있다는 것만으로도 초등학교에서 같은 수업을 받더라도 더 수준 높은 학습 결과를 얻을 수 있다는 예상을 할 수 있다. 즉, 영어 학습에 대한 자신감과 인식 수준이 일반 유치원을 다니는 서민층, 중산층 가정의 아이들보다 월등히 높다.

그리고 초등학교 입학 이후의 영어 학습에서는 영어 유치원에서 영어 몰입교육을 받은 유아들이 그러지 않은 유아들보다 영어어휘, 발음, 말하기, 청취, 알파벳 인지능력 능에서 높은 점수를 보이는데 이는 몰입교육을 받은 유아들이 영어에 노출된 시간이 더 길고 언어적 자극을 많이 받기 때문이라고 볼 수 있다. 또한 지속적으로 영어에 대한 테스트와 검증 과정을 거치며, 일상생활 속 소통에도 꾸준히 영어를 사용하여 질문하고 대답하기 때문에 영어 구사에 대한 자기 객관화와 약점 수용력 부분에서 또래 다른 아이들보다 현저히 높은 경향을 보인다. 이는 아이들의 내신 시험 성적과 직결되며 아이들은 이렇게 학습한 높은 수준의 영어 능력을 바탕으로 높은 경쟁력을 가질 수 있게 된다.

3.4 영어와 함께 배우는 또 다른 것들

아이들은 영어 유치원을 다니면서 영어를 배우고 잘 말하는 것 외에도 다른 일반 아이들보다 더 일찍 그리고 더 많이 학교 공부에 필요한 교과 지식과 정보를 습득하게 된다. 그렇기 때문에 일반 유치원에 다니는 아이들보다 더 높은 수준, 많은 양의 기초적인 학습 내용과 태도들을 앞서 익혀 나가고 있다. 공식적인 교육 과정에서 영어를 처음 배우는 것은 초등학교 3학년이고, 영어를 말할 기회는 영어 교과 시간이 거의 전부인 것에 비해 영어 유치원에서는 학생이 영어를 사용할 수밖에 없는 환경에 놓이고, 이는 언어를 습득하는 연령인 어린 나이에 영어를 일찍 접하고 영어를 많이 말하는 계기가 된다. 또한 일반 유치원에 비해 영어 유치원의 교육 과정은 초등학교의 교과들과 직접적인 연관성과 더불어 높은 수준의 학습 활동들로 구성되어 있다. 그렇기 때문에 부유한 집안의 배경을 가지고 영어 유치원에서 학습한 아이들이 중산층과 서민층에 속해 일반 유치원에 다니는 아이들과는 다르게 영어뿐만 아니라 학교 성적과 직결되는 교과 관련 지식에 대해 얼마나 많이 배우고 앞서 나가는지를 가늠할 수 있다.

영어 유치원의 아이들은 일반 유치원과는 다르게 초등학교에서 배울 교과들을 선행하고 학습에 유용하게 활용되는 태도와 역량을 미리 습득하는 경우가 많다. 영어 유치원의 교육 과정을 통해 과학, 수학, 미술, 음악 등 여러 초등 교과에서의 선수 학습 효과를 볼 수 있음과 동시에 학습 태도들과 다양한 학습 경험을 통해 학습 역량들이 창출된다. 결국에는 영어 유치원의 아이들을 초등학교 인지 교과의 선행 학습과 그 준비 덕분에 유리한 위치에 서게 된다.

위에서 언급한 사실처럼, 첫 번째, 영어 유치원에서는 초등학교 교과 내용에 대한 심화적인 선행 학습이 이루어진다. 영어 유치원은 과학, 수학 등의 주요 교과 학습에서도 영어 학습과 마찬가지로 미국 학교에서 사용되는 교과서를 활용하는데, 6세는 미국 1학년 교재, 7세는 미국 2학년의 교재를 사용하는 영어 유치원이 있을 정도로 다른 유치원의 일반 교과 학습에 비해 상당히 높은 수준을 보인다. 또한 과학 교과 같은 경우에는 실제 개념 학습과 함께 실험 활동까지 진행하는 경우가 있는데 이는 학교 입학 이전부터 교과 내용을 미리 경험해봄으로써 과학적 사고와 실험 역량 발전에 아주 큰 도움을 준다. 여기서 중요한 점은 이렇게 영어 유치원에서의 수학, 과학 등과 같은 교과의 학습이 실제 초등학교의 교육 과정과 연관성이 깊다는 점이다. 영어 유치원에서는 과학 학습 시간 때 다양한 영단어 학습과 함께 다양한 과학 실험을 진행한다. 여기에는 인체 구조를 학습 후 골격 구조를 만들어보는 활동도 있고, 동물과 식물의 구조를 파악하고 그려보거나 관찰하는 활동들, 나아가 화산 활동이나 지진과 같이 지구의 자연재해와 관련된 교과를 학습하면서 실제 화산 분출 모형을 제작해 실험해보는 활동 등이 포함된다. 이러한 활동들을 실제 초등학교 교육 과정에서 학습하는 내용과 비교해보았을 때 많은 공통점을 발견할 수 있었다. 초등학교 과학 교과 내용 중에는 동물의 한살이, 식물의 한살이처럼 생애를 학습하는 단원과 다양한 환경에서 서식하는 동물과 식물의 생김새를 파악해보는 내용이 구성되어 있다. 또한 화산 활동과 지진에 관련된 내용 역시 초등학교 교육 과정에 포함되어 있다. 이는 수학 과목에서도 마찬가지이다. 미국 수학 교과서를 학습하는 영어 유치원에서는 다양한 교구를 활용해 수학 연산이나 개념에 대해 학습을 진행한다. 미국 초등학교 1학년 교재를 사용하는 아이들은 수와 연산의 기초 기능과 응용 방법을 습득한다. 이에 더해 분수의 개념까지 학습하는 영어 유치원도 있다. 분수의 개념은 초등학교 3학년 교육 과정에서 처음 도입되며 실제 아이들이 이해하고 연산에 응용하는 데 어려움을 느끼는 부분이기도 하다.

이처럼 영어 유치원에서 학습하는 일반 교과와 관련된 내용들은 초등학교의 교육 과정과 상당히 깊게 연관되어 있다는 것을 알 수 있고, 그 수준 또한 초등학교와 중학년 수준에 상응한다. 실제로 초등학교에서 과학 교과를 처음 시작하는 것은 3학년부터이기에 얼마나 일찍, 그리고 많이 앞서나갈 수 있는지 알 수 있을 것이다. 앞서 이야기한 것과 같이 영어 이외에도 수학, 과학 등 초등학교 교과에 대한 선행 학습도 진행하며 다양한 교과 체험 활동들을 통해 아이들은 초등학교 생활에 빠르게 적응할 수 있다. 초등학교에서는 학년이 올라갈수록 학습해야 할 교과목의 수도 많아지고 그 종류도 다양해진다. 그렇기에 많은 교과를 처음 배우는 많은 아이들은 본인의 잠재력이나 창의력을 발휘하기 어렵고, 설령 발휘한다 해도 서툰 경우가 많다. 이러한 부분에서 영어 유치원을 다닌 아이들은 다양한 활동들을 미리 체험해 봄으로써 자신이 가진 창의력과 가능성을 발휘해 본 경험이 많다. 결국 이는 부잣집 아이들에게 자신감과 도전의 원천이 될 것이며 적은 실패 경험으로 학습에 대한 지속적인 의욕과 자신을 가질 수 있게끔 한다.

이에 더해 영어 유치원에서는 주요 교과와 관련된 프로그램 이외에 창작과 체험 활동, 예체능 활동을 진행한다. 서울의 B영어 유치원에서 진행하는 프로그램 Orda처럼 독일과 이스라엘을 대표하는 교구들을 활용하여 기능적 사고와 창의적, 논리적 사고를 극대화할 수 있는 놀이교육이 대표적인 예시이다. 더불어 Lego & Morphun처럼 현재 대두되는 메이커교육과 일맥상통하게 블록 조립을 통한 입체 조형물 제작과 건축 활동은 영어 기본 능력을 습득하기 이전의 유아들에게 영어에 대한 친숙함과 익숙함을 가져다줄 수 있는 프로그램들도 있다. 그리고 일상생활과 직접적으로 관련 있는 농촌 체험 활동을 진행하고 있는데 텃밭에서 오랜 시간을 들여 농작물을 길러보는 활동은 생태교육과 자연 친화 교육과 연계된다. 이러한 창의력을 바탕으로 하는 제작 활동이나 농업 체험 활동 등은 초등학교 고학년의 실과 과목과도 직접적으로 연계가 되어 있다. 발명과 그를 통한 문제 해결, 생활 속의 농업 체험, 생활 소품 만들기 등의 활동을 진행하는 단원들이 5~6학년 실과 교육 과정에 포함되어 있는 사실로 알 수 있다.

음악과 미술, 체육과 같은 예체능 부분에서도 아이들은 다양한 체험 학습과 활동들을 통해 학습 경험과 능력을 축적할 수 있다. 호기심이 많은 아이들에게 세상의 모든 만물은 자신의 생각을 표현할 수 있는 재료와도 마찬가지이다. 영어 유치원에서는 그림그리기 대회를 주최하거나 매달 주제에 맞게 주변 재료들을 활용해 만들고 오리는 창작활동을 진행하기도 한다. 게다가 전문 강사를 초빙하여 음악 프로그램을 진행하는 영어 유치원도 있다. 음악과 일상의 소리들, 자신이 만들어낼 수 있는 신체 표현을 결합하여 주변의 사물과 현상을 악기를 이용하여 소리 표현하고 몸으로 나타내는 활동을 통해 아이들은 풍부한 감성과 표현능력을 가질 수 있다. 다양한 악기를 다루는 방법 또한 알게 되는데 주로 관악기나 현악기 위주로의 교육이 이루어진다. 그렇다고 체육 활동이 빠지는 것은 아니다. 클래식 음악이나 영어 챈트에 맞춘 발레 시간을 가지고 있는 유치원도 있으며 전문 강사를 초빙하거나 다양한 운동 기구를 통하여 신체 운동 능력의 기초가 되는 협응력, 지구력, 순발력 등을 훈련하고 다양한 종목의 스포츠와 뉴스포츠 놀이를 통해 아이들은 신체 건강을 증진시킬 수 있다. 이를 통해 아이들이 자신감과 자신의 신체에 대한 긍정적 인식을 가질 수 있도록 도와준다.

자녀가 초등학교 들어가기 이전에 일반 유치원의 아이들과 다르게 영어뿐만 아니라 학교 성적과 학습 능력에 직결되는 지식과 가치들을 얼마나 많이, 깊게 배우고 앞서 나가는지는 부유한 학부모들이 자녀 교육에서 추구하는 바이다. 거기에 더해 예술적 체험 활동들을 통해 아이들은 자신의 생각을 창의적으로 표현할 수 있는 능력과 예술적 요소에 관심을 통해 자신의 재능 개화에 큰 도움을 받을 수 있다. 이러한 능력적인 부분에서의 차이는 자녀의 학교 생활과 나아가 그 이후의 진로에서도 영향력을 강력하게 발휘할 것이다. 일반적인 아이들은 쌓아오지 못한 선행적인 교과 관련 지식, 능력은 부잣집 아이들을 항상 상위권 성적에 머물 수 있도록 해준다. 영어 유치원으로 쌓아온 산물들이 아이의 학교 생활에서 어느새 아이의 고유한 능력으로 발현되는 것이다.

두 번째로, 영어 유치원에서 아이들은 영어 공부 이외에 학교 공부와 성공에 필요한 정서적으로 긍정적인 태도들을 함양하고 있음을 알 수 있다. 즉, 영어 유치원을 통해 학업 수행의 고유적인 능력 이외 아이들은 학습에 대한 유용한 태도와 역량을 가질 수 있는 것이다.

그 태도들에는 가장 먼저 자신감과 효능감이 있다. 언어 학습뿐만 아니라 다양한 과목의 학습, 특히 과학 실험이나 체육 활동에서 이는 진가를 발휘할 것이다. 영어 유치원의 아이들은 다소 낯선 환경에 일찍부터 적응해나가면서 다양한 문제 상황과 언어 장벽을 겪게 된다. 하지만 이를 해결해나감으로써 아이들은 높은 자신감과 스스로 문제를 해결할 수 있다는 효능감을 가지게 되는데 이러한 과정은 동 나이대의 아이들은 쉽게 경험하지 못한다. 자신 있는 태도를 일찌감치 기른 아이들은 주요 교과목과 예체능 교과에서 높은 학습 효율과 자신감을 보여주게 된다.

다음으로는 소통 능력과 협동 능력이다. 이전에 언급한 영어 유치원의 다양한 프로그램들을 보면 아이들이 다른 친구들과 함께 협동하여 진행하는 프로젝트 학습이나 토론 학습 등을 진행하기도 한다. 그 과정에서 빠질 수 없는 부분이 소통과 협동 역량이다. 물론 개인적으로도 성과를 내고 학습 효과를 볼 수 있지만 타인들과 시너지를 발휘하여 내가 가진 지식과 타인이 가진 지식을 공유함으로써 낼 수 있는 성과는 상상 그 이상이다. 즉 아이들은 영어 유치원의 협동 프로그램을 통해 집단지성을 활용할 수 있는 능력을 기를 수 있다.

세 번째는 발표 능력이다. 영어 유치원에서는 매주 자유 주제를 가지고 어떤 물건이나 사진 등을 가져와 친구들에게 보여주며 영어로 설명할 수 있는 시간인 Show & Tell 시간을 진행하며, 다양한 주제에 대해 영어로 발표를 진행하는 스피치 대회를 주 1회에서 2회 정도 진행한다. 우리나라 아이들이 다른 사람들 앞에서 발표를 진행하는 것에 근본적인 거부감과 부끄러움을 가지는 일반적인 특성에 반해 영어 유치원에 다니는 아이들은 이처럼 지속적인 발표 경험과 대회 경험을 통해 많은 청중 앞에서 자신의 목소리를 당당하게 낼 수 있는 발표 능력을 습득할 수 있다.

유치원에 가면 재밌어요. 외국인 선생님과 함께 영어로 이야기하는 것도 재미있고 친구들이랑 같이 영어놀이 하는 것도 재미있어요. 영어 유치원에 가면 집에 있는 물건을 들고 와서 친구들한테 보여주고 설명해주는 수업을 하는데 친구들이 제 이야기를 들어주는 것도 좋고 그래서 저도 더 많이 이야기해주고 싶어요.

— Y영어 유치원 7세반 다온과의 인터뷰 중에서

처음에는 아이가 외국인 선생님이랑 말이 안 통할까 봐 많이 무서워하고 유치원에 가고 싶지 않다고 몇 번 말했었는데 지금은 선생님이랑 영어로 말하는 시간이 기다려진다고 말해요. 선생님이 항상 칭찬을 많이 해줘서 영어에 자신감도 많이 생긴 것 같고 스스로 실력이 향상되는 모습을 보면서 더 영어에 열의를 가지고 이것저것 배우려고 하고요. 처음에는 아이에게 너무 낯선 환경일까 싶어 영어 유치원에 보내지 말 걸 그랬나 후회도 했는데 지나고 보니 오히려 보내서 다행이다 싶었어요.

— Y영어 유치원 7세반 민준 어머니와의 인터뷰 중에서

마지막으로 디지털 매체의 활용 능력과 디지털 사회에 대한 포괄적인 이해를 포함한 디지털 리터러시 역량도 향상된다. 실제로 서울의 대표적인 영어 유치원, 'POLY'에서는 POND라는 디지털 스마트 러닝 플랫폼을 운영하고 있다. 이는 오프라인 수업과 디지털 매체들의 스마트 기능이 결합된 미래형 영어교실로 소개되고 있는데 디지털 콘텐츠를 접목한 수업 진행을 통해 참여율과 몰입감을 극대화할 뿐 아니라 체계적인 학습 계획과 성취도 분석까지 가능하다. 이러한 프로그램의 장점은 아이들의 성장과 학습에 대한 동기가 부여되는 과정을 포트폴리오의 형태로 학부모가 관찰할 수 있다는 점이다. 또한 POND 프로그램 이

외에도 AR로 학습을 할 수 있는 사이트를 개설하여 운영하고 있다. POLY는 AR 기술을 독서지도 프로그램에서 톡톡히 활용하고 있다. 영어 읽기 레벨을 진단할 수 있는 프로그램을 통해 학생들의 읽기 능력을 진단하며 결과에 따라 맞춤형 도서를 추천하고 사용할 수 있다. 진행한 독서 활동에 대해서는 퀴즈를 제작하고 출제하여 아이들의 이해도와 어휘력을 온라인으로 실시간 평가할 수 있다. POND 시스템과 AR 기술이 접목된 독서지도 프로그램의 활용을 통해 아이들은 E-Book을 사용하는 경험과 디지털 액티비티 형식의 시험 진행을 경험해 볼 수 있다. 최근 들어 각 학교에 보급되고 있는 학습 노트북이나 개별 학습용 태블릿을 미리 활용해보는 것과 같은 경험을 가짐으로써 매체에 익숙해질 수 있으며, 학습 과정에서는 디지털 시대에 필요한 디지털 리터러시 역량까지 함께 기를 수 있다.

3.5 끝맺는 말

이 장에서는 우리나라 영어 유치원을 통하여 부잣집 아이들이 중산층과 서민층에 속해 있는 다른 아이들에 비하여 학교에서의 교육적 성공과 상급 학교 진학에서 얼마나 유리한지를 영어 유치원의 교육 과정과 학습문화를 통하여 살펴보았다. 이를 통하여 부잣집 아이들은 초등학교에 진학하기 이전부터 영어 유치원을 통해 영어에 대한 능력과 지식을 실제적인 경험과 반복적인 노출을 통해 함양하는 것은 물론 영어 이외의 교과인 수학, 과학, 음악, 미술 등에서도 효과적인 태도와 기능들을 익히는 것을 확인했다. 이렇게 영어 유치원을 통해 선행적이고 심화적인 학습 경험을 쌓은 아이들은 초등학교에 진학해서도 다른 아이들보다 영어뿐 아니라 과학이나 수학, 예체능 교과에서까지 우수한 면모를 보였고, 알고 있는 내용을 바탕으로 중학교, 고등학교 내용의 교과까지 미리 학습하기도 한다. 그뿐만 아니라 교내외 영어 관련 대회나 여러 가지 프로젝트 대회에도 적극성과 자기주도성을 가지고 참여해 높은 성적으로 수상을 하는 모습을 볼 수 있었다. 부잣집 아이들은 이처럼 영어 유치원을 통해 12년이라는 앞으로의 긴 학습 여정에 있어 효과적으로 발휘될 수 있는 학습 태도와 기능 이외의 역량들, 예를 들면 사회성, 자신감, 효능감 그리고 정보사회에서 꼭 필요시 되는 디지털 리터러시 역량까지 종합적으로 향상시켜 이를 정규 교육 과정에서 활용하고 있다. 이러한 부분으로 미루어 보았을 때, 영어 유치원은 부잣집 아이들을 중심으로 능력주의 형성을 통해 학습 불평등이 시작되는 그 근원적인 기능을 하고 있음을 알 수 있었다.

영어 유치원의 사례에서도 볼 수 있다시피 자본주의 구조하에서 나타나는 능력주의는 소득수준과 깊게 연관되어 있다는 것을 추론할 수 있다. 우리나라의 부잣집 학부모들은 자신들의 자녀를 영어 유치원에 보냄으로써 공교육 이전부터 중산층, 서민층 아이들과의 격차를 벌릴 수 있는 모든 지식과 태도를 습득하도록 하며 발휘할 수 있는 능력을 향상시킨다.

4

초등 6년

수저색깔에 따라 달라지는 한국 아이들의 성적

초등학교는 대부분의 학생이 그림자 교육에 참여하지만, 학부모의 경제적 능력에 따라 그들의 자식이 참여할 수 있는 그림자 교육이 더욱 세분화, 계층화되기 시작하는 시기이다. 학생들은 초등학생 때 중학교, 고등학교 수업을 이해하기 위한 기초학력을 습득하고 있다. 이러한 점에서 초등학교 6년 동안 학생들이 참여하는 그림자 교육의 유형과 학습 경험의 차이는 초등학교에서의 학습 격차를 넘어, 대학교 진학에도 결정적인 영향을 미치고 있다. 많은 학부모, 학생들은 막연히 '그림자 교육에 돈을 많이 쓸수록 학생의 학교 성적이 더 좋을 것이다.'라고 예상하고 있다. 하지만 그림자 교육은 단순히 학교 성적뿐만 아니라 초등학생들의 학교 생활과 사고 기능, 학습에 대한 태도에도 영향을 미치고 있다. 이에 이 글에서는 우리나라 초등학교 학생들의 학교 공부와 학업적 성공이 어떻게 그림자 교육의 참여에 영향을 받고 있는지, 그리고 그러한 영향은 양적으로 그리고 질적으로 학부모의 경제적 투자와 소비에 깊게 관련이 있는지를 살펴보고자 한다.

4.1 아이들의 학부모 계층의 차이별 특징

'학생이 성공하기 위해서 필요한 두 가지 필요 조건은 두꺼운 아빠의 지갑과, 무심한 아빠이다.'라는 말이 있다. 학생들의 학교 성적과 그림자 교육 참여에 영향을 미치는 것에는 학부모의 관심, 그림자 교육 정보에 대한 접근성, 각 교과에 대한 이해 정도들도 있겠지만, 결국 가장 큰 영향을 미치는 것은 학부모의 경제적 능력이다. 이 계층에 따라 학생들이 참여하는 그림자 교육의 유형이 달라지기 때문에, 학부모 경제적 배경에 따라 학생들을 4단계의 계층으로 나누었다.

2021년 한국 통계청에서 발표한 가계 분위별 소득을 기준으로 학생들을 노동 계층(연 1,500~1,700만 원), 중산층(연 2,000~4,000만 원), 상류층(연 6,500만~1억), 호화 계층(연 1억 이상)으로 나누었다. 면담과 조사의 과정에서 드러난 각 계층 학부모의 대표적인 직업은 다음과 같다. 노동 계층 학부모는 마트 캐셔, 일용직이었고 중산층은 공무원, 중소기업 회사원으로 일하고 있었다. 상류층은 의사, 변호사, 회계사 등 전문직, 호화 계층은 중소기업, 중견기업 사업가 또는 성공적인 매출을 올리는 식당의 사장이었다.

4.2 노동 계층(연소득 1,500~1,700만 원)

노동 계층의 아동은 부모의 연소득이 1,500~1,700만 원에 해당하는 아이들을 뜻한다. 부모의 연소득이 낮아서 그런지, 이 계층 아이들이 선택할 수 있는 그림자 교육의 종류는 한정적이다. 이에 가장 그림자 교육이 저렴한 방과후수업 프로그램이나 그림자 교육 업체가 운영하는 학습지에 의존하고 있다. 그러한 점에서 우리가 일반적으로 그림자 교육이라고 하면 떠올리는 학원이나 과외가 아닌 저렴한 형태의 그림자 교육을 선택할 수밖에 없는 것이다. 그도 그럴 것이 부모의 월소득이 120~140만 원 정도이기 때문에 생활비를 제외하고 아이들의 그림자 교육 비용을 다른 계층의 아이들처럼 투자하는 것은 불가능할 것이다.

첫 번째 그림자 교육은 국가에서 학원이나 과외에 의존하는 학생의 수를 줄여보고자 실시하고 있는 학교 내에서의 방과후수업 프로그램이다. 방과후수업 프로그램은 2004년부터 시작되어 학생들의 학원, 과외 의존을 줄여보겠다는 목적으로 2004년에 국가로부터 시행되었다(박소영, 2008). 처음의 목적과는 달리 상대적으로 그 인기가 사라졌지만 초등학교의 경우, 그럼에도 대부분의 초등학교에서 아이들은 정규 일과 시간이 끝난 13시부터 주당 평균 1.7시간 방과후수업에 참여하고 있다(통계청, 2023). 아이들이 참여하는 방과후수업 프로그램으로는 수학, 국어, 영어, 과학, 댄스, 축구 등이 있다. 한 강좌당 10,000원~30,000원이지만, 이 계층의 아동들은 방과후수업 바우처를 통해 무료로 수업받고 있다.

방과후수업에는 코딩, 로봇 제작, 축구, 단소 등의 프로그램도 있다. 하지만 여기서는 인지교과와 직접적으로 관련이 있는 국어, 수학, 영어, 과학 교과의 프로그램만을 다루고자 한다. 아이들은 대부분 1~2개의 강좌를 듣고 있으며, 강좌당 일주일에 주 1~3회, 회당 40분씩 방과후수업을 듣고 있다. 일반적으로 방과후수업은 2~3부로 운영되어 학년에 따라 구분하여 운영되고 있다. 수업의 강사는 대부분 외부 학원의 강사로서, 외부 학원 또는 학습지 업체에서 수업했던 경력이 있는 강사가 학교로 와서 방과후수업을 하게 된다. 수업은 학생들이 선택한 학교 교과목 수업의 이해를 높이기 위해 실시되고 있는데, 대부분 수업은 해당 학년의 교과 내용을 중심으로 이루어진다.

먼저 수학은 대부분의 학교에서 '주판암산'과 '창의수학'이라는 두 개의 프로그램으로 이루어진다. 두 프로그램 모두 학교 수학 교과 수업 내용을 다루고 있지만, 주판암산은 1~2학년에서 배우는 수의 연산을 내용으로 하고 있고 창의수학은 학생의 현재 한 학기 선행의 학교 수학 수업 내용을 다루고 있다는 점에서 차이점이 있다. 주판암산에서 학생들은 반복 학습을 통해 수의 덧셈과 뺄셈을 기계적으로 할 수 있도록 학습한다. 1~2학년 학생들을 대상으로 다양한 연산 문제를 주판 사용 또는 암산하여 연산하는 과정을 반복하여 학습한다. 창의수학은 학교 수학 교과서 내용을 다루고 있는 시중 문제집을 풀며, 문제 풀이방법을 학습하는 과정을 학습한다. 학생들은 학교 수학 시간에 배우고 있는 내용을 복습하거나 학교 수업보다 한 학기 선행 학습을 하고 있다. 학생들은 문제집의 문제를 풀다가 자신이 모르는 문제를 강사에게 물어보며, 학교 교과서와 유사한 유형의 문제들의 푸는 방법을 학습한다.

영어는 학교의 영어 교과와 사실상 관련이 없이 배운다. 방과후수업에서의 영어가 알파벳, 영어 단어, 영어 문장의 순으로 가르친다는 점에서 학교 영어 수업과 유사해 보인다. 하지만 학교 수업은 일상에서 자주 사용되는 영어 문장을 학습 내용으로 하고 있지만, 방과후수업은 문법 중심으로 해당 문법이 적용된 영어 문장을 학습 내용으로 하고 있다는 점에서 차이가 있다. 영어 방과후수업은 학생의 학년별로 반을 나누는 것이 아닌, 학생 개별의 수준에 따라 초급반, 중급반, 고급반으로 나뉘어 운영된다. 학생들은 초급반에서는 알파벳, 단어를, 중급반에서는 의문문, be 동사 등의 쉬운 문법과 간단한 문장을, 고급반은 복잡한 문장을 배운다.

국어 수업은 일반적으로 학교 교과와 상관없이 특정 도서를 중심으로 수업한다. 대부분의 학교에서 제공하는 국어 방과후수업 프로그램은 독서논술이다. 아이들은 권장도서를 30분 정도 읽고 10분 동안 활동지에 권장도서의 내용과 관련된 내용을 적는다. 아이들은 자신의 학년에 따라 책 한 권을 40분 동안 다 읽을 것인지, 몇 장을 읽을 것인지 결정한다. ㅅ학교의 독서논술 수업에서 1학년 학생은 책을 1권 읽고, 활동지에서는 '띄어쓰기를 하지 않아 어떤 일이 일어났나요?'에 책 안의 정보를 찾기 위해 책을 다시 읽어보며 답을 한다. 한편 6학년 학생은 쪽수가 많은 책을 일 장 읽고 '만약 전쟁이 일어나지 않았다면 주인공은 어떤 삶을 살았을까요?'에 자신의 생각을 담아 글을 쓴다.

과학 수업은 학교 과학 교과와 관련해서 수업이 이루어진다. 학생들은 방과후수업에서 학교 교과서와 연계한 실험과 관찰을 하고 있다. 특히 학교에서 여건상 하기 어려운 실험이나 관찰을 한다는 점에서 학생들의 많은 호응을 얻고 있다. 그럼에도 학생들은 교과 개념을 습득하지는 못한다. 이는 방과후수업의 주요 활동인 실험과 관찰 이후 탐구 결과를 개념화하는 과정이 학생들의 탐구 과정과 연계해 이루어지기보다는, 형식적으로 이루어지고 있기 때문이다.

이 계층의 아이들이 선택하는 두 번째 그림자 교육은 학습지이다. 아이들에게 학습지는 비용이 저렴하지만 개인 과외와 같이 선생님과 직접 수업을 들을 수 있기 때문에 선호되는 그림자 교육 방법이다. 비록 강사의 전문성으로 인해 영유아 때에 학습지를 하는 아이들이 학원과 같은 다른 그림자 교육으로 바꾸긴 하지만, 저렴한 비용은 여전히 이 계층의 아이들에게 큰 장점이다. 학습지는 월 5~10만 원으로 이 계층 학생들이 선택할 수 있는 그림자 교육이다. 아이들이 학습지에서 들을 수 있는 교과는 수학, 국어, 영어, 사회, 과학, 영어, 한자, 일본어, 중국어가 있는데, 이 중 학생들이 많이 듣는 교과는 수학, 국어, 영어이다. 학습지에서 배우는 수학, 국어, 영어 수업 내용은 학교 수업 내용과 동일하다. 그럼에도 학생들은 학교보다 조금 더 일찍 선행 학습을 해서 학교 수업 활동에 잘 참여하려고 하거나 학교에서 배운 내용을 한 번 더 복습하기 위해, 학교 수업 내용과 동일한 내용이지만 학습지를 공부하고 있다.

방문형 학습지를 구독하는 아이들은 일주일에 한 번, 20분의 수업을 받는다. 아이들이 많이 선택하는 방문형 학습지 회사는 구몬, 눈높이, 빨간펜이 있다. 아이들은 강사가 방문하는 날을 위해 학습지를 풀어놓고 모르는 문제에 별 등의 표시를 해둔다. 5분의 시간 동안 강사는 모르는 문제를 다시 풀어주고 유사한 틀린 문제는 아이가 직접 고쳐보게 한다. 이후 10분 동안 강사는 새로 진도를 나갈 부분을 아이에게 가르쳐주고, 남은 시간 동안 아이는 배운 내용을 잘 이해하고 있는지 확인받기 위해 강사 앞에서 학습지를 5~10문제 정도 풀어본다. 강사가 방문하지 않는 날은 하루에 20분 동안 정해진 학습지를 풀고 이전과 같이 모르는 문제에 별 등의 표시를 해둔다. 아이가 이 기간 동안 푸는 문제는 거의 비슷한 문제로, 학생은 6일 동안 동일 유형의 문제를 계속 반복하며 풀어낸다.

아이들이 학습지를 통해 공부하는 방법은 반복 학습이다. 아이는 수업을 들은 첫날 문제를 풀면 익숙하지 못하지만, 둘째, 셋째 날에도 똑같은 유형의 문제를 반복해서 풀고, 넷째, 다섯째 날에는 마치 어제 풀었던 문제를 또 푸는 것 같은 느낌을 받는다. 결국 아이들은 처음 익숙하지 못하거나 잘 풀지 못한 문제도, 계속되는 똑같은 문제를 반복해서 풀며 문제를 푸는 방법을 기억하게 된다.

방과후수업과 학습지가 학교 교과 수업 내용을 다루고 있지만, 학생들의 학교 수업, 시험, 좋은 학교로의 진학에의 영향은 많지 않다. 이 계층의 학생들은 자신들이 받는 그림자 교육이 불충분하다고 생각하며, 여전히 다른 그림자 교육의 기회가 있다면 더 받고 싶다고 이야기하고 있다. 이는 학생들이 기회가 있으면 학원에도 참여하는 김경근(2009)의 연구 결과와 일치한다. 민지는 "방과후수업에서 한 학기 선행 학습을 해서 학교 수업에서 잘할 줄 알았는데, 막상 학교 수업 시간 활동은 다른 활동을 해서 방과후수업이 도움이 되지 않았어요."라고 말하기도 하고, 예준은 "학습지에서 배웠다고 생각했는데, 학교 수업 활동에서 뭘 어떻게 해야 하는지 헤맸어요."라고 말하였다. 이렇게 학생들의 학교 수업, 시험에 미치는 영향이 부족한 이유로는 우선 새로운 유형의 문제에 적용할 수 없다는 점이다. 방과후수업과 학습지에서 학생들은 문제를 푸는 과정의 알고리즘적 지식만을 학습하고 있다. 또한 이렇게 학습한 알고리즘적 지식을 동일한 유형의 문제를 반복적으로 풀어보며 연습하고 있었다. 하지만 이러한 까닭에 학생들은 방과후수업이나 학습지에서 많이 풀어본 유형의 문제가 아닌, 새로운 유형의 문제를 마주했을 때, 이전에 자신이 학습한 문제 풀이방법을 어떻게 적용할지 전혀 생각하지 못하였다. 민지와 같이 대부분의 학생이 이후에 학교 수업에서 문제 풀이방법에 대한 개념적 지식을 설명 들었을 때, 학생들은 기존에 자신이 가졌던 문제 풀이방법이 새로운 유형에 왜 이렇게 적용되는지 온전히 이해하는 모습을 보였다.

다음으로 학업 성취에 필요한 진로에 대한 제공이 되지 않는다는 점이다. 다른 그림자 교육, 특히 학원이나 과외에서는 학생들이 좋은 학교에 가기 위해 어떤 활동을 해야 하는지 혹은 어떤 공부를 더 해야 하는지에 대한 자료를 방대히 가지고, 학생들에게 제공하고 있다. 그렇지만 방과후수업과 학습지에서는 그러한 자료를 제공하지 않는다. 이 계층의 학생들은 진로 자료를 스스로 찾아야 하는 불편함을 겪지만, 이러한 자료는 암암리에 전달되고 있어 학생들이 좋은 학교에 진학하기에 필요한 노력은 다른 계층에 비해 훨씬 크다.

4.3 중산층(연소득 2,000~4,000만 원)

중산층의 아동은 부모의 연소득이 2,000~4,000만 원에 해당하는 아이들을 말한다. 이 계층의 부모들은 중소기업에서 맞벌이하거나 공무원으로 외벌이하고 있다. 부모들은 월소득이 160~320만 원임에도 그들 자녀의 그림자 교육으로 매달 40~120만 원을 쓰고 있다. 태권도, 피아노 등의 예술 분야에 15만 원을 지출하기도 하지만, 대부분 수학, 영어, 국어와 같이 학교 교과 공부를 위해 지출하고 있다. 노동 계층의 아이들처럼, 이 계층의 아이들도 부모의 경제적 한계를 생각한다면 선택할 수 있는 그림자 교육의 유형과 방법이 다양하진 않다. 그럼에도 중산층의 아이들은 부모의 월소득이 120~140만 원인 노동 계층의 아이들에 비해서는 경제적 여유가 있고 부모가 저축을 포기해서라도 그림자 교육을 지원하고자 하기 때문에, 이들은 그림자 교육의 가장 일반적이고 대표적인 형태라고 할 수 있는 보습학원을 선택하고 있다. 보습학원이라는 이름은 우리나라에 본격적으로 보습학원이 확산될 때 학교 공부를 보충한다는 의미에서 명명되었지만, 최근에는 보충을 넘어서 선행 학습, 심화학습까지 참여할 수 있는 공간이 되었다. 이러한 보습학원에는 단과 학원, 종합학원, 영재학원, 기업학원, 대형학원, 예체능학원이 있다. 하지만 이 절에서는 학생들이 학교 공부를 위해 가장 많이 선택하는 두 가지 학원의 종류인 단과 학원과 종합학원을 중심으로 이들의 그림자 교육에서의 학습과 학교 공부에 대한 준비가 어떻게 이루어지고 있는지 살펴볼 것이다.

아이들이 다니는 첫 번째 그림자 교육은 단과 학원이다. 단과 학원은 말 그대로 한 개의 교과만을 전문적으로 가르치는 학원을 의미한다. 초등학교에서의 단과 학원은 수학, 영어, 국어, 역사, 과학, 중국어 학원 등이 있다. 이 중 아이들이 가장 많이 참여하는 학원은 수학 학원과 영어 학원이다. 아이들은 대부분 2개 정도의 단과 학원에 다니고 있으며, 단과 학원당 월 25~35만 원을 내고 일주일에 주 2회, 회당 40~60분씩 수업에 참여하고 있다. 학생들은 자기의 나이나 학년에 따라서 단과 학원의 반을 구성하는 것이 아닌, 자기의 공부 수준이나 배울 학년에 따라 반을 구성하고 있다. 다만 학원에서는 한 반에 다른 학년의 학생들이 있으면, 학년이 높은 학생들이 부끄러워하는 일들을 막기 위해 최대한 같은 학년의 학생으로 한 반을 구성하려 하는 모습을 보였다. 이러한 반 구성은 단과 학원의 강사가 학년이 다른 학생들에게 집중을 분산하지 않고, 하나의 학교 교과 내용에 맞춰 수업을 하기 위해서이다.

먼저 수학 학원은 말 그대로 수학만을 중심으로 수업하는 학원이다. 학생들은 수학 학원에서 말 그대로 학교 교과 내용을 공부하고 있다. 수업은 학생이 제대로 이해하지 못한 학교 수학 수업을 다시 공부하기 위한 보충학습과 학교 수학 수업을 잘 따라가기 위한 선행 학습으로 이루어지고 있다. 보충학습을 위한 수업에서 학생들은 대부분 학교 수학 수업 내용을 따라가며 시중에 판매되는 개념서나 학원 자체 제작 개념서로 다시 수업받는다. 소수이긴 하지만, 학생들이 자신은 학교에서 수업을 잘 받고 있다고 생각하다가 윤서처럼 뒤늦게 '이게 아닌 것 같다'라고 생각하며 급하게 수학 학원에 가서 학교 수학 수업 내용에 비해 한 학기 이전의 내용을 공부하는 경우도 있었다. 선행 학습에 참여하는 학생들은 그들이 학교 수학 수업에서 배우고 있는 내용들은 이미 배우고 난 후였다. 이 학생들은 적게는 반 학기에서 최대는 6개 학년의 내용까지도 미리 선행 학습을 하는 모습을 보였지만, 대부분 한 학기에서 한 학년 수준의 선행 학습을 하고 있다. 특히 고등학교 1학년 내용을 배우고 있는 현우는 초등학교 4학년 학생이었다. 현우는 과학고등학교에 진학한 후 의대에 들어가겠다는 목표를 가지고 초등학생 때부터 학원에서 선행 학습을 받고 있는 모습을 보였다.

학생들은 한 반에 3~10명으로, 강의식, 문제풀이식으로 수업을 받고 있다. 학생들은 강사가 개념을 설명하고 해당 개념을 적용한 문제를 푸는 과정을 보고, 해당 유형의 문제를 풀어보는 수업을 받고 있다. 학생들의 수준에 따라 심화반과 기본반으로 나누어 수업하고 있지만, 대부분은 보충학습과 반 학기 정도의 선행 학습을 하는 반은 기본반으로, 한 학기 이상의 선행 학습을 하는 반을 심화반으로 이름 붙이고 있었다. 기본반은 개념과 해당 유형의 쉬운 문제들만을 학습하고 있는 반면, 심화반은 어려운 문제까지 풀어본다는 점에서 차이가 있었다.

아이들이 가장 많이 다니는 두 번째 단과 학원은 영어 학원이다. 영어 학원에서는 학교 영어를 직접적으로 공부하지는 않았지만, 그럼에도 영어 학원에 다니는 학생들이 학교 영어 수업에 잘 참여하는 모습을 보였다. 이는 영어 학원의 수업 내용이 실질적으로는 학교에서 가르치고 있는 내용을 모두 가르치고 있기 때문이었다. 유명한 ㅊ영어 학원에서는 학원에서 자체 제작한 교재로 수업하고 있었는데, 학교에서 각각 4학년과 5학년에서 배우는 수업 내용을 학원에서는 한 수업에서 가르치고 있었다. 영어 학원의 수업 방법은 강의식과 상호작용식으로 나뉘고 있었다. 강의식 수업의 대부분 강사는 한국인으로, 학생들에게 따라 쓰기, 따라 읽기 등을 반복적으로 시키고 있다. 상호작용식 수업의 대부분 강사는 원어민으로, 따라 쓰기나 따라 읽기가 없지는 않지만, 학생들 간 게임이나 강사와의 대화가 수업의 주요한 방법이다.

세 번째 단과 학원으로는 국어 학원이 있다. 초등학생을 대상으로 하는 국어 학원은 중 · 고등학생 대상과 달리 학교 국어 교과서를 직접적으로 가르치는 곳은 거의 없다. 초등학생들이 학습하는 국어 학원은 학교 국어 교과서의 본문과 문항을 학습하기보다는, 학교 교과 수업의 주제를 가르치고 있다. 이러한 국어 학원은 전국적으로 유명한 ㅎ논술학원처럼 논술학원, 독서학원, 토론학원이라는 이름으로 운영되고 있으며, 학생들은 책을 읽고 3~5명 정도의 반에서 서로의 생각을 토론이나 글 쓰는 활동으로 학습하고 있다.

중산층의 아이들이 선택하고 참여하는 두 번째 그림자 교육은 종합학원이다. 종합학원은 한 공간에서 여러 교과를 공부할 수 있는 공간이다. 학생들이 종합학원에서 선택할 수 있는 수업은 단과 학원의 다양성만큼이나, 수학, 영어, 국어, 역사, 과학, 중국어 학원처럼 다양하지만, 대부분의 학생이 수학, 영어 교과로 2~3개 교과를 선택하고 있다. 학생들은 종합학원에서 학교와 같이 시간표에 따라서 수업받고 있다.

[표 4-1] 종합학원 시간표 예시

	월	화	수	목	금
14시 30분 ~ 15시 10분	수학		수학		수학
15시 20분 ~ 16시	국어		국어		쉬거나 숙제
16시 ~ 16시 40분			영어		영어

초등학교 3학년 승현처럼 종합학원에 다니는 학생은 학교가 끝나고 종합학원으로 왔지만, 종합학원에서도 학교처럼 생활하고 있다. 학생들은 학교의 시간표와 같이 종합학원에서도 시간표대로 수업받고 있는데, 일주일에 2~3일, 하루당 80~120분의 수업을 받고 있다. 학생들은 한 곳에서 모든 교과를 다 배운다는 점에서 편리함을 느끼기도 하지만, 종합학원을 선택하는 더 중요한 이유는 교과 내용만을 학습하는 것을 넘어서 강사로부터 부족한 교과를 진단받거나 좋은 대학교로 가기 위한 동기를 부여받을 수 있기 때문이다. 우선 학생들은 자기에게 부족한 교과 공부를 강사로부터 알게 된다. 학생들은 오랜 시간 종합학원에 남아 있으면서 학원의 강사들과 친분을 쌓게 되는데, 이 과정에서 강사는 자기가 가르치는 교과만이 아니라 초등학교에서의 모든 교과를 진단하고, 학생의 부족한 교과를 위해 어떤 공부를 해야 하는지 알려준다. 학생들은 강사의 안내를 통해 종합학원에서 다른 교과를 더 듣는다든지, 문제집을 푼다든지 추가적인 공부를 하게 된다. 다음으로 학생들은 좋은 대학교로 진학하기 위해 공부를 해야겠다는 의지를 다질 수 있다. 학생들은 강사로부터 좋은 대학교에 들어갈 때 누릴 수 있는 미래, 예컨대 대학생이 되어 과외를 하며 용돈을 벌어 해외여행을 가는 사례를 들으며, 적극적으로 공부하게 된다. 이는 강사가 학생에게 학력의 수준이 삶에서의 기회를 좌지우지한다는 한국적 맥락을 알려준다.

중산층의 학생들은 단과 학원이나 종합학원을 학교 공부와 학업적 성취를 위해 참여하고 있다. 이 계층의 학생들은 학교 수업의 이해 수준과 평가 및 과제 수행의 수준, 초등학교를 넘어서 대학교, 직장의 선택을 위한 준비에서 노동 계층의 학생과 차이를 보인다. 이는 단과 학원과 종합학원의 세 가지 긍정적 특징으로 인해 발생하고 있다. 첫째, 학생들이 교과 내용에 대해 심층적으로 이해하고 학습한다. 학교에서는 수준이 다양한 학생을 최대한 많이 이해시키면서 수업해야 하다보니 시간에 쫓기는 수업을 하고 있지만, 학원에서는 학생이 이해될 때까지 설명을 반복할 수 있다. 학생들은 학원 수업 시간 중에 이해가 되지 않는 부분이 있더라도, 언제든 학원 교무실을 찾아가 모르는 부분을 다시 들을 수 있었다. 이번 연구에서 관찰한 모든 학원에서 학생들이 교무실에서 질문할 수 있는 환경이 마련되어 있었지만, 특히 ㅅ학원은 Q&A 전담 강사를 배치하여 원래 수업의 강사가 없더라도 언제든 질문할 수 있었다.

둘째는 학교 교과 수업 진도에 비해 빠른 선행 학습을 한다. 학생들은 선행 학습을 함으로써 학교 수업에서 더 잘 활동에 참여하고자 하는 목적을 가지고 있기도 하지만, 좋은 학교에 가기 위해 미리 선행 학습하는 학생도 상당수이다. 앞서 보았던 고등학교 1학년 내용을 배우고 있는 초등학교 4학년 학생 현우는 과학고등학교 입학시험이 고등학교 3학년까지의 내용도 포함하고 있다는 것을 깨닫고, 자신의 목표를 중학교에 입학하기 전까지 고등학교 3학년 내용을 한번 다 배우는 것으로 삼았다. 한편 학생들은 선행 학습을 통해 똑같은 내용에 대한 학습의 기회와 횟수를 확보하고 있다. 학원에 다니는 학생들은 똑같은 내용을 학원에서만 방학 중, 학기 중에 두 번 학습하고 학교에서까지 세 번 학습하며 충분한 시간을 들여 공부하고 있다. 이와 관련하여 5학년 학생 서윤은 면담 과정에서 "똑같은 내용을 학원이랑 학교에서 3번이나 들어서 좀 지루하긴 한데, 통분해서 분수 계산하는 건 다음에 하더라도 틀리지 않을 정도로 확실하게 이해했어요."라고 말하였다. 학생들은 학습 기회를 여러 번 가지며 교과 내용에 대해 이해를 높이기도 하며, 이를 바탕으로 수업 시간에서의 자신감을 보이기도 한다.

셋째는 시험을 치는 요령이나 수행평가에 잘 참여하는 방법을 학습한다. 시험을 칠 때 모르는 문제를 붙잡고 있으면 안 된다는 것과 같은 시험 대비 전략은 시험에 중요한 영향을 미치지만, 학교나 가정에서 알려주지 않는다. 이는 수행평가에서 실수하면 안 되는 부분들을 짚어주는 것도 마찬가지이다. 그럼에도 많은 수의 노동 계층의 학생들은 모르는 문제만 붙잡고 풀고 있다든지, 수행평가에서 실수하기 좋은 부분을 그대로 실수하는 등의 모습들을 자주 보였다. 교사 가은은 이와 관련하여 실제로 학교에서 수행평가를 실시할 때 학원에 다니는 학생들과 방과후수업만 다닌 학생들이 시험을 잘 치는 기술이 확실히 다르다고 말하였다.

단과 학원과 종합학원이 이렇게 학생의 학업적 성공과 좋은 학교로의 진학에 유리한 영향을 주고 있지만, 중산층의 학생이 상류층의 학생에 비해 더 좋은 대학교에 진학하는 학생의 비율이 낮았다. 이는 결국 단과 학원과 종합학원이 상류층의 학생들이 이용하는 그림자 교육에 비해 부족한 부분이 있음을 보여주고 있다. 우선 학생들은 개별화된 교육 과정을 제공받지 못하고 있다. 학생들은 단과 학원과 종합학원에서 자신의 수준에 따라 수업받고 있지만, 여전히 3~10명으로 구성된 반에서 수업받는다. 그러한 이유에서 학생들은 자기에게 더욱 필요한 학습 내용과 자기의 특성에 맞는 수업의 방법을 선택하기 어렵다. 4학년 학생 동하는 "제가 곱셈이 어려워서 (학원) 수업 시간에 곱셈을 좀 더 배웠으면 좋겠는데, 나눗셈으로 진도를 넘어가버렸어요."라고 말하기도 하였으며, 학생 지훈은 "저는 학원에서는 문제 푸는 방법을 설명식으로 듣고 집에 가서 문제를 풀어보는 수업 방법이 좋은데, 실제 학원 수업에서는 계속 문제풀이식으로 수업이 이루어져 있어요. 그런데 아무래도 학원 선생님께 말하기 꺼려져요."라고 말하였다. 이처럼 단과 학원이나 종합학원에서 학생들의 수업내용이나 수업방법에 대한 요구를 들어주기 어려운 상황은 황성희(2015)의 연구처럼 학생들과 학부모들이 단과 학원이나 종합학원보다 과외와 같은 개별화가 더 잘 되는 그림자 교육을 찾도록 하고 있다.

다음으로 단과 학원이나 종합학원은 영재학생들을 위한 수업을 제공하고 있지 않다. 단과 학원이나 종합학원에 영재학생이 입원 시험을 보면 영재학생은 자기의 학년에 비해 높은 학년의 내용을 선행 학습할 기회를 얻을 뿐, 영재학생을 위한 특별한 교육 과정을 받을 수는 없다. 영재학생은 올림피아드와 같은 문제를 푸는 방법과 창의적으로 문제를 이해하는 방법들을 배우려고 하지만, 단과 학원이나 종합학원에서는 선행 학습을 통해서 올림피아드 문제에서 요구하는 개념이 아닌 다른 개념으로 문제를 풀도록 수업하고 있다. 5학년 학생의 학부모 민경은 이러한 단과 학원의 수업방법이 자녀가 창의적으로 문제를 푸는 방법을 배우지 못하고 있다며 "똑같은 문제도 푸는 방법이 여러 가지가 있고 특히 초등학교에서 배운 내용만으로도 푸는 방법이 있는데, 고등학교 확률과 통계에서 배우는 문제 푸는 방법만 알려주고 다른 방법은 알려주지 않더라고요."라고 말하였다. 이처럼 단과 학원이나 종합학원은 영재학생이 오더라도, 기존에 있는 다른 학생들과 동일한 교육 과정을 제공하려는 모습을 보인다.

4.4 상류층(연소득 6,500만~1억 원)

상류층의 아동은 부모의 연소득이 6,500만~1억 원에 해당하는 아이들을 말한다. 이 계층의 부모들은 의사, 변호사 등과 같은 사회적 위치가 높은 전문직이나 사업으로 성공한 사람들로 이루어져 있다. 부모들은 아이들이 월 500~900만 원을 버는 본인과 같은 직업을 갖길 희망하며, 월 100~300만 원을 쓰고 있다. 이 계층의 아이들은 부모의 든든한 지원을 바탕으로 대부분의 그림자 교육의 형태를 고민 없이 선택할 수 있다. 이 덕분에 아이들은 발레 학원, 골프 학원과 같이 비용이 많이 소요되는 특기 적성 그림자 교육에 참여하기도 하며, 학습과 학교 공부를 위해서는 노동 계층, 중산층이 선택한 그림자 교육에 과외를 더해 그 중에서 선택하고 있다. 학습지, 방과후수업부터 보습학원, 과외까지 다양한 선택지가 있지만, 이 계층의 아이들이 대부분 선택하는 그림자 교육의 유형은 과외와 종합학원이다. 흔히 가정이 부유한 학생들은 과외만을 다닐 것이라고 단정 짓는 경우가 있지만, 학생들은 과외와 함께 종합학원에 다니고 있다. 종합학원을 함께 다니는 이유는 임종헌(2020)의 연구에서 드러난 바와 같이 학생들이 자기에게 부족한 점을 세밀하게 찾고 배우며, 다른 학생들과 자기를 비교하여 공부 방법을 모방하거나 경쟁심을 가지기 위함이다. 덕분에 이 계층의 아이들은 학급의 형성평가나 수행평가에서 늘 1~2등 정도에 해당하며 학교에서 배우는 내용들을 학교 수업을 참여하기 전 이미 다 학습된 상태를 유지하고 있다. 그러한 이유에서 이 계층의 아이들에게 초등학교를 졸업할 때의 그림자 교육 목표는 더 이상 초등학교 내용이 아닌, 중 · 고등학교의 교과 내용이다. 이 절에서는 학생들이 다니고 있는 현재의 학교를 넘어서, 미래의 학교 공부까지를 내다보고 선택하는 과외와 종합학원에 대해 살펴볼 것이다.

이 계층의 아이들이 다니는 첫 번째 그림자 교육은 종합학원이다. 이 계층의 아이들이 다니는 종합학원과 중산층의 학생들이 다니는 종합학원이 다르지 않다. 이 계층의 아이들도 수학, 영어, 국어 교과 중 2~3개 교과를 선택하고 있으며, 교과별로 일주일에 2~3일 회당 40~60분의 수업을 받고 있다. 그럼에도 이 계층 아이들에게 있어 종합학원과 중산층의 학생들에게 인식되는 종합학원의 차이는 첫째 학습 내용이 다르다는 점이다. 이 계층의 아이들은 초등학교에 입학하기 전부터 선행 학습을 통해 일반적으로 2~4년 정도를 미리 학습하고 있다. 상류층 가정의 1학년 초등학생 하윤 또한 유치원을 다닐 때부터 수학 과외로 공부하며 초등학교 입학 당시에 이미 초등학교 2학년 내용을 알고 있었다. 하윤은 초등학교에 입학한 이후에도 종합학원의 수학반과 과외를 함께 들으며,

1학년임에도 3학년 1학기 내용을 선행 학습하고 있다. 하지만 중산층의 학생들은 일반적으로 한 학기에서 1년 정도를 선행 학습을 하고 있다. 다시 말해 상류층의 학생들이 중산층의 학생들에 비해 더 많은 선행 학습을 하고 있다.

둘째는 이 계층의 아이들은 종합학원을 통해 공부가 더 필요한 교과목이 무엇인지 찾아내는 데 사용한다는 것이다. 즉 자신의 학교 공부 그리고 성적향상과 관련하여 여러 가지 추가 정보, 객관적 자료들, 그리고 여러 가지 자원들을 습득하려 하고 이에 종합학원은 중요한 역할을 한다. 아이들은 종합학원에서 정기적으로 치는 시험에서 과외에서는 할 수 없었던, 다른 친구들과 자기의 시험 성적 비교를 통해 자기가 잘 공부하고 있는지 찾아낸다. 또한 종합학원의 강사로부터 여러 교과 중 자기가 가장 부족한 교과가 무엇인지 들으며, 어떤 교과를 더 열심히 공부할지 결정한다. 이를 통해 학생들은 어떤 교과에서 과외 시간을 늘릴지, 과외의 수업 방법 혹은 강사를 바꿀지 고민하며 자기가 더 시험을 잘 치는 방법을 생각해낸다.

한편 아이들이 종합학원에 다니는 다른 이유는 학교 시험에 대비할 수 있는 문제가 많다는 것이다. 종합학원은 학교와 다르게 다양하게 개발된 심도 있는 문제지, 시험 문항들을 가지고 있고 외부에서 구입해 오며, 이러한 자료들을 학생들에게 나누어주고 수업에서 강의를 하기 때문에 학생들은 이를 통해 효과적으로 학교 시험이나 평가에 대비할 수 있는 학습 자료들을 쉽게 접할 수 있다. 사립초등학교에 다니는 4학년 민석은 3학년 때 치렀던 4번의 중간고사와 기말고사에서 풀었던 문제들이, 모두 종합학원에서 풀었기 때문에 쉽게 만점을 받을 수 있었다고 말하였다. 민석의 어머니는 "평소에도 학원에서 숙제로 다양한 유형의 문제를 내주긴 하는데, 시험 한 달 전쯤부터 학원에서 시험 대비 기간이라고 해서 추가로 준비를 해요. 학원에서 학교 기출 문제들과 학교 선생님의 성향을 분석해서 만들어주는데, 이 문제들을 풀고 학교 시험을 보니 민석이 학원에서 이미 풀었던 문제들이 시험에 나왔다고 하네요."라고 말하였다. 이러한 모습은 학생들과 학원 강사들과의 심층면담을 통해 학생들이 학원에서 정리한 학교의 중간, 기말고사 기출문제를 풀어보며 학교 시험을 대비한다고 밝혀낸 결과들과 일치하는 모습을 보인다. 이 계층의 학생들이 이와 같이 종합학원을 통해 다양한 유형의 문제를 접하며 초등학교의 시험과 평가에 대비하기도 하지만, 학생들은 중, 고등학교 시험마저도 선행 학습을 통해 미리 접하고 있다. 학생들은 종합학원에서 여러 중, 고등학교의 내신 기출, 모의고사로 나왔던 시험들을 분석하여 만든 문제들을 학원 수업시간에 풀어보며, 중학교에 들어가지도 않은 아이들이 중학교 시험 문제에 적응하고 잘 풀 수 있도록 준비하고 있다.

아이들이 다니는 두 번째 그림자 교육은 과외이다. 과외의 의미는 학교의 교과 과정 외에서 이루어지는 교육으로 그림자 교육 대신 사용되다가, 2013년 전후의 연구에서 현재의 강사와 학생의 면대면 그림자 교육으로 사용되고 있다. 초등학생들에게 과외는 학교 교과에서 접하는 수학, 국어, 영어, 과학, 사회 외에도 일어, 중국어, 한자가 있지만, 이 중 아이들이 가장 많이 참여하는 교과는 수학, 영어이다. 아이들은 대부분 종합학원과 과외를 함께 참여하고 있다. 아이들은 월 30~60만 원으로, 주 2~3회, 회당 40~80분의 과외를 받고 있다. 한편 학생들이 받는 과외의 종류는 수업을 듣는 학생의 수에 따라 달라진다. 강사의 수는 동일하지만, 수업을 듣는 학생이 1명인지 2~3명인지에 따라 개인과외와 그룹과외로 나뉜다. 개인과외를 들을지 그룹과외를 들을지 선택하는 것은 단순히 과외비뿐 아니라, 수업의 개별화 수준, 학생들이 과외가 끝나고 난 후 서로 도움을 주고받거나 서로를 비교하며 경쟁할 상대로 삼을 수 있다는 점이 영향을 주고 있다. 이와 관련해 5학년 초등학생 지우는 "과외에서 배웠던 문제인데, 어떻게 푸는지 까먹은 문제는 같이 과외받는 다른 친구에게 물어서 해결할 수 있어서 좋아요."라고 그룹과외에 참여하는 이유를 말하였다. 한편 6학년 초등학생 서준은 "이전에 그룹과외를 받다가 개인과외를 받는데, 제가 모르는 문제를 편하게 계속 물어볼 수 있고 다시 개념 설명을 들을 수 있어서 좋은 것 같아요."라고 개인과외에 참여하는 이유를 말하였다.

이 계층의 학생들이 과외를 그림자 교육으로 선택하는 이유는, 강사와 학생이 다른 그림자 교육들에 비해 좀 더 상호작용이 많이 이루어질 수 있다는 것이다. 강사와 학생이 밀접한 관계를 맺는 것은, 과외의 개별화 수업과 과외 수업을 넘어선 학생의 요구 해결을 가능하게 한다. 우선 학생들은 자신에 맞는 수업 내용과 수업 방법으로 수업을 받을 수 있다. 학생들은 수업을 듣는 학생이 자기 혼자이다 보니 수업의 내용, 난이도를 원하는 속도로 듣는다. 특히 학생들은 이해되지 않아 다시 듣고 싶은 수업을 반복해서 듣거나 이해가 빨리 되는 수업을 빠르게 넘어가며, 수업 내용이 더 잘 이해되는 수업 방법을 강사에게 요구한다. 다음으로 학생들은 학교 숙제에 도움이 필요하거나 다른 교과의 내용이 궁금할 때 언제든 과외 강사에게 물어보며, 강사는 자기 교과 내용이 아니더라도 과외 정규 시간 외로 따로 추가로 가르쳐주고 있다. 이러한 모습은 개인과외나 그룹과외 모두에서 보이는 모습이다.

학생들은 과외를 통해 수학, 영어, 국어, 사회, 과학 등 다양한 교과를 듣는다. 특히 수학, 영어가 아닌 교과인 국어, 과학이나 사회 등에서도 과외에 참여하는 것은 학생들이 초등학교 내용만을 배우는 것이 아니라 중 · 고등학교 내용을 선행 학습하기 위해서였다. 그럼에도 이 계층의 학생들이 과외에서 가장 많이 참여하는 교과는 수학, 영어이다. 학생들은 일반적으로 수학 과외와 영어 과외 강사를 각각 구하여 수업을 받고 있다. 이는 학생과 학부모가 강사에게 과외 교과에 대한 전문성을 높이 요구하기 때문이다. 다시 말해, 수학 과외와 영어 과외를 모두 할 수 있는 과외 강사보다는 한 교과를 가르치는 강사가 더 전문적이라고 판단하고 있기 때문이다.

먼저 수학 과외는 학교 교과 내용을 선행해서 배우는 것을 중점으로 하고 있다. 이 계층의 학생들은 초등학생 이전부터 오랜 기간에 걸쳐 다양한 종류의 그림자 교육, 특히 과외를 받아왔기 때문에 학생의 해당 학년의 수학 교과의 내용은 이미 오래전에 배웠다. 그렇기 때문에 학생들은 자기 학년보다 위인 학년의 내용을 선행 학습하고 있다. 특히 이 계층의 학생들은 이러한 학교 수업보다 2~4년 빠른 선행 학습과 반복된 학습을 통해 학교에서의 수학 교과 수업에서 내용에 대한 이해나 문제풀이는 100점에 이른다고 볼 수 있다. 학생들의 이러한 선행 학습의 수준은 다음 표와 같다.

[표4-2] 학교 수업과 과외 수업 진도 비교표

학생	학교 수업 진도	수학 과외 진도
1학년 하윤	초등학교 1학년 1학기	초등학교 3학년 1학기
6학년 준석	초등학교 6학년 1학기	중학교 3학년 2학기
6학년 아름	초등학교 6학년 1학기	고등학교 1학년 1학기

이처럼 학생들은 그들이 학교 수업에서 배우고 있는 내용보다 훨씬 빠른 수준으로 선행 학습을 하고 있다. 학생들이 수학을 선행 학습하기 위해 과외를 받고 있다고 밝힌 황영진(2006)의 연구에서는 학생들이 중학생의 내용을 선행 학습하는 이유로, 중학생이 되었을 때 고등학교의 내용을 선행 학습하거나 복습하기 위함이라고 하였다. 특히 초등학교 4학년 학부모인 재훈은 "과고 보내려면 초등학생일 때 과외 열심히 돌려서 미리 중학교 내용을 다 끝내놓아야죠."라고 말한 것과 유사하게, 여러 연구에서 학생들이 특수목적고등학교, 특수목적중학교에 입학하기 위해 과외를 통해 선행 학습을 하고 있음을 보여주고 있다. 이는 이 계층의 학생, 학부모들이 대부분 공통적으로 가지고 있는 생각이다.

수학 과외의 장점으로는 학생들이 수업 내용을 더 잘 이해하기 위하여 강사가 학생에 맞게 수업의 내용과 방법을 조정한다는 점이다. 앞서 보습학원도 문제풀이식 수업으로 이루어져 있지만, 보습학원에서는 강의식으로 문제를 푸는 방법을 배운 후 학생이 문제를 풀고 대부분의 학생들이 어려워하는 문제를 강사가 다시 풀어주는 과정으로 수업이 이루어져 있다. 하지만 과외는 문제를 푸는 방법을 배운 후 학생이 문제를 푸는 과정까지는 똑같지만, 학생이 문제를 푸는 과정에서 강사가 학생이 어떤 개념이나 방법으로 문제를 푸는지 실시간으로 확인하고 학생에게 부족한 개념을 즉각적으로 설명해준다. 이러한 수업 방법의 차이로 인해 과외받는 학생들은 풀이의 과정을 더욱 정교하게 이해할 수 있다. 5학년 학생 윤호는 “과외는 제가 문제를 푸는 와중에도 잘못된 풀이과정으로 문제를 풀고 있으면, 처음 개념을 설명한 방법 말고 다른 다양한 방법을 사용해서 제가 이해할 때까지 다시 설명해줘요.”라고 말하며, 과외 강사들이 학생의 상태에 따라 수업 방법을 바꾸어 가며 수업하고 있음을 설명하였다.

이 계층 학생들의 또 다른 그림자 교육은 영어 과외이다. 이 계층의 학생들에게 영어 교과는 매우 중요하게 여겨지는데, 이는 학생들이 어렸을 때부터 부모들로부터 명문대학교 진학과 전문직 선택을 위해 영어를 공부하고 잘하는 것은 필수적이라고 훈련받아왔기 때문이다. 그러한 까닭에 초등학교 입학 전에는 영어 유치원에서 초등학교 3~4학년에 배울 내용들을 학습한 학생들은 초등학교를 입학하고 난 후 영어 과외를 받고 있다.

영어 과외의 수업은 학교 수업에서 학생들이 수업에 더 잘 이해하고 참여할 수 있도록, 학생이 이해하고 있는지 끊임없이 확인한다는 점에서 영어 학원과의 차이가 있다. 학생들은 영어 과외에서 자신의 학년보다 3~4년 위인 학교 교과 내용을 배우고 있는데, 이러한 점은 이 계층의 학생들이 다니는 종합학원의 영어 수업에서도 동일하다. 다만 영어 과외에서는 문제를 풀거나 영어 지문을 해석하는 것을 학생이 직접하고 강사가 학생이 틀린 점을 찾아주고 고쳐주는 수업으로 이루어지는 반면, 종합학원에서는 강사가 주도적으로 강의식으로 설명한다. 이 과정에서 영어 과외를 받는 학생들은 자신이 모르고 있는 점을 발견하고 과외 강사가 이를 다시 알려주지만, 종합학원에서는 모르고 지나가기 때문에 영어 과외를 받는 학생들에 비해 교과 내용에 대한 이해가 상대적으로 부족하다. 이러한 점은 학생들이 학교 영어 수업 시간에 과외받은 학생들은 수업 내용을 더 잘 이해하고 수업에 참여하지만, 종합학원에 다닌 학생들은 이미 배운 내용이더라도 학교 수업을 이해하지 못하는 모습으로 보였다.

학생들은 영어 과외에서도 선행 학습을 하고 있다. 초등학교 1~2학년의 경우 영어 과외를 통해 초등학교 4~6학년의 내용을 배우는 경우도 있지만, 초등학교 이전에 이미 다년간의 영어 유치원이나 영어 학원을 통해 영어 공부를 하였기 때문에 많은 학생은 아래 표와 같이 중, 고등학교 내용을 배우고 있다.

[표4-3] 학교 수업과 과외 수업 비교표

학생	학교 수업 진도	수학 과외 진도
1학년 하윤	초등학교 1학년 1학기	초등학교 4학년
4학년 서연	초등학교 4학년 1학기	중학교 1학년 수준
6학년 준석	초등학교 6학년 1학기	중학교 2학년 수준
6학년 아름	초등학교 6학년 1학기	고등학교 1학년 수준

이처럼 영어 과외를 통해 학생들이 선행 학습을 하고 있기 때문에, 영어 과외에서는 인근 중, 고등학교의 수업에서 실제로 사용하고 있는 문제집으로 수업하고 있다. 학생들은 자신이 갈 것이라고 예상되는 학교에서 사용하는 문제집의 지문을 읽고 문제를 푼다. 이 과정에서 학생들은 영어 그 자체를 읽고 이해하는 능력을 키우기도 하지만, 영어 문제를 쉽고 짧은 시간에 풀어내는 방법 또한 배우고 있다. 이는 이윤정 외(2012)가 학생들이 과외를 통해 과제해결 기술, 시험치기 기술을 학습하고 있다고 밝힌 연구 결과와 일치한다. 학생들은 중, 고등학교 교과 내용을 배우고 과외를 통해 시험과 유사한 여러 문제를 풀어보며, 초등

학교 영어 교과 시간에 접하는 형성평가에 비해 급격히 달라지는 중학교 영어시험에 대비하고 있다.

이 계층의 학생들은 종합학원과 과외를 모두 다니고 있다. 간혹 과외의 개별화된 수업으로 인해 과외가 종합학원에 비해 우월하므로 가정 형편만 된다면 학생들은 모두 과외만 참여할 것이라는 오해가 있다. 그렇지만 학생들은 앞서 언급한 종합학원과 과외의 다른 특징으로 인해, 두 그림자 교육에 모두 참여하고 있다. 다음은 초등학교 6학년 학생 아름의 학교 일과 후 시간표이다.

[표4-4] 학교 및 학원 수업 시간표

	월	화	수	목	금
14시 30분~15시 10분	수학 학원	국어 학원		수학 학원	국어 학원
15시 30분~18시	영어 과외	수학 학원	발레 학원 (16시~16시 30분)	발레 학원 (16시~16시 30분)	수학 학원

초등학교 6학년 아름은 수학은 종합학원과 과외, 영어는 과외, 국어는 종합학원에 다니고 있다. 아름은 수학 학원에 간 다음 날에 과외를 듣는 이유로, 종합학원에서 배운 내용을 과외에서 다시 들으며 그 이류를 종합학원에서 이해가 되지 않았던 내용을 다시 공부하기 위해서라고 하였다. 이와 같이 이 계층의 학생들은 종합학원과 과외에 모두 참여하는 모습을 보인다.

이러한 두 종류의 그림자 교육에 참여하고 있는 상류층의 학생들이 수행평가나 시험을 칠 때마다 반에서 1~2등을 하는 것은 종합학원과 과외가 학교 공부 준비와 학습 방법에 미치는 영향에 있다. 특히 이 학생들이 참여하는 그림자 교육이 학교 공부나 교과 지식을 습득하는 데 쓰이기도 하지만, 앞으로 중, 고등학교에서 그들이 만나게 될 교과들에 대한 준비나 이해 등의 다른 공부 기술들을 가르치고 있기 때문이다. 첫째는 끈기와 지구력이다. 종합학원과 과외는 학생이 모르는 문제를 가르쳐주더라도 단순히 문제를 푸는 방법을 보여주는 것이 아니라 학생이 어디까지 풀었는지 확인하는 과정을 통해, 학생들이 어려운 문제가 있어도 바로 포기하는 것이 아니라 끝까지 다른 방법을 찾을 수 있도록 지도하고 있다. 이를 통해 이 계층의 학생들은 어려운 문제를 푸는 과정에서 막히는 부분이 있더라도 포기하지 않고, 문제를 해결할 수 있는 다양한 방법을 찾아낸다. 6학년 준석은 ㅆ문제집에서 심화 문제를 풀다가 더 이상 문제가 풀리지 않을 때, 모르겠다며 포기하는 것이 아니라 해당 유형의 예제 문제를 다시 풀어보며 다시 개념을 공부하는 모습을 보였다. 이 계층의 학생들이 어려운 문제를 접하더라도 끈기와 지구력을 가지고 문제풀이에 임하는 것은, 지경선(2017)이 이 계층의 학생들이 중학생이 되었을 때 여전히 끈기와 지구력을 가진다고 밝힌 점에서 그림자 교육이 단순히 교과 내용을 전달하는 것이 아니라는 점을 보인다.

둘째는 모르는 점 찾고 묻기이다. 종합학원과 과외는 학생들이 모르는 점을 물어볼 수 있도록 환경을 조성하고 있다. 이 두 그림자 교육은 수업에서 학생들이 한 번에 이해하기엔 어려운 교과 내용을 다루어, 어느 학생이 질문을 하더라도 다른 학생들도 질문을 하는 행위 자체를 인정하고 이해할 수 있도록 난이도를 조절하고 있다. 또한 수업 중에 학생이 모를 것 같은 내용을 지속적으로 물어보며, 학생이 수업 시간 중에 강사에게 질문하는 것이 자연스러운 모습이 되도록 하고 있다. 이러한 과정을 통해 이 계층의 학생들은 노동 계층이나 중산층의 학생들에 비해 학교 수업이나 그림자 교육 수업에서 질문을 더 많이 하는 모습이 보인다. 특히 이 계층의 학생들은 학교 선생님이나 강사에게 질문을 하는 것에 대해 부끄러움을 가지지 않았다. 노동 계층이나 중산층의 학생들은 질문하는 행위를 "겨우 이런 걸 물어보면, 다른 친구들에게 무시당할 것 같아요."와 같이 꺼리지만, 이 계층의 학생들은 질문을 하는 것은 당연하게 생각하고 있었다.

이와 같이 이 계층의 학생들은 학교 공부의 성공과 좋은 학교로의 진학을 위해 종합학원과 과외를 모두 이용하고 있다. 특히 일상적으로 '개별화된 수업으로 인해 과외가 종합학원에 비해 선호될 것이다.'라는 예상이 있지만, 실제로는 이 계층의 학생들은 종합학원 또는 과외 중 어느 그림자 교육만을 더 선호하는 모습은 보이지 않았다. 이는 학생들이 종합학원과 과외의 수업 내용이나 수업 방법의 차이로 인해서 상호보완적 관계로 인식하는 것을 넘어, 종합학원과 과외 모두 반복 학습을 통한 교과 내용의 온전한 이해를 위한 수업으로 생각하고 있기 때문이다. 다음 그림은 이 계층의 학생들이 종합학원과 과외를 통해 어떻게 교과 내용을 완전히 이해하는지 나타낸다.

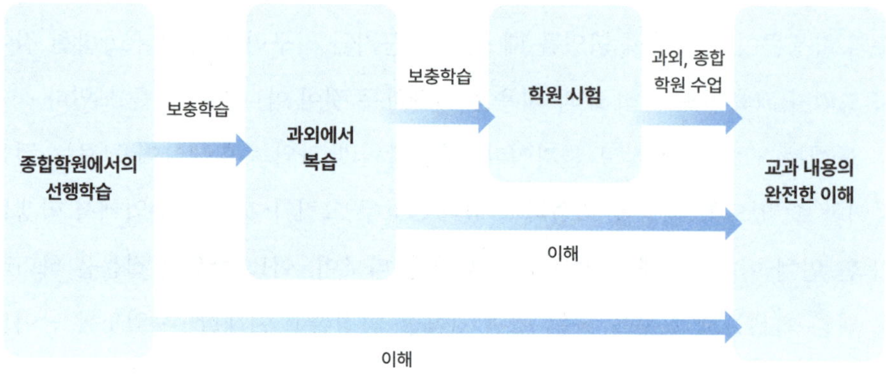

[그림 4-1] 완전 학습의 단계

이와 같이 이 계층의 학생들은 종합학원과 과외에서 수업과 시험 후 보충 수업을 통해서 동일한 내용을 여러 번 점검하고 공부하고 있다. 이 과정에서 종합학원 또는 과외만 들었을 때 발생하는 이해하지 못한 내용들을 다른 그림자 교육을 통해 이해하고 있다. 학생들이 선행 학습을 반복적으로 학습하고 있는 점은 지경선(2017)이 학생들이 선행 학습을 3~4회 반복하고 있다고 밝힌 연구 결과와 일치하며, 반복적으로 학습하는 것이 교과 내용을 온전히 이해하는 데 도움을 준다는 점도 일치한다. 이를 통해 이 계층의 학생들이 교과 내용을 온전히 이해하고 다양한 공부 기술을 학습하기 위해 종합학원과 과외를 모두 이용하고 있다는 점을 확인하였다.

4.5 호화 계층(연소득 1억 원 이상)

호화 계층의 아동들은 부모의 연소득이 1억 원 이상에 해당하는 아이들을 말한다. 이 계층의 부모들은 의사나 변호사와 같은 전문직도 있었으나, 여러 건물로부터 임대료를 받거나 사업으로 성공한 사람들도 많다. 부모들은 그림자 교육의 비용에 크게 연연해하지 않았으며, 또한 그들의 아이들이 공부 경험 이외에도 다양한 문화 경험을 누리길 바라고 있었다. 이에 학부모들은 아이의 교육을 위하여 한 달에 월 200~600만 원의 그림자 교육 비용을 투자하고 있었고 특히 월 100~300만 원에 달하는 영재학원 비용은 다른 계층과는 달리 특별히 경제적으로 문제가 될 것이 없었다. 특히 이 계층의 부모들은 자기의 자녀가 교육청의 영재교육원-특목고-명문대의 일명 '엘리트 코스'를 밟을 수 있도록 자녀에게 다양한 그림자 교육을 제공하고 있다. 그러한 이유 때문에 이 계층의 아이들은 다른 계층에서 받을 수 없는 극단적인 개별화 수업인 과외를 대부분 받고 있었으며 아울러 교육청의 영재원과 특목고, 명문대 입학을 대비해주는 영재학원에서 공부하고 있었다.

이 계층의 아이들이 선택하는 첫 번째 그림자 교육은 과외이다. 이 계층의 아이들에게 과외는 영재학원의 입학시험을 대비할 수 있도록 선행 학습, 개별화된 수업을 하는 그림자 교육이다. 학생들은 과외를 통해 수학, 영어, 과학을 주로 배우며, 비교적 적은 수이지만 국어 또한 배우는 학생도 있다. 이들은 교과별로 매주 2~3회, 회당 40~80분의 수업을 듣고 있다. 이 계층의 학생들은 과외를 위하여 교과별로 매달 적어도 30만 원, 일반적으로 40~60만 원을 내고 있다.

호화 계층의 학생들은 2~3년 정도의 선행 학습을 요구하는 영재학원의 입학시험을 통과하고자 과외를 통해 4~6년의 극단적으로 많은 수준의 선행 학습을 하고 있다. 그러한 까닭에서 대부분의 아이들이 과외를 통하여 학교의 교육 과정 진도보다 빨리, 선행 학습을 통해 상위 학년의 교과 내용과 지식을 공부하고 있다. 한 예로서 초등학교 2학년인 지현은 수학은 6학년 2학기 내용을, 영어는 초등학교 5~6학년 영어 교과서 수준으로 공부하고 있다. 초등학교 4학년인 수민은 수학과 영어 모두 고등학교 1학년 내용으로 공부하고 있다. 초등학교 5학년인 윤지는 이 계층에서도 극단적인 편이긴 하지만, 수학은 고등학교 3학년 내용까지 이미 선행 학습을 하고 복습을 하고 있는 중이며 영어 또한 고등학교 3학년 모의고사를 풀 수 있는 수준이었다. 그럼에도 이와 같이 초등학생이 고등학교 내용을 공부하는 사례들은 심심치 않게 볼 수 있다. 몇몇의 기사에서는 우리나라의 부촌으로 불리는 서울 강남의 초등학생들이 과외를 통해 고등학교 내용을 학습하고 있는 사례들을 적나라하게 보여주고 있다. 이처럼 이 계층의 여러 아이가 과외를 통해 다른 계층의 아이들과 비교가 되지 않을 만큼 학교 수업과 수준에서 앞서가고 있음을 확인하였다. 이것이 가능한 이유로는 이 계층의 아이들이 상류층의 아이들처럼, 초등학교에 입학하기 전부터 이미 과외나 영어유치원, 학원 등으로 많은 그림자 교육을 통해 선행 학습을 해왔고 그들이 학교에서 배우고 있는 내용은 최소 2년 전에 이미 학습되었기에 계속 선행 학습만을 할 수 있는 상황이기 때문일 것이다.

이 계층의 학생들이 과외를 통해 영재학원의 입학시험만을 대비하는 것은 아닌데, 학생들은 과외를 통해 그들이 다닐 중 · 고등학교의 수행평가에 대비할 수 있는 정보를 얻기도 한다. 수민과 윤지는 과외 강사로부터 중학교 1학년과 3학년 때 각각 리코더 연주와 배구 오버헤드 토스 수행평가가 있다는 이야기를 듣고 쉬는 시간마다 수행평가를 준비하고 있다. 이와 같이 이 계층의 학생들은 학교 수업시간에만 연습해서는 좋은 점수를 받기 어려운 수행평가를, 과외 강사를 통해 정보를 얻어 미리 준비하고 있다. 한편 이 계층의 아이들이 받는 과외는 상류층의 학생들이 받는 과외와 비교할 때, 강사 수준에서의 차이가 나는 경우가 있었다. 호화 계층의 학부모 중에서도 정보력이 강한 학부모들은 유명한 학원 원장에게 교과별로 매달 200~300만 원을 내며 그들의 자녀가 비밀리에 과외받게 한다. 이러한 이유에는 강사가 학원 원장을 오랜 기간 하며 축적된 강의 실력과 학원 원장의 비밀과외가 다른 학생들을 전교 1~2등으로 만들었다는 소문을 믿기 때문이다.

아이들이 다니는 두 번째 그림자 교육은 영재학원이다. 이 계층의 아이들에게 영재학원은 첫째 교육청 영재원의 입학시험을 대비하기 위해서이고 둘째 국제중, 특목고와 같은 좋은 학교에 입학하기 위해 참여하는 그림자 교육이다. 영재학원은 한 달 학원비가 최소 50만 원에서 평균 100~150만 원, 최대 300만 원에 달한다. 그러나 이 계층의 학부모들은 자기의 아이들을 교육청의 영재원이나 국제중, 특목고에 입학시키기 위해 기꺼이 이 비용을 지불한다. 이들이 아이들을 영재학원에 보내려고 하는 이유는 영재학원에서는 아이들의 목적이 교육청의 영재원 입학인지, 국제중 입학인지, 특목고 입학인지, 올림피아드 대비 목적인지에 따라 다른 교육 과정을 제공하고 있기 때문이다. 그리고 실제로 학생들이 영재학원에서 공부하는 것이 초등학교의 영재학급, 영재고등학교, 나아가 특목고 입학에 유리하기 때문이었다.

영재학원에서 학생들이 배우는 교과들은 수학, 영어, 과학이다. 이는 영재학원에 다니는 학생들이 목표로 하는 교육청 영재원, 국제중의 입학시험에서 출제되는 교과가 수학, 영어, 과학이기 때문이다. 그럼에도 영재학원에서 국어 교과는 사실상 가르치지 않기 때문에, 이 계층의 학생들은 과외나 학원 등의 다른 그림자 교육을 영재학원과 함께 다니고 있다. 학생들은 교과별로 매주 1~2회, 회당 60~120분의 수업을 받고 있다.

영재학원의 수업 내용은 선행 학습과 특정 기능을 개발하는 특강으로 이루어져 있다. 선행 학습이 영재학원 수업의 대부분을 이루고 있지만, 특강은 영재학원만의 특별한 수업 내용이라고 할 수 있다. 특히 영재학원에서 제공하는 특강이 앞서 학생들이 영재학원에 들어오려고 했던 두 가지 이유에 따라 달라지는 점은 사실상 영재학원만의 노하우라고 할 수 있다.

우선 영재학원의 수업 내용의 대부분을 이루고 있는 선행 학습 수업이다. 학생의 수준에 따라서 선행 학습의 수준이 달라질 수 있지만, 다음 표와 같이 학생들은 영재학원에서 최소 3년의 선행 학습을 하고 있다.

[표4-5] 선행 학습 수준 비교표

학생	학년	수학 선행 학습 수준	영어 선행 학습 수준	과학 선행 학습 수준
채희	초등학교 2학년	초등학교 6학년	초등학교 6학년	초등학교 6학년
민영	초등학교 3학년	중학교 2학년	중학교 2학년	중학교 2학년
준수	초등학교 4학년	중학교 3학년	중학교 3학년	중학교 3학년

채희가 4년, 민영과 준수가 5년 선행 학습을 하는 것처럼, 영재학원에서의 수업은 학생들이 최대한 많은 선행 학습을 하고 있다. 이를 통해 학생들이 똑같은 내용을 계속 반복 학습하게 만들고 있다. 여기서 영재학원만의 특징이 드러나는데, 일반적인 단과 학원이나 종합학원은 학생들의 수준에 따라서 반을 나누는 수준별 수업을 하지만 영재학원은 그렇지 않다는 점이다. 이와 관련해 ㅇ영

재학원과 ㅈ영재학원의 원장은 입학시험을 통해 영재학원의 수업을 들을 수 있는 학생들이 이미 수준급의 학습 능력을 갖추고 있어서 구태여 수준별로 반을 나누기보다는 학생의 공부 목적에 따라 나누고 있다고 설명하였다. 이처럼 영재학원에서는 학생의 공부 목적에 따라 반을 나누고 있다.

둘째는 앞서 반을 나누는 것과 관련이 있는 특강이다. 학생들이 교육청 영재원 입학이 목적인지, 국제중, 특목고 입학이 목적인지에 따라 영재학원에서는 영재원 대비반, 특목고 대비반, 올림피아드 대비반으로 나뉜다. 특강은 학생이 어떤 반에 있는지에 따라 다음과 같이 다른 내용으로 구성되어 있다.

[표4-6] 영재학원 반 편성과 주요 목적

반	교과	수업 내용	학습 수준
영재원 대비반	수학, 영어, 과학	심층 면접, 논술, 영어 작문	중학교 1학년 이상
올림피아드 대비반	수학, 영어, 과학	올림피아드 기출 문제 풀이	중학교 3학년 이상
특목고 대비반	수학, 영어, 과학	특목고 기출 문제 풀이	고등학교 1학년 이상

각 반에서는 학생들에게 필요한 수업 내용을 제공하고 있고 이에 따라 학습의 수준에도 차이가 있다. 예컨대 영재학원에서 제공하는 특강은 교육청의 영재원 입학시험에서 심층 면접, 논술, 영어 작문을 포함하고 있어서 이러한 시험을 잘 칠 수 있는 시험 기법을 알려주고 있다. 올림피아드 대비반에서는 올림피아드 기출 문제를 풀어보며 중학교 3학년 이상의 내용을 학습하고 있으며, 특목고 대비반에서는 외고, 과학고, 자사고의 내신 문제를 풀어보며 고등학교 1학년 이

상의 내용을 학습하고 있다. 다시 말해 특강은 반에 따라서, 선행 학습 수업보다 좀 더 심화된 수업을 하고 있는 것이다.

영재학원에서 공부하고 있는 학생으로서 지민의 개인적 경험은 이 계층의 아이들이 얼마나 많은 공부와 지적 경험 그리고 지적 도전을 받는지를 잘 알게 해준다. 지민이 영재학원에서 배워온 학습 내용들이 다른 계층의 학생들에 비해 얼마나 많고 다양한지 다음 표에서 알 수 있다.

[표4-7] 계층별 선행학습 수준

		초등학교 5학년	초등학교 6학년	중학교 1학년	중학교 2학년	중학교 3학년	고등학교 1학년
지민 (호화 계층)	현재 5학년	○	○	○	○	○	○
나희 (노동 계층)	현재 5학년	○					
연우 (중산층)	현재 5학년	○	○	○			

초등학교 1학년부터의 계속적인 선행 학습은 지민이 현재 초등학교 5학년이지만, 이미 고등학교 1학년의 내용도 이해하고 문제를 풀 수 있게 만들었다. 이러한 선행 학습은 지민의 어머니에게 영향을 받아왔다. 학교 교사인 어머니의 아래에서 어렸을 때부터 영재원-영재고-명문대로 이어지는 과정을 줄곧 들어왔고, 지민은 영재원을 목표로 하고 있었다. 이를 위해 지민은 영재원에 들어가기 위해 초등학교 3학년 때 영재학원의 영재원 대비반에 참여하였다. 하지만 영재학원에 들어가는 것조차 들어가고 싶다고 그냥 들어갈 수는 없었고 시험을 통과해야만 했다. 그렇기 때문에 지민은 유치원 때부터 학원과 과외, 학습지를 하며

초등학교 입학 전에 이미 초등학교 2학년까지의 내용을 선행 학습한 상태였다. 지민은 초등학교 3학년 때 이미 중학교 2학년의 문제를 완벽하게 풀 정도로 공부하였기 때문에, 초등학교 5학년인 지금 영재학원에서의 수업은 고등학교의 내용까지도 다루고 있다.

지민의 엄청난 수준의 선행 학습은 노동 계층의 나희나 중산층의 연우는 감히 따라오기 어려운 수준이다. 노동 계층의 나희는 방과후수업을 통해 학교 수업시간에 배울 내용을 겨우 2주 일찍 공부하는 수준으로, 다른 계층의 기준에서 전혀 선행 학습이라고 보기 어려운 수준이다. 이러한 선행 학습의 부족은 나희에게 있어서는 학습 반복의 부족으로 다가왔는데, 학교 수업 이전에 똑같은 내용을 딱 한 번만 학습하는 것이다. 한편 중산층의 연우는 단과 학원을 통해 학교 수업시간에 배울 내용을 2년 정도 일찍 공부하고 있다. 연우는 나희와 달리 충분한 선행 학습을 하고 있었기 때문에, 학교에서 배울 내용을 반복 학습하는 것 또한 가능했다. 연우는 단과 학원에서 선행 학습했던 것들을 다른 종합학원에서 다시 공부하며 복습하였다. 덕분에 연우는 학교 수업 이전의 반복 학습을 통해 학교 수업 시간에서 나희에 비해 좋은 평가를 받을 수 있었다. 그럼에도 이 둘이 학교 평가에서 지민을 이기기란 불가능했다. 지민은 과외나 영재학원을 통해 이미 초등학교의 내용은 이미 온전히 이해하고 있었다. 이미 고등학교 1학년 내용을 배울 정도로 엄청난 수준의 선행 학습을 하고 있는 지민에게 학교 수업 내용은 너무 간단했기에, 지민에게 전교 1등의 성적은 당연한 것이었다.

과외와 영재학원 이 두 가지의 그림자 교육 참여에 대한 연구결과에서 알 수 있는 것처럼, 이 계층의 학생들을 다른 계층과는 비교가 되지 않을 정도의 선행 학습 경험과 교과에 대한 심도 있는 지식을 소유하고 있었다. 대부분 반에서 1등, 학교에서 1~2등이 이 학생들에게 '당연한 것'들이면서도 이를 지켜내어 결국 교육청 영재원-영재고 · 특목고-명문대 입학이라는 엘리트 코스가 이들의 인생의 목표이며 공부의 목표이다.

그리고 이러한 그림자 교육 경험과 훈련을 통하여 이 학생들은 크게 다음과 같은 세 가지 지적 능력과 태도를 함양하고 있었다. 첫째는 초등학교 교육 과정 이상의 교과 지식이다. 앞서 과외와 영재학원에서 만났던 지현, 수민, 윤지, 채희, 민영, 준수, 지민 등 호화 계층의 학생들은 모두 다른 계층의 학생들은 넘볼 수 없는 수준으로 선행 학습을 하고 있다. 단순히 한 번 본 수준이 아니라, 지속적인 선행 학습을 통해 해당 학년의 내용을 응용할 수 있는 수준까지 학습한다. 이는 이 계층의 학생들이 집중적으로 선행 학습하고 있는 수학과 영어가 학년이 높아질수록 이전에 학습한 내용들을 활용해야 하기 때문이다. 이와 관련해 지민이 "방정식을 푸는 아이가 곱하기를 어려워할 리 없잖아요? 지금 제가 고등학교(1학년) 문제집에서 이차함수를 풀고 있는데, 당연히 중학교 2학년 일차함수 문제는 쉽게 풀 수 있죠."라고 말하며, 이미 초등학교를 넘어 중학교 내용까지도 심층적으로 이해하는 모습을 보이고 있다. 이러한 학생들의 인식은 한 연구에서도 학생들이 계열성을 고려하며 선행 학습을 하고 있다는 결과로 드러나고 있다.

둘째는 고차원적인 사고 기술들이다. 학생들은 과외와 영재학원에서 각 교과에서 필요한 기능을 학습하는 것을 넘어, 학습 그 자체에 필요한 고차원적인 사고 기술들을 배우고 있다. 추론, 초인지, 문제 해결은 대표적인 고차원적 사고 기술이다. 과외와 영재학원의 강사들은 문제를 푸는 과정에서 자신이 하는 사고를 구두로 기술하며, 학생들이 추론, 초인지, 문제 해결 기능을 학습할 수 있도록 하고 있다. 학생들은 강사가 문제를 푸는 과정에서 하는 사고 기술들을 모방하고 반복하는 과정을 가지게 된다. 학생들은 이 과정을 통해 학습한 사고 기술을 과외와 영재학원에서 학습하는 교과만이 아닌, 모든 교과의 학습에서 사용하고 있다. 지민은 영재학원에서 배운 사고 기술을 두고 "학교 수업 활동에서 모둠이 원래의 목표와 다르게 활동을 하고 있더라도, 활동 목표를 생각해서 다시 활동이 잘 이루어질 수 있게 하고 있어요."라고 말하였다.

셋째는 자기주도적 학습력과 지적 지구력이다. 자기주도적 학습력과 지적 지구력이 학생의 학습 성취에 영향을 준다는 점에서, 성공적인 학생의 자세로 필수적이다. 과외나 영재학원의 강사는 학생이 자기주도적으로 학습할 수 있는 환경을 조성하고 학생의 학습을 관리하기 위하여, 수업 시간 이외에도 학생과 연락하였다. 이 과정에서 학생은 문제집과 강사가 제공한 여러 자료를 스스로 살펴보며 공부하는 방법을 익혔다.

넷째는 공부에 대한 자신감과 사회적 성공에 대한 신념이다. 과외와 영재학원은 성공한 학생들이 어떤 공부 습관과 방법으로, 이들이 학교에서 어떤 성적을 받았는지 어떤 학교에 들어가서 어떤 좋은 직업을 가질 수 있는지 알려주고 있다. 이를 통해 이 계층의 학생들은 성공한 학생들을 모델로 삼고, 좋은 학교에 입학하기 위해 스스로 학습 동기를 부여하고 있다. 특히 과외나 영재학원에서는 이 학생들이 여러 시험 정보, 교육 정보와, 성공한 학생들이 슬럼프나 스트레스를 해소하는 방법까지도 제공하며 이들이 자신은 반드시 학업적으로 성공할 것이라는 기대를 하게 만들고 있다. 이와 관련하여 수민은 "(과외) 선생님이랑 대화하다 보면, 제가 SKY 대학생이 되어 N 대기업에 들어갈 수 있을 것이라는 생각이 들어요. 그래서 공부를 열심히 하게 돼요."라고 하였으며, 준수는 "CEO가 되려고 지금 열심히 공부하고 있어요."라고 말하였으며 이 계층의 다른 학생들도 이와 유사하게 사회적 성공을 위한 공부에 대한 자신의 생각이 드러난 응답을 하였다.

4.6 끝맺는 말

이번 장에서는 학부모의 경제적 배경에 따른 우리나라 초등학생 그림자 교육의 학습 경험 차이가 학교 생활과 공부, 상급 학교의 진학에 어떤 영향을 미치는

지에 대해 탐구하였다. 특히 학부모의 경제적 계층에 따른 그림자 교육의 학습 경험(교육 과정, 수업)과 그림자 교육의 학습 결과(성적), 모든 학년에서 쓰이는 교과 기술, 진로지도, 공부에 대한 가치관 형성)의 차이와, 이가 학교 교육에 미치는 영향을 알아보았다. 이를 통해 초등학교 학생들의 성적과 학교 생활이 그들의 고유한 학습 능력보다, 학교 바깥에서 학부모의 경제적 계층에 따른 그림자 교육의 차이로 인해 더 큰 영향을 받는다는 점을 알 수 있었다.

참고문헌

통계청. (2021). 가계동향조사: 가구당 월평균 분위경계값 및 적자가구비율(2인이상). 통계청

김경근, 황여정(2009). 중학생의 방과후학교 참여 결정요인." 교육사회학연구 19(2), 31-57.

박소영(2008). 방과후 학교와 EBS 수능강의의 사교육비 경감 효과. 教育行政學研究, 26(1), 391-411.

이윤정 외(2012). 사교육 참여가 청소년의 학업성취에 미치는 영향: 학습동기의 매개효과를 중심으로. 청소년학연구, 19(5).

임종헌. (2020). 중학교 1학년 학생의 삶에 관한 질적 사례 연구 : 강남 고소득층 중학생을 중심으로. 교육문화연구, 26(5), 783-814.

지경선. (2017). 수학학원의 선행학습 실태 및 유발요인이 수학 학습태도에 미치는 영향. 석사학위논문, 연세대학교.

통계청(2023). 2022년 초중고 사교육비조사 결과. 통계청

황성희. (2015). 중산층 학부모의 학교교육 인식과 사교육 선택. 학부모연구, 2(1), 93-117.

황영진. (2006). 초등학생의 수학 선행학습 실태 분석 연구. 석사학위논문, 진주교육대학교.

5

수학 점수

사교육 다다익선

수학 성적은 대학 입시, 특히 의대 및 SKY와 같은 명문 대학 입학을 준비하는 학생들에게 매우 중요한 평가 요소다. 수학 성적은 수능과 대입에서 대학을 결정짓는 결정적인 역할을 하며, 학생들이 SKY에 갈 수 있는지 없는지 가르는 역할을 하고 있다.

초, 중, 고등학교를 막론하고 학생이 그림자 교육을 받았는지 받지 않았는지에 따라 수학 점수에 큰 차이가 나타난다. 공교육의 한계로 인해 교사 1인당 학생 수가 많아 개별 지도가 어렵고, 정해진 교육 과정 내에서 모든 학생의 학습 속도와 수준을 맞추기 힘들며, 학교 예산 부족으로 인한 교육 자원과 교구의 제한이 있다. 특히 수학은 개념의 이해와 문제 해결 능력을 키우기 위해 개별 학습 지도가 필요한 경우가 많다. 이러한 한계를 보완하기 위해 많은 학생이 학습지, 방과후수업, 학원, 과외, 인강 등 다양한 형태의 그림자 교육에 의존하게 된다. 특히 선행 학습은 수학에서 매우 유용하여, 학생들이 앞으로 배울 내용을 미리 공부함으로써 학습 내용을 쉽게 이해하고, 심화된 문제 해결 능력을 기를 수 있게 한다. 이를 통해 수학 성적을 향상시키는 중요한 요소로 작용한다.

다시 말해 학생의 학업 성취와 진로 결정에 중요한 영향을 미치는 수학 교과에서 좋은 성적을 받기 위해 많은 학생이 다양한 형태의 그림자 교육에 참여하고 있다. 하지만 그림자 교육의 유형에 따라 그들이 받는 수업은 그 내용과 강사의 수준, 학생에게 개별화된 정도에서 매우 큰 차이를 보이고 있다. 이번 장에서는 수학 그림자 교육을 받는 학생들이 그러지 않는 학생들에 비해 대학 입시에서 얼마나 유리한 위치에 있는지를 다양한 사례와 증거를 통해 살펴보고자 한다. 이를 통해 대학 입시에서 결정적인 영향을 미치는 수학에서도 교육 불평등이 존재하고 있다는 것을 이해할 수 있을 것이다. 특히 그림자 교육 경험의 유무에 따라서 학습의 양과 깊이가 얼마나 달라지는지 알아볼 것이다.

5.1 학교 수업에서 부족함을 느끼는 학생들

학교 교육만으로는 학생들이 높은 수학 성적을 받기 어려운 현실이 있다. 교사 1인당 학생 수가 많아 개별 학습 지도가 어렵고, 정해진 교육 과정 내에서 모든 학생의 학습 속도와 수준을 맞추기 힘든 상황이 주요 원인이다. 또한, 수업 시간의 제한과 다양한 학생들의 학습 스타일을 충분히 반영하지 못하는 것도 중요한 한계로 작용한다.

교사 1인당 학생 수가 많은 상황에서는 개별 학생의 학습 상황을 세세히 파악하고 지도하기 어렵다. 이는 학생들이 수학 개념을 충분히 이해하지 못하고,

학습 과정에서 발생하는 개인적인 어려움을 제때 해결하지 못하게 만든다. 예를 들어, 중학교에서 수학 개념을 이해하지 못한 학생은 질문할 기회를 놓치고, 결국 그 개념을 제대로 이해하지 못한 채 다음 진도로 넘어가게 되어 성적 하락으로 이어진다. 이 문제는 시간이 지날수록 누적되어 학생의 전반적인 학업 성취도에 부정적인 영향을 미친다. 개별 지도가 필요한 학생들에게 충분한 학습 지원을 제공하지 못함으로써 학습 격차가 벌어지게 된다.

정해진 교육 과정 내에서 모든 학생의 학습 속도와 수준을 맞추기 힘들다. 학교 교육은 평균적인 학습 진도를 기준으로 수업을 진행하기 때문에, 이해가 빠른 학생과 느린 학생 간의 학습 격차가 발생한다. 빠르게 이해하는 학생은 수업이 지루하게 느껴져 학습에 대한 흥미를 잃기 쉽고, 반대로 어려움을 겪는 학생은 따라가기 벅차서 학습에 뒤처진다. 예를 들어, 수학을 빠르게 이해하는 학생은 수업 시간에 더 심화된 내용을 배우고 싶어 하지만, 다른 학생들과의 균형을 맞추기 위해 기다려야 하는 상황이 빈번하다. 이는 학생의 학습 동기를 저하시켜 학습 효과를 떨어뜨린다. 반면, 이해가 느린 학생들은 기본 개념을 충분히 소화하지 못하고 다음 진도로 넘어가야 하므로, 기초가 약해지고 성적이 떨어지는 악순환에 빠지게 된다.

또한, 수업 시간의 제한은 학교 교육의 또 다른 한계다. 한정된 시간 안에 많은 내용을 다루다 보니, 학생들이 깊이 있는 이해를 하기 어렵다. 수학과 같은 과목은 충분한 시간과 반복 학습이 필요한데, 짧은 수업 시간 내에 이를 충족시키기 힘들다. 따라서 학생들은 개념을 충분히 이해하지 못한 채로 다음 단원으로 넘어가는 경우가 많다. 예를 들어, 복잡한 수학 문제를 해결하기 위해서는 여러 단계를 거쳐야 하는데, 수업 시간에 이를 모두 다루기 어렵다. 이로 인해 학생들은 문제 해결 과정의 중요한 단계를 놓치게 되고, 이는 시험 성적에 직접적인 영향을 미친다.

다양한 학생들의 학습 스타일을 충분히 반영하지 못하는 것도 문제다. 어떤 학생은 시각적 자료를 통해 배우는 것을 선호하고, 어떤 학생은 조작 활동을 통해 학습하는 것을 더 잘 이해한다. 예를 들어, 시각적 학습을 선호하는 학생은 도표나 그림을 통해 개념을 이해하는데, 학교 수업에서는 이러한 자료가 충분히 제공되지 않는다. 조작 활동을 통해 학습하는 것을 선호하는 학생들은 실험이나 도구를 이용한 활동을 통해 개념을 습득하는데, 학교에서는 이러한 활동이 제한적이다. 학교 교육은 주로 강의식 수업에 의존하기 때문에, 다양한 학습 스타일을 반영하지 못해 학생들의 학습 효율이 떨어진다. 이는 학생 개개인의 잠재력을 충분히 발휘하지 못하게 하여, 학업 성취도에 부정적인 영향을 미친다.

이러한 한계에 따라 많은 학생이 추가적인 학습 지원, 즉 그림자 교육을 희망하게 된다. 학생들은 그림자 교육을 통해 자신에게 맞춘 개별 지도를 받을 수 있고, 부족한 개념을 보완하며 학습의 깊이를 더할 수 있다. 그림자 교육은 학습지, 방과후수업, 학원, 과외, 인강 등 다양한 형태로 제공되어 학생들의 다양한 학습 요구를 충족시킨다. 특히 선행 학습을 통해 수학 성적을 향상시키는 데 큰 도움을 주며, 이는 학생들이 학교 교육의 한계를 극복하고 더 높은 성적을 받을 수 있도록 지원한다.

5.2 초등학교: 수학 그림자 교육의 시작

공부 습관의 형성

초등학생들은 우리가 생각했던 것보다 학원이나 과외를 덜 받는다. 특히 광역시가 아닌 지방의 초등학생들은 더 그렇다. 지방의 학부모들은 '초등학생은 놀아도 되는 나이'라고 생각하는 경향이 있어서, 학교 수업만을 맹신하고는 한다. 문제는 이러한 위험천만한 착각이 학생의 잘못된 공부 습관 형성에 영향을 끼친다는 것이다. 학생들은 자신이 초등학교에서 좋은 성적을 받고 있기 때문에, 초등학교 이외에서 수학을 배우지 않는 학생들은 자신이 수학을 잘하고 있다고 생각한다. 이로 인해 학생들은 학교 이외의 공간에서 공부를 할 생각조차 하지 않으며, 이는 집에서도 마찬가지이다. 결국 학생들이 어렸을 때부터 다양하고 많은 문제를 풀어보고, 틀리면 답지의 풀이 과정을 보고 공부를 하든 어떠한 방식으로라도 공부하는 습관을 들여야 함에도 공부를 하는 경험조차 하지 않는 것이다.

> 가끔 학원에 초등학교 때 학교 수업 말고는 수학 공부를 따로 하지 않은 중학생들이 오고는 합니다. 초등학교 때만 해도 자신이 공부를 잘하고 있는 줄 알았는데 막상 중학생이 되어보니 그렇지 않다는 것을 알게 됩니다. 이러한 학생들의 문제는 학교 외에서는 공부해본 적이 없다는 것입니다. 이러한 학생들은 공부하기 위해서 뭘 해야 되는지 모르니까, 누군가가 학생 옆에서 말 그대로 행동 하나하나를 다 짚어주어야 합니다. 결국 공부하는 방법도 모르고 공부하는 습관도 없는 거죠.
>
> — 학원 강사

결국 학교 수업만 들은 학생들은 수학 공부하는 습관을 제대로 형성하지 못한다는 것이다. 이는 학생이 앞으로 수학을 공부하면서 애초에 자신이 잘못하고 있는 것이 무엇인지조차 모르는 원인이 된다. 결국 이러한 학생이 수학을 포기하는 학생이 되는 것이다. 그렇다면 도대체 초등학교에서는 수학을 어떻게 가르치고 있길래 학교 수업만을 들었을 때 학생의 수학 공부 습관을 제대로 형성하지 못하는 것인지 확인해보자. 초등학교의 수학은 크게 수와 연산, 도형, 측정, 규칙성, 자료와 가능성으로 이루어져 있다. 크게 해석하면, 수와 연산은 앞으로 중학교 들어가기 전에 단순 계산 방법을 배우는 과정이다. 도형은 다양한 도형을 보고 도형의 정의를 외우고, 측정은 자나 캠퍼스 등을 사용하고 부피나 무게를 구하는 방법을 배운다. 규칙성은 중학교에서 함수를 배우기 전에 비례를 배우며, 자료와 가능성은 수나 물건을 기준에 따라 분류해보는 것을 배운다. 결국 초등학교에서는 초등학교 6학년이라고 할지라도 추상적인 개념에 대해 학습하는 일이 거의 없고, 학생들이 손으로 만지는 활동을 하거나 정의를 외우고 계산을 반복하는 수업을 하는 것이다. 그렇기 때문에 학교 수업 밖에서 굳이 공부하지 않아도, 학교 안에서 초등학교 내용 정도는 이해하고 넘어갈 수 있다는 것이다.

교사가 학생에게 학원처럼 수학 문제를 숙제로 내어주면, 학생과 학부모가 한마음이 되어 "학원도 아니면서 왜 숙제를 내어주냐."라고 말한다. 그렇기 때문에 학교 수업 중에는 학생의 수학 공부 습관을 형성해주기 어렵고, 가정에서라도 학생의 수학 공부 습관을 형성해주려고 해도 학생과 학부모가 적극적으로 거부하는 것이다. 또한 교사가 학생들의 학습 습관을 만들어줄 수도 없는 현실이다. 한 반에 평균 25~26명 내외의 학생들이 있는 학급에서 학생들을 개별적으로 모두 지도하기란 불가능에 가깝다. 학생들이 설령 수업에 집중하지 못하더라도 수업의 진도를 위해 때로는 의도적으로 무시하는 경우가 많고, 학습 습관이 고쳐지지 않는 학생을 때로는 고치려고 하지 않는 경우도 있다.

결국 초등학생들은 학교에서든 가정에서든 공부 습관을 형성하지 못하게 된다. 학원이나 학습지를 푸는 학생들에게 중요한 것은 수학 공부 습관의 형성은 아니다. 학생들은 초등학교 수업이나 평가에서 좋은 성적을 받기 위해서 그림자 교육에 참여하고 있다. 그림자 교육에서 그들이 얻어가는 가장 소중한 것은 수학 공부를 어떻게 해야 하는지, 수학 공부에 대한 학생들의 습관이다. 그렇다면 이러한 공부 습관의 차이는 학생의 성적을 얼마나 크게 좌우할까? 경남 진주의 초등학교 2학년 담임의 사례를 살펴보자. 공교육을 제공하는 현장의 교사라면 차마 사교육을 인정하기는 싫겠지만, 이미 일어난 일을 어쩌겠는가. 실제로 사교육을 받는 학생이 좋은 성적을 받는다는 것을 알 수 있을 것이다.

> 우리 반은 수행평가 이외에 정기 평가를 시행하고 있습니다. 그런데 정기 평가의 결과를 보면, 사교육을 받는 학생과 받지 않는 학생의 성적이 확실히 차이가 난다는 것을 알 수 있습니다. 사교육을 받는 학생은 대부분 상위 1~50%에 분포해 있습니다. 사교육을 들으면 반에서 1등을 한다고 말하기는 어렵지만, 적어도 평균 이상은 한다는 것입니다.
>
> —초등학교 2학년 교사

학습의 자신감

사교육을 받는 학생들이 파이의 맛있는 부분을 다 빼어 먹고, 남은 자리는 사교육을 받지 않은 사람들이 박 터지게 싸워서 차지하는 것을 확인하였다. 이번에는 방금 학급에서 사교육을 받는 학생이 학교 수업에 대해서 어떻게 이야기하는지 알아보자.

> 학교에서 수학을 배우기 전에 이미 학원에서 이미 다 배우고 와요. 그래서 선생님이 수업 중에 질문할 때나 퀴즈를 낼 때 항상 다 맞춰요. 학원에서 푸는 문제들보다 학교에서 선생님이 내는 퀴즈가 훨씬 쉽거든요. 우리 반은 퀴즈 말고도 지금까지 4번 시험 쳤는데, 시험 칠 때마다 문제가 쉬워서 그런지 거의 다 맞아

서 기분이 좋았어요. 그런데 학원에 다니지 않는 친구들은 문제가 절대 쉽지 않다고 하더라고요. 그래서 다른 친구보다 훨씬 점수가 좋은듯해서 기분이 좋았어요.

—진주의 초등학교 2학년 학생

이렇게 사교육을 받는 학생들은 학교에서 시험을 칠 때마다 자존감이 떨어지는 사교육을 받지 않는 학생에 비해 수학에 자신감을 가져가고 있다. 이는 사교육을 받지 않은 학생에게 수학이라는 교과에 관해 물어봤을 때 확연히 드러났다. 다음은 사교육을 받지 않는 학생과 학교 교사의 대화 상황이다.

T: "너는 왜 모둠 활동에 참여하지 않니?"
S: "저는 수학을 못해서요."
T: "다른 친구들도 오늘 수업은 처음이니까, 같이 하면 되지 않을까?"
S: "다른 친구는 학원 다녀서 배웠대요. 그런데 저는 학원을 안 다녀요."

—진주의 한 초등학교 2학년 교실의 대화

사교육은 사교육을 받지 않는 학생들이 수학에 대해 느끼는 자신감마저 바꾸고 있다. 그렇다면 학교 수업 이전에 이미 다 배우고 온다는 초등학생들, 그러니까 사교육을 받는 초등학생들은 도대체 얼마나 선행 학습을 하기에 학교 수업이 쉽다고 생각할까?

> 저는 지금 4학년 수학인 분수의 덧셈을 배우고 있어요. 그런데 우리 반에 있는 다른 친구는 저보다 더 선행을 많이 나갔다고 자랑하더라고요. 걔는 벌써 중학교 방정식을 배우고 있대요. 그거 생각하면 엄마한테 말해서 학원을 더 다녀야 하나 고민되기도 해요.
>
> —진주의 초등학교 2학년 학생

사교육을 받는 학생들은 다른 친구들에 비해 초등학교 때의 공부는 중학교 수학을 잘 배울 수 있는지를 결정하기 때문에, 물론 매우 중요하다. 하지만 초등학교 수학은 웬만한 학생이 아니고서야 이해하지 못하는 경우가 거의 없다. 초등학교에서의 수학 공부란, 결국 수능까지 12년의 기간 동안 학생이 어떻게 공부할지 그 공부 습관을 잡아주는 공부라고 해도 과언이 아닐 것이다.

5.3 중학교: 속진 학습의 첫걸음

성적을 위한 수학 사교육

중학교는 한국 학생들의 수학 능력을 구분 짓는 가장 중요한 시기이다. 이 시기에 잘 공부해야만 고등학교 수업을 잘 이해할 수 있다는 점에서, 이때 학생이 무엇을 배우고 있냐는 앞으로의 고등학교 생활을 결정짓는다고 해도 과언이 아니다. 고등학교 생활을 결정짓는다는 것에는 크게 두 가지가 있는데, 중학교 내신을 얼마나 잘 받는지와 특목고 입학을 위한 공부를 어떻게 하고 있는지이다.

초등학교까지 기껏해야 더하기, 빼기, 곱하기, 나누기를 하다가 중학교에서 갑자기 미지수를 배우기 시작한다. 초등학교에서는 추상적인 개념의 학습이 없었지만, 중학교부터 아니다. 추상적인 개념들이 아주 명확히 느껴지는 미지수 x는 애초에 학교 수학 수업을 듣고 싶지 않게 만든다. 그렇기 때문에 중학생이라면 이러한 수업에서 집중하지 못하고 멍때리기도 한다. 그렇게 점점 수학에 흥미를 잃어가는 과정에서 학생은 수학을 포기할지 계속 붙잡을 것인지 결정한다.

한편 그림자 교육을 받는 학생은 한 번 더 수업을 들을 기회가 생긴다. 다음의 사례를 통해 이러한 과정이 어떻게 일어나는지 알아보자. 학교 수업에서 좌표로 나타낸 점들로 이루어진 도형의 넓이를 구하는 방법을 설명하고 있을 때 집중하지 않았던 학생은 수업에서 좌표를 '들었다'는 생각으로 이해하지 않은 채 넘어간다. 하지만 학원에 다니는 학생은 학원 강사가 한 번 더 수업을 하기 때문에 반복 학습이 가능하다. 학교 수업과 학원 수업 모두를 집중하지 못하는 경우도 있지만, 학원이나 과외에서는 숙제를 내어주기 때문에 학생은 자신이 집중하지 않은 것을 다시 배우게 된다.

이와 같이 사교육을 학교 수업의 보충으로 이용하는 경우도 있지만, 중학교에서 사교육은 사실 선행 학습으로서의 의미가 훨씬 강하다. 그 선행 학습의 수준 또한 1~2개 학년 선행이 있을 것이고, 고등학교 선행이 있다. 1~2개 학년의 선행이 학생들의 성적에 어떠한 차이를 주는지 알아보기 위해 다음의 두 그림을 보자.

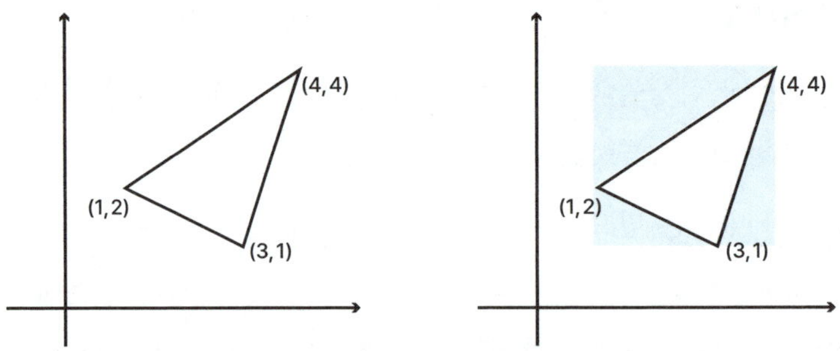

[그림 5-1] 삼각형 넓이를 구하는 방법

선행을 하지 않은 학생이라면 왼쪽 문제를 보고 가장 먼저 오른쪽처럼 그림을 그릴 것이다. 그리고 사각형의 넓이를 구한 후, 구하려는 삼각형을 둘러싸고 있는 세 삼각형의 넓이를 구해 사각형 넓이에 빼서 답을 낼 것이다. 여섯 번의 과정을 거쳐야 이 문제를 푸는 학생이 있다면, 이 문제를 식 하나로 푸는 학생도 있다. 당연히 사교육의 도움을 받은 학생이다. 사교육으로 선행을 받은 학생이라면 굳이 사각형을 그리는 번거로운 과정 대신 식 하나만 쓰고 간단하게 계산해서 답을 낼 것이다.

계산을 줄이는 것 또한 중요하지만, 다른 이유에서 선행을 한 학생에게 유리한 점이 있다. 풀이방법의 종류가 늘어난다는 것이다. 학교 수업만 듣는 학생이 왼쪽 그림의 문제를 접하면 적용할 수 있는 풀이 과정은 단 한 가지이지만, 피타고라스나 점과 직선 사이 거리 공식을 배운 학생이라면 풀이 과정은 두 개가 추가된 세 가지가 된다. 이 과정에서 학생은 자신이 수학을 잘한다는 자신감을 가지게 되며, 이는 수학 공부를 계속하게 되는 원동력이 된다.

특목고를 위한 수학 사교육

한편 고등학교 생활에 직접적인 영향을 주는, 고등학교 입학시험을 위해 중학생들이 어떠한 공부를 하고 있는지 알아보자. 중학교 3학년에 특목고, 자사고 등 고등학교 입학시험을 친다. 당연히 고등학교 입학시험은 중학교 내용만을 물어볼 것이라고 생각하기 쉽다. 하지만 실제로 고등학교 입학시험 문제를 보면 그렇지 않다는 것을 확인할 수 있다. 특목고, 자사고 등 많은 중학생이 가고 싶은 고등학교들의 입학시험 문제들을 살펴보자.

우선 많은 학생이 진학을 희망하는 자사고의 입학시험 문제를 살펴보자. 이 문제는 실생활에서 옷을 입을 때 나올 수 있는 조합의 수같이 사소한 것부터 각종 경영, 경제, 통계 분야에서 가장 기본적으로 알아야 하는 개념을 묻고 있다.

[문항 5-1] 자율형 사립고등학교 기출문제

Q 다음 그림과 같은 디지털 시계가 있다. 시계를 구성하는 선 1,2,3 중 많이 쓰여서 빨리 닳는 순서대로 말하시오. 또 그렇게 생각한 이유에 대해 설명하시오.

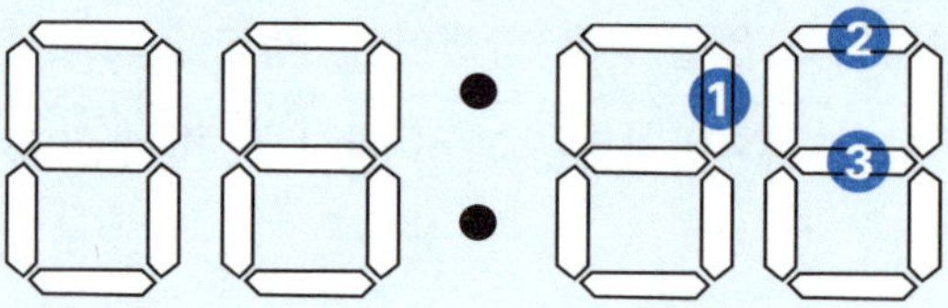

[문항 5-1]은 유명 자율형 사립고등학교의 입학시험 문제이다. 이 문제를 풀기 위해서는 중학교 2학년 2학기에 배우는 경우의 수만 잘 배웠다면 풀 수 있지 않을까 생각할 수 있다. 하지만 고등학교 3학년에 배우는 확률과 통계를 이미 선행 학습으로 배운 상태라면 얘기가 달라진다. 굳이 머리 싸매면서 풀이 공식을 찾고 있을 이유 없이, 단순히 계산만 하면 되기 때문이다.

이 문제를 중학교 내용까지만 배운 학생이라면 가지치기하느라 숫자를 00:00부터 23:59를 씁니다. 다 쓰려면 1,440개의 수를 쓰고 이것을 또 조건에 맞는지 세어보고 분류하는 작업을 거쳐야 합니다. 그러면 수를 총 7,200번 세어보아야 됩니다. 하지만 확률과 통계를 배웠다면 26번만 세어보면 끝납니다. 최소 7배에서 55배의 시간 차이가 나는 것입니다. 세야 하는 수가 늘어나는 것은 단순히 시간만 늘어나는 것이 아니라 실수를 하게 될 확률도 늘어나기 때문에, 고등학교 3학년 내용인 확률과 통계를 선행 학습하지 않으면 사실상 떨어지는 시험이라고 볼 수 있습니다.

—수학 학원 강사

이런 경우처럼 학생이 고등학교 3학년 내용을, 중학교 3학년임에도 선행 학습해야 하는 사례는 어쩌다 한 번 있는 일이 아니다. 다음으로는 과학고의 입학 시험 문제를 보자.

[문항 5-2] 서울 A과학고등학교 기출문제

삼각형과 선분의 비율 관계
다음은 예각삼각형△ABC는 다음과 같은 조건을 만족한다.

1. 점 D,E,F 각각 변 $\overline{AD},\overline{BE},\overline{AB}$위의 점이다.
2. 선분 $\overline{AD},\overline{BE},\overline{AB}$는 삼각형 내부에서 각각 서로 다른 세 점 P,Q,R에서 교차한다.
3. 선분의 비율은 다음과 같다.

- $\frac{\overline{BD}}{\overline{DC}}=2:3$
- $\frac{\overline{CE}}{\overline{EA}}=3:1$
- $\frac{\overline{AF}}{\overline{FB}}=4:5$

1. △ABC의 전체 넓이를 $120cm^2$라 할 때, △ABP, △BCP, △CAP의 넓이를 각각의 비륭ㄹ로 구분하여 나타내시오.
2. 삼각형 내부에서 점 P,Q,R이 형성하는 △PQR의 넓이를 △ABC의 넓이에 대한 비율로 나타내시오.
3. △PQR의 넓이가 $10cm^2$이고, 각 선분의 비율이 삼각형의 넓이에 어떤 영향을 미치는지 설명하시오.
4. 선분 $\overline{AD},\overline{BE},\overline{AB}$가 각각의 변을 나누는 비율에 따라 교점 P,Q,R이 달라질 때, △PQR의 넓이가 최대가 되는 조건을 구하시오.

[문항 5-2]는 서울 A 과학고등학교의 입시 문제 예시이다. 분명 계산식을 보면 중학교에서 배운 미지수와 번분수 계산 방식들로 이루어져 있다. 그렇다고 중학생이 이 문제를 쉽게 풀 수 있는 것은 아니다. 이 문제는 대학교에서 배우는 '체바의 정리'를 사용하면 비교적 쉽게 풀 수 있는 문제이다. 대학교에서 배울 내용들을 배우기 위해 학생들은, 과학고 입학을 전문으로 하는 학원에 가고 있다.

하지만 중학교에서 배운 내용으로 이 문제를 푸는 학생은 체바의 정리를 직접 증명해내서 문제를 풀어야 한다. 분명 고등학교 입학시험에 중학교 때 배운 내용만 포함되어야 한다.

이러한 특목고에 들어가고 싶은 중학생들이, 사교육에서 받는 선행 학습의 진도는 놀라울 정도이다. 가장 많이 공부한 학생은 이미 고3 내용까지 다 학습하고 계속 고등학교 수학을 복습하는 중이다. 이런 학생이 특이하다고 또는 특별하다고 생각된다면, 이미 당신의 자녀는 다른 학생에 비해 선행 학습의 수준이 늦은 것이다.

5.4 고등학교: SKY 입학을 가르는 수학 한 문제

한 문제 틀릴 때마다 서(울대)…성(균관대)…한…중…경…외…시…처럼 하나씩 갈 수 있는 학교의 수준을 외는 글은 상당히 유명하다. 실제로도 상위 학교의 최저점 합격자와 최고점 불합격자의 점수 차는 0.1~2점 차이로 결정되니, 수능에서 1문제나 학교 내신에서의 1문제는 대학교가 달라지는 점수일 것이다. 그렇기 때문에 수능이든 학교 내신 문제든 최고난이도 문제의 문제는 서울 소재 상위권 학교를 입학하고 싶은 학생이라면, 반드시 맞혀야 하는 문제일 것이다. 지금부터 고등학교의 최고난이도 문제부터 초등학교 수업 방식까지 차례차례 살펴보며, 그 사이에서 학생이 그림자 교육 여부에 따라 문제를 얼마나 잘 푸는지 알아볼 것이다.

문제를 위한 문제들

다음의 2022년도 대학수학능력평가 22번 문항을 보자. 이 문제는 선택 영역 중 확률통계를 선택한 응시자 기준 가장 낮은 정답률을 기록한, 공통 영역의 문제로 삼각함수와 관련된 문제이다. 삼각함수는 대학교에서 공학을 전공하는 사람들에게 가장 기본적인, 우리에게 더하기, 빼기 수준으로 당연히 알아야 하는 내용이다. 교육부는 분명 사교육 부담의 경감을 위하여 교과서와 학교 수업, EBS 강의로만 공부해도 풀 수 있는 문제라고 설명해오고 있지만, 과연 독학하는 고등학생이 위의 문제를 풀 수 있을까 생각해보자.

[문항 5-3] 2022년도 수능 수학 22번

22. 최고차항의 계수가 $\frac{1}{2}$ 인 삼차함수 $f(x)$ 와 실수 t 에 대하여 방정식 $f'(x)=0$ 이 닫힌구간 $[t, t+2]$ 에서 갖는 실근의 개수를 $g(t)$ 라 할 때, 함수 $g(t)$ 는 다음 조건을 만족시킨다.

> (가) 모든 실수 a 에 대하여 $\lim_{t \to a+} g(t) + \lim_{t \to a-} g(t) \le 2$ 이다.
>
> (나) $g(f(1)) = g(f(4)) = 2$, $g(f(0)) = 1$

$f(5)$ 의 값을 구하시오. [4점]

한국인이라면 '학교 수업만 들은 학생이 저 문제를 풀 수 있을까?'라는 대답에 당연히 '아니'라는 대답을 내놓을 것이다. 그러한 생각은 학생 또한 가지고 있는데, 학생들은 22번 문항과 같이 어려운 문제는 '애초부터 없는 문제'처럼 여기는 모습을 보인다. 그렇다면 학교에서 정해진 교육 과정과 수업을 다 들었는데도 수능이나 학교 문제를 풀지 못하는 이유가 무엇일까?

첫째, 여러 개념이 혼재된 문제를 풀어보지 않는다. 어려운 문제는 여러 학년의 여러 개념이 포함되어 있어, 여러 문제 풀이 방식을 할 수 있어야 어려운 문제를 풀 수 있다. 22번 문항의 경우에도, 고등학교 1학년의 수학(하) 합성함수, 고등학교 2학년의 수학 II 함수의 극한, 도함수의 활용 단원이 관련 있다. 하지만 교과서의 그 어느 단원에서도 22번 문항과 같이 세 단원의 개념을 모두 알고 있어야 풀 수 있는 문제를 풀어본 적이 없다. 학생들이 교과서나 학교 부교재로 사용하는 EBS는 해당 단원의 개념을 잘 이해했는지 확인하는 문제들만 있을 뿐이다. 특히 교과서나 EBS에서 해당 단원의 개념만 문제로 나오는 것은 학생들에게 다양한 생각을 할 기회를 빼앗기도 하였는데, 그 이유는 다른 생각할 것 없이 그날 배웠던 개념을 쓰기만 하면 되었기 때문이다.

어려운 문제는 다양한 개념을 포함하고 있다는 것은 단순히 그 개념을 알면 끝나는 것이 아니라, 문제를 해결하는 과정에서 문제 풀이 방식의 순서도 결정할 수 있어야 한다. 22번의 경우에도 도함수의 활용〉함수의 극한〉합성함수〉도함수의 활용의 순으로 문제를 풀어야 문제가 풀린다. 하지만 이 과정에서 어느 한 부분이라도 빠뜨리거나 순서를 바꾸어서 생각하면 문제는 틀린다. 심지어 고등학교 3개년간 배운 그 많은 단원의 그 많은 개념을 다 생각해내어 과정을 정확히 맞혀야 하니, 단순히 '개념을 알고 있다'를 넘어서 다양한 문제를 풀어보며 개념을 적용하는 연습을 하는 것은 매우 중요하다.

결국 어려운 한 문제에서는 여러 쉬운 문제들이 섞여 있기 때문에, 어려운 문제들을 풀어보며 어떤 개념을 사용하는지 그 순서에 대한 감을 익히는 것도 중요하고 쉬운 문제들을 빠르고 정확하게 푸는 방법도 중요한 것이다.

교과서와 EBS의 문제는 각 단원에 한정적인 문제를 내는 와중에, 학교에서는 교과서와 교육 방송 진도를 나가는 것도 급급해하고 있다. 특히 1차시에 50분이라는 짧은 시간은, 학교 교사로 하여금 다른 다양한 문제를 풀고자 하는 생각을 전혀 할 수 없도록 만들고 있다. 결국 학생들은 다양한 문제들을 많이 풀어보아야 학생들이 원하는 대학교에 가기 위해 풀어야 하는 어려운 문제를 풀 수 있지만 정작 학교에서는 개념 설명과 쉬운 문제 풀기에 모든 시간을 할애할 뿐, 다양한 문제를 풀지는 않는다는 것이다.

둘째, 다양한 예시를 들지 않는다. 바로 위에서 학교 수업은 50분의 시간을 개념 설명과 해당 개념의 문제를 풀어본다고 하였지만, 사실 학교 수업은 해당 개념의 설명조차 다양하지 않다. 과외 강사가 학생을 처음 만나서 테스트할 때 가장 먼저 물어보는 문제 중 하나인, 다양한 다항함수의 개형 그리기와 적분은 가장 사교육을 받았는지 받지 않았는지, 얼마나 받았는지 알아보기 좋은 문제이다.

22번 문항의 경우에도, 학생이 이미 삼차함수의 개형이 어떻게 생겼는지를 알고 있다는 전제에서 문제를 내고 있다. 분명 학교나 교과서에서 배우는 것은 함수를 주었을 때 어떻게 그리면 된다는 것인데, 학생은 그리는 방법을 토대로 알아서 복습하고 이해해서 삼차함수가 어떻게 생겼는지 외우고 있어야 한다는 것이다.

다항함수의 개형 그리기, 외에도 다양한 단원에서 학교는 충분한 예시를 제공해서 설명하지 않는다. 이러한 예시들이 모두 문제로 나올 만한 문제이긴 하지만, 모두 가르쳐 주기에는 그만큼 시간 소요가 많기 때문에 학교 교사 입장에서는 충분히 진도에 부담스럽기 때문이다. 이렇게 학교 수업에서 다양한 예시를 들어주지 않기 때문에 학생들은 집에서 스스로 이 많은 것들을 예시로 들어보고 풀어보아야 하지만, 사실 학생이 한 번도 접해보지도 못한 부분을 스스로 예시로 들어보고 문제를 만들어보거나 연습할 생각을 하는 것부터가 무리가 있다.

학교에서만 수업을 들었을 때 22번과 같은 고난이도 문제를 풀 수 없는 이유에 대해 알아보았다. 그렇다면 이번에는 학원이나 과외 등 사교육에서는 어떻게 가르치기 때문에 학생이 고난이도 문제를 풀 수 있는지 알아보자.

첫째, 엄청나게 다양한 문제를 풀어본다. 학교에서는 차마 과제로 내주거나 수업시간에 사용하기 어려운, 문제집들을 학원에서는 자유롭게 채택할 수 있다.

특히 과외는 선생님이 엄청나게 많은 문제집을 직접 풀어보고, 학생에게 필요한 문제들을 발췌하여 학생에게 제공한다.

[표 5-1] 학교, 학원, 과외에 따른 문제 경험의 차이

(1차시 기준)	학교	학원	과외
수업 중 풀어보는 문제 수	4~8개	6~10개	6~10개
과제로 풀어보는 문제 수	0~8개	10~100개 (평균 30개)	10~100개 (평균 30개)
총 문제 수	4~8개	16~110개	16~110개

과제로 풀어보는 문제의 수 차이가 엄청나다는 것을 확인할 수 있는데, 학교에서는 시험 기간에나 과제로 교과서를 풀어보라고 하는 반면에, 학원이나 과외에서는 매 수업 평균 30문제, 최소 10개에서 최대 100개의 문제를 과제로 내고 있다. 심지어 이 많은 수의 문제는, 단순히 학생이 많은 수의 문제를 풀어본다는 것에서 그치지 않는다. 학원에 가는 학생의 일과를 보고, 이 많은 과제를 통해 학생이 어떻게 학습하고 있는지 알아보자.

수학 학원에 다니는 태호는 학원 시간 중 약 30분 정도 과제로 내주었던 문제를 질문하는 시간을 가진다. 2시간의 수업 시간이 끝나고 태호는 교무실에서 강사에게 아까 물어보지 못했던 문제를 물어본다. 그리고 30분 정도 남아서 강사가 내는 그날의 쪽지 시험을 풀어보며 집에서 과제를 하기 전에 그날 배웠던 내용 중 모르는 내용들을 찾아낸다. 쪽지 시험을 치고 나서 틀린 문제를 푸는 방법을 학원 강사에게 배우고 나서 집으로 향한다.

—경남 진주 고등학생 3학년의 일과 재구성

이를 통해 학생이 얻을 수 있는 효과는 무엇일까? 학교 수업의 문제에서 충분히 설명하였기 때문에, 아마 예상할 수 있을 것이다. 그렇다. 지금껏 자신이 배웠던 개념들을 실제로 적용해보고 적용하는 순서에 대한 감을 얻을 수 있으며, 다양한 예시를 접해볼 수 있다. 학생들은 엄청난 수의 과제를 풀어보며 쉬운 문제부터 어려운 문제까지 다양한 난이도의 문제를 풀어본다. 이 과정에서 학생은 비단 개념을 학습하고 그 개념에서 사용되는 문제 풀이 방식만을 배우는 것이 아닌, 어려운 문제를 통해 여러 개념이 포함된 문제를 접한다. 학생은 지금껏 쉬운 문제를 풀어보며 자신이 해당 개념을 온전히 이해하고 있다고 생각하겠지만, 어려운 문제를 풀면서 자신이 부족함을 느낄 수 있으며 어려운 문제를 풀기 위해 필요한 문제 풀이 방식을 갖출 수 있다. 또한 많은 문제로 인해 다양한 예시를 접하고 이 문제들을 풀어보며 사교육 강사에게 이를 물어보는 과정에서, 학교 수업만 듣고 모의고사를 쳤을 때는 풀 수 없을 문제를 풀 수 있게 된다.

학교에서 알려주지 못하는 방법들

사교육에서 학교와 다르게 가르치는 두 번째 방법은, 대학 수학에서 사용되는 계산 방식을 가르치는 것이다. 학교는 정해진 교육 과정에서만 수업해야 하므로, 대학교에서 가르치는 공식을 가르칠 수 없다. 하지만 대학 수학에서 사용되는 몇몇 공식은 그 공식의 도출 과정을 모르더라도 사용할 수 있다. 또한 그러한 공식이 고등학교 과정에서 학생들의 어렵거나 번거로운 계산 과정을 간단하게 해결해준다.

다음의 문제는 고등학교 2학년 수학인 수학 II '1. 함수의 극한과 연속-1) 함수의 극한' 단원의 문제 중 하나이다. 이 문제는 고등학교 3학년 때 미분을 배우기 위해 반드시 배워야 하는 문제이기도 하고, 많은 학교에서 이와 유사한 문제를 내신 문제로 내고 있으며, 수능에서도 3점 정도의 문제로 내고 있다. 실생활에서는 도로설계나 애니메이션 제작을 하고자 하는 사람이라면 알아야 하는 문제이다.

[문항 5-4] 함수의 극한 풀이 예시

$\lim_{x\to 2}\frac{\sqrt{x+2}-2}{x^2-4}$의 값은?

$\lim_{x\to 2}\frac{(\sqrt{x+2}-2)(\sqrt{x+2}+2)}{(x^2-4)(\sqrt{x+2}+2)}$ $=\lim_{x\to 2}\frac{x+2-4}{(x-2)(x+2)(\sqrt{x+2}+2)}$ $=\lim_{x\to 2}\frac{1}{(x+2)(\sqrt{x+2}+2)}$ $=\frac{1}{4\times(\sqrt{4}+2)}$ $=\frac{1}{16}$	$\lim_{x\to 2}\frac{\frac{1}{2}(x+2)^{-\frac{1}{2}}}{2x}$ $=\frac{\frac{1}{2}\times\frac{1}{2}}{4}$ $=\frac{1}{16}$

사교육을 받지 않은 학생이라면, 네 번의 계산 과정을 거쳐야 한다. 하지만 사교육에서 미리 고등학교 3학년 수학인 미적분과 함께 대학교 과정인 '로피탈 정리'를 배웠다면 두 번의 계산으로 문제를 풀게 된다. 계산 과정이 적은 만큼, 계산 실수와 계산에 필요한 시간이 줄어든다. 특히 이 문제를 푸는 데 사교육을 받은 학생과 받지 않은 학생이 걸리는 시간의 차이가 1~3분 정도이다. 선행하면 계산을 줄일 수 있는 문제가 평균 5~6문항이다. 즉 적어도 5분, 길면 18분 정도의 불필요한 시간을 줄일 수 있다. 수능이나 모의고사, 학교 내신에서조차 어려운 문제를 푸는 시간을 확보할 수 있는 것이 사교육만의 전략이다.

우리는 지금까지 사교육을 받았을 때와 학교 수업만을 들었을 때의 차이를 알아보았다. 이때 들 수 있는 궁금증은 '그렇다면 학생이 어떤 사교육을 받더라도 성적이나 진도 등에는 차이가 없을까?'이다. 과외가 학원에 비해 비싼 건 알고 있지만, 정확히 무엇이 다르길래 더 많은 돈을 내서라도 과외를 보내는 학부모가 있는 것일까?

족집게 과외

많은 사교육비를 지불한 학생들은 다른 일반적인 과외 또는 학원에 비해 좋은 성적을 받고 있다. 이러한 좋은 성적은, 단순히 개념을 설명하고 다양한 문제 풀이를 해보는 과외가 아니라 기출 문제를 분석하고 올해 어떤 문제가 나올까 예상하는 족집게 강사의 노력으로 나오는 것이다.

> 저는 고액 과외랑 일반적인 과외를 둘 다 받아보았어요. 일반적인 과외를 받을 때는 학원 수업을 일대일로 듣는 기분이었습니다. 그런데 고액 과외 선생님은 달랐어요. 학교 수학 선생님 이름을 물어보시더니, 그 선생님이 과거에 출제했던 문제들을 보여주더라고요. 그러면서 지필고사에서 출제될 예상 문제를 뽑아주셨어요. 더 신기한 것은 시험 문제가 예상 문제에서 꽤 많이 나오더라고요.
>
> —대구교대 입학생

고액의 사교육은 일반적인 사교육이 제공하는 학교 수업에서 다 못 해주었던 개념 설명과 다양한 문제 풀이 방식의 제시를 넘어서, 출제자 분석을 통한 예상 문제 '족집게'까지 제공하고 있다. 이러한 상황에서 고액의 사교육을 받는 학생들은 해당 개념들에 대해 다른 학생들보다 더 정확히 알고 있지 않더라도 시험을 잘 치는 방법을 배울 수 있다. 그런데 더 놀라운 사실은, 일반고 학생들은 이러한 고액 사교육이 존재한다는 사실조차 모른다는 것이다. 그렇다면 이러한 족집게 강사의 수업을 과연 일반적인 가정에서 쉽게 받을 수 있을까? 빚을 낸다면 가능하겠지만, 부모의 노후를 완전히 포기해야만 가능한 이야기일 것이다.

이러한 차이는 학교의 성적에만 차이가 나는 것 아니다. 대학에 가기 위한 마지막 관문인 수능에서도 이러한 차이는 극명하게 나타난다. 내신 족집게 과외 강사가 있는 것처럼 수능 족집게 강사도 존재한다. 수능 과외 강사들은 그동안 수능에서 출제되었던 경향성을 파악하여 내년에 나올 문제를 예측하여 학생들에게 알려준다. 이렇게 만들어낸 문제집은 한 명의 학생을 위한 혹은 한 명의 과외 강사만 들고 있는 특별한 고액 문제집인 것이다. 우리는 수능 족집게 과외 강사와 수업했던 학생과 면담을 진행하면서 다음과 같은 이야기를 전해 들었다.

"수능 문제는 예측 불가능하다고 하지만 제가 받은 문제집이랑 비교하면 제가 쳤던 문제 내용과 거의 흡사했어요."

이는 학교에서 제공하는 문제집과는 완전히 다른 것이다. 학교에서는 기존에 출판되었던 문제집을 사용하는 반면, 고액의 과외 강사들은 자신들이 직접 연구하고 개발한 문제집을 통해 자신의 명성을 높여나가는 것이다. 결국 이러한 수업 그리고 학습 자료의 차이가 있다는 사실 자체를 알지 못하고, 성적이 낮게 나오면 '왜 성적이 낮게 나올까? 내가 남들보다 공부를 덜 했나 보다.'하고 속을 수밖에 없는 것이다. 공부한 시간이 같더라도 말이다.

5.5 끝맺는 말

분명 학교의 선생님들은 열정을 가지고 수업하고 있다. 특히 학생들에게 도움이 되는 자료들을 매일매일 찾아보기도 하고, 끊임없이 교과서를 연구하고 있다. 하지만 턱없이 부족한 수업시간, 선행 금지, 학부모들의 인식 등 환경의 제약이 있는 것도 지금의 현실이다. 이러한 상황에서 학교 수업만을 들은 학생이 사교육을 받은 학생을 이기는 방법은 천부적인 영재이거나, 하루에 4시간만 자면 된다고 말한 아인슈타인 같은 공붓벌레로 딱 2가지밖에 없다.

하지만 대다수의 학생이 그렇지 되지 못한다는 사실에도 불구하고, 우리의 교육은 학생으로 하여금 공붓벌레가 되라고 하고 있다. 하지만 학생들은 공붓벌레가 아니기 때문에, 자신이 처한 상황에서 할 수 있는 최대한을 이용하게 된다. 이것이 바로 그림자 교육이 되었고, 그림자 교육을 받지 못하는 학생들은 공붓벌레로 변태를 하거나, 벌레를 잡아먹지 못해 죽은 핀치새가 된다.

6

영어 사교육

상류층 아이들의 속진 영어 아비투스 만들기

한국의 능력주의 형성의 중요한 요소 중의 하나는 영어이며, 영어를 잘한다는 것은 학교 교육에서 높은 내신 점수를 유지하기에 유리한 조건으로 작용할 뿐만 아니라 나아가 좋은 대학에 갈 기회가 더욱 많아진다는 것과 같다. 그리고 최근처럼 급격히 글로벌화 되고 있는 국제 사회에서는 많은 국가와 네트워크를 형성하고 있는 기업이 많은 힘을 거머쥐게 된다. 이러한 글로벌 산업에서 원활한 소통을 통해 본인의 능력과 역량을 발휘하기 위해서는 세계의 소통 언어인 영어를 무엇보다 잘 구사할 수 있어야 한다. 그렇기 때문에 기업체에 들어가려고 하는 대학 졸업생들에게 좋은 영어시험 점수 기록은 필수로 요구된다. 그리고 대학에 들어가면 많은 학생이 전공 공부와 함께 영어 능력을 향상시키기 위하여 엄청난 시간과 노력을 할애한다.

그런데 이러한 현상에 대해 한 가지 놀라운 사실은 영어를 잘하고 영어가 가지는 힘을 잘 활용하여 교육적, 사회적 성공을 거두는 학생들은 일부 소수를 제외하고는 대부분이 부잣집 출신이라는 것이다. 그렇다면 왜 이런 차이가 나타나는 것인지에 대한 해답으로써 이 글에서는 부잣집 아이들의 영어 사교육 일대기를 통해 영어를 잘할 수밖에 없는 이유를 탐구해보려고 한다.

6.1 초등학교에 입학하기 전과 유치원

부잣집 아이들이 초등학교에 입학하기 이전과 이후의 모든 학교 교육 기간에서 영어를 잘하게 되는지에 대한 주요한 이유와 관련해 먼저 그들이 초등학교 입학 이전에 어떤 교육적 경험을 하는지를 살펴볼 필요가 있다. 그 이유에는 가정에서의 영어 문화 자본과 영어 유치원에서의 특별한 영어 공부, 이 두 가지가 있다. 이에 초등학교 들어가기 이전, 이들이 어떻게 영어에 노출되고 더 많은 경험을 갖는지를 살펴보자.

첫째, 부잣집 아이들은 가난한 집이나 일반적인 가정집의 아이들에 비하여 영어가 왜 중요한지, 그리고 영어를 잘하게 되면 인생에서 무엇이 달라지고 무엇을 얻을 수 있는지를 어릴 때부터 부모들로부터 듣고 자란다. 그러한 경험은 대부분 전문직에 종사하고 있는 학부모들이 그들의 가정에서 아이에게 영어에 대한 노출과 직간접적인 경험을 제공함으로써 강화된다. 이렇게 전문직군에서 종사하거나 상류층 배경을 가지고 있는 학부모들은 높은 영어 실력을 갖추고 있으며 외국 생활 경험이나 공부 경험이 풍부한 경우가 많다. 따라서 어떻게 자녀에게 영어를 효과적으로 접하게 하고 진입장벽을 낮추어 줄 수 있을지에 대한 방법을 잘 알고 있다. 따라서 고소득층 전문직군 가정의 자녀일수록 영어에 일찍 노출되는 경우가 많으며 영어 학습을 조기에 시작한다. 그래서인지 최근 들어 많은 부잣집의 학부모들이 관심을 가지는 부분이 자녀들에게 어떻게 하루라도 일찍 영어에 대한 교육을 접하게 할지이다. 이러한 고민은 많은 학부모 커뮤니티나 미디어 플랫폼, SNS에서조차 자주 언급되는 부분이며 많은 관심을 끌고 있는 소재이기도 하다.

그렇다면 부잣집 학부모들은 어떤 형식으로 아이들을 영어에 조기 노출을 시키고 있을까? 연구 결과, 그들은 자녀들에게 직접적으로 영어를 가르치기보다는 일상에서 영어와 관련된 만화나 동영상, 음악이나 라디오 프로그램 등을 활용하여 간접적으로 노출시키는 것을 그 방법으로 선택하고 있다. 특히 간편하게 활용할 수 있는 오디오와 라디오 형식의 영어 노출법이 인기가 많다. 'Kinderling'은 아이들이 거부감 없이 영어를 청취할 수 있는 유아 대상 영어 라디오이기에 학부모들이 일상에서 활용하기 쉽다는 장점을 가지고 있고, 메가스터디교육에서 영어 콘텐츠들을 아이들의 일상에서 오디오의 형식으로 흘려들을 수 있게끔 개발한 출시한 '엘리하이 키즈'도 많이 활용되고 있다.

최근에는 유튜브나 인스타그램과 같은 온라인 플랫폼의 확장으로 인해 학부모들의 관심이 더욱 쏠리게 되었다. 변호사나 의사와 같은 전문직군에 종사하는 부부들이 아이들을 영어에 노출시키고 효과적인 학습을 시키는 노하우를 공유하기 위해 영상 채널을 개설해 활동하는 것은 이에 대한 관심도의 증가를 설명해주는 근거라고 말할 수 있겠다. 이러한 채널 중 하나인 '깔깔마마TV'에서는 미국 변호사로 활동하는 학부모가 자녀에게 효과적인 영어 노출법을 알려주기도 하며 자신의 홈스쿨링의 성공법을 약 3,000명의 구독자들을 대상으로 알려주며 많은 수의 학부모가 댓글창을 통해 소통하는 모습을 확인할 수 있다. 게다가 변호사 학부모가 운영하며 학부모들의 영어 유치원과 관련된 고민이나 영어 노출에 대해 조언해주는 '로이어맘'이라는 유튜브 채널에서는 전반적인 육아 토크를 통한 육아 코칭도 진행하고 있다.

이러한 요구를 적극적으로 반영한 유아 영어 노출법 중 한 가지는 유튜브를 활용한 지속적인 영어 영상 노출이 있다. 대표적인 사례로 서울에 거주하고 올해 5살이 된 서준은 유튜브 채널을 통해 영어를 접하고 있다. 서준이 자주 시청하는 '릴리TV'나 '라즈키즈 코리아'와 같은 유튜브 채널에서는 영유아들을 영어 환경에 노출할 수 있는 영상들이 다수 있다. 서준은 특히 '라즈키즈 코리아'의 파닉스 이야기 시리즈를 가장 즐겨본다고 한다. 똑같은 글자에서 나오는 다른 소리들에 대해 알려주거나 글자들이 합쳐졌을 때 소리가 변하는 경우 등을 재미있는 이야기식으로 풀어놓은 파닉스 시리즈를 시청하며 직접 따라 해보기도 하고 부모의 도움을 받아 써보면서 영상을 시청한다고 한다. 서준처럼 많은 부잣집의 아이들은 영어 숙어, 영어 표현과 단어 등과 더불어 영어권 국가의 문화를 이야기로 재미있게 알려주는 영상들을 통해 유아들은 영어를 접하게 된다.

유튜브 플랫폼의 활용 사례 말고도 영어 만화나 영화를 활용한 교육 방법도 많은 학부모가 실천하고 있다. 같은 나이의 연주는 영어 만화와 영어 영화를 통해 영어를 접하고 있다. 특히 Max & Ruby, Simon, Pepapig 등과 같은 영어 만화들은 아이들의 영어학습 진입에 유용하기로 알려져 있어 디즈니 플러스나 넷플릭스 키즈 등 다양한 영상 플랫폼에서도 쉽게 접근할 수 있다. 이렇게 다양한 플랫폼을 통해 영어에 일찍 노출된 아이들은 영어에 대한 수용 능력과 표현 능력이 모두 발달된다. 또한 다른 일반적 가정에서 자란 아이들에 비해 영어에 높은 관심을 가질 확률이 높아진다. 아이들은 영상이나 만화에 나오는 인물들의 대사를 따라 하는 섀도잉을 할 확률도 높으며 강조되는 단어나 문장을 그림으로 나타내거나 적어봄으로써 무의식적으로 영어 공부를 시작하게 되는 것이다. 이러한 미디어를 통한 영어 노출은 아이들의 수준에 따라 난이도를 조절할 수 있는데 평균적으로 초등학교 저, 중학년 수준이며 그 중 독보적으로 잘하는 아이들은 중학교 수준 이상, 실제 원어민이 청취하는 수준까지 학습한다고 한다.

이렇게 영어에 일찍 노출된 아이들은 영어 스토리나 챈트, 노래 등을 통해 영어에 대한 거부감이 사라지며 원어민의 발음을 계속해서 듣게 되기에 영어 능력 중 가장 먼저 영어 듣기 능력이 향상된다. 또한 이와 연결되어 듣고 따라 하는 과정에서 영어 어휘와 문장을 이야기할 때 발음의 유창성이 발달한다. 영어에 조기 노출되고 일찍 학습을 시작한 아이들은 발음이 유창하며 일부는 원어민 아이와 비슷한 발음의 유창성을 보이기도 한다. 즉, 듣고 따라 하는 과정에서 영어에 대한 말하기 능력이 강화되고 문법 구조를 암기하고 습득함으로써 영어의 기본 학습 영역들을 발달시키고 있는 것이다. 이렇게 영어 조기 노출법으로 영어를 지속적으로 학습한 아이들은 초등학교 영어 교육 과정 수준 이상의 실력을 갖추게 되는 경우가 많으며 그중에는 실제 원어민의 이야기를 알아듣고 소통할 수 있는 수준에 도달한 아이들이 있을 정도이다.

유아기 부잣집 아이들의 두 번째 영어 경험은 상대적으로 고액 연봉 직업군에서 종사하는 학부모들이 쉽게 보낼 수 있는 영어 학습 전문 유치원을 통하여 일어난다. 영어 유치원은 말 그대로 일상을 원어민과 함께 보내며 영어로 소통하고 학습하는 경험을 통한 집중적인 영어 사용 환경을 제공함으로써 궁극적으로 원어민과 비슷한 영어 구사 능력 습득을 목적으로 하는 곳이다. 따라서 영어 유치원의 아이들은 하루에 4시간 정도씩, 많게는 유치원에서 있는 모든 시간 동안 영어로 공부하고 생활하니 자연히 일반 유치원에 다니는 일반 가정집 아이들이 따라 올 수 없을 정도의 영어 실력을 형성하게 된다. 실제로 그 수준의 차이를 비교해보면 영어 유치원의 정규 교육 과정을 모두 마친 아이들은 대부분 초등학교 고학년에서 중학교 1학년 정도 수준의 영어 실력을 갖추게 된다. 즉, 7세의 아이들이 13세~14세 수준의 영어 수업을 원어민과 소화해내고 있는 것이다. 초등학교 3학년부터 본격적으로 영어 학습을 시작하는 일반적인 아이들과 영어 유치원 아이들의 영어 격차는 이미 따라잡기 어려울 만큼 벌어져 있게 되는 것이다. 아무리 빠르게 영어를 학습하는 아이들이 유치원 때 파닉스나 영어 놀이 학습을 시작하는 것에 대비되는 모습을 볼 수 있다.

그렇다면 이러한 영어 유치원의 영어 학습 프로그램과 그 효과에 대해 알아보자. 영어 유치원의 아이들은 한국인 담임 선생님과 함께 생활하는 일반 유치원과는 달리 거의 모든 시간을 원어민 담임 선생님과 함께한다. 대부분의 영어 유치원에서는 아이들이 유치원에 등원한 이후부터는 영어만을 사용하도록 지도한다. 선생님과 친구들과의 소통, 수업, 일상적인 대화 모두 영어로 진행이 되는 것이다. 이는 영어를 최대한으로 사용할 수 있도록 만드는 환경에 아이를 장시간 노출시킴으로써 영어에 대한 거부감과 이질감을 없애기 위함이라고 볼 수 있다. 영어 유치원에서는 영어의 기본적인 능력인 듣기, 읽기, 말하기, 쓰기 이 모든 부분에 초점을 두어 학습을 시킨다. 특히 원어민과의 직접적이고 지속적인 소통은 아이가 영어를 잘 듣고, 잘 말하는 데 가장 효과적인 훈련으로 작용한다. 또한 아이들이 흥미를 가질 수 있는 게임, 동화책, 노래 및 액티비티 형식의 영어 교육 방법을 활용하기에 부담 없이 참여할 수 있다는 것이 큰 장점으로 꼽힌다. 영어 노래와 음악을 활용한 학습법을 통해 언어의 발음과 어휘를 강조하며, 노래를 통해 문장 구조와 언어 패턴을 익힐 수 있다는 점이 대표적인 그 예시라고 볼 수 있겠다.

영어 유치원에서는 아이들의 호기심을 자극할 수 있도록 주제별로 다양한 활동과 체험을 기획하여 영어 교육을 진행한다. 주제들에는 계절, 동물, 식물 등이 있으며, 관련 단어와 문장을 습득한다. 그리고 미술 활동을 통해 예술과 관련된 단어와 표현을 소개하고 학습한다. 또한 영어 유치원에서는 연극 활동이나 주제에 관한 토론 활동 등을 영어로 진행한다. 아이들은 배운 영어들을 다양한 상황에서 활용할 수 있게 된다. 영어를 학습해도 이를 말해보거나 실제로 적용해볼 수 없는 일반적인 영어 학습의 문제점을 보완해주는 것이다. 이러한 원인들이 긍정적으로 작용하여서인지 영어 학습에 대한 동기 부여나 영어에 대한 학습 태도 측면, 영어 학습에 대한 자신감 측면에서 영어 유치원에 다닌 아이들은 그렇지 않은 아이들보다 월등히 높은 경향을 보여준다. 이렇게 조기에 형성된 영어에서의 능력들은 공교육에서 그 진가를 톡톡히 발휘한다. 부잣집 아이들은 영어 유치원에서 쌓은 능력들을 바탕으로 다른 아이들과의 격차를 벌려나가기 시작하며 영어 능력주의 형성의 막을 올린다.

사실상 학부모의 자본으로 자녀의 영어 실력과 경험이 판가름 나는 첫 번째가 영어 유치원이다. 실제 서울의 한 영어 유치원에서는 유치부 한 달 교습비로 131만 원을 받고 있으며 기타 부수비용 등을 포함하면 30~40만 원이 더 추가된다. 다른 영어 유치원도 평균 100만 원에서 120만 원 사이로 교습비를 받고 있으니 영어 유치원에 자녀를 보내는 학부모들은 한 달 최대 200만 원 가까이 부담해야 하는 것이다. 또한 입학을 위해서는 입학비 40만~50만 원 정도를 별도로 내야 한다. 이렇듯 월 100만 원가량의 교습비는 연단위로 환산하게 되면 4년제 대학 등록금 평균의 약 2배가 된다. 또한 서울에서 가장 비싼 영어 유치원은 한 달 교습비가 264만 원 정도로 연평균으로 따졌을 때 대학 등록금의 약 4.7배에 달하는 액수이다.

영어 유치원에서 영어를 학습하는 아이들은 지속적인 영어 테스트를 통해 실력 파악과 난이도 조절을 통해 맞춤형에 가까운 영어 학습을 하기 때문에 또래 다른 아이들 비해 영어에 대한 자신감과 약점 강화 측면에서 높은 강점을 가진다. 이는 곧 상급 학교의 내신 시험 성적과 직결되며 아이들은 이렇게 학습한 높은 수준의 영어 능력을 바탕으로 높은 경쟁력을 가질 수 있게 된다. 또한 영어 유치원을 다닌 아이들은 다양한 영어 활동들을 미리 체험해 봄으로써 자신이 가진 창의력을 발휘해본 경험이 많다. 결국 이는 부잣집 아이들에게 자신감과 도전의 원천이 될 것이며 적은 실패 경험으로 학습에 대한 지속적인 의욕과 자신을 가질 수 있게끔 한다. 이러한 능력적인 차이는 학교 생활에서 강한 영향력을 가지게 된다. 궁극적으로 영어 유치원을 통해 쌓인 영어 능력은 부잣집 아이들을 항상 상위권 성적에 머물 수 있도록 해주며 다른 아이들이 따라오기 버거울

만큼의 격차를 가지도록 한다.

> 영어 유치원이라는 것이 무엇보다 영어 전문 교육기관으로서 원어민 교사와 함께 수업하면서 아이의 전반적인 영어 능력을 키워준다는 점이 제일 끌렸어요. 거기다가 영어뿐만 아니라 체육 활동, 창작 활동 등 우리 아이의 전인적인 발달까지 가능한 게 매력적으로 다가왔죠. 그리고 아이가 영어를 생활 속에서 자연스럽게 사용하는 것을 보고 놀랐어요. 영어 유치원을 다니고 나서부터 일상에서 간단한 표현이랑 저에게까지도 생소한 단어나 문장까지 활용하더군요. 다른 집의 초등학생이나 중학생 아이와 비슷하거나 더 잘한다는 느낌을 받을 때 정말 뿌듯해요. 거기다가 아이가 영어를 재미있다고 느끼고 영어에 대한 자신감이 생긴 것을 보고 '영어 유치원이 정말 좋은 효과가 있구나.'를 느꼈고 바람직한 변화를 끌어내주는 기관이라는 신뢰가 생긴 것 같아요.
>
> **—영어 유치원에 자녀를 보낸 학부모와의 면담 중에서**

영어 유치원에서 습득한 수준 높은 영어 실력과 다양한 활동들을 통한 영어 구사 경험은 아이들이 초등학교 입학 이후, 앞으로의 학교 생활에서 하게 될 영어 공부에 대한 자신감을 길러준다. 특히 실제 많은 아이가 어려워하는 영어 회화에서는 압도적인 차이를 벌릴 수 있게 된다. 또한 일상보다 원어민들과 붙어 있는 시간이 많아서 이는 아이들에게 상대적으로 낯선 환경으로 다가온다. 아이들은 이에 일찍부터 적응하며 영어 수업과 그 이외의 체험 활동 등을 통해 문제 해결 능력과 스스로가 가진 문제 해결 능력을 신뢰하는 자기효능감을 가진다.

6.2 초/중학생에서의 영어 사교육

부잣집 아이들은 초등학교에 입학한 후부터 중학교까지 영어를 더욱 많이 공부하며 높은 영어 점수를 취득한다. 이러한 이유로는 과외, 원어민 학원과 같은 영어 사교육과 영어 유학 등이 있다. 실제로 초/중학교에서의 영어에 대한 중요성은 영어 시수 배분에서 드러난다. 실질적으로 학생들의 내신 관리가 시작되는 중학교에서의 영어 시수는 총 340시수로 배정되어 있다. 대략 주당 3.3시간 영어 수업을 받는 것과 같다. 이는 가장 우선시되는 주요 교과인 국어와 수학 다음으로 가장 많은 시수를 차지하고 있다. 또한 국어, 수학 교과와 같이 졸업 이후의 전공에 따라 달리 쓰이는 경향을 보이지 않고, 이후에도 지속적으로 사용되며 오히려 더욱 심화적인 수준이 요구된다. 미래 직업의 선택과 졸업 이후 대학과정이나 취업과 같은 진로 결정에서 영어가 무엇보다 중요한 영향을 미치기 때문이다.

부잣집에서는 경제적 여유로운 상황에서 높은 금액을 영어 사교육에 투자할 수 있다. 과외나 어학원, 유학 등의 고가의 교육 자원을 활용할 수 있어, 학습 환경이 향상되며 영어 실력 향상에 긍정적 요소로 작용한다. 반면에, 서민층은 경제적 제약으로 인해 저렴한 교육 자원을 선택하는 경우가 많다. 이로 인해 부잣집과는 다른 수준의 교육 자원을 활용하게 되며, 이는 학습 환경의 차이로 이어지게 된다. 여기서 비롯되는 차이는 아이들의 영어 능력에도 영향을 미친다. 부잣집 아이들은 고가의 교육 자원을 활용하여 더 많은 학습 기회를 쟁취하게 되고, 학습에서 환경적 이점을 가지고 있어 영어 습득과 고득점 성취에 더 유리하다. 종합적으로, 영어 사교육 참여율과 거기서부터 비롯되는 지출액의 차이는 부잣집과 서민층 간의 교육 환경 및 능력 차이를 형성하는 중요한 요소 중 하나로 작용한다. 가구 월평균 소득수준이 200만 원 미만인 가구는 자녀 1인당 월 사교육비가 12만 원인 정도에 비해 월 소득 800만 원 이상인 가구에서는 약

60만 원을 지출한다고 하니 실제 교육과 그 결과에서 비롯되는 차이는 더 크다고 볼 수 있다.

첫 번째, 부잣집에서는 더 실제적이고 현장성 있는 영어 학습 경험을 자녀에게 제공해주기 위해 원어민 영어 학원, 즉 어학원에 큰 비용을 투자하기도 한다. 이전부터 많은 학부모에게 이름이 알려진 청담 어학원, ECC 어학원, 정철 어학원이나 서강 SLP 등의 어학원에서는 주로 원어민 강사들이 영어를 가르치는데 이는 학생들이 원어민 발음과 자연스러운 언어 사용을 경험하기에 최적의 환경이다. 원어민 어학원은 학생들에게 원어민 수준의 언어 능력을 갖추도록 목표를 설정하며 언어 능력 향상과 함께 문화적 이해도 강조할 수 있다. 이에 비해 일반적인 영어 학원의 목표는 학생들이 영어를 효과적으로 사용하고 이해할 수 있는 수준을 도달시키는 것이다. 따라서 부잣집에서는 더 높은 교육적 효과와 따라오는 부수적인 이점들로 인해 원어민과 함께 수업할 수 있는 영어 학원이 일반적인 학원들에 비해 인기도 많고 그에 따라 수요도 높은 편이다.

이러한 어학원은 일반적인 다른 영어 학원들에 비해 높은 교육 수준과 원어민 강사의 경험 전달이 가능하다는 점에서 높은 비용이 필요하다. 일반적인 영어 학원들은 한 달 기준으로 수강료가 약 15만 원 정도, 많게는 20만 원 이상으로 나타난다. 하지만 어학원의 경우, 원어민 반 수강 기준으로 한 달 평균 40만 원이 필요하다. 일반적인 영어 학원에 비해 두 배가량 수강료의 차이가 나타나는 것이다. 특히 1대1이나 1대2 형식의 수업 형태를 띠는 원어민 영어 학원은 그 비용도 상당히 높은 편이며 특히 원어민 선생님의 국적에 따라 달라지는 모습을 보인다. 일반 이중언어가 가능한 강사는 47만 원 선으로 가격대가 책정되는 반면, 실제 교포 출신이나 영어권 국가 출신의 강사인 경우 월 최고 53만 원 선까지 수강료가 책정된다. 심지어 교재비는 별도인 경우가 많아 추가적인 비용이 추가된다는 점을 감안한다면 부잣집이 아니고서야 일반적 소득수준의 가정에서 매달 감당하기는 벅찬 수준이다.

수원에서 살고 있는 초등학교 3학년 주윤의 경우에는 원어민 영어 학원에 다니는데 매달 50만 원의 학원비를 지출하고 있다. 주윤이 다니고 있는 학원에서는 원어민 강사와 함께 영어 문법과 회화 강좌를 전문적으로 학습한다. 기본적으로 언어 규칙, 문법, 어휘, 발음 등을 학습하며 원어민 강사와의 대화 수업을 통해 일상적인 대화 능력을 향상시킨다. 그리고 부가적으로 다양한 텍스트와 오디오 자료를 통해 영어의 독해와 청취 능력을 강화하는 수업을 진행함으로써 실제 사용 상황에서 빠르게 이해할 수 있도록 한다. 주윤이 다니는 학원 이외에도 다른 어학원에서는 학습한 내용을 실제 상황에서 응용하고 강화하기 위해 프로젝트나 과제를 통한 심화 학습이 이루어지기도 한다.

원어민 어학원을 다님으로써 학생들은 영어 실력이 비약적으로 향상된다. 주윤의 경우도 원어민 강사들과의 상호작용을 통해 언어 구사 능력이 크게 향상되었다. 실제로 영어 환경에서 자주 사용되는 표현, 관용구, 발음 등을 학습하면서 언어의 풍부한 면을 경험하는데, 이는 학교의 영어 말하기 관련 활동이나 영어 회화 시험 및 교과에서 큰 강점으로 작용한다.

> 학교에서 저랑 같은 반인 친구들은 이제 막 파닉스를 배우거나 아주 쉬운 단어들을 외우기 시작한대요. 학원에서도 저랑 같은 나이 애들은 저보다 낮은 반에 다니는데 그 친구들은 영어를 말하는 걸 많이 어려워해서 회화 수업은 듣지 않아요. 저는 4, 5학년 언니 오빠들이랑 같이 수업을 듣는데 수업 내용이 어렵지는 않아요.
>
> —원어민 영어 학원에 다니는 주윤과의 인터뷰 중에서

원어민 환경에서의 학습은 다양한 텍스트와 청취 자료를 통해 자연스럽게 독해 및 듣기 능력을 향상시킨다. 나아가 영어권 국가의 문화적인 측면도 함께 학

습하고 이해할 수 있게 된다. 이는 학생들에게 언어의 배경을 이해하고 다양한 상황에서 효과적으로 소통하는 능력을 길러준다. 이 때문에 원어민 어학원은 주로 영어 실력이 중급, 상급에 속하는 학생들을 대상으로 하며 궁극적으로 원어민 수준의 언어 습득을 원하는 학생들을 위해 교육 과정이 설계되어있다. 반면 일반 영어 학원은 다양한 수준의 학습자를 수용하며, 주된 목적은 내신과 수능 시험을 포함한 영어시험 성적 향상이다. 다시 말해, 유아기부터 쭉 영어 사교육을 받아온 부잣집 아이들이 원어민 어학원에서의 교육 과정에 더욱 잘 따라갈 수 있고 얻을 수 있는 효과도 크다.

두 번째, 초등학교와 중학교 부잣집 아이들이 선택하는 영어 공부 방법은 과외이다. 과외비는 시간과 학년에 따라 달라지는데 주 2회, 1회 90분 기준일 때, 초등학생은 30만 원부터, 중학생은 1, 2학년은 35만 원, 3학년은 40만 원이다. 고등학생은 학년별로 다른데 1학년은 40만 원, 2학년은 50만 원 그리고 3학년은 60만 원까지 책정된다. 동일한 횟수로 수업시간이 120분으로 늘어나면 각 5만 원에서 10만 원씩 더 상승한다. 하지만 이는 평균적인 가격일 뿐, 과외비는 가르치는 강사의 학력과 실력에 따라 가격은 천정부지로 치솟을 수 있다. 따라서 일반 가정에서는 과외를 일반적인 사교육 수단으로 활용하기에는 어려움이 따르며 이러한 높은 질을 자랑하는 초고가의 과외는 당연히 부잣집의 아이들이 수강하는 구조가 될 것이다. 실제로 부잣집 아이들의 경우, 초등학교와 중학교 때부터 영어 과외를 주 교육 수단으로써 수강하는 경우가 대부분이다. 일반적 소득 수준의 가정에서 자란 아이들이 영어 학원에서 영어 공부를 하려면 월 10만 원에서 20만 원 사이의 수강료를 지불하지만 과외의 경우는 경제적으로 여유가 없으면 수강하기 힘들다. 주된 수강 대상이 알게 모르게 부잣집 아이들이 되어가게 되는 것이다. 이렇게 높은 비용이 요구되는 과외는 부잣집 가정의 학부모들이 가장 선호하는 학습 형태이다. 과외는 소수 집중적 강의의 형태를 띠고 있기 때문에 실시간으로 질 높은 상호작용이 가능하며 선생님 역시 소수 아이의 지도에 집중할 수 있어서 짧은 시간에 높은 효율을 추구할 수 있는 사교육이다.

부잣집의 학부모들이 과외를 선호하는 가장 큰 이유는 다른 사교육 방법보다 더 많은 선행 학습이 가능하며 내신 시험 대비도 철저하게 해주기 때문이다. 학원 등은 영어과 지식을 집단으로 교육을 받기 때문에 나름 비슷한 수준의 학생들을 모아뒀다고는 하지만 아이마다 기본적으로 가지고 있는 지식이나 학습 역량이 차이가 난다. 따라서 학생들마다의 원하는 진도 속도와 양을 맞춰나가기 어렵다. 하지만 과외에서 아이들은 자신이 능력이 되는 만큼 많은 것을 빠르게 배울 수 있다. 과외 강사들은 대부분 최근에 학교 생활을 마치거나 수능을 응시한 명문대 대학생들이 많다. 그렇기에 방대한 내신 대비 자료들을 가지고 있으며 최신 출제 기조에 따라 어느 부분에 강점을 두고 공부를 해야 할 지 그 방향성을 잘 잡아줄 수 있다. 또한 학습 과정에서 실시간 피드백이 가능하며 각 과외 강사만의 학습 팁이나 문제 해결 방법을 습득할 수 있으므로 추후 중학교나 고등학교 내신 및 수능 시험에 더 유리한 위치를 선점할 수 있게 된다.

> 중학생 아이 영어 내신 성적이 걱정되어서 서울대학교 의과대학에 재학 중인 과외 선생님을 추천받았어요. 주 2회, 2시간 수업을 기준으로 과외비도 지급했었고 아마 월에 50만 원을 지불했던 걸로 기억해요. 비용이 많이 들긴 하지만 효과는 확실했었어요. 이전에는 아이가 2학년 1학기 중간고사에서 낮은 성적을 받아서 학원도 보내보고 했지만 2학년 2학기 때까지 성적이 변함이 없어서 고민이 많았었죠. 하지만 과외를 받고 난 이후 3학년 1학기 지필고사부터는 당당히 고득점을 받아오더라고요. 내신 성적도 1학기 중간, 기말이 각각 95점, 95.7점이었고 2학기에는 모두 100점으로 많이 향상된 점수를 가져왔어요. 이제는 학급뿐만 아니라 학교에서 영어 상위권에 속한다고 그러더군요.
>
> —서울 강남에 거주, 16세 중학생 자녀를 둔 학부모와의 인터뷰 중에서

이처럼 질 좋은 과외를 지속적으로 수강하는 아이들은 중학교, 고등학교에서도 우수한 성적을 유지할 수 있으며 수행평가나 외부 시험에서도 큰 효과를 보고 있음을 알 수 있다. 그래서 최근 부유한 계층의 학부모들은 특히 영어 학습에서 이러한 과외 시스템의 장점을 활용한 원어민 영어 과외를 선호하기도 한다. 원어민 과외를 통해 올바른 발음과 억양을 직접 듣고 모방할 기회를 가질 수 있게 되는데 이는 언어 습득에 있어서 매우 중요한 부분이기에 더욱 메리트가 있다. 또한 원어민과 자연스러운 대화 연습을 통해 교재나 강의에서는 얻기 어려운 실전 능력을 향상시킬 수 있다. 또한 원어민 영어 과외는 영어가 사용되는 문화적 맥락을 학습하는 데 도움이 된다. 언어와 문화는 서로 깊게 연관되어 있어서 원어민과의 상호작용은 학문적인 측면뿐만 아니라 문화적 이해도 향상시킬 수 있다. 무엇보다 과외를 하는 제일 큰 목적은 개별 맞춤 지도가 가능하기 때문이다. 원어민 과외는 학생의 개별적인 수준과 필요에 맞게 수업을 진행하는 유연성을 제공함과 동시에 학습자가 더 효과적으로 학습할 수 있도록 도와준다.

이러한 과외는 매일 가서 오랜 시간을 공부할 수 있는 학원들에 비해 매우 고가의 비용을 요구한다. 이러한 사실은 사람들에게 '과외란 부잣집 아이들이 받는 것'이라는 인식을 자리 잡게 만들었다. 이 만연한 인식이 그저 하나의 편견이라고는 더 이상 말할 수 없다. 이미 초고가의 과외들은 부잣집 아이들이 누릴 수 있는 하나의 교육적 혜택으로 자리 잡았으며 그럭저럭 질이 괜찮은 과외 역시도 만만치 않은 가격표를 가지고 있으니 쉽사리 그 가격표를 뗄 수 있는 학부모들은 소수일 것이다.

올해 초등학교 2학년이 된 우진의 경우 영어를 잘하기 위해서 학원이나 과외와는 다른 온라인 몰입형 영어 프로그램을 활용하고 있다. 부잣집 초등학생들을 위한 영어 교육으로 떠오르는 방법이 바로 이 온라인 몰입형 영어 교육이다. 몰입형 영어 교육이란 원어민 선생님과의 직접적인 의사소통을 통해 원어민 아이들과 같은 방식으로 영어를 배우는 것을 의미한다. 즉, 영어 몰입 교육을 효율적으로 실행할 수 있는 조건이 원어민과 함께 실제적 환경의 구성을 통해 회화를 주된 방법으로 하는 교육이라는 것이다. 이러한 영어 몰입 교육은 디지털 매체를 활용하는 화상 영어 등에서 적극적으로 활용되고 있다. 실제 한 화상 영어 회사에서는 영어 몰입 교육을 다음과 같이 실시하고 있다.

노바키드(NOVAKID)라는 화상 영어 회사는 유럽 국가에서 사용되는 표준 교육, CEFR에 맞추어서 현장성과 실제성을 겸비한 영어 교육을 제공한다. 특히 주목할 점은 원어민 강사와 1:1로 수업하는 방식을 가지고 있는데 원어민 강사를 통한 몰입형 영어 교육을 효과적으로 경험할 수 있다는 것이 장점이다. 이 원어민 화상 영어는 유치부를 대상으로 하는 프로그램 Juniors, 초등부를 대상으로 하는 Starters, Movers, Flyers 레벨의 프로그램들로 구성되어 있다. Juniors 단계에서는 영어 알파벳을 모두 인지하고 발음하는 것을 연습하며 복잡한 문자 소리를 구별함을 통해 간단한 단어 읽기 위주로 수업을 진행한다. 또한 처음으로 영문법을 공부하기 시작하며 지시 대명사와 장소 전치사 등 간단한 문법부터 시작하는 모습을 볼 수 있다. 이후 Starters 레벨에서는 자신에 대해 이야기하고 익숙한 주제에 대한 간단한 대화 나누기를 주 수업 활동으로 진행한다. 일상과 현재 일어나고 있는 일에 대해 현재 시제를 활용해 이야기해보거나 과거 시제를 활용하여 과거에 있었던 일을 이야기해보는 활동이 그 예시이다. Movers 레벨은 조금 더 향상된 실력의 아이들이 수강하는 프로그램으로 주요 교과목에 관한 이야기를 나누거나 must, have to를 활용한 의무와 규칙 말하기, 비교급과 최상급을 활용한 이야기 등 영문법의 이해를 바탕으로 한 회화 학습이 이루어진다. 초등학생 대상 마지막 단계인 Flyers는 다양한 조동사를 사용해 확실성과 가능성에 대해 이야기해보거나 휴일, 직업, 개인적인 관심사나 좋아하는 것에 대해 구체적으로 이야기해보는 등 심화 문법과 회화를 학습한다. 이러한 노바키드의 화상 영어 학습은 일주일에 2~3번 정도로 수업을 6개월 지속한다.

한국의 많은 학부모는 원어민 강사와 함께하는 영어 교육을 선호하고 있다.

그 이유에는 여러 가지가 있다. 그 효과는 우진의 사례를 통해 알 수 있다. 우진은 이 프로그램을 통해 영어의 원어민 발음과 억양을 제대로 학습하여 말하기와 듣기 능력이 다른 아이들에 비해 높은 수준을 보인다. 즉 몰입형 영어 프로그램은 원어민과 가장 근접한 영어 습득에 도움이 된다는 것이다. 둘째, 원어민 강사는 학생들에게 실제 생활에서 사용되는 현지 표현과 문화적인 내용을 전달할 수 있어서 언어 교육뿐만 아니라 나아가 영어권 국가들의 문화 교육에도 도움이 될 수 있다. 이 덕분에 우진은 영어는 공부의 대상이라는 인식을 넘어 영어라는 언어 자체에 대해 이해하고 있으며 영어 학습에서도 자신감과 흥미를 느끼게 되었다.

이러한 이유들로 원어민 강사와의 몰입형 영어 교육이 부잣집 학부모들에게 인기를 끌고 있는 것이다. 하지만 효과가 높고, 일반 영어 학원들과의 확연한 차이점이 있는 만큼 높은 비용을 지불해야 한다. 그런 이유로 충분한 자본력을 갖춘 학부모들, 즉 부유한 상위 계층들이 대부분의 비율을 차지하고 있다. 그렇다면 반대로, 이러한 비용을 낼 수 있는 서민층과 중산층 가정의 학부모들은 과연 얼마나 될까? 또한 설령 경제적인 문제를 극복하고 자녀를 몰입형 영어 교육에 참여시킨다고 하더라도 중요한 것은 가정에서도 끊임없이 영어를 사용할 수 있도록 독려하고 그러한 문화 이해와 체득을 위한 생활양식을 제공해주어야 한다. 문화 자본과 아비투스가 형성되어 있는 가정에서라면 문제 될 것이 없겠지만 과연 그렇지 않은 가정에서는 이러한 교육이 진정으로 빛을 발할 수 있겠느냐는 의문도 지울 수 없다.

마지막 방법은 영어 유학이다. 영어 유학은 영어 실력 향상과 영어권 문화 학습을 위하여 아이들이 어린 나이에 부모와 함께 또는 부모 없이 혼자서 영어권 국가로 가서 영어를 배우는 방법이다. 그 어떤 방법보다도 영어 모국어를 영어를 직접 말하고 듣고 실천하기 때문에 그 효과가 크다. 해외에서의 유학은 국제적인 친구들과의 소통 기회를 제공하며 이는 나중에 글로벌 인적 네트워크 형성에 도움이 될 수 있다. 궁극적으로 이러한 네트워크들과 경험들은 자본과 아비투스의 형태로 재생산될 수 있다. 하지만 어느 학부모도 자녀를 쉽게 유학 보낼 수 없는 이유는 비용의 문제가 크기 때문이다. 영어 학습을 위해 유학을 떠나는 나라에는 미국, 캐나다, 영국, 호주, 몰타, 싱가포르, 필리핀, 뉴질랜드, 아일랜드 등이 있는데 이러한 국가들에 따라 필요한 유학비용은 천차만별로 달라진다. 미국의 경우 최소 4,700만 원, 캐나다 2,800만 원, 영국 3,800만 원이며 이어서 아일랜드 3,200만 원, 몰타 2,600만 원, 필리핀 2,000만 원, 호주 3,000만 원, 뉴질랜드 3,000만 원이다. 또한 유학을 떠나는 아이들의 연령에 따라서도 유학의 평균 비용은 다르다. 400여 명의 유학 경험을 가진 부모들을 대상으로 한 조사 발표 결과, 자녀의 연령에 따른 평균 유학비용을 산출하였을 때 초등학생은 약 4,737만 원, 중학생 약 4,370만 원, 고등학생 약 5,901만 원으로 집계되었다. 이는 평균적인 비용에 불과하며 아이들의 주거비나 생활비 그리고 기타 비용들까지 합치면 이를 훨씬 웃돌게 된다. 싱가포르에 자녀를 유학 보낸다는 가정하에 비용을 조사해 보았다. 공립/사립학교와 국제학교, 이 두 분류로 나누어서 비용을 계산하였다. 공립/사립학교 기준 학비 평균 약 1,500만 원을 포함하여 주거비와 생활비까지 약 7,200만 원을 합하면 8,700만 원 정도이다. 국제학교는 학비가 더 비싸기에 이보다 더 큰 비용이 요구된다. 이는 초등학생 유학생을 기준으로 부모와 동반한다고 가정했을 때를 환산한 금액이다. 그렇다면 혼자 유학을 떠나는 중고등학생들은 얼마나 들까? 공립, 사립학교로의 유학에는 약 6,000만 원 정도, 국제학교에는 7,000만 원 정도가 필요하다고 한다. 이렇듯 영어 유학을 보내는 데는 한국에서 학교에 다닐 때 필요한 비용의 배수가 필요한 것을 알 수 있다. 그렇기에 괜히 사회적으로 '기러기 아빠' 문제가 대두되고 있는 것이 아니다. 기러기 아빠는 자녀의 교육을 위해 자녀와 아내를 해외로 보내고 국내에 혼자 남아 있는 아버지를 가리키는 단어이다. 자녀의 영어 능력 향상을 목적으로 하는 유학비용을 충당하기 위해 홀로 한국에 남아 일을 하고 생활비와 학비를 송금해주는 아버지의 모습을 보면 아무나 유학을 보낼 수 있는 것은 아니며 뒤따르는 고통이 크기 때문에 일반적인 가정에서는 유학을 잘 보낼 수 없다. 하지만 부잣집 아이들은 영어를 더욱 잘하기 위하여 학부모의 자본에 힘입어 중학교 시절이나 고등학교 시절에 현지 영어를 할 수 있는 나라들로 조기 유학을 떠난다.

이러한 유학은 목적에 따라 여러 가지 유형으로 나뉜다. 먼저 기간에 따라서는 영어의 말하기, 읽기, 쓰기, 듣기 4가지 영역의 향상을 위해 3개월에서 6개월 정도 단기로 떠나는 단기 유학, 배우는 내용은 단기 유학과 비슷하지만 진학 준비나 비즈니스 영어, 전문 영어 등을 선택하여 수강 가능하고 6개월에서 9개월까지 비교적 길게 떠나는 장기 유학이 있다. 또한 최종적으로 미국 대학교 진학을 목적으로 하는 진학 준비 과정을 주로 하는 유학, 이와 비슷한 맥락으로 TOEFL이나 IELTS 등과 같이 국제 어학 시험의 성적 향상을 목적으로 시험의 학습 방법과 기술들을 배우기 위한 시험 준비 유학 등도 있다. 영어 유학은 현지 학교에서 수업을 들으며 학문적인 역량과 학문적 호기심을 높임과 동시에 영어 실력을 비약적으로 향상할 기회로 작용한다.

저는 초등학교를 졸업하고 바로 뉴질랜드로 유학하러 가서 중학교 과정을 수료하고 현재는 다시 한국 고등학교에서 공부하고 있어요. 뉴질랜드 중학교에 다녔는데 거기에서는 독서 활동을 기반으로 영어를 공부했어요. 다녀오니 영어 독서 레벨이 3레벨이나 올라간 것을 볼 수 있었어요. 거기다가 유학 생활 덕분에 영어 듣기와 회화에서도 자신감을 얻었고 스스로 공부하는 습관이 생겨 중학교, 고등학교를 거쳐 대학까지 어려움 없이 수월하게 공부할 수 있었어요. 그리고 학교 생활이나 내신 취득에서도 유리함을 느끼기도 해요. 실제로 고등학교 영어 시간에서도 두세 시간 정도로 짧은 수업의 반복이고 단순 회화나 단어 암기가 주된 학습 내용이라 너무 쉽기도 하고 가끔 지루할 때도 있어요. 한국에서만 계속 영어 공부를 한 친구들은 어렵다고 불평하기도 하고 따라오지 못하는 경우도 많거든요. 사실 저는 유학을 다녀와서인지 그런 부분이 잘 이해가 되지 않을 때도 있고, 그러다 보니 당연하게 영어 과목 지필고사나 수행평가 성적은 항상 최상위권에 있었고요.

—장기 영어 유학을 다녀온 승혜의 인터뷰 중에서

이처럼 유학을 다녀온 아이들은 학교 정규 수업과 평가에서도 가시적인 효과를 본다. 이러한 효과는 국제 공인 영어시험의 점수에서도 나타나는데 대학 유학생들의 가장 큰 걸림돌인 TOEFL 시험에서도 유학을 다녀온 아이들은 미국 최상위권 대학의 입학 조건 점수인 100점을 훨씬 상회하는 점수를 취득하는 모습을 쉽게 찾아볼 수 있다. 위와 같은 사례들을 통해 우리는 유학을 통해 부잣집 아이들은 영어에 대한 능력이 비약적으로 향상되며 이는 결국 학교 영어 성적에서도 힘을 발휘한다는 것을 알 수 있다. 주로 영어권 국가에서 이루어지는 해외 유학은 현지인과 소통하고 다양한 학습 방법과 접근법을 활용한 영어 수업을 듣는 과정에서 영어 능력이 향상되게 된다. 또한 영어권 국가의 문화를 배울 기회를 제공받는다. 이는 학문적 성취에 도움이 되어 학교에서의 성적 향상과 학문적 열의 및 학습 능력을 향상시키는 데 도움이 된다. 이에 더해 학습에 대한 태도 측면 강화도 얻을 수 있다. 해외 유학은 새로운 환경에서 독립적으로 생활하고 학습하는 기회를 제공하기 때문에 자기주도적 학습 능력이 향상되어 어떤 환경에서도 학습에 적극적으로 참여할 수 있는 태도를 기를 수 있다. 또한 해외에서의 교육은 다양한 문화와 관점을 접할 수 있도록 해준다.

저희 딸아이는 TOEFL 시험을 전문적으로 대비할 수 있는 프로그램을 가지고 있는 센터를 통해 미국으로 유학을 다녀왔어요. 국내에 있는 대학이 아니라 해외에 있는 대학에 진학하기 위해서는 이 시험에서 높은 점수가 필요했거든요. 뉴욕에 있는 센터에서 주당 28레슨의 풀타임 수업을 받으면서 TOEFL 공부를 진행했는데 확실한 효과가 있었는지 60점이었던 딸아이 점수가 유학을 다녀와서는 110점 가까이 되더라고요. 덕분에 원하는 대학의 입학 자격 조건을 달성하고 무사히 지원서를 넣을 수 있었죠. 대신 문제가 됐던 건 만만치 않은 유학 비용이었어요. 12주 풀타임 기준으로 6,900달러, 약 900만 원 정도를 지출했어요. 하지만 그럼에도 좋은 성적과 결과가 나왔다니 저희 입장에선 성공한 투자라고 말할 수 있죠.

—TOEFL 유학을 다녀온 학생의 학부모와의 인터뷰 중에서

6.3 고등학교에서의 영어 공부(외국어고등학교)

부잣집 아이들의 영어 공부는 일반 중학교를 졸업하고 영어 학습에 특화된 외국어고등학교를 입학하면서 그 실력은 더욱 늘어난다. 부잣집의 많은 아이가 외국어고등학교에 입학하는 것을 희망한다. 외국어고등학교는 다른 일반계 고등학교들에 비해 좋은 입시 결과를 자랑하기에 그럴 것이다. 또한 부잣집 아이들은 이미 초등학교, 중학교에 걸쳐 고가의 영어 사교육을 많이 받아오며 영어 실력 차이를 상당히 벌려놓았기 때문에 외국어고등학교로의 진학이 대학 입시에서 유리한 위치를 선점하는 데 상당한 도움을 줄 것이라는 믿음을 가지고 있

다. 그리고 외국어고등학교라는 학교 자체의 이름처럼 다른 교과보다 외국어를 가장 우선으로 하며 이에 대해 전문적인 학습을 중점으로 둔다. 특히 영어 실력으로 보았을 때, 국내반, 국제반으로 나누어지는 영어과가 가장 강세를 보이지만 그렇다고 중국어과나 스페인어과와 같은 다른 외국어 전공 학생들이라고 영어를 못하는 것은 아니며 오히려 영어과와 비슷한 수준을 가지고 있는 경우도 많다.

[표 6-1] 전국의 지역별 외국어고등학교 현황

시도	학교명
전라남도	전남외국어고등학교
서울특별시	대원외국어고등학교 대일외국어고등학교 명덕외국어고등학교 서울외국어고등학교 이화외국어고등학교 한영외국어고등학교
대구광역시	대구외국어고등학교
인천광역시	미추홀외국어고등학교 인천외국어고등학교
경상북도	경북외국어고등학교

시도	학교명
경기도	경기외국어고등학교 고양외국어고등학교 과천외국어고등학교 김포외국어고등학교 동두천외국어고등학교 성남외국어고등학교 수원외국어고등학교 안양외국어고등학교
대전광역시	대전외국어고등학교
부산광역시	부산외국어고등학교 부일외국어고등학교
울산광역시	울산외국어고등학교
충청북도	청주외국어고등학교
강원도	강원외국어고등학교
제주특별자치도	제주외국어고등학교
충청남도	충남외국어고등학교
경상남도	김해외국어고등학교 경남외국어고등학교
전라북도	전북외국어고등학교

외국어고등학교는 높은 학비를 자랑하기 때문에 일반적으로 다른 고등학교들에 비해 장벽이 높으며, 많은 수의 부잣집 자녀들은 이러한 제약에 구애받지 않고 입학한다. 외국어고등학교는 사립인 경우가 많은데 이런 경우 평균적으로 요구되는 3년 학비는 약 3,000만 원 이상이다. 이는 웬만한 사립 대학교의 학비와 비슷한 수준이다. 실제로 전국 28개 외국어고등학교 가운데 1인당 교육비가 가장 많이 필요한 학교는 경기도에 위치한 경기외국어고등학교(경기외고)이며 약 3,231만 원으로 나타났다. 경기외고에 이어 경남외고가 2,251만 원, 김포외고 2,035만 원, 고양외고 1,693만 원, 부산외고 1,661만 원, 인천외고 1,629만 원 등을 포함해 총 16개의 외국어고등학교가 1,000만 원 이상의 1인당 교육비가 필요한 것으로 드러났다. 교육비와 별개로 자녀의 교육을 위한 학비도 무시할 수 없다.

2022학년 결산 기준 28개 외고의 평균 1인당 학비는 739만 원으로 나타났다. 산정된 학비에는 등록금과 방과후 학교 활동비, 현장 체험 학습비, 기숙사비 등 수익자 부담 경비 등이 모두 포함되어 있다. 학비가 가장 높은 외고는 마찬가지로 경기외고다. 경기외고의 1인당 학비는 1,956만 원이다. 이렇게 높은 이유는 경기외고는 1인당 등록금이 992만 원으로 높은 편인 데 더불어 전교생 모두 기숙사를 이용할 시 기숙사비와 식비가 높게 올라갈 수밖에 없는 등 변수가 큰 항목인 수익자 부담금도 964만 원으로 높기 때문이다. 이러한 정보들은 교육부 사이트에 공시된 결산서의 정보를 토대로 산출한 것이다. 따라서 외국어고등학교에서 학업을 한다는 사실은 엄청난 지출이 필요하며 그 지출을 감당할 수 있을 만큼의 재력도 필요하다는 의미가 된다. 그렇기에 자녀를 외국어고등학교에 보낼 수 있는 학부모들은 한정되어 있다고 볼 수 있다.

외국어고등학교는 말 그대로 외국어 학습에 중점을 두는 학교 체제를 가지고 있기에 영어를 기본, 그리고 제2외국어를 전공 언어로서 학과를 나누어 학습한다. 특히 다른 학교보다 높은 수준의 영어 교육을 제공하는 것은 외국어고등학교의 가장 큰 장점이다. 외국어고등학교에서는 주로 전체 교육 과정에서 상당 부분을 영어 교육에 할당하며, 고급 수준의 교과 과정을 포함한다. 실제로 1학년 기준으로 국어와 수학은 주당 각 3시간으로 편성되어 있다. 영어 역시 주당 3시간이지만 여기에 더해 심화 영어와 심화 영어 회화 총 6시간이 추가되어 영어만 주당 9시간 학습하는 모습을 확인할 수 있었다. 영어 교육 과정 역시 일반적인 국내 고등학교보다 전문화되어 있다. 여기에는 심화된 문법, 어휘, 독해, 작문 등의 영어 학습이 포함되며, 국제 시험 준비도 강조하고 있다.

정규 교과 학습 이외에도 외국어고등학교에서는 학생들의 문화적인 경험과 실제적 환경에서의 영어 능력 향상을 도모하기 위해 교내, 교외로 많은 프로그램들을 가지고 있다. 국제 교환 및 해외 경험은 가장 대표적인 예시로 외국어고등학교에서는 국제 교류 및 해외 체험을 통해 학생들에게 다양한 문화와 언어에 노출시키는 데 중점을 둠으로써 학생들이 실제 상황에서 영어를 사용하고 이해하는 데 도움을 준다. 또한 특화된 수업 및 활동 역시 가지고 있다. 외국어고등학교에서는 영어 강의뿐만 아니라 영어 연극, 토론, 모의 UN 등과 같이 다양한 특화된 수업과 활동을 진행한다. 이러한 학교 차원의 지원에 힘입어 학생들은 언어 능력을 다각도로 향상시킬 기회를 제공받을 수 있다.

외고에 다니는 부잣집 아이들은 영어에 특화된 고등학교에 입학했다고 해서 영어 사교육을 멈추지 않는다. 학교를 마치면 늦은 저녁이 되는데도 영어 학원이나 과외를 위해 바삐 발걸음을 움직이는 모습을 볼 수 있다. 기숙사제인 외국어고등학교에 다니는 아이들은 외출 신청을 하고 학원에 다녀올 정도다. 일부 학생들은 AP Advanced Placement 영어 과목이라고도 불리는 고급 영어 교과에 대한 사교육을 받는다. 외국어고등학교에서 학습하는 높은 수준의 고급 영어 교과에 대한 내신 성적 취득과 더불어 대학 진학을 위한 영어 학습 기회를 쟁취하기 위함이다. 그 이외에도 학생들은 외국 대학으로의 진학을 위해 다양한 국제 영어 시험을 대비하기 위한 학원에 다니기도 한다. 이를 위해 TOEFL, IELTS

등이 포함되어 있는 국제 영어 시험 전문학원에서 수강을 받으며 국제 시험 이외에도 특화된 주제나 기술 영어, 비즈니스 영어 등을 학습하기 위해 학원을 수강하는 학생도 많이 있다.

부모의 풍족한 자본과 함께 외국어고등학교에서의 모든 교육 과정을 마친 많은 수의 부잣집 아이들은 국내, 해외의 명문대학교로 진학하게 된다. 2023년, 대원외국어고등학교의 경우 서울대학교에 총 53명의 학생이 진학하였고, 한영외고에서도 26명, 대일외고 25명 등 외국어고등학교들은 타 고등학교들에 비해 압도적인 입시 결과를 올렸다. 또한 대원외고 국제반의 경우, 2000년대부터 2020년까지의 주요 해외 대학 진학 결과를 살펴보면 하버드 대학교, 스탠퍼드 대학교, 옥스퍼드 대학교 등과 같은 최고의 명문대들을 비롯해 예일 대학교, 다트머스 대학교, 브라운 대학교 등 소위 아이비리그 대학들에 1,600명 이상의 학생들이 진학한 사실을 확인할 수 있다. 영어 사교육을 통해 압도적인 실력을 갖춘 후 외국어고등학교에 진학하여 영어 능력을 발휘한다는 것은 우리 사회에서 명문 대학 진학의 중요한 기준으로 작용하며 또 다른 능력주의 탄생의 배경이 되었다.

영어 능력주의가 지배하는 사회 구조 아래에서 부잣집 아이들은 지금까지 쌓아온 영어를 마음껏 보여주며 그토록 원하던 것들을 손에 넣게 될 것이다. 모든 아이는 결국 '영어를 잘하는 사람이 사회를 이끌어 나가게 될 것', 그 말이 현실이 되는 순간을 맞이한다. 고등학교에서 영어 능력주의는 절정에 도달하지만 그 배경에는 부모의 자본에 힘입어 유아기를 거쳐 초등학교와 중학교에서의 습득한 영어 실력과 학습 태도가 있다. 본격적으로 대학 입시를 위해 내신 등급 관리를 철저하게 시작하는 고등학교에서는 특히 받아온 사교육의 질과 양에 따라 소위 승자와 패자가 현저하게 갈리기 시작한다. 물론 자명하게도 승자에 서는 쪽은 아무래도 고등학교 입학 전까지 질 높은 영어 사교육을 받아온 부잣집 아이들이 많은 수를 차지한다.

6.4 끝맺는 말

이 장에서는 우리나라 부잣집 아이들이 일반 계층의 아이들에 비하여 영어를 왜 잘하는지를 초등학교 입학 전부터 고등학교 졸업 때까지 학령기에 기초하여 살펴보았다. 그 결과 부잣집 아이들이 받아오는 질 높은 영어 사교육이 정규 교육 과정 내에서 거대한 영향력을 가지며 졸업 이후에도 지속되는 특성을 파악함으로써 어떻게 우리 사회에서 영어 능력주의가 가속화되는지를 알 수 있었다. 이러한 영어에서의 능력주의는 마치 '빈익빈 부익부'와 같은 구조를 띠고 있음을 발견한 독자도 있을 것이다. 막대한 자본을 가진 부자는 그 자본들을 활용하여 더 많은 부를 벌어들이며, 그렇지 않고 가난을 안은 사람들은 계속해서 가난에 허덕이는 구조, 빈익빈 부익부는 아이들의 영어 학습 능력에서도 맥을 같이 한다. 질 높은 과외와 영어 유학, 몰입형 영어 교육은 자본이 있어야만 참여할 수 있기 때문에 부잣집 아이들이 주 대상이며 서민, 중산층은 높은 자본장벽에 부딪혀 넘어오지 못하는 현실이다. 처음 시작할 때 의구심을 가졌었던 질문인 부잣집 아이들은 초등학교부터 고등학교까지 왜 영어를 잘하는지에 대한 근본적인 해답은 얼추 알 수 있을 것이라 생각한다.

7

특목고만을 위하여

부자 아빠의 9년간 신용카드 내역서

흔히 공부는 끊임없이 학습하고 자신을 이겨내는 '마라톤'이라고 많이들 이야기한다. 32.195킬로미터라는 장기적인 과정을 끊임없는 노력과 숙달이 필요하다는 의미이다. 하지만 출발선에서 시작하는 아이와 30킬로미터 구간에서 시작하는 선수들을 비교했을 때 누가 더 좋은 성적과 기록을 가질 수 있는지는 눈에 보아도 뻔한 결과이다. 학습에서도 이러한 출발선을 다르게 해주는 것이 바로 이번 장에서 이야기할 속진 사교육이다.

속진 사교육은 단순히 몇 단원을 앞서서 배우는 선행 학습과는 조금 다른 의미의 사교육이다. 선행 학습 중에서도 가장 앞서나가 있는 의미이다. 일반 학생들을 위해서 한 학기나 학학년 정도의 예습을 목적으로 학습시키는 것이 아니다. 특목고, 영재고를 보내기 위해 초등학교 때부터 시작시키는 누구보다 빠르고 비싼 사교육 중 하나이다. 한국의 모든 아이가 이러한 속진 사교육을 받는 것은 아니지만 한국에서 특목고, 영재고에 가려고 하는 아이들이나 보내고자 하는 학부모들이라면 가장 핵심적인 사교육 중 하나일 것이다. 이러한 사교육 중 가장 핵심적인 속진 사교육이 어떠한 방식으로 이뤄지고 있으며, 그 학생들은 어떤 학업적 성공을 결실하고 있는지 아이들과 학부모들의 이야기를 통해 한번 풀어보려고 한다.

7.1 특별한 고등학교에 가는 속진아. 언제부터 공부를 시작하나

일반적인 한국의 아이들이 국어, 수학, 영어와 같은 교과목을 공식적으로 처음으로 배우는 시기는 초등학교 1학년부터다. 초등학교 1학년 때는 1, 2, 3, 4부터 해서 초등학교 6학년 때는 소수, 분수 등 다양한 수학을 학습하게 된다. 그리고 중학교, 고등학교에 가서는 실수, 무리수, 허수 등 더 고차원적인 개념의 수의 개념을 배운다. 하지만 한국의 속진아는 이러한 학교에서 제공해주는 정규적인 교육 과정을 그대로 따라가지 않는다. 유치원에 들어가면서부터 벌써 초등학교에서 배워야 하는 네 자리 이하의 자연수를 배우며, 초등학교가 졸업하기 전에는 중학교에서 배우는 수학 개념들을 전부 배우게 된다. 그 후 중학교에 입학해서는 고등학교의 내용들을 미리 배우면서 누구보다 빠른 개념들을 배우게 된다. 수학뿐만 아니라 영어, 과학 등 다른 교과목에서도 이러한 속진 교육은 똑같이 나타나고 있다. 그렇다면 무엇을 위해서 한국의 엄마들은 아이들에게 학교 교육 과정과 다른 일명 '속진 교육 과정'의 교육적 경험을 제공해주고 있는 것일까? 지금 고등학교 2학년인 민정의 이야기를 한번 들어보면 그 해답이 풀릴 것이다.

속진 사교육의 이유 그 첫 번째 : 속진 사교육 없이 풀 수 없는 과학고 면접

한 선생님의 소개로 우리는 민정을 소개받았다. 민정의 중학교 때 선생님은 처음 민정을 소개할 때, 중학교 1학년에 들어오면서부터 민정은 중학교 교육 과정을 거의 다 끝냈으며, 중학교 2학년 때부터는 고등학교 내용의 교과목을 공부하고 있다고 소개했었다. 그리고 항상 전교 1등을 유지하면서 고등학교를 진학했다고 이야기했다. 우리는 민정이 어떤 모습일지 상상하면서 커피숍에서 처음 민정을 만났다.

민정과 만나면서 처음에 사소한 이야기들로 분위기를 풀어나갔고, 본격적으로 우리가 준비한 질문들을 물어보기 시작했다. 가장 먼저 우리가 가장 궁금했던 왜 속진 사교육을 받았는지를 물어보았다. 민정은 초등학교 때부터 생명공학자가 꿈이었고 그 꿈을 이루기 위해서는 과학고등학교 진학은 필수적인 조건이었다고 이야기했다. 그리고 과학고등학교에 가기 위해서는 전교 1등을 계속 유지해야 하는 것이 필수였다고 말했다. 그렇게 하기 위해서는 초등학교 때부터 빨리 중학교 과정을 공부해서 중학교에 가서는 복습을 할 수 있는 시간을 벌어야 전교 1등을 유지할 수 있다고 했다. 그리고 과학고등학교에 입학하기 위한 시험과 면접을 보기 위해서는 고등학교 내용을 공부해야 좀 더 좋은 성적을 받을 수 있기에 중학교 3학년이 되기 전에 중학교 내용을 모두 끝낸 후 중학교 3학년 때는 고등학교의 내용들을 공부해야 한다고 말했다. 우리는 민정의 말에 이어서 왜 고등학교 내용을 공부해야 하냐고 질문을 했다. 이에 민정은 한 가지 질문을 우리에게 던졌다.

선생님 우리 뇌의 구조와 AI 프로그램과의 공통점과 차이점이 뭔지 아세요?

우리는 이 질문을 듣자마자 단순히 생물과 기계인데 공통점이 있나? 라는 생각밖에 나지 않았다. 우리가 어리둥절해 있는 순간 민정은 이렇게 말해줬다.

> 이거 질문 중학교만 공부해도 대답할 수 있어요. 그런데 고등학교 생명과학을 공부하면 좀 더 쉽게 대답할 수 있어요. 정답은 없지만 저는 이렇게 답을 만들었어요. 먼저 공통점은 뇌는 뉴런 안에서 전기적 신호로 전달하고, AI도 명령을 전기적 신호로 전달한다는 것인데 차이점은 뇌는 세포로 구성되어 있으며, 화학적 전달도 하는 반면에 AI는 0과1로 이루어진 프로그램이며, 전기적 신호로만 전달이 가능하다는 차이점이에요.

민정의 대답을 듣는 순간 우리는 '아 중학교 때 다 배운 내용인데'라는 생각이 문뜩 떠올랐다. 중학교 때 배운 내용이지만 얼마나 공부를 많이 해야 이러한 대답이 자연스럽게 나올 수 있냐는 생각을 하게 되었다. 그 후 이런저런 대화를 하면서 마무리하였고 민정이 생명공학자가 되기를 기원하면서 만남을 끝냈다. 마지막으로 민정은 이렇게 이야기했다.

> 선행이 필수라고는 하지 않지만 좀 더 높은 성적을 받기 위해서는 선행이 필수죠. 다른 아이들과 경쟁했을 때, 이기려면 선행을 해야 하고 남들보다 앞서서 나가 있어야 하니 선행을 하고 있어요. 선행은 제 성공을 위한 하나의 수단인 거죠.

민정의 이야기처럼 한국의 아이들은 특목고에 가기 위해서 속진 사교육을 받고 있었다. 민정은 과학고등학교에 가기 위해서 속진 사교육을 받았다면 외국어

고등학교를 진학하기 위해 속진 사교육을 받는 아이들도 있었다.

속진 사교육의 이유 그 두 번째 : 외고를 가기 위한 영어 속진 사교육

지홍은 어렸을 때는 영어 유치원을 졸업하고 초등학교 때는 1년에 방학 40일, 가정체험학습으로 30일을 신청하여 도합 70일 정도를 미국의 어학연수원을 다니며, 영어 공부를 했다. 초등학교 4학년이 되어서는 거의 원어민과 자유자재로 대화가 가능할 만큼 영어 실력이 늘었다. 지홍은 학교에 영어 수업에서 원어민이 오면 선생님을 대신해서 통역해줄 정도로 영어가 거의 수준급이라고 말했다. 하지만 한국의 영어시험은 회화만으로 될 수 없었기에 지홍의 부모는 초등학교 5학년 때부터 영어 학원에 다니며, 영어 문법을 공부시켰다. 기존에 수준 높은 영어 실력을 갖추고 있어서 문법은 2년 만에 거의 숙달했고, 중학교에 입학했을 때는 고등학교 수능 문제를 풀면 항상 100점을 놓치지 않았다. 그뿐만 아니라 수학, 과학, 국어도 속진 사교육을 받으며, 항상 전교 1등을 놓치지 않았다고 이야기했다. 그 후 지홍은 부산에 있는 외국어고등학교에 지원했고, 면접, 내신성적 등 모든 부분에서 만점을 받으며 합격했다. 외국어고등학교 영어학과에 들어가서도 지홍은 영어 성적과 다른 성적에서도 거의 상위권의 성적을 유지하면서 지금 외국어고등학교를 다니고 있다.

외국어고등학교를 다니기 위해서는 영어 성적이랑 면접만 잘 보기만 하면 됩니다. 하지만 입학하고 나서 수업에서 원어민과 대화도 해야 하고 영어 작문도 있고 만약에 제가 유치원 때랑 초등학교 때부터 영어 회화를 배우지 않았다면 그리고 5학년 때부터 문법 공부를 하지 않았다면, 지금 고등학교에서 적응하지 못하고 벌써 일반계 고등학교로 전학을 갔을 겁니다.

— 지홍의 이야기

지홍과 민정은 일반적인 아이들이 가는 고등학교가 아닌 특수 고등학교에 가기 위해서 남들보다 앞서서 공부를 시작했다. 특수 고등학교에 가기 위해서 아이들은 초등학교 때부터 혹은 더 빠른 유치원 때부터 공부를 시작했고, 그 학습의 결실은 다른 아이들과 비교도 할 수 없을 만큼 큰 결과로 다가오게 되었다. 이뿐만 아니라 높은 학교 성적을 받고 좋은 대학에 가기 위해서 속진 사교육을 받는 아이들도 있었다. 기숙이의 엄마는 기숙만의 커리큘럼을 유치원부터 대학교까지 상세하게 계획하였고 이를 실천해나갔다. 이번에는 높은 성적을 받아 좋은 대학에 진학시키기 위한 엄마의 이야기를 들어보자.

속진 사교육의 이유 그 마지막 :
좋은 대학에 가기 위한 특목고 진학

우리는 기숙의 어머니를 만나기 전에, 기숙을 위해서 엄마가 직접 계획했던 기숙만의 교육 과정을 가지고 와달라고 부탁드렸다. 기숙의 엄마는 총 다섯 장 분량의 종이를 우리에게 건네주었고 우리는 감탄을 금치 못했다. 교사가 되기 위해 공부하는 모든 내용이 압축적으로 들어가 있었고, 모든 내용이 체계적으로 정리가 되어 있었다. 국어, 수학, 영어, 과학, 사회 과목당 한 장의 분량으로 정리가 되어 있었으며, 언제 무엇을 공부시켜줄 것인지 정리가 되어 있었다. 기숙 엄마가 보여준 종이 중 과학은 이렇게 되어 있었다.

[표 7-1] 기숙 엄마가 제시한 과학 교육과정 정리

	화학	생명과학	지구과학	물리
초등학교 1~2학년		동물의 한살이 동물의 생활 식물의 생활	지구의 모습 지표의 변화 화산과 지진	물질의 성질 자석의 이용 물질의 상태 소리의 성질 물의 상태 변화 그림자와 거울 물의 여행
초등학교 3~4학년	용해와 용액 산과 염기 여러 가지 기체 연소와 소화	다양한 생물과 우리 생활 생물과 환경 식물의 구조와 기능 우리 몸의 구조와 기능	태양계와 별 날씨와 우리 생활 지구와 달의 운동 계절의 변화	온도와 열 물체의 운동 빛과 렌즈 전기의 이용 에너지와 생활
초등학교 5~6학년	중학교 과정의 통합과학			
중학교	화학1	생명과학1	지구과학1	물리1
고등학교	화학2 고난이도 풀이	생명과학2 고난이도 풀이	지구과학2 고난이도 풀이	물리2 고난이도 풀이

기숙의 엄마는 초등학교 1학년 때부터 기숙이 언제 어떤 단원을 공부해야 하며, 단원별로 어떻게 연속적으로 이어 나가야 할지를 정리하였다. 이러한 과목별 정리는 과학뿐만 아니라 국어, 수학, 영어, 사회 과목에서도 단원별, 학년별로 정리하여 기숙이 다른 아이들보다 조금 더 빠르게 공부를 시작할 수 있도록 계획하였다. 이러한 기숙 엄마의 노력은 기숙이 특목고에 입학을 할 수 있는 기회를 만들어주었고 서울의 명문 S대학교 의예과에 입학할 수 있는 결과를 낳게 되었다. 마지막으로 우리는 기숙 엄마에게 마지막으로 속진 학습이 왜 필요한지를 말해달라고 부탁드렸다.

> 정규적인 교육 과정을 따라가게 되면 남들과 똑같은 길을 걸어가는 것밖에 안 된다고 생각했어요. 남들과는 다르고, 빠르고, 성공적인 길을 만들려면 우리 애가 시작하는 출발점을 앞당겨야 한다는 생각이 들었어요. 그래서 그 결과도 정말 좋았고요. 속진 학습이 나쁘다고만 말하지만 실제는 그렇게 하지 않으면 이길 수 없는 세상인 거죠.
>
> — 기숙 엄마의 이야기

기숙, 지홍, 민정 모두 속진 사교육을 받고 있었다. 각자 속진 사교육을 받는 목적은 달랐지만 모든 아이가 속진 사교육을 받는 이유는 바로 남들보다 더 빨리 성공하고, 더 좋은 결과를 낳기 위해서이다. 한국에서는 이제 속진 사교육이 선택이 아닌 성공하기 위한 하나의 필수적인 요소가 되었다는 점에서 교육적 불평등이 이러한 차이로 인해 발생하는 것임을 확인할 수 있었다. 한국의 공교육은 평등하며, 누구나 똑같은 교육을 받고 좋은 인재를 만들기 위해 노력한다. 하지만 그중에서도 아이들이나 학부모들은 1등이 되기를 원하고 그렇기에 이러한 속진 사교육이 만들어진 것은 아닐까 생각한다.

7.2 속진 사교육이 얼마나 빠르고 비싼가

속진 사교육은 우리가 흔히 알고 있는 일반적인 단과 학원이나 종합 학원이 아니다. 그 형태는 과외가 될 수도 있으며, 학원이 될 수도 있다. 하지만 일반적인 종류의 사교육과 달리 속진 사교육은 학년을 넘어서도 아닌 학교급을 넘어서 가르쳐주는 사교육의 하나이다. 또한 속진 사교육은 다른 아이들이 1년을 배울 내용을 한 달 안에 가르쳐줄 정도로 그 속도는 어마어마하게 빠르다. 그렇기에 이러한 속진 사교육들은 일반적인 사교육들에 비해서 비싸고, 빠르다. 그렇다면 한국의 아이들은 어떤 속진 사교육을 받고 있으며, 그 비용과 속도가 얼마나 빠른지 아이들의 이야기를 한번 들어보려고 한다.

사람과 자동차 달리기 경주의 현장

한국에서 어느 정도의 공부를 하는 아이들이라고 말한다면, 학원에 다니면서 학교에서 배우는 내용보다 1~2단원 정도의 분량을 미리 예습했거나, 혹은 한 학기 정도의 분량을 미리 예습하는 정도로 공부한다. 하지만 속진 사교육을 받고 있는 속진아들은 이 정도로 만족하는 아이들이 아니다. 경남 김해에 거주하고 있는 동호는 유치원 때부터 초등학교 내용을 공부했으며, 초등학교를 졸업하기도 전에 중학교 내용을 공부했다. 그리고 중학교에 들어가서는 고등학교 내용을 공부하며 항상 영어 과목에 있어서 100점을 유지하고 있었다. 그렇다면 동호는 어떤 속진 사교육을 받았고 그 금액은 얼마였는지 한번 확인해보자.

동호를 처음 만났을 때는 동호가 고등학교 1학년 때였다. 우리가 동호를 만났을 때 동호의 가방과 손에는 벌써 고등학교 3학년 영어 문제집들로 가득 차 있었다. 카페 의자에 앉아 동호의 책들을 유심히 살펴보니 고등학교 3학년 문제집 중에서도 가장 어려운 난이도의 문제집들로만 가득했다. 이 말인즉슨, 동호는 벌써 고등학교 과정을 전부 공부하고 이제는 고난이도의 문제집으로 연습하고 있다는 의미였다. 동호는 자신이 얼마나 빨리 공부를 해왔는지 그리고 어떤 그림자 교육을 통해서 속진 교육을 받고 있는지를 우리에게 설명해주었다. 동호는 영어 유치원을 다니면서 초등학교 3학년 때 배울 영어 단어나 문장들을 전부 공부했다. 그리고 초등학교에 입학해서는 월 30만 원을 들여 영어 학원에 다녔다. 영어 학원에 다니면서 동호는 초등학교 5학년이 되었을 때 초등학교의 모든 과정을 끝냈다. 그리고 6학년이 되어서는 중학교 형들, 누나가 다니는 학원에 등록해서 동호가 가야 할 중학교 교과서 나오는 영어 지문 그리고 단어들을 해석하고 암기하며 공부했다고 설명했다. 그렇게 공부했던 동호는 중학교 2학년이 되어서는 중학교 과정을 전부 끝냈으며, 중학교 3학년이 되어서는 1대1 수업을 해줄 수 있는 과외를 선택했다. 과외는 한 달에 110만 원으로 학원에서도 따라잡을 수 없을 정도의 속도로 동호에게 지식을 알려주었다. 과외 선생님은 해외에 5년 동안 거주한 분으로 동호의 읽기 말하기 듣기 쓰기까지 모든 것을 가르쳐줄 수 있는 선생님이었다. 동호는 과외에서 고등학교 수학능력평가에서 출제되는 문제들을 해석하고, 말하고, 쓰고 암기하면서 읽기, 말하기, 쓰기, 듣기 능력들을 키웠다고 우리에게 설명했다. 그리고 고등학교 1학년인 지금은 외국인과 일상적인 말하기가 가능하고 또한 작문도 할 수 있는 수준이라고 설명했다. 동호는 마지막으로 우리에게 이렇게 이야기했다.

학교에서 선행 학습은 금지하고 하잖아요. 근데 빨리 배우는 게 나쁜 거예요? 지금 제가 공부하면서 느낀 거는 배울 수 있으면 최대한 빨리 배우는 게 좋은 거 같아요. 그래야 나중이 편해지니까요. 선생님이 한번 생각해보세요. 사람이랑 자동차랑 달리기 경주를 한다면 누가 이길까요? 당연히 자동차가 이기죠. 학교 성적도 마찬가지예요. 누가 빨리 데려다주는 자동차를 타고 경주하는가랑 같은 거죠. 만약에 돈만 있다면 전 과목을 선행하는 게 제일 좋을 것 같아요. 돈이 제일 문제죠...

— 동호의 이야기

동호의 경우 경제적인 이유로 영어 과목만 속진 사교육을 받았다. 만남에서 이야기하지 않았지만 나중에 메일로 영어 유치원이 한 달에 80만 원씩 지출했으며, 5~7살까지 영어 유치원을 다녔다고 우리에게 메일을 보냈다. 즉 동호는 유년기에는 매년 960만 원, 초등학교 때는 360만 원, 중고등학교 때는 1,320만 원을 속진 영어 교육에 투자한 것이다. 이러한 속진 사교육의 결과로 동호는 영어 과목에 있어서 100점을 한 번도 놓친 적이 없으며, 지금 해외 대학 진학을 꿈꾸고 있다. 이러한 동호의 말처럼 속진 사교육을 받을 수만 있다면 학생들의 미래의 진로를 하나 더 생겨나게 해줄 수 있는 하나의 수단이 되고 있다는 점을 우리는 확인할 수 있었다.

달리기 경주의 현장 : 누가 이기고 있을까

동호뿐만 아니라 또 다른 속진 사교육을 받는 아이들도 있었다. 고등학교 3학년인 가영은 유치원 때부터 전 과목을 학원, 과외, 인터넷 학원 등 다양한 방법으로 속진 사교육을 받아왔다고 했다. 그리고 그 결과도 전교 1등이라는 결과로 나타나고 있다고 우리에게 이야기했다. 우리는 가영을 만나기 전, 가영이 어떤 그림자 교육으로 얼마나 빨리 공부했으며 그 비용은 얼마나 큰 금액을 투자했는지에 대해 궁금증이 생기기 시작했다. 우리는 이러한 궁금증을 가지면서 가영과의 첫 만남을 계획했다.

처음 가영의 집에 갔을 때 우리는 약속 시간보다 30분 일찍 갔다. 가영은 과외 선생님과 수업하고 있었고 우리는 가영의 수업이 끝날 때까지 과외 수업을 뒤에서 듣고 있었다. 많은 학생을 만나고 이야기하기 위해서 학생들이 몇 학년에 어떤 과정을 배우고 어떤 개념을 배우는지 많은 공부를 하고 항상 아이들을 만났었다. 하지만 가영이 배우는 내용은 가영의 나이와 맞지 않는 내용들이었고 우리가 대학교 때 배우고 있던 내용들을 벌써 배우고 있었다. 우리는 입을 다물지 못한 채로 가영의 수업이 끝날 때까지 기다렸다. 수업이 끝나고 식탁에 우리를 포함해서 가영의 어머니 그리고 가영 이렇게 총 4명이 모여앉아서 이야기를 시작했다. 우리가 준비한 질문을 하기 전에 우리는 아까 뒤에서 수업을 구경하면서 들었던 궁금증들을 물어보았다. "지금 배우고 있던 내용이 고등학교 수준의 수학이 아닌데, 도대체 무슨 수학을 배우고 있어요? 그리고 왜 그걸 지금 공부하고 있어요?" 가영은 "대학교 기본 수학 내용이에요. 지금 고등학교 고난이도 문제를 푸는데 조금이라도 시간을 줄이려면 대학 수학에서 나오는 내용을 접합하면 좀 더 빠르게 풀 수 있어요."라고 대답했다. 우리는 가영의 한마디 대답으로 왜 학생들이 속진 사교육이 필수라고 이야기하고 있으며, 투자하고 있는지를 한 번에 이해할 수 있었다. 그 후 우리가 준비해온 질문들을 차례차례 물어보았다. '언제부터 공부를 시작했는지', '남들보다 얼마나 빨리 공부했는지', '어떤 그림자 교육을 활용했고 그 비용은 얼마였는지'를 질문했다. 가영의 이야기는 이러했다.

가영은 초등학교 5학년 때부터 학원에 다니기 시작했다. 5학년 때는 영어, 수학을 공부하면서 자기 친구들보다 2년 앞서서 먼저 공부를 했고 한 달 학원비는 한 과목당 40만 원이 나갔다. 그리고 중학교에 들어서면서 시험이 생기고 전교 등수가 나온다는 것을 알게 되면서 수학, 영어에 더불어 과학, 국어 학원도 다녔고 중학교 3학년이 되었을 때, 고등학교 과정을 시작했다. 그리고 고등학교에 들어가면서 5시에 정규 수업이 끝나고 8시까지 보충학습 그리고 11시까지 야간자율학습이라는 시간에 묶이면서 학원에 다니기 힘들어졌고 언제든 들을 수 있는 인터넷 학원과 자신의 시간에 맞춰줄 수 있는 과외를 선택했다. 인터넷 학원의 경우 교재비를 포함해서 월 15만 원의 비용과 수학, 과학, 영어 과외는 한 과목에 60만 원이 들었다. 고등학교 2학년이 시작될 때는 고등학교 모든 과정을 끝냈으며, 그 후부터는 고등학교 문제를 풀기 위해서 배우면 좋을 대학교 과정의 수학, 영어, 과학을 배우면서 고난이도 문제를 풀고 있었다. 이러한 속진 사교육을 받으면서 가영은 전교 20등 안의 성적을 유지할 수 있었고, 지금은 초등학교 선생님이 되기 위해 서울의 교육대학교에 지원할 예정이다. 마지막으로 가영은 이렇게 말했다.

> 남들보다 1년에서 2년 정도 앞서서 공부했는데 전교 1등을 해보지 못했어요. 저보다 높은 등수의 애들은 도대체 얼마나 많이 공부했길래 저보다 공부를 더 잘하는지 정말 궁금해요. 1년 정도 더 빨리 공부해야 전교 20등이라니... 돈도 정말 많이 쓴 거 같은데... 그때는 돈 많은 집 친구들이 부럽기는 해요. 그래도 이 정도라도 할 수 있다는 것도 감사해야겠죠?

가영은 다른 친구들에 비해 1년에서 2년 정도의 속진 학습을 받고 있었다. 그 비용도 월 200만 원이 넘어갈 정도로 일반적인 가정에서 쓸 수 없는 비용의 그림자 교육을 받고 있는 것이었다. 그런데도 전교 1등을 하지 못했다. 우리가 1년 동안 가영을 지켜보면서 가영이 절대 노력을 덜 했거나 딴짓을 한 것은 아니었다. 하지만 가영의 말처럼 자신보다 높은 등수를 가진 아이들은 얼마나 빨리 혹은 얼마나 많은 돈을 투자했길래 저런 결과를 얻을 수 있는 것인지 의문점이 들기 시작했다.

속진 사교육으로 만들어진 영재

그러던 저자의 중고등학교 은사님 소개로 은사님의 학교에 전교 1등이 속진 사교육을 받고 있으며, 각종 경시대회, 과학 영재 등 다양한 분야에서 특출한 성적을 보이는 아이를 만나게 되었다. 이번 만남은 가영이 이야기한 의문점을 풀 수 있는 절호의 기회였고, 우리는 곧장 약속 시간을 잡고 부산으로 달려갔다. 은사님의 소개로 만난 민재는 우리가 처음 소개받았을 당시 고등학교 1학년이었다. 하지만 민재는 중학교 때부터 각종 수학, 과학 경시대회를 휩쓸고 다녔고 당연히 학교에서도 만점을 받고 있는 학생이었다. 우리는 가영을 면담하면서 가졌던 의문점을 풀 수 있을 것이라고 생각했고 민재와의 면담을 시작했다. 이번에는 모든 방면에서 뛰어난 성과를 이루고 있는 민재의 이야기를 들어보자.

민재는 유치원 때부터 속진 교육을 받기 시작했다. 유치원 때는 월 100만 원의 영어 유치원을 다니고 있었으며, 과학적 탐구력을 높이기 위해서 월 40만 원의 과학 발명 학원, 언어 능력을 높이기 위해 월 20만 원의 논술 학원, 그리고 초등학교 수학을 대비해서 월 20만 원의 수학 학원에 다녔다. 유치원부터 민재는 월 180만 원의 속진 사교육을 받고 있었던 것이다. 초등학교에 들어서면서 민재는 영어 유치원이 아닌 영어 학원에 다니기 시작했으며, 매년 방학이 되면 학원에서 실시하는 어학연수를 다니면서 영어를 공부했다. 그리고 초등학교 3학년이 되어서는 한 대학교에서 주최하는 수학, 과학 경시대회에 참가하기 위해 기존에 다니던 학원에 더해서 개인 과외를 통해서 초등학교 3학년 당시 6학년 과정까지 전부 공부했다. 경시대회의 참가자는 4학년부터 6학년까지라는 나이

제한만 있을 뿐 학년별로 시험을 보는 것이 아니기에 민재가 경시대회에서 상을 타기 위해서는 6학년 과정까지 전부 배우는 것은 당연히 해야 할 일이었던 것이다. 또한 경시대회와 더불어 여러 학원에서 실시하는 과학 캠프에 참여하면서 영재로 선발되기 위해 노력했다고 한다. 민재가 말하기로는 자기는 어렸을 때부터 만들어지고 다듬어진 영재가 아니었겠느냐고 했다. 민재는 지금 생각해보면 자신이 초등학교 당시 사교육을 많이 받을 때는 교과 위주의 사교육만 6개를 등록했으며, 그 비용이 300만 원이 넘었을 것이라고 말했다. 또한 중학교에 들어서면서 민재의 부모는 민재를 전교 1등으로 만들고 학교 영재로 만들기 위해서 중학교 1학년 당시에 중학교 3학년 과정까지 전부 공부시켰고, 과외, 학원, 인터넷 강의 등 모든 것을 활용해서 민재를 공부시켰다. 국어, 영어, 수학, 과학, 사회는 인터넷 강의를 통해서 연 120만 원, 즉 월 10만 원이 들었고, 수학, 과학, 영어는 학원과 과외를 시키면서 한 과목당 50만 원 즉 월 300만 원이 들었다. 중간에 각종 대회가 있으면 이 개수는 일시적으로 늘어날 때도 있었던 것을 감안하면 중학교에 다니는 동안 월 400만 원 정도의 비용을 들였다고 이야기했다. 그리고 고등학교 1학년을 다니고 있는 지금은 국어, 영어, 수학, 과학, 사회 과목에서 평일에는 과외를 주말에는 학원에 다니면서 공부하고 있으며, 방학이 되면 서울에 있는 대형 기숙 학원에 등록해서 다녔다고 이야기했다. 고등학교 과외는 과목당 월 60만 원 학원은 40만 원이고 기숙 학원의 경우 숙식과 공부를 모두 제공하면서 월 300만 원이 들었다는 점에서 평균적으로 600~700만 원 정도를 사용한 셈이다. 이러한 결과로 민재는 지금 자기 학교에서 2, 3학년들과 경쟁해서 학교 영재 학생으로 선출됐으며, 각종 경시대회에서도 다른 선배들을 제치고 우승을 하고 있다고 말했다. 마지막으로 민재는 이렇게 이야기했다.

제가 머리가 남들보다 뛰어나게 좋거나 암기력이 좋거나 그렇지는 않아요. 영재가 아닌 거는 확실히 알 거 같아요. 근데 영재는 만들어질 수 있는 것 같아요. 어렸을 때부터 저처럼 학원에 다니면서 계속 공부를 하고 일찍 시작한다면 누구나 영재가 될 수 있고 투자한 금액만큼 성적도 나오지 않을까요? 제가 그 성공 사례가 아닌가 싶어요.

민재와의 면담이 끝나고 돌아와 가영의 이야기와 비교했을 때 우리의 의문점은 거의 다 풀려버렸다. 가영보다 높은 성적에 있는 아이들은 머리가 더 좋아서도 있을 것이고 혹은 더 많은 시간을 가영보다 공부를 했기 때문에 더 좋은 성적을 받았을 수도 있다. 하지만 그중에서도 어렸을 때부터 속진 사교육을 받고 있었고 그 과정을 유치원 때부터 많은 돈을 투자하여 만들어진 아이들도 있다는 점에서 우리는 한국에서의 속진 사교육에 의해 발생되고 있는 교육 불평등을 확인할 수 있었다.

7.3 다양한 속진 사교육의 형태들

우리는 아이들과의 면담을 통해서 다양한 속진 사교육의 형태들이 있다는 점을 확인할 수 있었다. 자신의 목적에 따라서 혹은 더 빠른 속진 교육을 하기 위해서 다양한 속진 사교육을 사용하고 있는 것이다. 이번 절에서는 아이들이 속진 사교육을 어떻게 활용하고 있으며, 무엇을 이용하고 있는지에 대해 한번 자세한 이야기를 들어보려고 한다.

아이들이 속진 사교육을 받는 이유는 특목고에 가기 위해서, 영재로 선발되기 위해서, 경시대회에 우승하기 위해서 그리고 좋은 성적을 받아서 좋은 대학에 가기 위해서 등 학업적 성공을 위하여 속진 사교육을 받고 있었다. 각 자신의 목적별로 사용하는 속진 사교육의 종류는 천차만별이었다. 이에 차례대로 한번 알아보자.

속진 사교육의 종류 첫 번째 : 학원

아이들이 기본적으로 속진 사교육을 받기 위해 활용하고 있는 것은 학원이었다. 학원에서는 아이들의 나이보다 1학년에서 혹은 2개 학년을 뛰어넘는 공부를 알려주고 있었다. 우리가 만났던 모든 아이는 학원에 다니고 있었으며, 그 비용은 학년 혹은 학교급에 따라서 크게 차이가 났다. 단순한 학원이라고 말하더라도 그 종류도 다양했다. 민정의 사례에서는 특목고 면접을 위해서 중학교 시절에 고등학교 내용을 선행해줄 수 있는 학원을 찾아다녔고, 지홍의 경우 국제고에 가기 위해 어학연수를 보내주는 학원에 다니고 있었다. 또한 영재를 만들어줄 수 있는 창의 과학 학원, 경시대회 전문 학원, 한 달 동안 기숙을 하면서 아침부터 저녁까지 공부를 시켜주는 기숙 학원 등 다양한 학원들이 존재하고 있음을 확인할 수 있었다.

자신의 목적에 맞는 학원을 찾아 이를 활용하고 학업적 성공을 위해 하나의 도구로써 사용하는 것이 학원이었다. 하지만 그 금액은 20만 원에서 많게는 300만 원까지 천차만별로 나타났다. 이러한 차이들은 아이들이 그림자 교육을 불평등하게 받을 수밖에 없는 결과를 초래했다. 그리고 그 결과로 학교 성적, 경시대회, 영재 선발에 있어서 불평등한 결과를 낳기까지 했다. 결국 속진 사교육 중 하나인 학원만 보더라도 이런 큰 차이를 만들어낼 수 있고 결론적으로 사회적 계층 재생산을 만들어내는 순환의 과정을 거치고 있는 것이다.

속진 사교육의 종류 두 번째 : 과외

우리가 만난 몇몇 아이들은 학원에 더하여 과외를 받고 있었다. 과외의 경우 1대 다로 수업하는 학원에 비해 개별적인 교육이 가능하다는 점, 학원보다 훨씬 더 빠른 속도로 수업이 가능하다는 점에서 많이 이용하고 있었다. 특히 남들보다 더 빠른 속도로 공부를 하고 그리고 더 높은 성적을 받는다는 점에서 과외를 이용하고 있었다.

하지만 그 비용은 어마어마했다. 개인 과외의 경우 한 과목당 40만 원에서 많게는 과목당 100만 원까지 일반적인 아이들이 받을 수 없는 금액이었다. 한 과목에 40만 원이라고는 하지만 국어, 영어, 수학, 사회, 과학 우리가 흔히 말하는 주요 교과만 하더라도 벌써 그 금액이 200만 원이 넘어간다. 이에 책값, 기타 비용들을 다 합치면 한 달에 300만 원이 벌써 과외로만 투자되는 것이다. 이러한 금액은 일반적인 가정에서 감당할 수 있는 금액일까 하는 의문이 든다. 하지만 한국의 부모들은 이러한 금액에도 불구하고 아이들의 학업적 성공을 위해, 그리고 더 좋은 직업을 갖게 하려고 이 정도의 금액을 투자하면서 아이들을 공부시키고 있다.

우리가 만났던 가영의 집도 그렇게 부유한 형편의 가정은 아니었다. 아버지의 한 달 월급은 500만 원 정도였고 그중 200만 원을 가영의 과외비로 지출하고 있었다. 민재의 경우에도 가정이 좀 더 부유했기에 과외비로 400만 원가량을 지출할 수 있었다. 한국의 부모들은 월 소득의 50% 이상을 아이들의 과외비로 지출하고 있었으며, 그 결과는 확실한 차이로 나타나고 있었다. 이러한 금액의 차이에 따라 나타나는 결과는 결국 교육 불평등의 현실은 그림자 교육 내에서 일어나고 있으며, 계층에 따라 달라질 수밖에 없는 현실을 나타내고 있다는 것이다.

7.4 끝맺는 말

한국의 교육 불평등은 여러 가지 형태로 나타나고 있다. 그것이 공부의 환경, 지역, 부모의 직업 등 다양한 형태로 만들어지고 있다는 사실은 기존의 연구에서 많이 밝혀지고 있다. 하지만 그러한 교육 불평등의 현상 중 속진 사교육도 교육적 불평등의 현상을 만들어내고 있는 하나의 조건이며, 그러한 결과는 아이들의 대학 진학과 직업을 만들어내는 사회적 계층의 재생산으로 이어지고 있다는 점에서 우리가 만난 아이들과의 대화들은 가치가 있을 것이다. 이러한 점들은 한국의 공교육에서 해결하고 싶어 하고 평등한 교육을 추구하고 싶어 하는 교육 정책가들에게 하나의 시사점을 줄 수 있을 것이다. 이러한 한국의 교육적 현상들에 직접 들어가 조사하고 이러한 관찰 결과들을 바탕으로 해결하려고 노력한다면 교육 불평등의 현상을 조금씩 좋아지지 않겠느냐는 생각을 한다.

8

미국 아빠도 따라 한다

SKY행 고등학생 고액 개인 과외

한국에서 학생들이 과외를 받는 이유로 많은 사람들이 속진 학습을 통해 학교에서 배울 내용을 미리 공부함으로써 더 효율적으로 공부하려는 목적이라고 생각한다. 이 주장이 틀린 것은 아니지만, 실제로 고등학교 2~3학년에게 과외는 새로운 내용을 배우기보다는 이미 배운 내용 중 기억나지 않거나 이해하지 못한 부분을 보충하는 맞춤형 학습을 제공한다. 이런 특징 때문에 학생들은 공교육에서 모든 내용을 학습한 후에도 과외를 계속 받는다. 그렇다면 과외라는 '그림자 교육'에서 학생들이 겪는 교육적 불평등은 무엇이며, 그 차이는 얼마나 큰지 살펴보고자 한다.

8.1 SKY를 향한 고등학교 과외, 그렇지 못한 현실

SKY 대학(서울대, 고려대, 연세대)에 진학하려는 학생들은 크게 두 가지 전형을 준비한다. 첫째, 뛰어난 내신 성적과 비교과 활동을 통해 수시 전형을 준비하면서도 수능 최저등급을 충족하려고 한다. 둘째, 수능 시험에서 고득점을 목표로 하는 정시 전형이다. 학생들이 공교육 외에도 과외와 같은 그림자 교육을 선택하게 되는 배경을 살펴볼 필요가 있다. 2022학년도 대한민국 초 · 중 · 고 학생들의 사교육 참여 현황을 보면 고등학생의 과반수가 과외에 참여하고 있음을 알 수 있다.

[표 8-1] 우리나라 초중고 학생의 사교육 현황

	2022					
	사교육비 총액 (억원)	전체학생 1인당 연평균사교육비 (만원)	전체학생 1인당 월평균사교육비 (만원)	참여학생 1인당 월평균사교육비 (만원)	사교육 참여율 (%)	참여학생주당 사교육 참여시간
전체	259,538	492.0	41.0	52.4	78.3	7.2
초등학교	119,055	446.9	37.2	43.7	85.2	7.4
중학교	70,832	525.3	43.8	57.5	76.2	7.5
고등학교	69,651	551.8	46.0	69.7	66.0	6.6
ㅡ일반고	66,886	629.8	52.5	72.4	72.5	7.4

사례로 지방 광역시 H고등학교에 재학 중인 지성(가명)은 3월 교육청 모의고사를 치른 후 친구들과 학습법에 대해 이야기를 나눴다. 대화의 주된 내용은 전교 1등의 공부 비결과 3학년 모의고사에서 눈에 띄게 성적이 오른 친구들의 학습 방법이었다. 전교 1등 학생은 고1 때부터 대학생 과외 선생님에게 국어, 영어, 수학 과목을 개인 과외로 배웠고, 성적 상승을 이룬 다른 학생들도 방학 동안 개인 과외를 진행했다. 지성은 반 친구들 중 얼마나 많은 학생이 과외를 듣는지 확인해 보았고, 각 반 상위권 학생 대부분이 과외 수업을 듣고 있음을 알게 되었다.

이처럼 과외의 효율성은 학생들이 잘 알고 있지만, 비용 문제가 큰 걸림돌이다. 단과 학원의 경우 한 과목당 30~40만 원 정도, 인터넷 강의는 한 과목당 10만 원에 이용할 수 있다. 하지만 과외는 1대1 수업이기 때문에 비용이 훨씬 높다. 한 과목당 최소 40만 원에서 시작하며, 성적이 오를수록 추가 인센티브가 붙어 과목당 100만 원이 넘는 경우도 있다. 과목당 100만 원씩 5과목을 수강한다면 월 500만 원이 필요한데, 대부분의 가정은 이런 비용을 감당하기 어려운 것이 현실이다. 그럼에도 불구하고 왜 많은 학생들이 과외를 선택하는지 구체적인 사례로 살펴볼 필요가 있다.

8.2 SKY의 내비게이션, 과외

그렇다면, 이처럼 상위권 학생들이 선택하는 과외란 무엇일까? 과외란, 과외 선생님이 학생과 일대일로 맞춤형 수업을 진행하는 것이다. 그리고 과외선생님은 과외수업 자체를 직업으로 하는 '전문과외 선생님'과 '대학생 과외 선생님'으로 나뉜다. 이들의 공통점은 가르치는 과목에 대한 수능성적이 우수하다는 것이며, 추가적으로 관련 교과목에 대한 수상내역 및 사설 문제집 출판 & 사설 모의고사 출제경력 등을 가지고 있는 경우도 있을 만큼 '해당 과목의 실력자'라는 것이다. 그렇다면, 둘을 구분하는 것은 무엇일까? 가장 큰 차이는 바로 '최근의 입시를 직접 경험 하였는가?'의 여부이다. '대학생 과외 선생님'은 '전문과외 선생님'에 비해 비교적 최근에 직접 입시생활을 하며, 최근 수능영역에 대한 이해도 및 경향성의 파악을 잘 하고 있을 것이라는 인식이 강하다.

과외는 단순히 국어, 영어, 수학, 사회탐구, 과학탐구와 같은 교과목에 국한된 것이 아닌, 명문 대학의 예체능 전공실기 시험을 준비하는 학생들의 실기분야에까지 다양한 종류의 수업이 진행된다. 학생은 원하는 과외선생님을 찾고, 과외선생님은 과외할 학생을 찾는 K과외 플랫폼에서는 약 130만명의 학생, 45만명의 과외선생님이 회원가입이 돼있을 정도로 과외시장의 규모는 큰 편이다. 그렇다면 과외 수업을 듣는 것에 대한 비용은 어떻게 될지 아래의 표를 통해 알아보자.

[표 8-2] 전문 강사와 대학생 과외의 비용 비교

직장/학교(학과)	시급	직장/학교(학과)	시급
강남★학원 출강 강사	13만 원	국립대 기계공학과	2만 원
S대 의예과	10만 원	C교육대학교 초등교육학과	2만 원
U대 의예과	9만 원	C교육대학교 초등교육학과	4만 원
P대 치의예과	5만 원	S대 수학교육과	4만 원

[표 8-2]는 수 많은 과외 플랫폼, 입시 커뮤니티에서 볼 수 있는 상위권 학생들이 택하는 과외 선생님의 글에서 볼 수 있는 케이스들을 일부 표로 작성한 것이다. 2023년 최저시급이 9,620원인 것에 비해 과외의 시간당 비용은 적게는 약 2배 많게는 14배에 가까이 최저시급과 차이가 나며, 동일 학과일 경우 대학의 순위가 높은 순서로 시급의 차이가 발생하기도 하고 선생님 자체의 역량(가파른 성적 상승경험, 수업과목 관련 스펙)에 따라 같은 대학이더라도 시급의 차이가 있음을 확인할 수 있었다.

한편, 이러한 과외 수업을 택하는 학생들은 어떠한 학생일까? 과외 수업을 수강하는 학생들은 공교육의 수업은 단순히 교과서의 내용을 읽는 정도에 그치는 수업, 실전성이 부족한 수업으로 치부하는 경향이 있다. 또한 이러한 공교육의 교재만으로는 원하는 최상위권의 성적에 도달하기엔 역부족이라는 판단하에 수능 및 내신시험 고득점을 위한 학생 맞춤형 수업을 듣길 원하는 학생들이 주로 과외를 택하는 학생으로 볼 수 있다. 학생들의 이러한 인식을 유발하는 사례로 아래의 [문항 8-1], [문항 8-2]를 한 번 살펴보자

문항 8-1 M출판사의 미적분교과서 정적분의 활용 단원 중에서 넓이 문항
곡선 y=cosx와 x축 및 두 직선 x=π, x=3π로 둘러싸인 도형의 넓이를 구하시오.

문항 8-2 2015학년도(2014년 시행) 9월 평가원 수학B형 30번

30. 양의 실수 전체의 집합에서 감소하고 연속인 함수 $f(x)$가 다음 조건을 만족시킨다.

> (가) 모든 양의 실수 x에 대하여 $f(x)>0$이다.
> (나) 임의의 양의 실수 t에 대하여 세 점
> $(0, 0)$, $(t, f(t))$, $(t+1, f(t+1))$
> 을 꼭짓점으로 하는 삼각형의 넓이가 $\frac{t+1}{t}$이다.
> (다) $\int_1^2 \frac{f(x)}{x}dx=2$

$\int_{\frac{7}{2}}^{\frac{11}{2}} \frac{f(x)}{x}dx=\frac{q}{p}$라 할 때, $p+q$의 값을 구하시오. (단, p와 q는 서로소인 자연수이다.) [4점]

[문항 8-1] M교과서의 적분 문항, [문항 8-2]는 2015학년도 9월 평가원 수학 B형 시험의 30번으로 적분 단원의 문항이다. 두 문항 모두 적분 내용을 담고 있는 문항이지만, 교과서의 문항이 단편적인 넓이를 구하는 것 하나의 해결만을 요구하는 것에 비해, 실제 모의고사에서는 단순한 면적계산이 아닌, 세 점을 이용한 삼각형 넓이를 구해 함수식을 이끌어 내는 것과 함수의 식 치환을 통한 적분 구간을 변경하는 과정을 거쳐야 비로소 구하고자 하는 값을 도출해 내는 복잡한 문제이다. 이처럼 교과서의 문항 예제들과 실제 모의고사 및 수능에서의 문항 난이도의 괴리감은 학생들의 공교육 불신을 심화시키고 개개인의 맞춤형 수업을 통해 약점 보완 및 실력 상승을 이룰 수 있는 과외로 시선을 돌리게 되는 근원적인 문제점 중 하나로 볼 수 있다. 특히, '과외'는 '골프레슨'에서 'OPL(One Point Lesson)'과 같이 부족한 점을 집중적으로 보완하는 것을 통해 상위권 학생들이 공교육만으로 나아갈 수 없는 최상위권으로의 길을 나아가게 해준다는 점에서 많은 상위권들이 발길을 내딛는 영역이라고 볼 수 있다.

8.3 과외 수업 내용, 수업 방법

그렇다면, 과외 수업은 공교육과 어떠한 부분의 차이가 있는지를 알아보고자 한다. 수업방식과 교육내용에 대해서는 크게 국어, 수학, 영어, 탐구영역에 대해 어떤 학생이 어떤 기준으로 선생님을 선택하여 어떻게 수업이 진행되는지를 공교육의 수준에서 흔히 볼 수 있는 경우와 과외를 할 때 볼 수 있는 풀이 방식의 비교를 통해 설명하고자 한다.

과외의 첫 번째 이유 : 학교에서 제공하지 못하는 맞춤형/개별형 수업

많은 한국의 학생들이 비싼 금액에도 불구하고 과외를 받는 이유는 맞춰진 교육 과정이 아닌 개별적으로 맞춰진 커리큘럼을 제공한다는 장점이 있다. 학생별로 이해가 어려운 부분과 놓친 부분은 모두 다르다. 하지만 학교에서 혹은 학원에서는 이러한 부분을 모두 맞춰주기가 어렵다는 단점이 있다. 그러나 과외는 이러한 모든 과정이 가능하다는 큰 장점이 있다. 학생별로 맞춰진 시간표 그리고 학습 일정 궁극적으로 한 학생만을 위한 교육 과정을 만들어준다는 점에서 과외는 매우 큰 이점을 가지고 있다. 그렇다면 이러한 이점이 어떻게 나타나는지 구체적인 사례를 통해서 한번 살펴보고자 한다.

고등학교 3학년이 되는 문과 학생 민국은 과외를 시작하기 전에 모의고사 수학 등급이 8~9등급이었다. 이미 내신 등급은 좋지 못하기 때문에 수시는 포기하고 정시를 노려보고자 하였다. 그럼에도 모의고사에서 수학 성적이 좋지 못하다 보니 '대학교를 어디 갈까'가 아닌 '대학교를 갈 수 있을까'라는 고민을 한 민국은, 적어도 자신이 4~5등급까지는 올려야겠다고 생각하였다. 수학을 제외한 교과들은 모의고사 성적이 3~5등급이었기 때문에, 머리가 나쁜 학생은 아니었다. 하지만 딱 한 번 수업하고 다시 복습할 일이 없는 수학으로 인해서 과거에 잠시 수학을 놓았더니 새로 배울 내용들이 전혀 이해되지 않았으며 이해가 될지라도 전후 학습과 연관 지어 생각하지 못하고 새로 배운 내용들이 모두 모래알처럼 따로따로 기억되고 있었다. 이로 인해 계속적으로 학교 수업을 제대로 집중하지 못하고 성적이 하위권에 머물러 있게 된 것이다. 그러한 이유에서 민국은 과외를 통해 중학교 일부 내용을 포함해서 개념부터 새로 배우는 학생처럼 다시 배워야 한다는 진단을 받았고, 수능을 8개월 앞두고 과외를 시작하게 되었다. 다음 [표 8-3]은 민국 고등학교 1학년 때 학교에서 배운 후 이해하지 못한 부분과 과외의 수업방식 등을 정리한 것이다.

[표 8-3] 민국의 고등학교 1학년(수학 상) 내용 과외

단원명	II. 방정식과 부등식 3-1. 이차방정식과 이차함수의 관계
학교 교사의 수업방식	- 단편적인 식 제시 - 핵심 개념 반복 설명 부재 - 교사의 시범식 문제 풀이 수업 진행
학교 수업 시간	50분
과외 강사의 수업방식	- 다양한 식 제시 - 핵심 개념 반복 설명 - 반복적인 개념 이해 확인 - 학생의 문제 풀이 직접 경험 유도 - 난이도 단계별 문제 제시
과외 수업 시간	120분
과외 전 학생의 문제점	- 개념과 문제 풀이방법이 연결되지 않음 - 일부 오개념을 가지고 있음
과외 후 학생의 개선점	- 오개념 해소 - 핵심 개념의 이해 - 개념과 문제 풀이방법의 연결

민국은 이차방정식과 이차함수의 관계를 학교에서 1차시 50분 동안 수업을 들었다. 학교 수업을 들은 후 민국 가졌던 문제점은 크게 2가지였다. 첫째, 개념과 문제 풀이방법이 연결되지 않았다. 민국이 해당 단원에서 문제를 풀 때, 어떤 문제는 쉽게 풀지만 조금만 어렵거나 자신이 보지 못한 문제는 전혀 손도 대지 못하는 경우가 많았다. 이는 개념을 온전히 이해하지 못하며, 문제 풀이방법과 개념을 연결하지 못했기 때문이다. 둘째, 해당 단원에서 일부 오개념을 가지고

있었다. 과외 강사는 민국의 문제 풀이를 본 후 민국에게 왜 이렇게 문제를 풀었냐고 물어본 결과, 민국이 온전히 개념을 이해하고 있는 것이 아닐뿐더러 오개념을 가지고 있다는 것을 확인하였다.

이러한 문제점이 나타난 이유를 학교 교사의 수업방식에서 찾았을 때, 그 이유는 크게 3가지였다. 첫째, 단편적인 식만을 제시하였다. 학교 교사는 50분이라는 짧은 수업 시간에 개념을 빠르게 설명하다 보니, 다양한 식을 제시하지 않고 예시를 단편적으로 들었다. 이로 인해 민국이 이차방정식의 정의를 잘못 이해하여 오개념이 발생하였다. 둘째, 핵심 개념을 딱 한 번만 설명하고 반복하지 않았다. 학교 교사는 짧은 시간에 개념을 설명하고 문제 풀이까지 끝내야 했기 때문에, 핵심 개념을 한 번만 설명하고 다시 개념을 설명하지 않았다. 이는 한 번 만에 이해가 되지 않았던 민국에게 다시 개념을 이해할 경험을 제시하지 않은 것이었다. 이로 인해 민국은 개념을 온전히 이해하지 못한 상태에서 문제 풀이 수업을 들을 수밖에 없었다. 셋째, 교사의 일방적인 시범식 문제 풀이 수업이다. 모든 학생이 문제를 풀어볼 시간을 제시하지 않고 바로 문제를 풀어나가는 학교 교사의 시범식 문제 풀이 수업은, 교사의 시범 이후 복습을 통한 사고를 할 시간을 제공하지 않았다. 특히 학교 교사가 개념을 연결하지 않고 오로지 해당 유형의 문제를 풀어나가는 방식은, 여러 유형의 문제 풀이방법을 제각각 외워야 하도록 만들었음에도 학생이 직접 문제를 풀 기회를 제공하지 않았다는 점에서 수업이 끝나자마자 수업 내용을 잊어버리도록 만들었다.

하여 민국의 이러한 문제점을 해결하고자 과외 강사는 5가지의 수업방식을 사용하여 120분간 수업하였다. 첫째, 다양한 식을 제시하였다. 민국이 단편적인 예시만을 경험하여 오개념이 생겼기 때문에 과외 교사는 다양한 식을 제시하였다. 둘째, 핵심 개념을 반복적으로 설명하였다. 처음 개념 설명 이후 문제 풀이 단계에서도 지속적으로 핵심 개념을 설명하여 학생이 문제 풀이방법과 핵심 개념을 연결할 수 있도록 하였으며, 핵심 개념을 까먹지 않도록 하였다. 셋째, 전

과정에서 개념을 이해하고 있는지 확인하였다. 핵심 개념을 잘 기억하고 있는지, 오개념은 사라졌는지 확인하기 위하여 수업의 모든 과정에서 핵심 개념을 질문하며 이에 답하도록 하였다. 특히 문제 풀이 과정에서 왜 그러한 방법으로 문제를 풀었는지 질문하였다. 넷째, 학생이 직접 스스로 문제를 풀도록 하였다. 처음에는 문제를 푸는 것을 보여주지만 이후부터 학생이 직접 스스로 문제를 풀어보며, 왜 개념을 정확히 알고 있는 것이 다른 유형의 문제를 푸는 데 도움이 되는지를 알게 하였다. 또한 이를 통해 개념을 정확히 숙지하고 문제 풀이방법이 자연스럽게 기억나도록 하였다. 다섯째, 쉬운 문제부터 어려운 문제까지 순서대로 제시하였다. 쉬운 문제를 풀어보는 것은 어려운 문제를 풀 때 힌트를 제공하기 때문에 난이도를 차근차근 풀어나가는 것은 중요하다. 특히 어려운 문제를 우선해서 푸는 것은 학생이 이해하기도 어려울뿐더러 공부하고 싶은 마음도 사라진다. 학교에서는 짧은 시간에 문제를 풀다 보니, 쉬운 문제를 건너뛰는 경우가 잦다. 하지만 과외이기 때문에 쉬운 문제부터 어려운 문제까지 순서대로 차근차근 풀어볼 수 있었다. 다음 [표8-4]는 민국이 고등학교 3학년 때 학교에서 배운 후 이해하지 못한 부분과 과외의 수업방식 등을 정리한 것이다.

[표 8-4] 민국의 고등학교 3학년(확률과 통계) 내용 과외

단원명	I. 순열과 조합 1-3. 같은 것이 있는 순열
학교 교사의 수업방식	- 고등학교 2학년 내용 상기 부재 - 공식의 도출 과정 설명 부재 - 고등학교 2학년 내용과 연결 짓지 않음
학교 수업 시간	50분

단원명	I. 순열과 조합 1-3. 같은 것이 있는 순열
과외 강사의 수업방식	- 고등학교 2학년 내용 복습 - 공식의 도출 과정 증명 - 고등학교 2학년 내용과 연결 - 학생의 다양한 방법의 문제 풀이 유도
과외 수업 시간	180분
과외 전 학생의 문제점	- 공식을 까먹음 - 오개념을 가지고 있음
과외 후 학생의 개선점	- 오개념 해소 - 고등학교 2학년 내용과 연결 지어 이해

민국은 같은 것이 있는 순열을 학교에서 1차시 50분 동안 수업을 들었다. 학교 수업을 들은 후 민국 가졌던 문제점은 크게 2가지였다. 첫째, 공식을 까먹었다. 매번 공식을 외우기만 할 뿐 공식의 도출 과정을 알지 못하기 때문에 쉽게 까먹었다. 둘째, 오개념을 가지고 있었다. 앞서 고등학교 2학년 때 배운 내용과 해당 내용이 유관함에도, 무관하다고 생각하여 한 문제에서 두 가지 풀이가 나올 수 있지만 항상 두 가지 공식 중 어떠한 공식을 써야 하는지 고민하였다.

이러한 문제점이 나타난 이유를 학교 교사의 수업방식에서 찾았을 때, 그 이유는 크게 3가지였다. 첫째, 고등학교 2학년 내용을 복습하지 않았다. 해당 내용은 고등학교 2학년 내용과 매우 밀접하게 관련되어 있다. 특히 고등학교 2학년 내용을 온전히 이해하지 못할 경우, 해당 내용의 수업은 개념을 이해하는 것이 아니라 단순히 문제를 푸는 공식을 외우는 것뿐인 수업이었다. 하지만 수업 시간이 부족하기 때문에 학교 교사는 '2학년 때 조합 배웠던 것 다 기억하고 있죠?'로 끝내고 복습은 하지 않았다. 둘째, 공식의 도출 과정을 설명하지 않았다. 공식을 사용하여 문제를 푸는 방법을 설명할 뿐, 공식이 왜 그렇게 도출되었는지 증명을 하지 않았다. 이로 인해 공식을 단순히 문제에 적용하기만 할 수 있게 되었고, 개념에 대한 이해를 저해하였다. 셋째, 고등학교 2학년 내용과 연결 짓지 않았다. 해당 내용은 고등학교 2학년에서 배운 문제를 다르게 푸는 방법을 배우고 응용하는 단계이기 때문에, 이 유형의 문제를 2가지 방법으로 다 다뤄야 하지만, 그렇지 않았다.

하여 민국의 이러한 문제점을 해결하고자 과외 강사는 4가지의 수업방식을 사용하여 180분간 수업하였다. 첫째, 고등학교 2학년 내용을 복습하였다. 고등학교 2학년의 조합 단원이 기억나지 않는 민국을 위해, 해당 단원에서 필수적인 내용만을 뽑아서 60분간 다시 설명하였다. 이를 통해 이번 내용을 배우기 위해 필수적으로 알아야 하는 내용을 알게 되었다. 둘째, 공식의 도출 과정을 증명하였다. 공식의 도출 과정을 몰랐기 때문에 계속 까먹었으며 공식을 언제 사용해야 하는지 이해하지 못한 민국을 위하여 공식의 도출 과정을 하나하나 증명하였다. 셋째, 고등학교 2학년 내용과 연결 지었다. 고등학교 2학년 내용은 단순히 이번 내용을 배우기 위해 필요한 것이 아니라, 고등학교 2학년 내용을 심화해 나가고 같은 문제를 풀 수 있는 다양한 사고를 할 수 있도록 하는 과정이다. 그렇기 때문에 모든 문제를 풀 때 두 가지 관점 모두에서 문제를 풀어보며, 두 내용이 유관함을 보였다. 넷째, 학생의 다양한 문제 풀이를 유도하였다. 과외 이전까지는 고등학교 2학년 내용과 이번 내용이 무관하다고 생각하여 같은 문제에 대해서 2가지 풀이 방식 중 무엇을 이용하여 풀어야 할지 고민하며 머뭇거렸지만, 과외 이후에 둘 다 유관함을 알게 하였기 때문에 두 풀이 방식을 모두 활용할 수 있게 되었다. 하지만 두 방식 모두 중요하기 때문에, 민국이 문제를 풀 때 반드시 모든 문제에서 두 풀이를 모두 활용하도록 하였으며 두 풀이 방식에서 요구하는 다른 사고 과정을 모두 경험할 수 있도록 하였다.

민국은 학교 수업에서 배운 내용 중 수학을 잠시 쉬었을 때로 인해 이해하지 못한 것들을 퍼즐 꿰맞추듯이 이해하였으며, 다양한 예시를 풀어보며 단원을 초월하며 개념을 정리하게 되었다. 또한 과외 2시간 수업에서 민국 모를 것 같은 부분들을 골라서 질문하는 과외 강사에 답하며 자연스럽게 자신이 배운 내용들을 머릿속에서 정리할 수 있게 되었다. 이로 인해 A는 8개월 남짓의 과외를 받았을 뿐이지만 과외 전 8~9등급에서 수능에서는 3등급의 수학 성적을 받았고, 대학교에 잘 진학하게 되었다.

과외의 두 번째 이유: 이해가 될 때까지

과외의 두 번째 장점은 학생이 이해될 때까지 반복적인 학습이 가능하다는 점이다. 앞서 말했듯 과외는 모든 과정을 알려주는 것이 아닌 학생에게 맞는 교육 과정을 재구성하여 제공한다는 장점이 있다고 말하였다. 하지만 학생이 그래도 이해하지 못한다면 과외 강사는 계속적이고 반복적으로 학생이 이해할 때까지 반복해줄 수 있다는 장점이 있는 것이다. 과외에서는 일대일로 수업을 하고 학교처럼 수업 진도에 영향을 받지 않는다. 그러기에 과외 강사는 학생이 이해가 되지 않을 때면 끝까지 강의를 해준다는 강점이 있는 것이다.

[표 8-5] 대휘의 고등학교 3학년(기하와 벡터) 내용 과외

단원명	II. 평면벡터 1-1. 벡터의 뜻
학교 교사의 수업방식	- 학습에 필요한 개념 이해 확인 부재 - 학습에 필요한 기호 이해 확인 부재
학교 수업 시간	50분
과외 강사의 수업방식	- 학습에 필요한 개념 복습 - 본 내용 전체 재학습 - 반복적인 개념 이해 확인
과외 수업 시간	60분
과외 전 학생의 문제점	- 학교 수업을 전혀 이해하지 못함
과외 후 학생의 개선점	- 본 내용 이해 - 기호를 통한 식 표현 가능

고등학생 3학년이 되는 이과 학생 대휘는 과외를 시작하기 전에 모의고사 수학 등급이 5~6등급이었다. 대휘는 자신이 수학을 잘하는 것 같은데 성적이 낮다면서 무엇이 이유인지 모르겠다며 문제를 찾고자 과외를 하고자 하였다. [표 8-5]는 대휘가 고등학교 3학년 때 학교에서 배운 후 이해하지 못한 부분과 과외의 수업방식 등을 정리한 것이다. 대휘는 벡터의 뜻을 학교에서 1차시 50분 동안 수업을 들었다. 학교 수업을 들은 후 대휘가 가졌던 문제점은 학교 수업을 전혀 이해하지 못한 것이었다. 본 내용을 학교에서 설명을 들을 때 대휘는 학교 교사가 무엇을 말하는지 전혀 이해하지 못하였으나, 괜히 튀어 보이지 않기 위해서 그냥 가만히 있었다.

이러한 문제점이 나타난 이유를 학교 교사의 수업방식에서 찾았을 때, 그 이유는 크게 2가지였다. 첫째, 학습에 필요한 개념을 학생이 이해하고 있는지 확인하지 않았다. 본 내용은 중학교 때 배운 절댓값을 정확히 이해하고 있어야 벡터의 구성 요소 중 하나인 크기를 이해할 수 있다. 하지만 학교 교사는 중학교에서 배웠으므로 다 알고 있을 것이라고 생각하고, 학생들이 이해하고 있는지 확인하지 않았다. 하지만 이에 대해 느낌만 가지고 있는 대휘는 학교 교사가 설명하는 내용을 전혀 이해하지 못하였다. 둘째, 학습에 필요한 기호를 학생이 알고 있는지 확인하지 않았다. 칠판 판서에서 절댓값의 기호를 사용하고 있으나, 이것이 크기를 의미한다는 것은 중학교 내용을 정확히 알고 있는 학생도 까먹기 쉬운 내용이다. 하지만 학교 교사는 이를 자세히 다루지 않았으며, 모든 문제 풀이에서 기호를 사용하였기 때문에 문제 풀이방법도 제대로 배울 수 없었다.

대휘의 이러한 문제점을 해결하고자 과외 강사는 3가지의 수업방식을 사용하여 60분간 수업하였다. 첫째, 학습에 필요한 개념을 다시 가르쳤다. 절댓값 내용은 본 내용 학습에서도 중요하지만, 이후에 배울 평면 벡터, 공간 벡터에서도 매우 중요하다. 그렇기 때문에 절댓값 개념을 다시 학습하며 평면에서와 공간에서의 절댓값 예시를 보고 이번 내용과 다음에 배울 내용에 대해 경험할 수 있도록 하였다. 둘째, 본 내용을 모두 재학습하였다. 학교에서 수업을 들을 때, 전혀 이해하지 못했기 때문에 본 내용을 모두 다시 배울 필요가 있었다. 하여 본 내용을 처음 배우는 것처럼 다시 학습하였다. 셋째, 수업 전 과정에서 개념을 확인하였다. 수업하는 내용을 정확히 알고 있는 것인지 혹은 문제를 푸는 방법만 알고 있는지 확인하기 위해서 수업 전 과정에서 지속적으로 질문을 하고 학생이 답하도록 하여, 학생의 상태를 확인하였으며 또한 학생이 말해보는 과정에서 생각을 정리할 수 있도록 하였다. 이를 통해 학생이 이번 내용을 잘 이해했으며, 기호를 통해 식을 표현할 수 있도록 하였다.

대휘는 4개월의 과외를 받고 수시를 지원하게 되어 과외를 그만두게 되었다.

하지만 대휘는 이렇게 학교 수업에서 부족한 부분을 과외를 통해 채워가며, 과외 전 5~6등급에서 과외 중단 직전 모의고사에서 4등급의 수학 성적을 받았다.

과외는 시간이 많고, 학생과 교사의 관계가 직접적이라는 것에서 큰 장점을 가지고 있다. 시간이 많다는 것은 단순히 설명할 시간이 많다는 것에서 그치지 않고, 다양한 자료들을 제시할 수 있으며 이전에 배웠던 내용과 긴밀하게 연결지을 수 있다는 장점이 있다. 많은 학생이 이전에 배웠던 개념을 온전히 이해하지 못하기 때문에 새로이 배울 내용을 온전히 이해하지 못한다. 그렇기 때문에 이전에 배운 내용을 다시 설명해주고, 새로 배울 내용과 어떤 연관이 있는지 증명해주면 학생들을 더 잘 활용하고 오래 기억할 수 있다는 것이다. 이러한 학생에게 발생할 수 있는 다양한 문제점을 과외는 개별화를 통해 정확히 진단하고 이를 해결할 수 있는 다양한 수업 방법을 자유롭게 활용할 수 있다는 점에서 많은 학생에게 애용되고 있다.

과외의 마지막 이유: 과목별 맞춤형 수업

한국의 학생들이 과외를 선택하는 마지막 이유는 바로 과목별 맞춤형 수업이 가능하다는 점이다. 앞서 보았던 맞춤형 수업은 학생의 이해정도에 따라 수업을 해주는 것을 의미했다면 마지막 이유는 학생이 원하는 과목을 맞춤형으로 알려줄 수 있다는 점이다. 과외 강사들은 자신들이 자신 있어 하는 과목을 정해놓는다. 그리고 그 과목의 문제들과 개념들을 학생들이 더욱 쉽게 이해할 수 있도록 개발을 한다. 이는 학원에서도 마찬가지라고 이야기할 수 있다. 하지만 학원의 경우는 한 번 만든 문제집이나 개념서를 학생에게 맞게 바꿔주지는 못한다. 하지만 과외의 경우 자신이 만든 문제집을 학생의 이해도에 맞게 바꾸어 제공할 수 있다는 매우 큰 장점이 있다. 그렇다면 과목별로 과외 강사들은 학생들에게 어떻게 수업을 진행하고 있는지 살펴보자.

국어

SKY대학 진학을 목표로 하는 고등학교 3학년 지운은 국어 과목에서 3등급을 벗어나지 못하고 있는 학생이다. 3등급의 원인은 제한 시간 내에 국어영역 45문항을 다 푸는 것에 어려움을 겪어 다 풀지 못한 문항을 찍다시피 풀기 때문이었다. 이러한 문제점의 근원적 해결을 위하여 지운은 과외 선생님의 수업을 듣게 됐다. 지운의 과외 선생님은 대학 수학능력시험 국어영역 백분위 100으로 흔히 어려운 수능을 뜻하는 '불수능'에서 고득점을 한 실력자이지만, 9월 평가원까지는 시간 안에 문항을 다 풀지 못하고 2등급(백분위 약 95~89)의 성적을 유지했던 사람이었다. 지금부터는 지운이 학교 수업시간을 통해 배운 비문학 지문 풀이법과 과외 수업을 통해 배운 풀이법을 알아보고자 한다.

[37~42] 다음 글을 읽고 물음에 답하시오.

보험은 같은 위험을 보유한 다수인이 위험 공동체를 형성하여 보험료를 납부하고 보험 사고가 발생하면 보험금을 지급받는 제도이다. 보험 상품을 구입한 사람은 장래의 우연한 사고로 인한 경제적 손실에 ⓐ대비할 수 있다. 보험금 지급은 사고 발생이라는 우연적 조건에 따라 결정되는데, 이처럼 보험은 조건의 실현 여부에 따라 받을 수 있는 재화나 서비스가 달라지는 조건부 상품이다.

[가] 위험 공동체의 구성원이 납부하는 보험료와 지급받는 보험금은 그 위험 공동체의 사고 발생 확률을 근거로 산정된다. 특정 사고가 발생할 확률은 정확히 알 수 없지만 그동안 발생된 사고를 바탕으로 그 확률을 예측한다면 관찰 대상이 많아짐에 따라 실제 사고 발생 확률에 근접하게 된다. 본래 보험 가입의 목적은 금전적 이득을 취하는 데 있는 것이 아니라 장래의 경제적 손실을 보상받는 데 있으므로 위험 공동체의 구성원은 자신이 속한 위험 공동체의 위험에 상응하는 보험료를 납부하는 것이 공정할 것이다. 따라서 공정한 보험에서는 구성원 각자가 납부하는 보험료와 그가 지급받을 보험금에 대한 기댓값이 일치해야 하며 구성원 전체의 보험료 총액과 보험금 총액이 일치해야 한다. 이때 보험금에 대한 기댓값은 사고가 발생할 확률에 사고 발생 시 수령할 보험금을 곱한 값이다. 보험금에 대한 보험료의 비율(보험료/보험금)을 보험료율이라 하는데, 보험료율이 사고 발생 확률보다 높으면 구성원 전체의 보험료 총액이 보험금 총액보다 더 많고, 그 반대의 경우에는 구성원 전체의 보험료 총액이 보험금 총액보다 더 적게 된다. 따라서 공정한 보험에서는 보험료율과 사고 발생 확률이 같아야 한다.

물론 현실에서 보험사는 영업 활동에 소요되는 비용 등을 보험료에 반영하기 때문에 공정한 보험이 적용되기 어렵지만 기본적으로 위와 같은 원리를 바탕으로 보험료와 보험금을 산정한다. 그런데 보험 가입자들이 자신이 가진 위험의 정도에 대해 진실한 정보를 알려 주지 않는 한, 보험사는 보험 가입자 개개인이 가진 위험의 정도를 정확히 ⓑ파악하여 거기에 상응하는 보험료를 책정하기 어렵다. 이러한 이유로 사고 발생 확률이 비슷하다고 예상되는 사람들로 구성된 어떤 위험 공동체에 사고 발생 확률이 더 높은 사람들이 동일한 보험료를 납부하고 진입하게 되면, 그 위험 공동체의 사고 발생 빈도가 높아져 보험사가 지급하는 보험금의 총액이 증가한다. 보험사는 이를 보전하기 위해 구성원이 납부해야 할 보험료를 ⓒ인상할 수밖에 없다. 결국 자신의 위험 정도에 상응하는 보험료보다 더 높은 보험료를 납부하는 사람이 생기게 되는 것이다. 이러한 문제는 정보의 비대칭성에서 비롯되는데 보험 가입자의 위험 정도에 대한 정보는 보험 가입자가 보험사보다 더 많이 갖고 있기 때문이다. 이를 해결하기 위해 보험사는 보험 가입자의 감춰진 특성을 파악할 수 있는 수단이 필요하다.

우리 상법에 규정되어 있는 [고지 의무]는 이러한 수단이 법적으로 구현된 제도이다. 보험 계약은 보험 가입자의 청약과 보험사의 승낙으로 성립된다. 보험 가입자는 반드시 계약을 체결하기 전에 '중요한 사항'을 알려야 하고, 이를 사실과 다르게 진술해서는 안 된다. 여기서 '중요한 사항'은 보험사가 보험 가입자의 청약에 대한 승낙을 결정하거나 차등적인 보험료를 책정하는 근거가 된다. 따라서 고지 의무는 결과적으로 다수의 사람들이 자신의 위험 정도에 상응하는 보험료보다 더 높은 보험료를 납부해야 하거나, 이를 이유로 아예 보험에 가입할 동기를 상실하게 되는 것을 방지한다.

보험 계약 체결 전 보험 가입자가 고의나 중대한 과실로 '중요한 사항'을 보험사에 알리지 않거나 사실과 다르게 알리면 고지 의무를 위반하게 된다. 이러한 경우에 우리 상법은 보험사에 계약 해지권을 부여한다. 보험사는 보험 사고가 발생하기 이전이나 이후에 상관없이 고지 의무 위반을 이유로 계약을 해지할 수 있고, 해지권 행사는 보험사의 일방적인 의사 표시로 가능하다. 해지를 하면 보험사는 보험금을 지급할 책임이 없게 되며, 이미 보험금을 지급했다면 그에 대한 반환을 청구할 수 있다. 일반적으로 법에서 의무를 위반하게 되면 위반한 자에게 그 의무를 이행하도록 강제하거나 손해 배상을 청구할 수 있는 것과 달리, 보험 가입자가 고지 의무를 위반했을 때에는 보험사가 해지권만 행사할 수 있다. 그런데 보험사의 계약 해지권이 제한되는 경우도 있다. 계약 당시에 보험사가 고지 의무 위반에 대한 사실을 알았거나 중대한 과실로 인해 알지 못한 경우에는 보험 가입자가 고지 의무를 위반했어도 보험사의 해지권은 ⓓ배제된다. 이는 보험 가입자의 잘못보다 보험사의 잘못에 더 책임을 둔 것이라 할 수 있다. 또 보험사가 해지권을 행사할 수 있는 기간에도 일정한 제한을 두고 있는데, 이는 양자의 법률관계를 신속히 확정함으로써 보험 가입자가 불안정한 법적 상태에 장기간 놓여 있는 것을 방지하려는 것이다. 그러나 고지해야 할 '중요한 사항' 중 고지 의무 위반에 해당되는 사항이 보험 사고와 인과 관계가 없을 때에는 보험사는 보험금을 지급할 책임이 있다. 그렇지만 이때에도 해지권은 행사할 수 있다.

보험에서 고지 의무는 보험에 가입하려는 사람의 특성을 검증함으로써 다른 가입자에게 보험료가 부당하게 ⓔ전가되는 것을 막는 기능을 한다. 이로써 사고의 위험에 따른 경제적 손실에 대비하고자 하는 보험 본연의 목적이 달성될 수 있다.

37. 윗글에 대한 설명으로 가장 적절한 것은?

① 보험 계약에서 보험사가 준수해야 할 법률 규정의 실효성을 검토하고 있다.
② 보험사의 보험 상품 판매 전략에 내재된 경제학적 원리와 법적 규제의 필요성을 강조하고 있다.
③ 공정한 보험의 경제학적 원리와 보험의 목적을 실현하는 데 기여하는 법적 의무를 살피고 있다.
④ 보험금 지급을 두고 벌어지는 분쟁의 원인을 나열한 후 경제적 해결책과 법적 해결책을 모색하고 있다.
⑤ 보험 상품의 거래에 부정적으로 작용하는 법률 조항의 문제점을 경제학적인 시각에서 분석하고 있다.

38. 윗글을 이해한 내용으로 가장 적절한 것은?

① 보험사가 청약을 하고 보험 가입자가 승낙해야 보험 계약이 해지된다.
② 구성원 전체의 보험료 총액보다 보험금 총액이 더 많아야 공정한 보험이 된다.
③ 보험 사고 발생 여부와 관계없이 같은 보험료를 납부한 사람들은 동일한 보험금을 지급받는다.
④ 보험에 가입하고자 하는 사람이 알린 중요한 사항을 근거로 보험사는 보험 가입을 거절할 수 있다.
⑤ 우리 상법은 보험 가입자보다 보험사의 잘못을 더 중시하기 때문에 보험사에 계약 해지권을 부여하고 있다.

39. [가]를 바탕으로 <보기>의 상황을 이해한 내용으로 적절한 것은? [3점]

<보 기>

사고 발생 확률이 각각 0.1과 0.2로 고정되어 있는 위험 공동체 A와 B가 있다고 가정한다. A와 B에 모두 공정한 보험이 항상 적용된다고 할 때, 각 구성원이 납부할 보험료와 사고 발생 시 지급받을 보험금을 산정하려고 한다.
단, 동일한 위험 공동체의 구성원끼리는 납부하는 보험료가 같고, 지급받는 보험금이 같다. 보험료는 한꺼번에 모두 납부한다.

① A에서 보험료를 두 배로 높이면 보험금은 두 배가 되지만 보험금에 대한 기댓값은 변하지 않는다.
② B에서 보험금을 두 배로 높이면 보험료는 변하지 않지만 보험금에 대한 기댓값은 두 배가 된다.
③ A에 적용되는 보험료율과 B에 적용되는 보험료율은 서로 같다.
④ A와 B에서의 보험금이 서로 같다면 A에서의 보험료는 B에서의 보험료의 두 배이다.
⑤ A와 B에서의 보험료가 서로 같다면 A와 B에서의 보험금에 대한 기댓값은 서로 같다.

40. 윗글의 고지 의무에 대한 설명으로 적절하지 않은 것은?

① 고지 의무를 위반한 보험 가입자가 보험사에 손해 배상을 해야 하는 근거가 된다.
② 보험사가 보험 가입자의 위험 정도에 따라 차등적인 보험료를 책정하는 데 도움이 된다.
③ 보험 계약 과정에서 보험사가 가입자들의 특성을 파악하는 데 드는 어려움을 줄여 준다.
④ 보험사와 보험 가입자 간의 정보 비대칭성에서 기인하는 문제를 줄일 수 있는 법적 장치이다.
⑤ 자신의 위험 정도에 상응하는 보험료보다 높은 보험료를 내야 한다는 이유로 보험 가입을 포기하는 사람들이 생기는 것을 방지하는 효과가 있다.

41. 윗글을 바탕으로 <보기>의 사례를 검토한 내용으로 가장 적절한 것은?

<보 기>

보험사 A는 보험 가입자 B에게 보험 사고로 인한 보험금을 지급한 후, B가 중요한 사항을 고지하지 않았다는 사실을 뒤늦게 알고 해지권을 행사할 수 있는 기간 내에 보험금 반환을 청구했다.

① 계약 체결 당시 A에게 중대한 과실이 있었다면 A는 계약을 해지할 수 없으나 보험금은 돌려받을 수 있다.
② 계약 체결 당시 A에게 중대한 과실이 없다 하더라도 A는 보험금을 이미 지급했으므로 계약을 해지할 수 없다.
③ 계약 체결 당시 A에게 중대한 과실이 있고 B 또한 중대한 과실로 고지 의무를 위반했다면 A는 보험금을 돌려받을 수 있다.
④ B가 고지하지 않은 중요한 사항이 보험 사고와 인과 관계가 없다면 A는 보험금을 돌려받을 수 없다.
⑤ B가 자신의 고지 의무 위반 사실을 보험 사고가 발생한 후 A에게 즉시 알렸다면 고지 의무를 위반한 것이 아니다.

42. ⓐ~ⓔ를 사용하여 만든 문장으로 적절하지 않은 것은?

① ⓐ: 지난해의 이익과 손실을 대비해 올해 예산을 세웠다.
② ⓑ: 일을 시작하기 전에 상황을 파악하는 것이 중요하다.
③ ⓒ: 임금이 인상되었다는 소식에 많은 사람들이 기뻐했다.
④ ⓓ: 이번 실험이 실패할 가능성을 전혀 배제할 수는 없다.
⑤ ⓔ: 그는 자신의 실수에 대한 책임을 동료에게 전가했다.

[문항 8-3]은 2017학년도 대학수능시험(2016년 시행) 국어영역의 비문학 지문 중 하나를 발췌한 것이다. 당시, EBS 수능 국어영역 오답률 TOP15에 이 지문에 속한 2문제가 포함이 됐으며, 그중 39번 문항이 오답률 1위(EBS 예측 오답률 78.1%), 38번 문항이 오답률 14위(오답률 43.0%)에 기록이 되어 있다. 지운의 학교에서는 38번과 39번에 대한 해설을 아래 [문항 8-3-1]과 같이 EBS에서 제시하는 것과 완벽하게 동일한 수준으로만 제시하였다. 이 같은 해설 풀이는 그저 지문을 다 읽고 선지를 순서대로 하나씩 옳고 그름을 판단하며 답을 고르게 하는 것이기에 시간 내에 문항을 다 풀지 못하는 지운에게는 아무런 영양가 없는 풀이와 다를 바 없었다.

[문항 8-3-1]

[주제] 공정한 보험의 경제학적 원리와 보험의 목적 실현을 위한 법적 의무

37. 중심 화제 파악

정답해설 : 글의 중심 화제를 찾기 위해서는 문단의 중심 내용을 바탕으로 글의 논지를 파악해야 한다. 이 글의 1문단에서는 보험의 개념과 특징을 소개한 후, 2문단에서는 공정한 보험의 경제학적 원리를 설명하고 있다. 이어서 3문단에서는 정보의 비대칭성으로 인한 문제를 해결하는 법적 수단으로서 고지 의무를 소개한 후 4, 5 ,6문단에서 고지 의무의 구체적 내용과 함께 보험 본연의 목적 달성을 위한 기능을 설명하고 있다. 그러므로 이 글은 공정한 보험의 경제학적 원리와 보험의 목적을 실현하는 데 기여하는 법적 의무를 살피고 있다고 할 수 있다. **정답 ③**

[오답피하기] ① 보험사가 보험 계약에서 준수해야 할 법률 규정의 실효성을 다룬 글이 아니므로 적절하지 않다.

② 보험사의 상품 판매 전략에 대해 설명하는 글이 아니므로 적절하지 않다.

④ 보험금 지급을 두고 벌어지는 분쟁의 원인을 다룬 글이 아니므로 적절하지 않다.

⑤ 보험 상품 거래에 부정적으로 작용하는 법률 조항의 문제점을 다룬 글이 아니므로 적절하지 않다.

38. 세부 내용 추론

정답해설 : 4문단에서는 고지 의무의 '중요한 사항'은 보험사가 보험 가입자의 청약에 대한 승낙을 결정하는 근거가 된다고 서술하였다. 그러므로 보험사는 보험에 가입하고자 하는 사람이 알린 '중요한 사항'을 근거로 보험 가입을 거절할 수 있다는 것을

추론할 수 있다 **정답 ④**

[오답피하기] ① 4문단에서 보험 계약은 보험 가입자의 청약과 보험사의 승낙으로 성립된다고 하였다. 그런데 이를 바탕으로 보험사가 청약을 하고 보험 가입자가 승낙을 해야 보험이 해지된다고 판단할 수는 없으므로 적절하지 않다.

② 2문단에서 공정한 보험에서는 보험료 총액과 보험금 총액이 일치해야 한다고 하였으므로 적절하지 않다.

③ 1문단에서 보험은 보험 사고가 발생하면 보험금을 지급받는 제도라고 설명하였다. 그러므로 보험금은 사고가 발생해야 지급받는 것이라고 할 수 있다.

⑤ 5문단에서 상법에서 보험사에게 계약 해지권을 준다고 하였다. 하지만 계약 해지권은 보험 본연의 목적 달성을 위한 것이지, 보험사의 잘못을 중시하기 때문에 부여하는 권한이 아니므로 적절하지 않다.

39. 구체적 상황에 적용하기

정답해설 : [가]에서 공정한 보험에서는 보험료율과 사고 발생 확률이 같아야 한다고 하였다. 그리고 보험료율은 보험료/보험금이다. 그런데 <보기>에서 공동체 B에서의 사고 발생 확률은 공동체 A에서의 사고 발생 확률보다 두 배가 높다. 따라서 공정한 보험이 항상 적용된다면 B에서의 보험료는 A에서의 보험료의 두 배가 되어야 한다. 그리고 만약 A와 B에서의 보험료가 같다면 A에서의 보험금은 B보다 두 배 많아야 한다. 그런데 보험금에 대한 기댓값은 사고 발생 확률과 보험금을 곱한 값이다. 결국 B에서 사고 발생 확률은 A의 두 배이지만 보험금은 A가 B보다 두 배 많으므로 A와 B에서의 보험금에 대한 기댓값은 서로 같다고 할 수 있다. **정답 ⑤**

[오답피하기] ① A에서 보험료를 두 배로 높이면 공정한 보험에 따라 보험금도 두 배로 높아져야 한다. 하지만 보험금에 대한 기댓값은 사고 발생 확률에 보험금을 곱한 값이다. 따라서 A에서 보험료를 두 배로 높이면 보험금에 대한 기댓값도 변한다고 할 수 있다.

② B에서 보험금을 두 배로 높이면 공정한 보험에 따라 보험료도 두 배로 높아져야 한다. 따라서 보험료도 변한다고 할 수 있다.

③ [가]에서는 공정한 보험이 되려면 보험료율과 사고 발생 확률이 같아야 한다고 하였다. 그런데 B에서의 사고 발생 확률은 A에서의 사고 발생 확률의 두 배이다. 따라서 A와 B에서 적용되는 보험료율은 같다고 할 수 없다.

④ [가]에서는 공정한 보험이 되려면 보험료율과 사고 발생 확률이 같아야 한다고 하였다. 보험료율은 보험료/보험금이다. 따라서 A와 B에서의 보험금이 같다면 B에서의 보험료는 A에서의 보험료보다 두 배 많아야 한다.

40. 세부 정보, 핵심 정보 파악

정답해설 : 5문단에서 일반적으로 법에서 의무를 위반한 자에게 손해 배상을 청구할 수 있는 것과 달리, 보험 가입자가 고지 의무를 위반했을 때에는 보험사가 계약 해지권만 행사할 수 있다고 하였다. 따라서 고지 의무를 위반한 보험 가입자가 보험사에 손해 배상을 해야 하는 것은 아니라고 할 수 있다. **정답 ①**

[오답피하기] ② 4문단에서 고지 의무의 '중요한 사항'은 차등적인 보험료를 책정하는 근거가 된다고 하였으므로 적절하다.
③ 3문단에서 보험 가입자들이 자신의 진실한 정보를 주지 않는 한, 보험사는 보험 가입자가 가진 위험의 정도를 정확히 파악하기 힘들다고 하였다. 그리고 이를 해결하기 위해 보험사는 보험 가입자의 특성을 파악하기 위한 수단이 필요하다고 하였다. 따라서 고지 의무는 보험 가입자의 특성을 파악하기 위한 수단이라고 할 수 있다.
④ 3, 4문단을 통해 정보의 비대칭성으로 인한 문제를 해결하기 위한 수단이 고지 의무라는 것을 알 수 있으므로 적절하다.
⑤ 4문단에서 고지 의무는 자신의 위험 정도에 상응하는 보험료보다 더 높은 보험료를 납부하는 문제로 보험에 가입할 동기를 상실하게 되는 것을 방지한다고 하였으므로 적절하다.

지운의 과외 선생님은 수험생활의 자신이 겪었던 것과 도일하게 비문학의 풀이에 많은 시간을 쏟게 되어 시간 부족을 겪는 지운에게 항상 지문의 핵심 주제문 또는 키워드를 파악하는 훈련을 시켰다. 이는 과외 선생님이 수능날 고득점을 할 수 있는 핵심적인 풀이 태도였으며, 그 풀이 태도는 다음과 같다. 그림 1의 첫 번째 문단을 통해 보험에 대한 글이 전개됨을 파악한 후, 두 번째 문단의 본래 보험 가입의 목적이 금전적 이득을 취하는 게 아닌 경제적 손실을 보상받는 데 있는지와 보험료와 보험금의 관계가 어떠해야 공정한 보험이 되는지를 설명하는 글이 전개되는 것을 통해 이 지문의 핵심 키워드가 보험 중에서 공정한 보험일 것이라고 판단을 내리는 것이다.

이러한 핵심 주제문 또는 키워드는 실제 문항 풀이에서 ①~⑤번 문항을 순서대로 읽고 옳고 그름을 판단하는 전형적인 풀이에서 벗어나 어떤 키워드가 된 선지를 먼저 파악할 것인지에 대한 대답을 내려준다. 이러한 태도를 갖춘 채 38번 문항을 보면 '공정한 보험'이 포함된 ②번 선지를 먼저 확인을 해야 하는 것이고 39번 문항의 경우 두 위험 공동체의 예시가 나왔기에 두 위험 공동체에서 공정한 보험임을 확인하기 위한 비교 선지인 ④, ⑤번을 먼저 확인하는 풀이 태도를 갖춰야 한다는 것이다. 실제로 38번 문항의 경우는 정답이 ②번이 아닌 ④

번이었지만, 오답률 1위였던 39번 문항의 경우엔 먼저 확인해야 할 선지 중에서 하나였던 ⑤번이 정답이었다.

이처럼 지운의 과외 선생님의 비문학 접근 방법론의 수업을 듣고 실제 적용을 해보는 과정에서 지운은 비문학의 문제풀이 단축을 이뤄낼 수 있었고 2~3등급의 늪에서 벗어날 수 있게 됐다.

수학

지역 명문 중학교를 상위 0.5%로 졸업하여 지역 명문 사립고등학교에 진학한 은채는 SKY 대학 또는 메디컬 계열 진학을 위해 열심히 공부하는 학생이다. 하지만 고등학생이 된 후 처음 응시하게 된 3월 교육청 모의고사에서 계산 위주의 수학 문제가 주된 중학교 시험과는 다른 모의고사 문항들에 크게 당황하고 수능 수학 고득점을 위해 과외 선생님께 수학 수업을 듣게 됐다. 과외 선생님은 대학수학능력 시험 수학가형(이과수학) 1등급, 백분위 99에 해당하는 분이었고 수학, 과학 심층 면접이 있는 지방 과학기술원 중 한 곳에 합격하였을 뿐만 아니라 의대, 한의대 수시면접 경험도 있는 터라 은채에겐 수학 실력 향상을 위한 목적뿐만 아니라 입시상담도 할 수 있는 일석이조에 해당하는 선생님이었기에 은채는 그 선생님과의 과외 수업을 시작하게 됐다.

은채의 과외 선생님은 첫 수업에서 은채가 직접 응시하였던 3월 교육청 모의고사 풀이 수업을 진행하였다. 30개의 문항 중 특히 은채가 겉으로 보기엔 접근하기 쉬워 보였으나 막상 풀이를 시작하자 정답 도출까지진 해내지 못 한 29번 문항(문항 8-4)에 대한 풀이 수업에 대한 내용을 담아보고자 한다. 29번 문항은 당시 오답률 TOP2위(오답률 85.5)의 고난이도 문항이며, 이 문항에 대해 교육청에서 제시하는 해설지는 [문항 8-4-1]이다.

[문항 8-4] 3월 교육청 모의고사 수학영역

29. 좌표평면에 꼭짓점이 점 A로 일치하는 두 이차함수

$y=-x^2+2x$,

$y=ax^2+bx+c\,(a>0)$

의 그래프가 있다. 함수 $y=ax^2+bx+c$의 그래프가 y축과 만나는 점을 B라 하고, 점 B를 지나고 x축에 평행한 직선이 함수 $y=ax^2+bx+c$의 그래프와 만나는 점 중 B가 아닌 점을 C라 하자. 두 점 A, C를 지나는 직선이 y축과 만나는 점을 D라 할 때, 삼각형 BDC의 넓이가 12이다. $2a-b+c$의 값을 구하시오. (단, a, b, c는 상수이다.) [4점]

[문항 8-4-1] 3월 교육청 모의고사 수학영역 해설지

두 점 B와 C는 y좌표가 같고,
이차함수 $y=ax^2+bx+c$의 그래프의 축인 직선 $x=1$에 대하여 대칭이므로 점 C의 좌표는 C$(2, c)$이다.
두 점 A와 C를 지나는 직선은 기울기가
$\frac{c-1}{2-1}=c-1$이고 점 $(1, 1)$을 지나므로
직선의 방정식은 $y=(c-1)x+2-c$이다.
직선의 y절편이 $2-c$이므로
점 D의 좌표는 D$(0, 2-c)$이다.
$\overline{BC}=2$, $\overline{BD}=2c-2$이므로
삼각형 BDC의 넓이는

$\frac{1}{2}\times2\times(2c-2)=12$

$2c-2=12$

$2c=14$

$c=7$

㉠에서 $a=6$, $b=-12$

따라서 $2a-b+c=12+12+7=31$

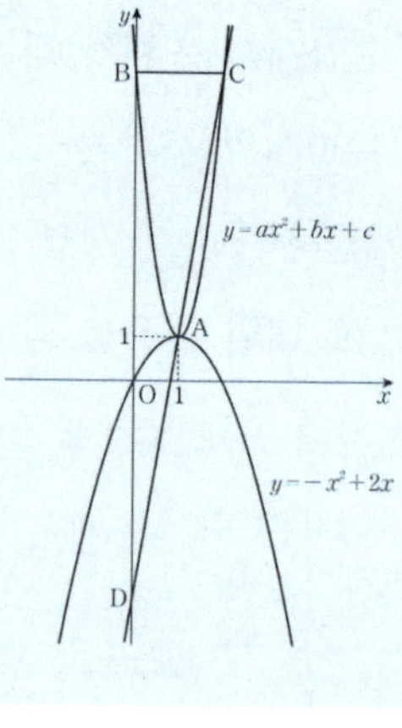

먼저, 과외 선생님은 은채가 [문항 8-4-1]에 해당하는 풀이까지는 접근했으나, 그 이후로 진행하지 못한 것을 파악했다. 은채는 문제에서 제시한 조건을 통해 b,c라는 문자를 없앤 식을 도출하는 것까지는 가능했으나, 이후 삼각형 BDC의 넓이가 12인 것과 연결짓는 과정에서 막혀 B, C, D 점에 미지수를 대입한 좌표를 설정해 복잡한 수식만 쓰다가 해결하지 못한 것이다.

과외 선생님은 이차함수나 일차함수가 등장할 때 단순히 식을 변형하는 것이 아니라, 각 함수의 특성을 잘 이해해야 한다고 설명했다. 문항에서 더 이상 직접적인 힌트가 없어 보였으나, 이차함수가 축을 기준으로 대칭된다는 사실이 이미 힌트였던 것이다. B, C점의 y좌표가 같다는 사실과, B점이 꼭짓점에서 x좌표가 -1만큼 이동한 것이므로, C점은 꼭짓점에서 $+1$만큼 이동한 2라는 결론에 도달했다. 이에 따라 B점의 좌표는 $(0,c)$, C점의 좌표는 $(2,c)$가 된다. 여기까지만 보면 교육청 해설지와 과외 선생님의 풀이가 차이가 없을 것이다.

그러나, 과외 선생님은 이차함수의 대칭성을 활용했듯이, 일차함수에서는 기울기(y값 증가량/x값 증가량)이 일정하다는 점을 이용했다. A점에서 C점으로 이동할 때 x값이 1 증가하면, y값은 $c-1$만큼 증가한다. 또한, 일차함수의 기울기가 일정해야 하므로, A점에서 D점으로 이동할 때 x값이 -1만큼 증가하면 y값은 $-(c-1)$만큼 감소해야 기울기가 일정해진다. 따라서 D점의 좌표는 기존 A점 $(1,1)$에서 x축으로 -1, y축으로 $-(c-1)$만큼 이동한 $(0,2-c)$가 된다.

이처럼 교육청의 출제 의도는 '이차함수의 성질과 삼각형의 넓이를 활용한 함수식 구하기'였지만, 과외 선생님은 이차함수의 기하학적 성질을 활용했듯, 일차함수에서도 기하학적 성질을 효율적으로 이용해 각 좌표를 도출해내는 방법을 가르쳤다. 이 과정에서 문항에 명시된 힌트가 없더라도, 숨겨진 힌트를 찾아가는 풀이 태도를 익히게 했고, 은채는 이를 통해 수능식 풀이 사고 능력을 크게 향상시킬 수 있었다.

영어

2018학년도 수능(2017년 시행)부터는 영어시험이 절대평가로 바뀌게 되어 상대적으로 부담감이 적어졌다는 얘기도 많지만, 90점(1등급)과 1점 차이 나는 89점은 80점과 동일한 2등급이 되어 입시에서 손해를 보는 경우도 많다. 다음은 모의고사 점수가 87점~89점으로 딱 높은 배점 한 문제(3점) 정도만 더 맞히게 되면 1등급이 될 수 있는 1, 2등급의 갈림길에 서 있는 정민과 과외 선생님의 수업 사례이다. 정민의 과외 선생님은 유학파도 아니고 회화 능력도 전무하다시피 하지만, 수능 영어만큼은 엄청난 기출문제 분석을 통한 정답의 논리성 훈련 및 수많은 인강, 학원 수업 속 장점만을 쏙쏙 모아 피나는 노력 끝에 상대평가 시절 수능 영어영역 1등급을 쟁취한 의지의 선생님이었다. 수능식 문제풀이 능력만 갖추면 되는 정민에게 더할 나위 없이 수능에 최적화된 좋은 과외 선생님이었다.

아래 [문항 8-5]와 [문항 8-5-1]은 2020학년도 수능(2019년 시행)의 오답률(71.1) 1위 문항이었던 고난이도 유형의 문제, 해석본이다. 이 문항에 대한 과외 선생님과 정민의 수업의 진행 과정을 살펴보자.

[문항 8-5] 2020학년도 수는 영어영역

[31~34] 다음 빈칸에 들어갈 말로 가장 적절한 것을 고르시오.

31. The role of science can sometimes be overstated, with its advocates slipping into scientism. Scientism is the view that the scientific description of reality is the only truth there is. With the advance of science, there has been a tendency to slip into scientism, and assume that any factual claim can be authenticated if and only if the term 'scientific' can correctly be ascribed to it. The consequence is that non-scientific approaches to reality — and that can include all the arts, religion, and personal, emotional and value-laden ways of encountering the world — may become labelled as merely subjective, and therefore of little __________ in terms of describing the way the world is. The philosophy of science seeks to avoid crude scientism and get a balanced view on what the scientific method can and cannot achieve.

* ascribe: 속하는 것으로 생각하다 ** crude: 투박한

① question ② account ③ controversy
④ variation ⑤ bias

[문항 8-5-1] 2020학년도 수능 영어영역 해설지

31. [출제 의도] 빈칸 추론
[해석]
과학의 역할은 때때로 과장될 수 있고, 그것의 옹호자들은 과학만능주의에 빠져든다. 과학만능주의는 현실에 대한 과학적 기술만이 존재하는 유일한 진실이라는 견해이다. 과학의 발전과 함께, 과학만능주의에 빠져들어 '과학적'이라는 용어가 정확하게 그것에 속하는 것으로 생각될 수 있는 경우에 그리고 오직 그런 경우에만 사실에 입각한 어떤 주장이든 진짜로 입증될 수 있다고 가정하는 경향이 있어 왔다. 그 결과, 현실에 대한 비과학적 접근 방식은 – 그런데 그것에는 모든 예술, 종교, 그리고 세상을 접하는 개인적, 감정적, 가치 판단적인 방식이 포함될 수 있다 – 주관적인 것에 불과하고, 따라서 세상이 존재하는 방식을 기술하는 것의 관점에서 거의 중요하지 않은 것으로 분류될지도 모른다. 과학 철학은 투박한 과학만능주의를 피하고 과학적 방법이 성취할 수 있는 것과 성취할 수 없는 것에 대한 균형 잡힌 시각을 가지려고 노력한다.
[풀이]
과학만능주의에서는 현실에 대한 과학적 설명만이 유일한 진실이라고 여기면서 현실에 대한 비과학적인 접근은 주관적인 것에 불과하고 중요하지 않은 것으로 분류하려 한다는 내용이므로, 빈칸에는 ② '중요성'이 가장 적절하다.
① 의문 ③ 논쟁 ④ 변화 ⑤ 편견
[Words and Phrases]
advocate 옹호자 slip into ~으로 빠져들다 scientism 과학만능주의 description 기술, 묘사 advance 발전, 진보; 발전하다 claim 주장; 주장하다 consequence 결과 value-laden 가치 판단적인 encounter 접하다, 마주치다 label 분류하다, 꼬리표를 붙이다 subjective 주관적인 of little account 거의 중요하지 않은

정민은 31~34번 빈칸 유형 문제를 풀지 않고 나머지 문제에 집중하는 전략을 사용했지만, 빈칸 유형을 포기하는 것은 최대 11~12점을 잃는 셈이었기에, 1등급을 목표로 빈칸 문제 유형 학습을 시작했다. 과외 수업 시간에 31번 문항을 풀던 중, 정민은 science와 scientism이라는 단어에만 집중하다 보니 어떤 단어를 빈칸에 넣어야 할지 결정하지 못했다. 과외 선생님은 정민이 문제를 푸는 시간을 타이머로 측정하였다. (독해 문항 하나당 약 1분 30초를 사용하는 것이 이상적이지만, 앞쪽 문제에서 시간을 절약하면 빈칸 문제에 5~10분을 더 쓸 수 있기 때문이다.)

정민은 모든 문장을 완벽하게 해석하려고 했기 때문에 문제 해결에 시간이

오래 걸렸다. 이에 과외 선생님은 전체 해석보다는 필요한 부분만 읽는 훈련이 중요하다고 조언하며, 부연 설명인 '- -' 부분은 생략하고 핵심 내용을 파악한 후 빈칸에 넣을 단어를 생각해야 한다고 설명했다.

31번 지문의 주제는 과학만능주의였으며, 과학적이라는 용어가 참으로 '과학적'이 될 수 있는 조건을 설명하고 있었다. 빈칸이 포함된 문장은 "과학적이지 않은 접근은 어떠한가"를 묻고 있으며, 문장 앞에 little이 붙어 있었기 때문에 빈칸에는 상대적으로 긍정적인 의미의 단어가 들어가야 했다. 따라서, 정답은 (2) account(중요성)이 적절했다.

탐구영역

탐구영역은 크게 사회탐구, 과학탐구로 나뉘지만 과학탐구 중에서 생명과학 I 과목에 대한 태성과 과외 선생님의 사례를 소개하고자 한다. 태성은 고등학교 3학년 6월 평가원 모의고사를 응시할 때, 생명과학 I 교과목에서 5등급을 받았다. SKY 대학 또는 집 근처 대학의 치의예과 수시전형을 준비하던 태성에게는 어떤 과목으로 최저등급이 충족될지 모르는 상황이었기에 과학탐구영역의 1등급이 정말 필요한 조건이었다. 그리하여 생명과학 I 과목 과외 선생님을 구하고자 인근 대학의 대학교 홈페이지, 과외 앱을 통해 G대학 의과대학 재학생, C교육대학교 재학생 둘로 선택지를 좁힌 채 고민을 시작했다. 모두 해당 교과목에 대한 수능점수는 매우 고득점이었으나, C교육대학교 재학생의 경우 해당 과목에 대한 사설 모의고사 문항을 출제하기도 하고 해당 과목 수험서 출판에도 참여할 만큼 과목의 이해도가 높은 것으로 보였기에 태성은 C교육대학교에 재학중인 Y과외 선생님과의 수업을 진행하게 됐다.

과학탐구 중에서 생명과학 I 의 가장 고난이도 유형은 세포분열, 유전, 막전위 변화, 근수축에 관한 유형이 있다. 태성이 생명과학에서 고득점이 나오지 않고 과목을 어렵게 느꼈던 이유는 학교나 인터넷 강의수업 시간에 유형별로 접근 방법들이 다 제각각인 이유도 컸지만, 학교 선생님의 풀이대로 접근하면 고난이도 문제 한 문제만 풀어도 탐구영역 제한 시간인 30분이 지나버리는 마법이 펼쳐지는 이유도 있었다.

태성의 과외 선생님의 경우 태성처럼 6월 평가원까지는 5등급이 나왔으나 9월 평가원에서는 3등급 수능 땐 1등급으로 도약한 선생님이었기에 태성에게 현시점에서도 올릴 수 있겠다는 '가능성'을 확인할 수 있게 됐다고 볼 수 있었다.

[문항 8-6] 2016학년도 3월 고3 모의고사 생명영역

5. 그림은 어떤 동물 세포($2n$)가 분열하는 동안 핵 1개당 DNA 상대량을, 표는 이 세포 분열 과정의 서로 다른 시기에서 관찰되는 세포 ㉠~㉢이 갖는 대립 유전자 T와 t의 DNA 상대량을 나타낸 것이다. T는 t의 대립 유전자이다.

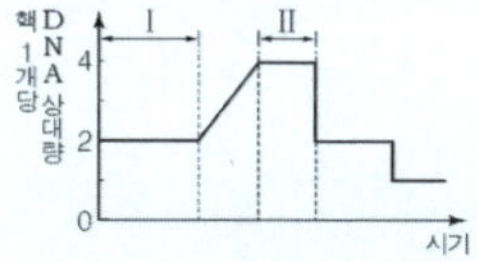

세포	DNA 상대량	
	T	t
㉠	0	1
㉡	1	1
㉢	2	0

이에 대한 설명으로 옳은 것만을 <보기>에서 있는 대로 고른 것은? (단, 교차와 돌연변이는 고려하지 않는다.) [3점]

〈 보 기 〉

ㄱ. 구간 Ⅰ에서 세포에 방추사가 나타난다.
ㄴ. ㉠과 ㉢의 핵상은 모두 n이다.
ㄷ. ㉡은 구간 Ⅱ에서 관찰된다.

① ㄱ ② ㄴ ③ ㄷ ④ ㄱ, ㄴ ⑤ ㄴ, ㄷ

[문항 8-6-1] 2016학년도 3월 고3 모의고사 생명영역 해설지

5. [출제의도] 세포 분열 자료 분석하기

이 세포 분열은 감수 분열이다. ㉡은 대립 유전자 T와 t가 함께 존재하고, DNA 복제가 일어나기 전의 상태이므로 G_1기 세포이다. ㉢은 감수 1분열이 일어나 상동 염색체가 분리된 세포이고, ㉠은 감수 2분열이 일어나 염색 분체가 분리된 세포이다. ㄱ. 구간 Ⅰ은 G_1기이다. 방추사는 분열기에 나타난다. ㄷ. ㉡은 구간 Ⅰ에서 관찰된다.

[문항 8-7] 2016학년도 3월 고3 모의고사 생명영역

10. 그림 (가)는 어떤 동물에서 G_1기의 세포 ㉠으로부터 정자가 형성되는 과정을, (나)는 세포 ⓐ~ⓒ의 핵 1개당 DNA 양과 세포 1개당 염색체 수를 나타낸 것이다. ⓐ~ⓒ는 각각 세포 ㉡~㉣ 중 하나이다. 이 동물의 유전자형은 Tt이며, T와 t는 서로 대립 유전자이다.

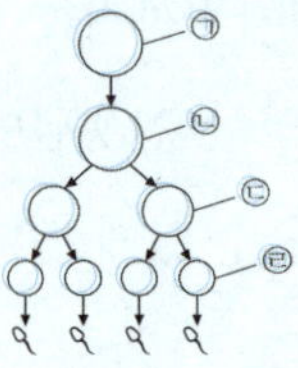

(가)

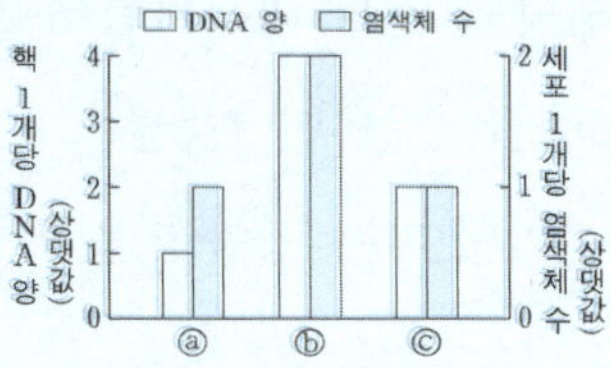

(나)

이에 대한 설명으로 옳은 것만을 〈보기〉에서 있는 대로 고른 것은? (단, ㉡과 ㉢은 중기의 세포이며, 돌연변이와 교차는 고려하지 않는다.) [3점]

〈보 기〉

ㄱ. 세포 1개에 있는 T의 수는 ㉠과 ⓒ가 같다.

ㄴ. $\frac{\text{핵 1개당 DNA 양}}{\text{세포 1개당 염색체 수}}$은 ㉢과 ⓑ가 같다.

ㄷ. ㉢이 ㉣로 되는 과정에서 염색 분체가 분리된다.

① ㄱ ② ㄴ ③ ㄱ, ㄷ ④ ㄴ, ㄷ ⑤ ㄱ, ㄴ, ㄷ

[문항 8-7-1] 2016학년도 3월 고3 모의고사 생명영역 해설지

10. <정답 맞히기> ㄴ. ㉠이 G_1기의 세포이므로 DNA가 복제되기 전이다. 이후 ㉡은 간기의 S기를 거치면서 DNA양이 2배로 증가하고, 이후 ㉢에서는 감수 1분열이 진행된 이후이므로 DNA양이 반으로 줄어들며, ㉣에서는 감수 2분열이 진행된 이후이므로 또 DNA양이 반으로 줄어들게 된다. (나)그래프에서 ⓐⓑⓒ는 각각 ㉡㉢㉣중 하나라고 했으므로 DNA양의 변화를 통해 ⓐ는 ㉣, ⓑ는 ㉡, ⓒ는 ㉢임을 알 수 있다.

㉢의 경우 ⓒ와 같으므로 세포 1개당 염색체수는 1이고, 핵 1 개당 DNA양은 2이므로 $\frac{2}{1}$이고,

ⓑ의 경우 ㉡과 같으므로 세포 1개당 염색체수는 2이고, 핵 1개당 DNA양은 4이므로 $\frac{4}{2}$이다.

ㄷ. ㉢에서 ㉣로 되는 과정은 감수 2분열이 일어나는 과정이므로 염색분체가 분리된다. 이로 인해 이 동물의 유전자형 Tt중 하나의 유전자만 갖는 생식 세포가 만들어진다.

<오답 피하기> ㄱ. ㉠은 DNA양이 증가되기 전이므로 복제된 유전자가 없으므로 세포는 유전자 T와 t를 각각 하나씩 가진 Tt이다. 그러나 감수 1분열이 끝난 후인 ⓒ인 ㉢의 경우에는, ㉠에서 ㉡으로 될 때 유전 물질이 복제되므로 TTtt가 되며, 그 후 ㉡에서 ㉢으로 될 때 감수 1분열을 거쳐 각각의 상동 염색체가 분리되므로 TT와 tt로 갈라지므로 ⓒ의 경우 T유전자를 2개 갖거나 하나도 못 갖게 된다.

태성의 과외 선생님은 태성이 그동안 어려움을 겪어왔던 부분을 정확히 짚어내어 약점 부분을 해결해 주었는데, 이것이 가능했던 것은 세분화된 유형에 대한 개별적인 풀이 접근법이 아니라 큰 틀에 큰 접근법 하나라는 최소한의 접근 태도를 기르는 것이 그것의 방법이었다. 위에 제시된 문항 유형을 살펴보면 얼핏 보면 모두 형태가 달라서 접근법이 달라 보이지만 결국 이 문항들 전부 세포분열이라는 큰 틀 안에 있는 것이다. 따라서 과외 선생님은 '이 같은 세포분열 문항이 나오면 핵상이 2n이 될 수 있는 후보군을 찾고 풀이를 진행하라'와 같이 큰 유형 자체를 아우를 수 있는 풀이방법을 제시하고 적용훈련을 거치게 하여 태성의 약점 보완이 가능하게끔 하였다.

8.4 끝맺는 말

이처럼, 과외 수업은 공교육이 제시하지 못하는 SKY 대학 합격을 위한 실력에 도달할 수 있는 사다리의 역할을 해주고 있었다. 과외를 받는 학생들은 한 달에 300만 원 이상의 고액의 과외를 받고 있었다. 이러한 고액의 과외들을 받는 학생들과 그렇지 못한 노동 계층의 학생들은 학교 바깥에서부터 교육의 불평등을 겪게 되는 것이다. 학교 교육에서도 이러한 과외의 3가지 이유를 제공하게 된다면 이러한 교육적 불평등을 해소할 기회가 될 수 있을 것이라고 생각한다.

9

스타벅스 VIP

금수저 엄마들의 SKY행 사교육 공부 모임

지금 전 세계적으로 인기 있는 한국 드라마들은 자식들을 위해 엄마들이 헌신하고 노력하고 있는 모습이다. 'SKY 캐슬', '펜트하우스', '그린마더스클럽' 등 한국의 다양한 드라마들은 이제 한국의 교육 모습을 그대로 보여주는 주제들로 가득 차 있다. 그만큼 한국의 엄마들이 자기 아이의 교육에 큰 관심을 가지고 있으며, 교육에 대한 열정도 가득하기 때문이라고 생각한다.

이러한 현상은 한국뿐만이 아니라 세계의 여러 나라에서도 나타나고 있는 현상 중 하나이다. 한국의 Helicopter Mom, 중국의 Tiger Mom부터 베트남, 필리핀, 일본, 미국 등 전 세계에 걸쳐서 이러한 교육에 관한 관심을 끝없이 올라가고 있다. 점점 커지는 교육열 속에서 부모의 재력에 따른 학습 불평등은 자연스럽게 나타나고 있는 것이 현실이다. 이러한 교육 불평등은 왜 일어나고 있으며, 어떻게 일어나고 있는지 알아봄으로써 우리는 그러한 불평등을 해소할 기회를 얻을 수 있을 것이라고 생각한다.

이에 이번 장에서는 한국의 중산층의 부모들은 학생들의 학업적 성공을 위해서 어떤 노력을 하고 있으며, 이야기를 들은 엄마들의 자녀들은 어떤 학업적 성공을 이루고 있는지 한번 알아보고자 한다.

9.1 스타벅스에 모인 엄마들의 자세

스타벅스에 모인 부자 엄마들은 각자 책 한 권씩을 들고 와서 커피와 케이크를 주문하고 자리에 앉아 책을 읽는다. 그 책을 들여다보면 유명한 대학교에 보낸 엄마들의 후기들 혹은 높은 대학에 보내기 위한 부모들은 어떻게 해야 하는가에 관한 내용들이다. 지금 한국 서점의 베스트셀러 코너에 가면 '해리포터'가 아니라 명문대를 보내는 여러 가지 방법에 관한 책들이 순위권에 놓여 있다. 이만큼 한국의 엄마들에게 아이들의 대학입시에서 아이들만 공부하는 것이 아니라 엄마들도 이제는 공부해야 한다는 것이다. 그래서 스타벅스의 부자 엄마들은 서점의 입시 관련 책들을 읽고 서로 토론하고 공부한다.

고현 엄마는 부산의 모임에서 다른 엄마들과 같이 이야기 중이다. 고현 엄마는 다른 엄마들과 함께 아이들을 어떻게 공부시킬 것에 관한 책을 읽고 토론하고 있다. 서로 공부법에 관한 여러 책을 읽고 아이들을 공부시킬 수 있는 여러 방법을 토론하고 공부한다. 각자 아이들에게 맞는 공부법 정보들을 듣고 이를 실천한다. 고현 엄마는 대화에서 나온 여러 가지 공부법을 집에서 고현이 실천할 수 있도록 지도한다. 고현과 같이 스터디 플랜을 작성하면서 하루 일과를 조정하고 시험지를 풀게 하여 고현이 부족한 부분이 무엇인지 찾고 그와 관련된 여러 학원들을 찾아 등록시켰다.

대구 모임의 준서 엄마는 명문대에 진학하기 위한 엄마들의 자세를 공부하고 있다. 이 모임에서 공부한 내용은 첫째, 다른 엄마들보다 정보들을 빨리 듣고, 빨리 행동해야 다른 아이들보다 더 좋은 대학에 간다. 둘째, 엄마가 입시 공부를 해야 아이들이 공부할 시간이 늘어난다. 셋째, 대학에서 원하는 스펙을 고등학교 1학년 때부터 준비시켜라 등 좋은 대학에 가기 위한 여러 전략을 공부한다. 이에 맞춰서 준서 엄마는 준서를 위해서 직접 입시설명회를 다니며 공부하고 준서가 좀 더 효율적이고 좋은 대학에 갈 수 있도록 지원해주었다. 그리고 준서가 원하는 학과에서 필요한 여러 가지 스펙들을 찾아 준서에게 알려주어 준서가 학교에서 이와 관련된 여러 프로그램들을 참여할 수 있도록 격려하였다.

서울 모임의 보람 엄마는 대학입시를 앞둔 보람을 위해 자기소개서를 모임에서 공부한다. 보람을 포함한 여러 엄마는 자기소개서에 들어가면 좋은 내용들을 이야기하고 하나하나 메모하여 아이들에게 쓸 수 있도록 지도한다. 여기서 끝이 아니라 보람 엄마는 한 회당 10만 원의 자기소개서 컨설팅 학원에 등록하여 보람의 자기소개서를 첨삭하고 어떻게 고칠지 고민한다. 보람 엄마뿐만 아니라 대학입시를 앞두고 있으며, 자기소개서를 준비 중인 부자 엄마들도 똑같을 것이다. 자기소개서를 준비시키고 학원에 등록하여 피드백을 받고 수정하여 대학에서 원하는 자기소개를 만들고 있는 것이다.

이처럼 이제는 아이들이 학교 공부에 몰두할 수 있도록 그 외의 정보들은 엄마들이 공부하고 아이들에게 알려주고 있다. 이러한 공부에 대한 열정은 한국의 학생들도 지금 충분히 넘쳐나고 있지만 엄마들도 아이들의 열정만큼 큰 관심과 노력을 쏟고 있다. 이러한 엄마들의 공부가 아이의 대학 진학에 있어서 큰 영향을 미치고 있으며, 이러한 정보들을 위해서 모이는 엄마들의 치맛바람으로 인해서 지금 스타벅스에 치맛바람이 불고 있는 것이다.

9.2 스타벅스에 불어오는 치맛바람

한국의 부자 엄마들은 아침 8시에 아이들을 학교에 보내고 나면 너나 할 거 없이 모두 스타벅스로 출근한다. 아무도 모이자는 말을 하지도 않았지만 자연스럽게 우리가 아침이면 회사를 나가듯 스타벅스로 향하고 있다. 학교에 다니지 않는 아이는 카페 한편에 노트북 앞에 앉혀 놓고 영어 만화를 틀어주며 영어 공부를 시키고 있다. 그렇다면 왜 한국의 부자 엄마들은 어린아이들을 데려가면서까지 지금 스타벅스에 출근을 하고 있는 것일까?

엄마들이 스타벅스에 모이면 여러 얘기가 오고 가지만 그중 가장 인기 있는 주제는 바로 자기 아이가 다니는 학교에서 전교 1등을 하는 아이들이 어떤 학원에 다니고 있는지 혹은 어떤 과외 선생님이 단기간에 학교 시험 성적을 올려주는지이다. 혹은 자신의 아이가 갔으면 좋은 고등학교, 대학교에 합격하기 위한 여러 전략을 듣기 위해서 스타벅스로 향하고 있다. 이러한 모습은 한국의 여러 드라마에서도 쉽게 찾아볼 수 있다. 'SKY 캐슬', '펜트하우스'는 한국의 이러한 모습을 잘 묘사하고 있었고 이러한 모습에 많은 사람이 공감하였기에 큰 인기를 이끌었다. 그렇다면 한국의 엄마들은 아이들을 어디에 보내고 싶었기에 이러한 노력을 하고 있었던 것일까.

미국에 아이비리그 대학들이 있다면 한국에는 SKY 대학이 있다. 서울대학교(S), 고려대학교(K), 연세대학교(Y)와 같은 명문대들 혹은 의대, 법대를 보내기 위해 엄마들이 모여 남들보다 좀 더 좋은 학원, 남들보다 더 좋은 과외 선생님을 찾기를 원한다. 하지만 혼자 과외 선생님이나 학원 정보를 알아내기란 엄마들에게는 너무 힘든 일이다. 그러나 부자 엄마들에게는 시간과 돈은 그 누구보다 많다. 그래서 한국의 부자 엄마들은 매일 매일을 아이들을 등교시키고 나면 한잔에 5,000원의 커피와 7,000원의 케이크를 사 먹으면서 다른 부자 엄마들과 열띤 토론을 하기 시작한다.

저희는 매일 아이들이랑 신랑 출근시키고 나면 스타벅스에서 모여요. 이제는 거의 스타벅스에 출근하는 거 같네요. 매일 10,000원에서 20,000원 정도가 나가기는 하는데 우리 아이를 좋은 대학에 보낼 수만 있다면 이 정도 돈은 전혀 아깝지도 않죠. 그리고 이렇게 안 만나면 혼자서 인터넷에서 학원이나 과외 선생님을 찾아야 하는데 정말 어렵죠. 그런 제 시간이나 노력을 줄일 수 있으면 20,000원도 저렴한 거 같은데요?

— 서울 모임의 엄마

이러한 모습은 단순히 현재에만 일어나는 것이 아니라 과거 한국의 역사에서도 많이 보인다. 신라시대의 '화랑', 고려시대의 '국자감', 조선시대의 '성균관'에 보내기 위해 농사로 번 돈을 아이들이 서당에 다닐 수 있도록 지원하였으며, 여러 양반층의 귀족들은 자식들의 시험 성적을 올리기 위해 한 명의 아이에게 3~9명의 선생님을 붙여줄 정도로 그 열정은 대단했다. 한국의 대표적인 어머니라고 하면 누가 생각나는가? 한국인이라면 누구나 '신사임당'이라고 말할 것이다. 율곡 이이를 가르치고 중앙 관리까지 앉게 한 한국의 위대한 어머니일 것이다. 이뿐만 아니라 한석봉의 어머니는 홀로 바느삯을 하면서 한석봉을 공부시키고 조선 최고의 명필가로 만들지 않았나? 이러한 한국 어머니들의 교육에 대한 열정은 과거에부터 지금까지 한국의 하나의 교육문화로 자리 잡고 있었다. 이렇게 자식들을 위한 이러한 치맛바람이 집에서 혹은 서당에서 불었다면 지금 부자 엄마들의 치맛바람은 스타벅스에서 불고 있는 것이다.

그렇다면 스타벅스에 모인 엄마들은 어떤 주제를 가지고 이야기하고 있으며 아이들을 남들보다 좋은 대학 남들보다 좋은 직장에 보내기 위해서 어떤 노력을 하고 있는지 한번 살펴보자.

성적을 올리기 위한 과외 선생님과 학원을 찾기 위한 토론

[표 9-1] 서울 모임의 소득 수준

	가정 소득(세전)
민서네	연 1억 1,000만 원
준성네	연 1억 5,000만 원
보람네	연 1억 2천만 원
민준네	연 1억 3천만 원
연호네	연 1억 5,000만 원 ~ 2억 원

부자 엄마들은 스타벅스에 모여서 이런저런 이야기를 하다가 마지막의 모인 이유를 꺼내기 시작한다. 어떤 아이가 초등학교 수학 경시 대회에 입상했다더라, 누가 과학 점수를 백 점을 맞았다더라, 누가 이번에 영어 유학을 나간다고 하더라 등등 아이들 공부에 관한 토론을 하기 시작한다. 이러한 엄마들의 토론장의 모습은 뉴스에 나오는 정치인들의 토론장보다 더 치열하고 열띤 토론을 하고 있다.

> 우리 애 학교에 어떤 애가 이번에 초등학교 수학 경시 대회에서 1등을 해서 학교에서 상장을 받았다고 하더라. 근데 그 엄마 말로는 자기애는 집에서 문제집만 풀었대. 그래서 내가 한번 알아봤는데 수학 학원 다닌다고 하더라. 거기가 이번에 그 애 말고도 영재원에도 합격시키고 그리고 국제중도 합격을 시켰다더라. 근데 어디 학원인지 절대 알려주지를 않아. 자기 아이만 1등 시키겠다 이거지.
>
> — 서울 엄마들의 모임의 준성 엄마

한국의 엄마들은 어떤 아이가 어떤 학원에 다녀서 성적이 올랐는지 열띤 토론을 하기 시작한다. 하지만 전교 1등의 엄마들이 그냥 엄마들인가. 자신의 아이가 1등을 해야 하기에 자신이 힘들게 찾아낸 학원을 쉽게 남들에게 알려주지 않는다. 하지만 부자 엄마들도 마냥 알려주기를 기다리는 것만이 아니다. 어디 학원인지 모른다는 말에 모든 엄마는 휴대폰을 꺼내기 시작하고 다른 학교의 전교 1등 들의 엄마들 혹은 여러 유명 학원들 전화번호를 찾아 전화하기 시작한다. 전화를 돌리다가 결국 그 아이가 어디 학원에 다니는지 알아내고 엄마들끼리 다시 토론하기 시작한다. '누가 먼저 상담을 받으러 가볼 것인가?', '아이들 등하원은 누가 할 것인가?' 등 아이들을 그 학원에 보내기 위한 여러 가지 방안들을 나누기 시작한다. 결국 스타벅스의 부자 엄마들은 전교 1등이 다니고 있는 학원에 자신의 아이를 보내고 그 학원이 어떤지 아니면 더 좋은 학원이 어디에 있는지 매일 토론한다.

한국의 학생들이 일반적으로 한 달에 사용하는 28만 9천 원(통계청, 2021)으로 차상위계층의 집이라도 보낼 수 있는 정도의 비용이다. 하지만 스타벅스의 중산층 엄마들이 보내는 학원은 일반적인 가정에서 상상도 없는 수준의 학원비를 사용하고 있다. 서울 엄마들의 모임에서 민서 엄마는 한 과목당 학원비로 현재 70만 원을 지불하고 있다. 국어, 영어, 수학, 과학, 사회 총 5과목을 합산하면 350만 원을 매달 학원비로 내는 것이다. 하지만 민서 엄마는 한 달 학원비를 350만 원을 사용하는 것에 대해서 전혀 아깝지 않다고 말하고 있다. 그 이유는 민서의 성적이 저렴한 학원을 보냈을 때보다 확연하게 차이가 났기 때문이다. 민서뿐만 아니라 같은 서울 모임에서의 준성, 보람 엄마도 스타벅스에서 찾아낸 고액학원들을 등록시키면서 아이들의 성적이 확연하게 올라서 큰 만족감을 느끼고 있다고 얘기했다.

[표 9-2] 준성이의 학원 변화에 따른 성적 변화

이름	학원의 변화	학원비 총액	학원 수	성적
준성	기존의 학원	80만 원 / 월	4개 (영,수,사,과)	전교 90등
	고액학원	300만 원 / 월	4개 (영,수,사,과)	전교 10등

중학생 자녀를 둔 준성 엄마는 준성을 여러 학원에 보내고 있었다. 5과목에 월 120만 원이라는 적지 않은 돈을 지불하고 있지만 준성 엄마가 바라는 점수와 등수를 받지 못했다. 준성이 공부를 하지 않을 것일 수도 있지만 이 모든 것을 해결해줄 수 있는 학원을 찾기를 원하였다. 그래서 준성 엄마는 수소문 끝에 과목당 75만 원의 고액학원에 준성을 등록시켰다. 학원에서는 2명의 학생당 1명의 선생님으로 이루어진 소수정예의 학원으로 구성되어 있었으며, 준성만의 맞춤형 수업도 가능하다. 또한 준성 학교 시험 준비만 20년 동안 해왔기에 준성 학교의 시험 문제를 거의 다 외우고 있는 수준이었다. 고액학원을 등록하고 불과 6개월 만에 준성의 전교 등수는 90등에서 전교 10등으로 크게 향상되었으며, 지금은 계속 최상위권의 성적을 유지하고 있다.

준성의 엄마의 사례처럼 자신이 다니는 학교의 시험 문제만 전문적으로 다뤄주면서 시험을 준비하여 단기간에 전교 등수를 올려주는 경우도 있다. 그리고 또 다른 경우도 있다. 고등학생의 자녀를 둔 민서 엄마의 경우 대학입시를 위한 학교 내신을 전문적으로 올려주는 학원에 보내야 했다. 기존의 한 과목당 24만 원의 학원에 보내며, 전교 60등이라는 높은 등수를 받고 있었지만 민서가 원하는 학교에 가기 위해서는 전교 20등 이내의 성적을 유지해야만 갈 수 있었다. 그래서 민서의 엄마는 민서의 등수를 올려줄 수 있는 학원을 찾아 민서를 등록시켰다.

[표 9-3] 민서의 학원 변화에 따른 성적 변화

이름	학원의 변화	학원비 총액	학원 수	성적
민서	기존의 학원	120만 원 / 월	4개 (국,영,수,사,과)	전교 60등
	고액학원	350만 원 / 월 +a	4개 (국,영,수,사,과)	전교 17등

고등학교 1학년인 민서는 지금 전교 60등이다. 하지만 민서가 원하는 대학의 학과에 합격하기 위해서는 지금부터 전교 20등 이내로 유지해야만 대학에 합격할 수 있었다. 그래서 민서의 엄마는 민서를 전교 1등으로 만드는 것이 아닌 대학에 합격할 수 있을 정도의 성적까지 최단기간으로 올려줄 수 있는 학원을 찾고 있었다. 민서 엄마가 찾은 학원은 2달 안에 민서를 전교 20등 안으로 올려줄 수 있다는 확답을 줬다. 학원비는 5과목에 월 350만 원이며 만약 민서가 20등 안에 들었을 때, 한 등이 오르면 10만 원씩 추가 요금을 지불해야 한다고 했다. 민서 엄마는 민서를 20등 안의 성적으로 올려줄 수만 있다면 돈은 전혀 문제가 아니었다. 이 학원은 정해진 시간제한 없이 민서가 이해할 때까지 그리고 작년도 학교 시험 문제를 완벽하게 풀 수 있을 때까지 계속 공부시켰으며,

집에서도 문제를 풀 수 있도록 전화로 계속 컨설팅을 하였다. 결국 민서는 1학년 2학기 중간, 기말고사에서 우수한 성적을 받아서 전교 17등까지 올랐다.

민서 엄마의 사례처럼 학생의 성적을 확실히 올려줄 수 있다고 자부하면서 학원비를 제외하고 학생이 등수가 오를 때마다 1등당 10만 원의 추가 요금을 내야 하는 학원도 존재한다. 일반적인 학원에 비해서 학원비가 절대 저렴하지도 않지만 등수가 올랐을 때는 상상할 수도 없는 금액의 학원비를 내야 하는 경우가 된다. 낮은 성적을 받는 학생들의 성적을 올리는 경우 학원비가 낮게 측정이 될 때가 있지만 기존 높은 성적을 받는 학생들이 더 높은 성적을 받도록 해주는 학원은 학원비가 훨씬 더 비싸다. 고등학생인 보람의 경우 전교 20등에서 30등 사이의 상위권의 성적을 받고 있었지만 더 높은 성적을 받기 위해서 엄마에게 부탁해서 더 좋은 학원을 찾아서 등록했다.

[표 9-4] 보람이의 학원 변화에 따른 성적 변화

이름	학원의 변화	학원비 총액	학원 수	성적
보람	기존의 학원	70만 원 / 월	1개 (수)	전교 22등
	고액학원	400만 원 / 월	4개 (수,영,과)	전교 8등

보람은 지금 월 70만 원짜리 고액학원에 다니고 있다. 하지만 전교 22등으로는 전혀 만족하지 못했다. 그래서 보람은 엄마에게 부탁해서 더 좋은 학원을 알아봐달라고 했다. 보람의 엄마는 수소문 끝에 3달 안에 고등학교 1학년부터 고등학교 3학년의 내용까지 모든 내용을 끝내줄 수 있는 학원을 찾았다. 학원

의 비용은 3과목에 월 400만 원으로 서울 엄마들의 모임에서 가장 비싼 학원비였다. 이 학원에서는 첫째 달은 고등학교 1학년, 둘째 달은 고등학교 2학년, 셋째 달은 고등학교 3학년 내용을 모두 마스터시켰으며, 그 후부터는 계속 시험 문제를 풀면서 수능, 내신 모두를 준비시켜 주었다. 보람은 전교 등수는 8등까지 급속하게 올라갔으며, 모의고사에서는 모든 과목을 1등급을 받을 정도로 성장했다.

이처럼 학교 성적을 올리는 데 필요한 학원들의 비용은 천차만별로 달라진다. 속진학습을 위한 학원부터 시작해서 학교 시험만 전문적으로 다뤄주는 학원까지 그 난이도와 향상되는 등수의 차이는 학원비의 큰 차이를 안고 있다.

학원은 쉽게 찾아낼 수 있을뿐더러 누가 다니고 있는지 눈으로 볼 수 있다. 자신의 아이가 남들보다 더 높은 성적을 받고, 남들보다 더 좋은 대학에 가기 위해서는 남들이 다니지 않는 학원을 찾는 것이 아니라 남들이 모르지만 자기 아이의 성적을 향상시켜줄 수 있는 비밀스러운 개인 과외 선생님을 찾는 것이 더 효율적이라고 말한다. 그리고 그 비용도 학원에 비해서 어마어마하게 높아서 쉽게 알아내거나 과외를 등록시키기 어렵다.

하지만 중산층의 엄마들은 자신의 과외 선생님의 번호를 알려주지는 않지만 자기 선생님을 자랑하고 싶어 한다. 그래서 스타벅스의 원형 테이블에 5명이 둘러앉아 품평회를 하기 시작한다. '어떤 과외 선생님은 얼굴은 못생겼지만, 공부는 잘 가르치더라. 우리 애가 이번에 수학 100점을 맞았잖아.' '우리 선생님은 얼굴도 잘생기고 공부도 잘 가르치더라. 우리 애 성적이 전교에서 이번에 50등이나 올랐다.' 스타벅스 품평회는 부자 엄마들에게 자신이 좋은 선생님을 알고 있으며, 자기 아이의 성적이 크게 올랐다는 것을 뽐내는 자리이기도 하다. 서로 자기 선생님을 자랑하면서 엄마들은 자신이 마음에 드는 선생님의 이야기를 들으면 그 선생님의 번호를 받아 연락해서 바로 아이의 과외를 맡기기도 한다.

하지만 이러한 좋은 정보들을 누가 쉽게 알려주겠는가. 비밀에 싸여 있는 과외 선생님들은 엄마들이 알려주지도 않으며 그 선생님의 번호도 찾기가 어렵다. 하지만 스타벅스에 엄마들은 그 누구보다 돈이 많다. 자기 아이의 성적을 올려줄 수 있는 선생님이라면 돈 쓰는 것 따위는 전혀 아깝지 않다. 한 엄마는 자신이 원하는 선생님의 이야기를 듣자마자 탐정사무소에 연락해서 그 선생님을 찾아달라고 한다. 단순히 그 선생님을 알아내기 위해 드는 비용은 100~200만 원이 들지만 아이들의 성적을 올리기 위해서라면 전혀 아깝다고 생각하지 않는다. 일주일 후면 그 엄마의 휴대폰에는 비밀에 싸여진 과외 선생님의 번호가 찍혀 있고 바로 선생님에게 전화를 걸고 자기 아이의 성적을 올려줄 수 있다는 말을 들은 후 과외비를 묻지도 않고 바로 수업을 시작하도록 한다.

> 저번에도 탐정사무소에 연락해서 과외 선생님 전화번호를 찾은 적이 있어요. 그때는 비용이 100만 원 정도였나 들었을 것에요. 근데 그거 아세요? 그 비용보다 과외비가 더 커요. 과외비만 한 달에 500만 원이 넘으니. 확실히 그렇게 찾은 학원이나 선생님들이랑 수업하면 확실히 애 성적이 많이 오르더라고요. 이번에 찾은 선생님 덕분에 애가 수학을 96점 받아왔는데 이제는 계속 100점을 맞아 오더라고요. 돈만큼 값어치를 하는 거죠.
>
> — 서울 엄마 중 민준엄마의 이야기

이렇게 한국의 엄마들은 자기 아이들의 성적을 올려줄 수 있는 학원에 보내기 위해서 스타벅스에 둘러앉아 열띤 토론을 나눈다. 또한 좋은 대학에 가기 위한 성적을 만들어 줄 수 있는 과외 선생님을 찾기 위한 200~300만 원 정도의 비용은 전혀 아깝지 않다고 생각한다. 자신의 아이가 좋은 대학에 갈 수 있고 높은 성적을 받을 수 있다면 말이다.

[표 9-5] 민준이의 학원 변화에 따른 성적 변화

	개인 과외 비용	과목 수	탐정사무소 비용	성적
민준	500만 원	4과목	200만 원	전교 20등 전교 2등

민준 엄마는 민준 학교에 다니고 있는 전교 1등의 과외 선생님을 찾기 위해서 탐정사무소에 들려 200만 원을 주고 과외 선생님의 번호를 찾았다. 지금도 학원에 다니고는 있지만 민준의 성적이 오르지를 않기 때문이다. 과외 선생님의 번호를 받은 민준 엄마는 선생님에게 과외비가 얼마인지 물어보는 것이 아니라 민준 등수를 몇 등까지 올려줄 수 있냐고 물어본다. 과외 선생님은 10등 안은 400만 원 5등 안은 500만 원이라고 대답한다. 민준 엄마는 한 치의 망설임도 없이 500만 원을 입금하고 민준에게 과외를 시킨다. 과외 선생님은 민준을 위한 여러 자료집을 직접 만들고 매일 시험을 통해서 민준이 부족한 부분을 찾고 이를 해결해준다. 이러한 과외를 6달 동안 받은 민준은 전교 20등에서 전교 2등으로 확연하게 올랐다. 민준 엄마는 지금도 계속 민준을 과외시키고 있고 더 좋은 선생님이 없나 찾아본다.

민준 엄마의 사례처럼 민준만의 선생님을 찾기 위해 노력하고 성적을 올리는 경우도 있다. 하지만 전교 2등이라는 점은 아직 민준 엄마에게는 아쉬울 것이다. 조금 더 비싼 과외 선생님을 구했다면 어땠을까 하는 의문점을 남기고 있다. 이에 연호 엄마는 민준 엄마보다 훨씬 더 비싼 과외 선생님을 초빙해서 연호와 수업시키고 있다.

[표 9-6] 연호의 개인 과외 비용 및 성적

	개인 과외 비용	과목 수	탐정사무소 비용	성적
연호	600만 원	5과목	170만 원	전교 15등 전교 1등

고등학생인 연호는 고액 과외를 받고 있다. 월 600만 원이라는 어마어마한 비용을 지불하면서 말이다. 과외 선생님은 학교 근처의 학원들에 다니며 연호네 학교에서 가장 출제가 많이 되는 문제들을 찾고, 연호만의 시험지를 만들어 풀게끔 해준다. 각 학원에서 모인 이 시험지는 결론적으로 여러 명의 학원 선생님들의 노하우가 담긴 한 권의 책이 된 셈이다. 이런 시험지는 거의 족집게처럼 학교 시험 문제에서 비슷하게 나왔고 연호는 모든 과목에서 만점을 받는 수준까지 이르렀다. 이러한 결과는 남들보다 더 비싼 과외를 시켰기 때문이라고 연호 엄마는 말한다.

이와 같이 한국의 부자 엄마들은 좀 더 좋은 선생님 혹은 더 좋은 학원을 찾아서 많은 비용을 지불하고 있다. 한 달에 300만 원에서부터 600만 원까지 일반적으로 감당할 수 없는 비용이라도 말이다. 이러한 일들은 학교 성적을 올리고 더 좋은 대학에 가기 위한 엄마들의 노력의 결과들일 것이다.

9.3 좋은 고등학교를 보내기 위한 토론

[표 9-7] 서울대 입시 기준 고등학교 순위

	국제고등학교	과학영재고등학교	과학고등학교	외국어고등학교
1위	고양국제고	서울과학고	경남과학고	대원외고
2위	동탄국제고	경기과학고	인천과학고	대일외고
3위	서울국제고	대전과학고	대구일과학고	명덕외고
4위	청심국제고	인천영재과고	부산일과학고	한영외고
5위	인천국제고	한국영재과고	창원과학고	경기외고

[표 9-7]은 서울대 합격자를 기준으로 한 각 국제고, 과학영재고, 과학고, 외국어고등학교의 순위이다. 한국의 고등학교의 순위는 얼마만큼 좋은 대학을 많이 보냈나이다. 그 중 대표적인 지표로 뽑을 수 있는 것이 바로 서울대학교 합격률이다. 일반계 고등학교에서 서울대학교 입학 인원은 1명에서 많아야 3명 정도로 일반적이다. 하지만 위 표에서 제시된 학교들은 기본적으로 10명 이상의 서울대 합격을 배출해낸 것이다. 이처럼 한국의 엄마들은 서울대를 잘 보내는, 즉 좋은 대학을 잘 보내는 고등학교로 자신의 아이를 보내기 희망한다.

스타벅스에 모이는 부자 엄마들의 최종 목표는 누구나 똑같을 것이다. 바로 자기 자녀를 좋은 대학에 보내는 것이다. 중학교 자녀를 둔 엄마들도 이러한 토론은 전혀 다르지 않다고 하지만 초등학교 엄마들과의 주제는 조금 다르다. 중학교 자녀를 둔 엄마들은 이제 아이들을 좋은 고등학교에 보내기 위해서 노력한다. 우리가 흔히 말하는 특목고, 국제고등학교, 과학고등학교, 외국어고등학교와 자율형사립고등학교를 보내기 위해서 노력한다.

국제고등학교를 보내기 위한 엄마들의 공부

각 고등학교를 보내기 위한 준비 방법은 천차만별이다. 먼저 국제고등학교는 중학교의 영어 성적 60%, 면접(자기소개서) 40%로 성적을 측정하여 등수를 세운다. 대부분의 스타벅스의 부자 엄마들의 자녀들은 좋은 학원에서 학교 성적을 위한 트레이닝을 받고 있기에 성적에 대한 부분은 거의 만점이다. 그러면 자신의 아이가 국제고등학교에 합격 불합격을 결정하는 결정적인 요인은 면접과 자기소개서이다. 스타벅스의 엄마들은 국제고등학교에 보내기 위해 국제고 맞춤형 학생으로 만들려고 노력한다. 엄마들의 토론장에 들어가면 이런 이야기들이 오고 간다.

> A국제고는 자기주도학습 영역에 대해서 많이 본다고 하네. 그럼 어떻게 하면 좋을까?". "작년에 A국제고에 보낸 엄마가 있는데 스터디플랜 학원에 보내니까 큰 도움이 됐다더라. 그 학원에서 국제고에 맞춰서 어떻게 공부하면 좋을지도 알려주고 그 방법대로 자기소개서에 적고 면접을 보면 거의 100%로 합격이라고 하던데 그 학원 알아보자.
>
> **— 부산의 국제고 입시 모임 엄마들의 이야기**

스타벅스의 부자 엄마는 다른 엄마들과 이야기하면서 국제고를 보내기 위해 여러 가지 정보를 나누고 공부를 한다. 가장 먼저 스타벅스 엄마들의 노력은 첫째, 국제고 전문 학원을 찾기 위한 노력이다. 높은 국제고에 들어가기 위해서는 중학교 영어 성적이 거의 95점에서 100점 사이의 점수를 계속 받아야 한다. 그렇기에 스타벅스의 엄마들은 자기 아이들의 영어 성적을 올려줄 수 있는 학원들을 찾고 아이들을 등록시킨다. 또한 국제고 전문 학원에서는 학생들이 국제고에 가기 위한 방법들을 알려주고 이를 실천할 수 있도록 도움까지 주고 있다.

> 영주의 엄마는 그 학원이 국제고 맞춤형 학생으로 만들어줄 수 있는지 전화를 걸어 확인해본다. 이 학원에서는 국제고 전문 학원에서는 국제고를 보내기 위한 학생의 영어 성적은 기본적으로 올려주며 아이의 국제고에 제출할 자기소개서까지 전문적으로 피드백해준다. 영주와 같이 수업을 듣고 영주 엄마는 자기소개서에 적으면 좋은 내용들을 정리하고 이를 영주에게 알려준다.

국제고를 보내기 위한 두 번째 노력은 면접 질문 분석이다. 스타벅스의 엄마들은 국제고등학교 입학 면접에서 나올 것 같은 면접 질문지들을 모아 서로 공부를 한다. 그리고 어떻게 답하면 좋을지 모범 답안을 만들어 자신의 아이들에게 전해준다. 아이들은 엄마들이 정리해 놓은 질문지를 받아 암기를 하고 언제 어디서든 질문을 하면 바로 즉각적으로 답변할 수 있을 만큼 준비를 한다.

> 혜진의 엄마는 학원에 보내는 것으로 끝내는 것이 아니라 낮에 스타벅스 엄마들을 만나 국제고 면접 질문지들을 분석한다. 자주 출제되었던 질문들을 뽑아내고 엄마들과 토의를 해서 모범답안을 만든다. 그리고 이번 입학 면접에서 나올 것 같은 예상 질문을 만들고 이 또한 예상 질문을 만든다. 면접 분석이 끝난 혜진의 엄마는 저녁에 집으로 와 혜진을 식탁에 앉혀놓고 계속 압박 면접을 하면서 혜진이 능숙하게 답변을 할 수 있도록 만들고 있다.

이러한 영주와 혜진 엄마의 노력으로 지금 영주와 혜진은 지금 부산국제고등학교에서 열심히 공부하고 있다. 엄마들의 노력은 아이들의 입시 성공으로 나타났고 혜진과 영주 모두 엄마의 노력에 감사하며 지금 공부를 하고 있다.

영재과학고를 보내기 위한 엄마들의 공부

과학고는 우리가 일반적으로 아는 일반 과학고와 영재 과학고로 나뉜다. 과학고의 경우 국제고와 비슷한 형태로 입학 조건을 이야기하고 있다. 하지만 스타벅스의 엄마들이 열광하는 것은 이런 과학고가 아니라 영재과학고이다. 영재과학고는 더욱 까다로운 입학 조건들이 많다. 그렇기에 스타벅스의 엄마들은 다른 엄마들이 이야기하는 '영재과학고를 보내는 방법'에 대해서 필기하고 공부해서 자신의 아이를 과학고에 보기 위해서 노력한다.

영재 과학고등학교는 1단계 중학교 내신 성적, 2단계 고등학교 자체 시험 문제, 3단계 영재 캠프의 단계로 합격을 결정한다. 국제고보다 까다로운 전형방식은 스타벅스 엄마들의 토론을 더 불붙게 한다. 1단계의 경우 학생들의 학교 성적을 기초로 하여 학교 생활에 대한 전반적인 내용을 종합 평가한다. 2단계에서부터는 단순히 선행 학습을 많이 했다고 해서 혹은 학교 성적이 높다고 해서 통과할 수 있는 시험이 아니다. 정말 아이가 과학에 관심이 있으며 과학적, 수학적 문제해결력이 뛰어난 아이들을 찾아내기 위한 시험이다. 이를 위해서 어떻게 하면 자신의 아이가 창의성이 높아질 수 있고 영재과학고에 들어갈 수 있는 학생이 될 수 있는지를 연구한다.

영재 과학고에 입학시키기 위한 엄마들의 노력 첫째, 창의적인 아이로 만들기 위한 학원을 찾는 것이다. 창의적인 아이를 만든다는 것은 단순히 학교 성적만 높게 받는다고 가능한 일이 아니다. 여러 가지 실험과 같은 활동을 하거나 혹은 여러 캠프에 참석하면서 키울 수 있는 능력이다. 그렇기에 스타벅스의 엄마들은 이러한 아이들의 창의성을 올려줄 수 있는 여러 가지 학원들을 정보를 찾고 아이들을 등록시키고 있다.

> 준민 엄마는 높은 학교 성적을 받기 위한 과학, 수학 학원의 정보들을 공유하는 것은 기본이고 자신의 아이를 영재로 만들기 위한 여러 가지 학원들을 공유한다. 준민 엄마는 로봇 만들기 학원, 과학 실험 학원, 토의 학원, 논술 학원 등 준민이 창의성과 영재성을 기를 수 있는 여러 정보를 입수했다. 그중 과학 영재고등학교에 제일 적합한 과학 실험 학원에 준민을 등록시켰다. 주 1회에 월 50만 원이 들지만 준민이 영재과학고에 합격할 수 있다면 전혀 아깝지 않다. 과학 학원에서는 다양한 실험을 통해서 상상력을 발휘할 수 있도록 도와주고 여러 가지 과학적 문제 상황에서 해결할 수 있는 능력을 키워주고 있다.

영재 과학고에 시키기 위한 두 번째 노력은 다양한 캠프의 정보를 듣고 아이를 보내는 것이다. 영재 과학고 입시 3단계에서는 과학 캠프에서 아이들의 영재성과 협동성을 보고 이를 점수화시켜 합격 여부를 판단한다. 실제로 캠프를 해보지 못한 아이와 해본 아이들의 행동에서는 크게 차이가 난다. 캠프를 한 번이라도 경험해본 아이들은 캠프에서 자신의 역할이 무엇인지, 친구들과 어떻게 협동해야 하는지 그리고 문제해결을 어떻게 해야 하는지를 신속하고 정확하게 파악한다. 하지만 경험해보지 못한 아이들은 자신이 무엇을 해야 하는지 시간을 보내다가 캠프의 모든 시간을 날려버린다. 이처럼 학생들이 사전에 캠프를 경험해보는 것은 정말 중요하고 이러한 점을 스타벅스 엄마들 또한 알고 있다. 그렇기에 고등학교를 입학하기 전 자신의 아이들을 캠프에 참석시키기 위해 여러 정보를 탐색한다.

준민 엄마는 여러 창의성 학원들을 찾아보면서 같이 과학 캠프들을 찾아보았다. 대학교, 교육지원청, 교육청, 기업에서 실시하고 있는 여러 과학 캠프를 조사하고 준민을 캠프에 참석시켰다. 과학 캠프에서는 2박3일 동안 여러 가지 과학실험을 하면서 모둠원들과 협동해서 새로운 해결방식을 찾는 캠프였다. 준민은 학원에서 배운 여러 실험 방법을 활용해서 친구들과 협동하여 문제를 해결해냈다. 이러한 경험은 과학영재고의 캠프에서도 큰 효과를 발휘했다. 과학영재고 캠프에서도 자신이 솔선수범하여 여러 가지 역할을 나누고 여러 가지 문제해결 방안을 제시하여 팀을 이끌어 나갔다. 그 결과 준민은 지금 서울의 한 영재과학고에 합격해서 과학자가 되기 위해 공부를 하고 있다.

마지막 노력은 영재과학고 면접을 위한 다양한 활동 조사이다. 학교나 혹은 여러 대회에서 활동한 경력들을 자기소개서나 학생생활기록부에 적을 수는 없다. 하지만 이러한 경험들은 면접에서 큰 도움이 된다. 과학과 관련된 여러 면접 질문에서 학생들이 쉽게 답을 찾아낼 수 있으며, 새로운 사고를 할 수 있도록 돕기 때문이다. 이러한 이유로 스타벅스의 엄마들은 학교 혹은 교육청에서 실시하고 있는 여러 과학대회나 프로그램의 정보들을 찾고 공유해서 자신의 아이들을 참석시키고 있다.

상우 엄마는 학교에 직접 전화를 걸어 과학 관련 프로그램이 무엇이 있는지 확인해보았다. 그리고 상우가 면접에서 사용할 수 있을 것 같은 여러 프로그램들을 골라 상우를 대신해서 신청했다. 생명, 화학, 물리, 지구과학 등 다양한 분야에서의 과학 프로그램들은 상우의 지식을 늘려줄 수 있었을 뿐만 아니라 면접에서도 자신감 있게 얘기할 기회까지 만들었다. 상우는 과학영재고 면접에서 자신이 직접 참여했던 프로그램 혹은 실험을 설명하면서 자신이 이만큼 준비를 했고, 이러한 학생이라는 것을 자신감 있게 뽐내고 왔다.

이렇게 상우, 준민 엄마의 노력은 결국 과학영재고 합격이라는 큰 결과물이 만들어졌다. 학생들이 자신들의 꿈을 위해서, 목표를 위해서 노력했기에 성공할 수 있다는 점은 당연하다. 하지만 그러한 노력에 엄마들의 노력까지 더해져 큰 결과물이 학생들의 품으로 들어올 수 있었던 것이라고 생각한다. 마지막으로 준민과 상우는 이렇게 얘기했다.

> 영재과학고에 가는 것이 제 목표였어요. 근데 성적 올리려고 공부하는 것만 해도 너무 벅찼어요. 만약에 엄마가 면접이나 여러 학원들을 알아봐주지 않았으며 저 혼자는 전부 준비를 못 했을 거 같아요. 영재과학고 준비를 하던 친구 중 혼자 준비하는 친구들 대부분이 떨어지더라고요.
>
> **— 영재과학고에 합격한 준민의 이야기**

> 저도 정말 많이 노력했습니다. 근데 엄마가 더 많이 노력하셨죠. 제가 중학교 1학년 때 영재과학고에 가고 싶다는 순간부터 엄마도 공부하는 것을 놓지 않으셨어요. 엄마의 노력과 제 노력이 합쳐져서 영재과학고에 합격할 수 있었던 것 같아요. 엄마가 노력하신 만큼 저도 더 노력해서 또 제 꿈을 이뤄야죠.
>
> **— 영재과학고에 합격한 상우의 이야기**

아이들이 가고 싶어 하는 혹은 엄마들이 보내고 싶어 하는 일명 명문 고등학교에 보내기 위해서 엄마들은 맞춤형 학생을 만들기를 원한다. 학생들이 고등학교에 진학하기 학교 성적을 올려주는 학원 정보는 나누는 것은 기본이고, 각 학교의 특색별로 어떤 학생을 원하는지 어떤 교과목을 원하는지 토론하고 분석하여 그 고등학교에서 원하는 인재상으로 만들기 위해 엄마들은 지금도 스타벅스에서 대화하고 있다.

9.4 좋은 대학을 보내기 위해 공부를 하는 엄마들

좋은 대학에 가면 좋은 직장에 취직한다는 말은 한국의 그 누구라도 한 번쯤은 들어봤을 이야기일 것이다. 한국의 엄마들은 자신의 아이들이 좋은 대학을 나와 좋은 직장에 취직하고 남들보다 편안한 삶을 살 수 있도록 만드는 것이 꿈일 것이다. 이에 한국의 아이들은 부모의 관심 혹은 자신의 꿈을 위해서 좋은 대학에 진학하기 위해 지금도 열심히 공부하고 있다. 학교에서든 학교를 끝나고 학원에서든. 아이들의 많은 공부 시간 속에서 대학에서 원하는 모든 스펙을 준비하는 것은 너무나도 어렵다. 그래서 한국의 부자 엄마들은 아이들을 대신해 대학에 가기 위해 필요한 여러 스펙을 공부하고 아이들에게 가르쳐줘 아이들이 공부에 더욱 집중할 수 있으며, 좋은 대학에 가기 위한 좋은 스펙을 만들 수 있도록 노력하고 있다.

한국에서 대학입시에서 합격하기 위해서는 정시 입학 그리고 수시 입학 두 가지 방법이 있다. 정시 입학은 학생의 고등학교 성적 10~20%와 수학능력시험(이하 '수능') 80~90%로 순위를 매겨 입학하는 제도이다. 수시 입학은 고등학교 성적, 학교 생활, 면접 등으로 구성되어 학생의 고등학교 3년 동안의 생활을 종합적으로 평가해서 순위화시키는 제도이다. 그중 수시제도는 학생들이 학교 생활 동안 어떤 활동들을 중점적으로 했는지 혹은 자신의 대학에서 원하는 활동이나 책들을 읽었는지에 대한 일명 스펙들을 확인한다. 이러한 스펙들을 준비시키기 위하여 엄마들은 서로 모여 대학을 보내기 위해 스타벅스에 모여서 서로 토론하고 공부하여 아이들을 준비시킨다.

의학대학교에 보내고 싶은 엄마들의 공부

의학대학교(이하 '의대')는 의사가 되기 위해 진학하는 대학교이다. 한국의 많은 부모는 자신의 아이가 의대에 진학하는 것이 꿈일 것이다. 의대에 진학하기 위해서는 모든 과목에서 만점을 받아야 하는 것은 당연하고 수능에서도 높은 점수를 받아야만 진학이 가능하다. 또한 의대를 진학하기 위한 면접, 자기소개서를 작성하기 위한 스펙들은 상상할 수 없을 정도로 많다. 그렇기에 이러한 준비를 위해서 엄마들은 학원, 책들을 알아보는 것은 기본이며, 현직 의대생, 의사들을 초대해서 그들의 전문적인 지식과 의대에 진학하기 위한 여러 정보를 공부한다.

의대를 목표로 하는 엄마들의 첫 번째 노력은 입시 성공을 위한 여러 가지 전략 탐색이다. 이제 대학에 입학하기 위해서는 단순히 공부만 잘해서는 안 된다. 대학에 들어가기 위한 입시 전형은 수십 가지가 넘어가고, 대학교마다 그 방법도 천차만별이다. 자신에게 유리한 전형이 무엇인지 탐색하고 실천하는 것은 합격률을 높이는 효과적인 방법일 것이다. 유리한 전형을 미리 알고 준비하고 공부한다면 원하는 대학에 합격할 가능성이 더 높아진다는 의미이다. 이러한 점에서 스타벅스의 부자 엄마들은 아이들을 대신해 입시전형 공부를 해서 자신의 아이에게 맞는 전형들을 찾아주고 이를 실천할 수 있도록 한다.

면접 노트

민정의 대학을 위해서~

1. 성적은 1, 2, 3학년 1.1등급 이내로 해야 한다.

2. 생물 혹은 화학 관련 탐구 대회 참석해야 한다.

- 학교 프로젝트 실험, 학교 과학 대회 찾아보기

3. 수시로 갈 경우

- 학생부 종합 전형: 여러 스펙 필요
- 스펙: 반장, 봉사, 독서, 직업, 교내 프로그램
- 교과 전형: 국영수사과 1등급,
- 논술: 논술 학원 찾아보기
- 면접 전형: 면접 학원

4. 정시로 갈 경우

: 수능전문 학원 알아보기

예상 면접 질문
- 환자에게 시한부 판정 진실을 숨길까 아니면 진실을 말할까? - 세포성 면역에 따른 과다 히스타민 반응을 쉽게 설명하시오. 고등학교 생명과학에 있음 - 길을 걸어다가 응급환자가 있다. 의사라면? 답 없음/민정이랑 토의하기 - 의사로서 자신의 직업관은? 민정이랑 토의
읽으면 좋을 책 - 나는 자랑스러운 흉부외과 의사이다. - 의사를 꿈꾸는 10대가 알아야 할 미래 직업의 이동

대전에서 의대 입시 모임을 하고 있는 민정 엄마는 의대를 꿈꾸는 엄마들과 같이 의대 모임을 만들어 아이들을 의대에 진학시키기 위한 성공적인 전략들을 공부하고 있다. 공부는 어느 정도로 해야 하고, 스펙은 무엇이 필요하고, 수시로 갈 수 있는 방법 혹은 정시로 갈 수 있는 방법 등 다양한 정보들을 공부 중이다. 많은 엄마들의 공부가 있지만 그중 첫 번째로 엄마들이 공부하는 내용은 시험 성적과는 무관하지만 의대에 진학하기 위한 여러 가지 전형들을 공부하는 것이다. 민정의 엄마는 유명 입시설명회에 참석해서 입시 전형은 무엇이 있는지 민정에게 알맞은 전형은 무엇인지를 분석하기 시작했다. 그리고 민정이 글쓰기를 잘한다는 강점을 살려 논술전형을 갈 수 있는 방법을 공부했다. 논술 시험을 잘 볼 수 있는 방법들과 전략들을 찾아서 공부했고 매일 밤 민정이 적은 논술문을 보면서 어떻게 고치면 좋을지 얘기를 하면서 고쳐나갔다.

마지막으로 부자 엄마들은 의대 면접을 위해 전문적 지식을 알려줄 수 있는 면접 학원이나 혹은 현직 의사, 의대생들의 정보들을 공유한다. 의대에 진학하기 위해서 면접을 봐야 하는 경우 전문적인 지식을 물어보는 대학들도 존재한다. 이러한 대학에 합격할 수 있도록 의대 전문 면접 학원에 직접 청강하러 다니거나 현직 의사들 그리고 의대생들을 비용을 들여 초청하여 전문적인 지식을 엄마들이 직접 배우고 아이들에게 가르친다.

민정 엄마는 의대생에게 들은 내용들을 이용하여 민정에게 알려주고 민정이 대답할 수 있도록 준비시켰다. 매일 저녁 민정이 집으로 돌아오면 민정이 밥을 먹을 때든 혹은 소파에 앉아있을 때든 계속 질문을 하면서 민정이 즉각적으로 대답할 수 있도록 준비시켰다. 그리고 답이 없는 면접 문항에 대해서는 민정의 지식을 늘려주기 위해 여러 가지 의사와 관련된 책들을 읽게 하여 자신만의 대답을 할 수 있도록 하였다. 이러한 결과로 민정은 지금 대전의 한 의과대학에 진학을 성공했고 지금 인턴 과정을 거치고 있다.

명문 학과를 보내기 위한 엄마들의 노력

스타벅스 엄마들이 말하는 명문 학과들이 있다. 문과 계열의 경영학과, 초등교육과, 문과 계열 사범대학, 법학과 등이 있으며, 이공계의 의대, 기계 · 전자 · 화학 공학과 간호학과 등 엄마들이 보내고 싶어 하는 학과이다. 이 이외에도 각 대학마다의 특수학과들은 엄마들과 학생들이 목표로 하는 학과일 것이다. 이러한 학과들에 가기 위해서는 기본적인 성적이 뒷받침되어야 하는 것은 물론이며, 해당 학과에서 필요로 하는 인재상을 맞추어 학생 자신을 만들어야 한다. 자신이 대학에서 원하는 인재상이 되기 위해서는 대학교 입시의 여러 정보가 필요하고 그에 맞는 자기소개서와 생활기록부가 필요하다. 공부도 하면서 대학에서 필요한 조건들을 맞추기는 정말 쉽지 않다. 그렇기에 스타벅스의 엄마들은 아이들을 대신해서 입시 정보들을 공부하고 아이들에게 실천하게 하여 대학에 합격할 수 있도록 조력자의 역할을 하고 있다.

명문 학과를 보내기 위한 첫 번째 엄마들의 노력은 아이들이 원하는 학과가 있는 대학들을 찾고 분석하는 것이다. 예를 들어 전자공학과를 희망하는 학생이 가고 싶은 대학교는 성균관대학교이며, 철도운항과를 희망하는 학생이 가면 좋은 대학은 한국교통대이다. 이처럼 대학교의 순위도 있지만 대학들이 중점적으로 운영하는 학과를 찾아 보내는 것이 스타벅스 엄마들이 해야 하는 노력이다. 이런 학과들의 정보들을 얻기 위해서 스타벅스의 엄마들은 자신의 승용차를 끌고 여러 대학의 입시설명회를 다니면서 그 대학에서 중점적으로 홍보하는 학과는 무엇인지, 그 학과에 입학하는 데 필요한 것은 무엇인지 듣고 공부하여 자신의 아이가 합격할 수 있도록 지원해준다.

고등학교 3학년이 된 지원은 전자공학과를 가기를 희망한다. 전자공학과를 졸업하고 한국의 S 기업 연구소에 취직하는 것이 꿈이다. 그렇기에 S기업에 취직할 수 있는 대학에 가는 것이 필요했다. 이에 지원의 엄마는 여러 대학을 다니며, 입시설명회와 자료집을 보면서 지원이 가면 좋을 대학을 찾았다. S대의 전자공학과는 S기업이 중점적으로 지원을 해주고, 계열사나 연구소의 특채로 뽑혀갈 수 있는 제도가 있다. 그리고 K대학교와 B대학교는 기업이 지원은 해주지 않지만, 동문들의 인맥이 넓어 회사 취직에서 유리할 수 있다는 정보를 듣는다. 지원의 엄마는 지원에게 그동안 모은 정보들을 알려주면서 지원이 가고 싶은 대학교를 선택하도록 한다. 그 후 지원이 선택한 대학교의 면접이나 논술에서 필요한 책들을 찾고 직접 내용들을 정리해서 지원에게 공부시킨다. 지원은 저녁 12시까지 열심히 학교 공부를 하고 집에 돌아와서 저녁 12시부터 새벽 2시까지 엄마의 열띤 강의를 듣고 잠이 든다.

지원의 엄마의 경우처럼 지원이 가고 싶어 하는 여러 학과의 정보를 찾고 분석해서 지원이 원하는 직장에 취직시켜줄 수 있는 대학들을 정리해준다. 그리고 지원이 정한 대학에 가기 위한 여러 가지 조건들을 직접 공부하고 강의해서 지원이 갈 수 있도록 도와주었다.

명문 학과를 보내기 위한 두 번째 노력은 학교 생활기록부(이하 '생기부') 컨설팅 학원을 찾기 위한 노력이다. 생기부는 고등학교 3년 동안의 학생의 생활 모습과 성적, 활동 내용들이 모두 포함되어 있는 하나의 이력서이다. 하지만 취직을 위한 이력서는 매년 노력을 통해서 누가적으로 향상시킬 수 있지만 생기부는 고등학교 3년 동안 하지 못하면 절대 바꿀 수 없는 이력서이다. 엄마들은 생기부가 대학에 입학하기 위해서 얼마나 중요한 것인지, 얼마나 무서운 것인지를 잘 알고 있다. 그렇기에 스타벅스의 엄마들은 자신의 아이들이 고등학교 1학년 때부터 3학년때까지 완벽한 생활기록부를 만들기 위해 유명한 생기부 컨설팅 학원의 정보를 찾고 아이와 함께 등록한다.

> 예비 고등학생인 연정의 엄마는 연정의 고등학교 3년의 생기부를 책임져줄 수 있는 컨설팅 학원을 찾고 있다. 스타벅스에 모인 엄마들에게 학원의 정보를 듣거나 혹은 명문 학과에 보낸 엄마들에게 찾아가 어떤 컨설팅 학원에 다녔는지 물어본다. 전교 1등이 다녔던 컨설팅 학원을 찾은 연정 엄마는 월 120만 원의 학원비를 지불하여 연정을 등록시켰다. 연정이 가서 듣는 것이 더 좋겠지만 연정이 학교 성적에 좀 더 집중할 수 있도록 평일에는 엄마가 대신 가서 수업을 듣고 연정에게 알려줬다. 학원에서 알려준 정보를 기초로 하여 생기부에 적히면 좋은 내용들을 1, 2, 3학년으로 나누어 정리하여 연정에게 알려주었다. 연정의 엄마는 연정에게 '1, 2, 3학년 때 희망 직업을 똑같이 적어야 한다', '독서는 학과에 관련된 것도 필요하되 자기 계발에 도움이 되는 책도 적어야 한다.', '반장, 부반장은 필수가 아니지만 하면 좋다.'. ' 교과목 특성란에는 해당 학과에서 원하는 단어가 적히면 좋다.'와 같은 생기부에 적혀야 하는 내용들을 알려주었다. 연정은 엄마에게 들은 내용을 컴퓨터 워드로 정리해서 항상 학습계획서에 꽂고 다니면서 생기부에 적혀야 하는 프로그램이나 활동이 나오면 바로 신청할 수 있도록 언제든 준비하고 있다.

연정 엄마와 지원 엄마의 사례처럼 아이들이 원하는 학과에 보내기 위해서 엄마들은 아이들보다 더 많은 공부를 하고 있거나, 아이들을 대신해서 3년간의 계획표를 공부하고 미리 작성하는 노력을 하고 있다. 노력은 절대 배신하지 않는다는 말이 있다. 아이들도 자신의 꿈을 위해서 열심히 노력하고 있지만 이렇게 엄마들의 노력이 더해진다면 배신이 아닌 성공의 천사가 이들에게 손을 내밀고 있을 것이 분명하다.

9.5 끝맺는 말

한국의 부자 엄마들은 아이들에게 돈을 쓰는 것을 전혀 무서워하지 않는다. 오히려 어떻게 하면 돈을 써서라도 아이들이 좋은 성적은 받을 수 있을까 혹은 좋은 대학에 갈 수 있겠느냐는 고민을 하고 있다. 이러한 엄마들의 열정은 꼭 돈을 사용하는 것 때문에 중요한 것이 아니다. 돈을 이용해서든 어떻게든 정보를 습득하고 이를 아이들을 위해 다시 실천하고 있는 모습이 한국의 엄마들이기에 가능한 문화가 아니겠느냐는 생각을 한다. 지금까지 만나본 엄마들은 하루의 모든 시간을 자신의 아이들을 위해 헌신하고 노력한다는 점에서 포스트 오리엔탈리즘의 한국 교육이 시작될 수 있었던 것은 아닐까 생각한다.

10

대치동 찬가

상류층 엄마들의 21세기 신 맹모삼천 이야기

현재 서울은 대한민국의 수도로 위치하고 있다. 하지만 위치적인 중심지이면서 이제는 교육의 중심지로 자리 잡고 있다. 많은 한국의 학생들과 한국의 엄마들은 자신의 아이들이 좀 더 좋은 학원, 좀 더 좋은 학교 그리고 최종적으로 누구보다 좋은 대학을 보내기 위하여 지방에서 사는 것이 아닌 교육의 중심지인 서울로 이사를 하고 있다. 2020년 서울시에서 발표한 인구이동통계에 따르면 75,886명이 교육과 직장의 이유로 순접을 한 것으로 발표하였다. 이러한 현상은 서울이 제공하는 다양한 학습 기회와 우수한 교육 인프라가 위치해 있기 때문이다. 서울특별시교육청의 자료에 따르면 서울 내 학원 수는 매년 증가하고 있으며, 특히 강남구, 서초구와 같은 교육 특구 지역에서는 질 높은 학원과 학교가 밀집해 있어, 학구열이 높은 가정의 학생들과 학부모가 이사를 하고 있는 경향이 높다고 발표하였다. 또한 그림자 교육의 참여율도 높을뿐더러 그림자 교육에 지출되는 비용도 기하급수적으로 늘어나고 있음을 이야기하고 있다. 저자들은 이러한 측면에서 질 좋은 학원 그리고 질 좋은 학교 즉, 질 좋은 교육을 받기 위하여 부잣집 아이들은 높은 교육의 수준으로 들어가고 있으며, 이는 슬픈 교육적 불평등을 야기시키고 있다고 생각할 수 있었다. 이에 우리는 실제 한국의 학부모들 그리고 학생들이 구체적으로 무엇을 위해서 그리고 궁극적으로 어떤 목표를 위하여 그림자 교육의 중심지인 대치동으로 빠져들고 있는지 탐구하였다.

10.1 대한민국은 지금, 서울 공화국 시대

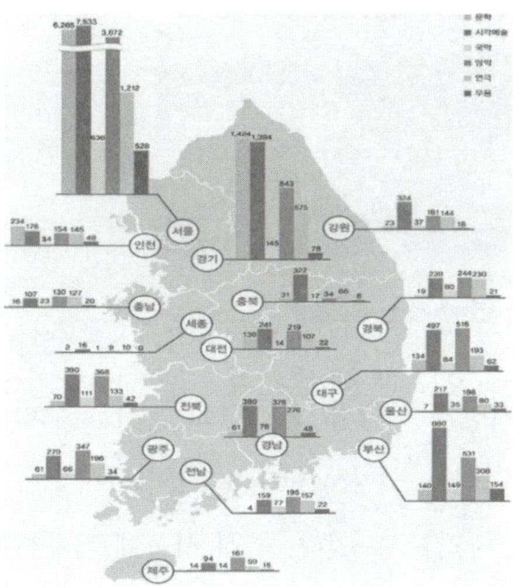

[그림 10-1] 전국 학원 밀집도

현대의 대한민국, 서울과 수도권에는 정치와 경제를 비롯해 기술과 문화 수준의 확장으로 훨씬 다양해지고 복잡해지는 문화시설, 그리고 문화생활의 참여 기회 등이 집중되어있다. 그렇기에 서울과 지방에서 누릴 수 있는 생활 여건과 그로 인한 삶의 질적 차이는 점점 벌려졌다. 또한 특정 지역에 인구와 자본의 밀집 현상이 나타나게 되고, 자연스레 교육적 측면에서도 지방과 수도권의 격차가 점차 벌어질 수밖에 없었다. 이러한 현상으로 야기되는 지방 소멸, 그리고 수도권 밀집 현상으로 인해 '서울 공화국'이라는 단어로 풍자되기까지 한다. 대표적인 서울 공화국 문제점은 인서울 대학 선호 현상이다. 이러한 문제뿐만이 아니라 대학 입시 과정에서도 서울과 지방 학생들 간 차이는 현저하다. 일부 인서울 대학의 신입생 출신지를 살펴보면 지방에서 올라온 학생보다 서울에서 나고 교육받아온 학생들의 비율이 많은 것을 확인할 수 있다.

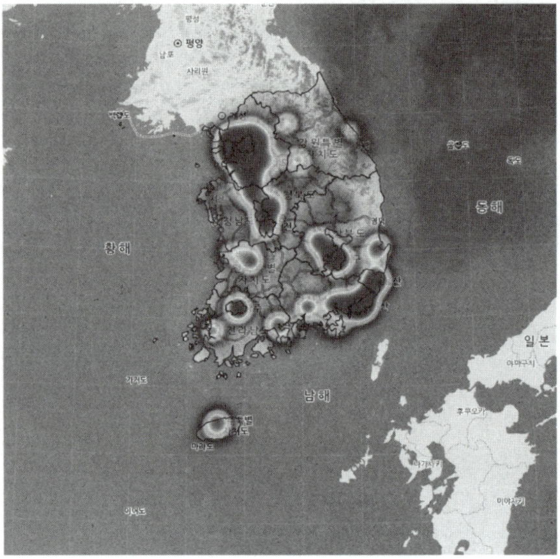

[그림 10-2] 전국 학원 밀집도

이런 현상의 가장 큰 원인으로는 지방과 서울의 그림자 교육 시장 부피 차이를 꼽을 수 있다. 실제로 서울, 경기 그리고 광역시 단위의 지역에 사교육 학원들이 밀집되어 있는 것을 위의 자료로 확인할 수 있다. 특히 서울에 거주하는 이들의 막강한 경제력은 수도권의 거대한 사교육 시장을 지탱해 주는 역할을 한다. 게다가 입시 커뮤니티나 수험생 자녀를 둔 학부모 카페에서도 유명한 사교육 업체의 본사나 유명 강사들도 서울에 있는 경우가 대부분이라 수도권에 거주하는 학생이 지방의 학생보다 높은 질의 사교육을 받을 기회가 더 많은 것이다.

최근에서야 인터넷 기술의 발달로 시공간의 제약을 받지 않는 인터넷 강의가 대세가 되었지만 같은 추세로 수능의 난이도도 상승하는 중이며, 인터넷 강의는 현장에서 직접 듣는 것만큼의 효율을 내기 어렵기에 지방과 서울의 차이 나는 사교육 인프라와 교육 참여 기회는 지방에 거주하는 학생들에게 치명적 요소로 작용한다. 이러한 결과는 학원의 숫자에서도 큰 차이를 보이고 있다.

[표 10-1] 대도시의 학원 개수

서울	경기도	부산	인천	대구
30,130개	35,320개	15,230개	12,320개	10,230개

서울의 학원의 개수는 총 30,130개나 되며, 경기도는 35,320개나 된다. 제2의 수도라고 불리는 부산도 서울과 경기도의 절반도 안 되는 학원이 운영 중이다. 특히 '강남대성학원', '메가스터디학원', '시대인재학원', '청솔학원', '디와이비최선어학원', '대치명인학원' 등 전국에서 이름난 유명한 학원들은 서울에 위치해 있는 것이다. 결국 문화 자본의 차이에서도 교육 자본의 차이에서도 수도권의 자원은 지방에서 이길 수 없는 수치가 되어버린 것이다.

10.2 교육 이주 현상의 배경과 현황

이러한 사교육 시장 팽창과 깊은 연관이 있는 한국의 교육열은 우수 인력 배출로 '한강의 기적'으로 불리는 한국의 비약적 발전에 기여하였다. 하지만 과도한 교육열로 비롯된 지나친 경쟁은 공교육 축소와 사교육의 확대라는 부작용을 초래했다. 사교육 과잉 현상은 한국의 교육 문제 중에서도 높은 비율을 차지하고 있는데, 이러한 사교육은 부모의 문화 자본을 포함해 사회적, 경제적 여건과 관련성이 높다고 알려져 있다. 가구의 소득 수준이 높을수록 사교육에 참여하는 비율이 높아지는 경향을 확인할 수 있는데, 이런 사교육 참여도에 따라 학업 성취도와 성적의 차이가 발생한다. 대한민국은 지난 시절 이룩한 한강의 기적만큼이나 질 높고 체계화된 교육 과정 설계 및 운영, 그리고 거듭한 개정을 통해 마치 무에서 유를 창조했다는 느낌을 줄 정도로 교육의 기적을 일구어냈다. 많은 연구자는 교육의 고도성장 원천으로 높은 교육열을 들었다. 교육열은 학령기의 자녀를 둔 학부모들을 중심으로 과열되며 지역 · 계층 간 교육여건의 차이를 기반으로 학구열 과열지인 8학군 형성에 기여하였고, 결국 서울 대 지방, 교육 평준화 지역과 비평준화 지역 형성과 그 안에서의 선호도 차이 현상 등이 나타났다. 거론되는 공교육에 대한 불신과 교육 이주가 바탕이 된 부동산 문제, 과도한 사교육비 지출 등은 우리가 현재 안고 있는 심각한 교육계 문제이자 시급히 해결해야 할 과제가 되었다.

이러한 교육열의 전반에는 경제구조의 비대칭성과 소득의 양극화가 깔려있다. 70년대 이후, 우리나라의 급격한 경제성장은 계층/지역 간 격차를 심화시키며 결과적으로 경제구조와 소득의 양극화 문제를 야기했다. 소득 양극화는 성장하는 경제에 있어서 계층에 따른 지역 간 공교육 격차를 발생시키며, 더욱이 이러한 격차는 높은 공교육 수준이 기대되는 지역으로의 쏠림현상을 발생시켰다. 개인의 이주지역 결정에 공교육의 질이나 양이 크게 영향을 미치는 우리나라의 현실을 고려할 때, 소득 양극화는 지역 공교육의 질과 양에도 강한 양극화를 초래할 것임을 쉽게 알 수 있는 것이다. 더욱이 소위 '8학군 선호 현상'으로 대표되는 부동산 문제를 함께 고려할 때 공교육의 지역적 격차 완화는 실제적인 사용가치를 반영한 주택 · 토지 가격 형성에도 기여할 것이다.

지역적으로도 수도권과 대도시에 사설 학원이 집중되고 있으며, 사교육 참여율도 대도시 지역이 다른 지역에 비해 높은 것으로 조사되고 있다. 또한 사교육에 지출되는 비용 역시 대도시 지역과 다른 지역의 격차가 발생하고 있어 계층 간 교육 격차뿐만 아니라 지역적 교육 격차가 확대될 수 있다는 우려를 낳고 있다. 우리는 이러한 현상에 대해 한 학생의 일상을 통해 더 자세히 알아볼 수 있었다.

태형은 진주에서 살고 있는 평범한 학생이었다. 하지만 부모는 태형의 더 높은 수준의 학교와 그림자 교육을 경험시키기 위해 서울로 이사하기로 결정하였다. 태형은 자기 부모가 항상 자신에게 "서울에 가면 더 좋은 환경, 더 좋은 선생님들 밑에서 공부할 수 있잖니. 서울에 있는 고모도 서울에서는 우리가 사는 진주와는 다르게 과외 선생님들도 SKY 출신들도 많고, 좋은 학원들도 많다고 하잖아. 이게 다 태형, 너를 위한 결정이란다."라고 말했다고 하였다. 이러한 태형 부모의 말은 단순한 말이 아닌 직접 눈으로 보고 귀로 들은 교육적 성공이 있었기 때문이다. 태형의 고모는 서울에 살면서 태형의 사촌형을 공부시켜 SKY에 입학시킨 것이다. 태형의 고모도 처음에는 진주에 살고 있었지만 자기 자식을 위해 서울로 상경하였고 자식의 교육적 성공을 이룬 것이다. 태형의 가족이 서울에 집을 마련할 만큼 경제력이 충분하지 않지만 부모의 확신과 기대에 차 자신의 미래를 대신 꿈꾸고 있는 부모의 모습에 실망감을 안겨드리기가 싫어 서울로 이사를 왔다고 이야기하였다.

태형 그리고 태형의 사촌형과 같이 서울에서의 질 좋은 그림자 교육과 높은 수준의 학교에 다니면서 SKY로 향하는 길목에 위치하기 위해서 한국의 학부모들은 자신들의 고향을 포기하고 앞으로 자기 아이의 고향이 될 서울로 향하고 있었다. 이러한 측면에서 인터넷이 발달하면서 지역적 불균형을 없다는 말이 전혀 맞지 않는다는 것을 알 수 있는 것이다.

10.3 성공적인 학습을 위해서는 서울로

[그림 10-3] 드라마 '일타 스캔들'

중국에서 맹자와 그 어머니의 이야기에서 유래된 '맹모삼천지교'라는 성어의 뜻을 알고 있는가? 시장 근처에 거처를 구하니 맹자가 장사꾼 흉내를 내며 놀았고, 서당 근처로 거처를 옮기니 글을 읊으며 놀았다는 이야기로, 자녀 교육에 있어 주변 환경이 중요한 요소로 작용함을 알 수 있는 의미를 담고 있다. 맹자의 어머니처럼 대한민국 대부분의 학부모는 자녀가 지방에서 고등교육까지 이수하는 것을 원하지 않는다. 그렇기에 그들은 아이들의 교육을 위해서라면 현재의 부족한 경제 상황에도 불구하고 무리한 대출을 통해서라도 서울과 같은 수도권으로의 '교육 이주'를 강행하고 있다. 흔히 강남의 8학군, 대치동과 같은 사교육 시장의 중심지가 이주 대상지이다. 대한민국에 자녀를 둔, 학부모의 삶이라는 것은 중국 맹자 어머니와 같은 '교육 이주민'의 삶과도 같다고 볼 수 있다. 이러한 학부모들의 수도권 편애 및 이주 현상과 그러한 니즈에 맞춘 사교육 시장의 수도권 정착 및 고착화 현상은 순환고리를 이루며 더욱 심화되고 있고, 이는 결국 지방 거주 거부 현상으로 이어진다.

우리는 한류의 중심에 있는 K-드라마에서도 이와 같은 수도권으로의 교육 이주 현상과 만연한 지방 거주 거부 실태를 마주한다. 최근 많은 인기를 끌었던 '일타스캔들'과 같은 드라마에서 우리는 이러한 현상을 아주 잘 발견할 수 있다. 대한민국 사교육 1번지라고 불리는 드라마 속 공간은 서울에 위치하고 있으며, 학원에 유명한 스타강사가 강의한다는 이유만으로 많은 학부모가 아침 일찍부터 학원 수강권을 얻기 위해 줄을 서기도, 지방에서 올라오기도 한다. 심지어 드라마에서도 나오는 "사교육 과열은 엄마들 책임이다."라는 대사는 이 책의 주제를 관통한다. 그렇다면 지금부터는 왜 한국의 엄마들은, 그리고 학생들은 지방에 살기 싫어하며, 서울로의 이주를 희망하는지 세세하게 알아보도록 하자.

가장 큰 부분은 바로 수능시험과의 직접적인 연관성이라고 볼 수 있다. 대한민국 청소년들의 12년 학업에 있어 가장 중요한 시험으로 손꼽히는 '대학수학능력시험'을 겨냥한 사교육 시장은 수도권과 광역 단위 도시에 위치하고 있는 경우가 대부분이다. 그중에서도 재수 학원의 경우에는 강남, 양재, 노량진과 같은 수도권 지역에, 교과 집중 학원의 경우, 서울의 대치동이나 광역시 내 소득 수준이 높은 지역에 밀집되어있다. 실제로 진주에서 거주하는 여러 학생은 여름과 겨울 방학 기간이 되면 서울 강남의 한 기숙 학원에서 수능 대비 특강을 들으러 다닌다고 한다. 수능을 준비할 수 있는 학원은 진주에도 있지만 굳이 서울로 먼 길을 떠나는 이유는 무엇일까?

진주에서 살다가 서울로 이사 간 동훈이는 진주에 있는 학원보다 서울에서 인기 있는 강사들이 하는 수업을 현장에서 듣는 게 더 성적 향상에 도움이 되고, 더군다나 뭔가 서울에 있는 강사들이 강의력도 더 좋을 것 같은 느낌도 든다고 이야기하였다. 또한 진주에서 살다가 이사를 간 보민이는 자신의 이야기를 들려주었다.

> 나는 서울에 한 공립 고등학교로 전학을 오게 되었다. 낯선 환경이었지만, 입시라는 공통된 목표를 가지고 같은 과목과 단원을 공부하는 친구들을 보니 진주와 별다를 게 없다고 느꼈다. 하지만 그런 익숙함도 잠시, 곧 이 친구들은 나와는 살아왔던, 살아가는 환경이 다르다는 괴리감이 나를 집어삼키기 시작했다. 이곳의 친구들은 내가 처음 들어보는 강사의 강의를 듣고 있었고, 내가 모르는 문제집들을 여럿 구매해서 쉬는 시간과 자습 시간을 활용해 풀고 있었다. 그런 모습을 보니 나도 왠지 공부에 대한 자극을 받았고, 다른 친구들을 따라가려면 적어도 친구들이 다니는 학원이나 듣는 강의, 푸는 문제집 등을 따라 하는 시늉이라도 해야 한다는 것을 직감했다. 이제야 나는 내가 정들었던 진주를 떠나 서울의 한복판에 떨어졌다는 것을 실감했다. "저번에 아빠가 유명 강사가 운영하는 학원에 직접 찾아가서 돈을 꽤 주고 모의고사 족집게 문제랑 자체 제작 킬러 문항들을 받아왔거든? 근데 정말 신기하게도 거기에 있는 문제 유형들이 이번 모의고사에 출제된 거 있지. 덕분에 이번에도 1등급 유지하기 성공했어!" 교실에서 다소 복잡했던 마음을 가다듬으려 창밖을 멍하니 응시하고 있는데 옆자리 여학생들의 이야기가 들려왔다.

결국 학생들의 이야기를 정리하자면 지방에서 느껴보지 못했던 분위기 그리고 다양한 교육 자본들, 개별적으로 맞춰줄 수 있는 다양한 학습 자료들 이러한 차이들이 결국 한국의 학부모들 그리고 학생들이 지방을 떠나 서울로 향하게 만드는 이유라고 말하고 있었던 것이다.

10.4 지방과 수도권 지역의 사교육 인프라 비교

앞서 언급한 사실과 같이 대한민국에서 학생들은 학교 정규 과정인 공교육에 투자하는 시간보다, 사교육에 할애하는 시간이 상대적으로 더 많다. 공교육의 목적이 '모든 학생에게 질 높은 교육 과정의 평등한 제공'이라면 사교육은 '다른 학생들보다 성적으로써 확실하게 앞으로 치고 나가는 방법', 또는 '공교육 정규 교육 과정 이상의 심화 학습을 통한 시험 대비' 등을 주목적으로 삼고 있다. 수능 백분위 1~2점의 근소한 차이로 대학의 당락이 결정되는 경쟁 심화 사회에서 학생들과 학부모의 니즈에 맞게 교육의 목적을 가지고 있는 것은 단연 사교육이다.

특히 입시를 앞둔 고등학생들이 참여하는 또 하나의 필수적인 교육인 사교육은 교육 현장으로 학생이 직접 찾아가서 강사들에게 직접적으로 수강을 받는 '학원', 강사가 직접 학생의 집으로 찾아오거나 장소를 조율한 후 1:1 강습의 형태로 이루어지는 '과외', 여러 과목의 강의를 물리적 이동 없이 인터넷으로 편하게 학습할 수 있는 동영상 강의 형식의 '인터넷 강의', 이렇게 3가지로 분류할 수 있다.

우리는 이 중 학부모들의 서울로의 교육 이주의 직접적인 원인이 되는 학원과 과외 유형의 사교육을 이어지는 태형의 이야기로 자세하게 알아볼 것이다.

그림자 교육 비교 첫 번째 '학원'

[표 10-2] 전국 학원 분포수

	행정구역별	2023		
		학원수 (개)	수강인원 (명)	강사수 (명)
전체	전국	88,738	5,925,710	350,827
	서울특별시	14,832	1,608,661	100,832
	부산광역시	5,400	399,408	19,020
	대구광역시	4,354	241,065	17,091
	인천광역시	4,421	359,680	16,138
	광주광역시	3,488	170,410	10,680
	대전광역시	2,312	128,052	10,619
	울산광역시	2,616	106,305	8,041
	세종특별자치시	1,029	42,721	3,565
	경기도	24,422	1,697,940	97,000
	강원도	2,301	135,726	5,682
	충청북도	2,474	112,986	6,832
	충청남도	3,127	141,979	8,452
	전라북도	3,948	147,291	8,949
	전라남도	2,744	122,501	6,042
	경상북도	3,779	160,796	10,141
	경상남도	6,279	299,601	18,097
	제주특별자치도	1,212	50,588	3,646

학원은 실제 한국 사교육 시장에서 가장 큰 부피를 차지하고 있다고 말해도 과언이 아니다. 특히 서울이나 수도권의 학원 밀집 지역에는 대학 입시와 영어, 중국어와 같은 제2외국어는 기본이고 면접/스피치와 같은 언어적, 비언어적 교정을 목적으로 하는 학원과 심지어 집중력을 향상시켜준다는 등 다양한 유형의 학원이 존재하고 있다. 이러한 다양한 유형의 학원들이 생겨남에도 교육 참여 기회는 지역에 따라 달라지는 것이 현재 대한민국 교육의 위치이다. 실제 통계 자료를 통해 비교해보아도 입시검정 및 보습을 위해 설립된 학원이 서울에는 8,095개소인 반면에 경상남도에는 2,572개소 정도로 서울의 1/4 규모 정도이다. 사설학원들의 규모 및 분포 차이는 많은 학부모와 학생들의 교육 이주 결심에 아주 작은 시작점일 뿐이다.

학부모들은 수강생들에게 제공되는 교육의 참여 기회 및 제공되는 강의의 질적 차이를 근거로 수도권의 학원을 더 선호하는 경향을 보인다. 이 원인으로는 학원의 본점과 본점에서 분화되어 지방에 설립되는 분점의 부분이 지적된다. 대부분의 사교육 학원은 수도권에 처음 설립되는 경우가 다반사다. 이는 인구 밀집과 유동 인구 등을 고려한 합리적인 선택이라고 볼 수 있다. 이러한 이유로 학생들이 선호하는 이른바 '스타 강사'들은 학원의 본점에서 근무할 수밖에 없는 구조이다. 위와 같은 구조적인 문제에 기인하여 제한적인 장소에서밖에 들을 수 없는 '스타 강사의 현장 강의'는 자녀 교육을 위한 학부모들의 교육 이주에 가장 큰 영향을 미친다고 해도 과언이 아니다.

또한 많은 수능 재응시생, 즉 재수생이라 불리는 학생들은 수능 점수의 향상을 위해 재수 학원이나 심지어 숙식을 제공받으며 공부를 할 수 있는 기숙재수 학원에 들어가기도 한다. 재수 학원들은 각자의 교육 방식이나 커리큘럼을 내세우며 차별성을 강조함으로써 수강생을 모집한다. 하지만 대부분의 재수 학원은 '학원 재벌'로 불릴 만큼 특정 교육 업체에서 시장을 장악하고 있는 양상을 보인다. 메가스터디, 대성, 종로학원 등을 그 예시로 들 수 있다. 이러한 기숙 학원은 공부 방법에 따라 수업식 기숙 학원, 반독학식 기숙 학원, 독학식 기숙 학원으로 나뉜다. 학원들에 대해 많은 정보를 통해 비교가 필요한 학부모들을 대상으로 '학부모 기숙 학원 비교센터'라는 업체까지 생겨날 정도로 다양한 유형과 특징을 가진 기숙 학원들이 생겨나고 있는 상황에도 충청도 3곳, 경상도 4곳, 강원도 1곳 외에는 모두 경기도에 위치하고 있다고 한다. 기숙 학원의 분포에서도 수도권 편중 현상이 나타난 것이다.

독학기숙 학원은 200만 원 미만, 반독학기숙 학원은 220만 원, 수업식기숙 학원은 270~350만 원 정도로 높은 학원 등록비용이 요구되지만 이에 특별수강료도 별도라고 생각하면 학원에 투자하는 비용은 어마어마하다. 하지만 이러한 학원들이 수도권에 밀집되어 있고, 교육에서조차 질적 차이가 나타난다면 이러한 높은 비용에 이사비용까지 더해짐에도 불구하고 지방에 있는 학부모들과 학생들이 서울과 수도권으로 '교육 이주'를 떠나게 되는 것은 어찌 보면 당연한 일이 될 수 있다.

그림자 교육 비교 두 번째 '과외'

1:1 수업 형식이 대표적인 과외는 수강생과 강습자 사이의 물리적 거리가 가장 좁은 사교육 방식이다. 그렇기에 활발한 실시간 상호작용과 피드백이 가능할 뿐만 아니라, 수강생의 특성과 수준에 맞는 맞춤형 교육 과정의 진행이 가능한 것이 가장 큰 장점이다. 이러한 과외에는 대부분 대학을 다니고 있는 재학생들이나 갓 졸업한 졸업생들이 강습자로서 활동하고 있다. 그렇기 때문에 지역 간 과외 강사의 학력과 능력 차이가 필연적으로 발생할 수밖에 없다. 서울과 수도권 지역에서는 SKY대학을 비롯한 인서울 대학에 학적을 둔 대학생들이 과외를 진행하며, 지방에서는 지방 거점 국립대와 타 대학을 다니는 학생들이 과외 강사로 활동한다. 서울에 위치한 상위권 대학에 입학한 학생들은 과외 강사로 활

동하며 직접 본인이 겪은 입시의 고충이나 팁, 수능 공부에서의 고난이도 문제 파훼법이나 발산적 사고 방법 등을 과외 학생들에게 전달해준다. 이러한 부분은 학부모들이 과외라는 사교육에서 가장 바라는 점을 충족시킨다.

이렇게 서울과 지방 사이에 강사의 학력과 교수 능력 차이는 학부모들에게 자녀가 서울에서 공부하기를 바라게 만들고, 결론적으로 서울로의 교육 이주를 강행하게 되는 것이다.

그림자 교육 비교 마지막 '인터넷 강의'

그렇다면 이러한 지역에 따른 교육 참여 기회의 차이와 제공되는 교육의 질적 차이는 영원히 극복하지 못하는 고질적인 문제인가? 그것은 아니다. 이를 해결하기 위해 비약적으로 발전된 디지털 기술을 활용한 '인터넷 강의'가 나타나고 확산되었다. 이 인터넷 강의는 시간과 공간에 구애받지 않은 학습환경을 제공함으로써 교육 불평등의 격차를 해소하는 데 이바지했다. 하지만 이렇게 완벽해 보이는 인터넷 강의도 극복하지 못하는 단점을 가지고 있다.

교수자와 실시간 상호 소통이 불가능하다는 점은 인터넷 강의가 가진 가장 큰 문제점이다. 학생은 질문을 게시판에 올리고, 교수자의 학원에서 근무하는 조교들이 질문에 답변해주는 식으로 강의 내용에 대한 피드백과 상호작용이 일어난다.

> 모르는 게 있으면 강좌 홈에 있는 질문 게시판에 글을 남겨야 해요. 그런데 바로바로 답변을 올려주는 것도 아니고 꽤 기다려야 답변을 받을 수 있어요. 이마저도 강사가 바로 답변해주는 것이 아닌 학원에서 근무하는 조교들이 대신

답변해주는 형식이구요. 그래서 인강에 들이는 시간이나 비용이 조금 아깝다고 생각하기도 했어요.

— 이O서 군(17) 인터뷰 중에서

집중력이 떨어지고, 오히려 학습 도중 SNS나 게임 등을 많이 하게 돼 학습효과가 떨어지는 것 역시 인터넷 강의가 가진 치명적인 단점이다. 이는 현장에서 직접 강의를 듣는 학생들과 같은 내용의 수업을 들음에도 내용 이해도에서 차이를 야기시키는 근본적인 원인으로 작용한다. 지방에 있는 학생들도 양질의 강의를 온라인으로 들을 수 있는 혁신적인 기술의 발달로 교육 격차를 줄일 수 있을 것이라 기대가 많았지만, 이 역시도 해결책으로 작용하기보다는 지역 간 교육 격차와 교육 이주 증가에 더욱 불을 붙이는 장작으로 기능하게 되었다.

10.5 이웃 나라, 같은 현상

우리나라와 같은 이러한 사교육 시장의 규모와 소득 격차에 기인한 지역별 교육 격차는 이웃 나라인 중국에서도 나타났다. 대한민국에 정규 교육의 종지부를 찍는 대학수학능력시험이 있듯, 중국에는 수천만 명의 수험생이 대학 입시를 위해 치러야만 하는 '가오카오(高考)'가 있다.

중국 온라인 영문 매체 식스톤에 따르면 중국 내 사교육 규제 정책이 강화됨에 따라 암암리에 부유한 상류층을 대상으로 한 고액 과외 시장이 확장되며 소득별 학력 격차가 심해지고 있다는 지적이 나왔다고 한다. 이러한 현상은 앞서 우리가 보았던 사교육 시장 규모 차이에 원인을 둔 우리나라에서의 수도권과 지방 간 교육, 성취 격차와 같은 맥락이다. 실제로 중국은 사교육 부담을 줄이기 위한 '솽젠(雙減) 정책'을 지난 2021년 7월 25일 도입했고 이로 인해 학교 수업과 관련된 사교육 업체들은 비영리 기구로 등록되었다. 그렇지만 이는 오히려 사교육에 대한 의존을 더욱 강화시킨다고 볼 수 있다. 법의 감시망을 피해 부유층들은 비밀 고액 과외를 자녀들에게 제공하고, 자신들의 인적 네트워크 내에 공유함으로써 소득과 교육 격차를 더욱 크게, 그리고 단단히 만들고 있는 셈이 되어버렸으니 말이다.

[그림 10-4] 중국 대학 입시 시험장의 모습

21세기교육연구원 슝빙치 부원장은 인터뷰에서 "부유한 가정의 학생들은 대개 일대일 과외를 하기 때문에 솽젠 정책의 효과는 중하위층에서만 나타날 것", 그리고 "사교육 지하시장이 형성돼 관리 감독이 더 어려워졌다"고 응했다. 사교육 과열 지구이자 명문 대학들이 많이 포진해있는 베이징 하이뎬구에 거주하는 우모 씨는 이웃집 두 가구와 함께 원어민 교사를 초빙해 1:3 과외를 하고 있고 솽젠 정책으로 1년 전 2만 위안(약 385만 원)이었던 사교육비는 지금은 배로 뛰었다고 고충을 토로했다.

지방에는 여전히 낮은 소득 수준과 적은 교육 참여 기회로 인해 적지 않은 학생들이 사교육에 참여하지 못하고 있다. 물론 법의 규제 때문인 부분도 있지만 그럼에도 불구하고 수도권과 부유한 지역에서는 여전히 강한 자본력을 바탕으로 자녀들을 사교육에 참여시키고 있음을 볼 수 있다. 이는 결국 지방에 살기 싫어하는 기조를 확산시키며 많은 학부모가 곤란한 경제 상황에도 불구하고 수도권으로 교육 이주를 떠나는 방아쇠가 될 것이다.

10.6 끝맺는 말

대한민국의 교육 이주 현상은 서울과 지방 간의 교육 불평등이 얼마나 심각한지를 단적으로 보여준다. '서울 공화국'이라 불리는 사회적 현실 속에서, 학부모들은 자녀의 성공적인 학습을 위해 불가피하게 수도권으로 이주를 선택하며, 이는 교육 기회가 지역에 따라 크게 차별화되어 있다는 문제를 드러낸다. 사교육 인프라의 격차는 단순히 학원 수나 교육 자원의 차이만이 아니라, 학생들의 미래와 부모들의 경제적 부담에까지 직결되며, 이는 사회적 불평등을 더욱 심화시킬 우려가 있다.

이와 같은 문제를 해결하기 위해서는 지역 간 교육 인프라의 균형적인 발전이 필수적이다. 지방에서도 학생들이 양질의 교육을 받을 수 있도록 공교육 시스템을 강화하고, 사교육 의존도를 낮추는 정책적 노력이 필요하다. 그렇지 않다면, 교육을 위한 이주 현상은 계속될 것이며, 교육 불평등은 더욱 고착화될 것이다.

11

수능 킬러문항

Sandel의 착각 그리고 불공정한 국가 수학 능력시험

《정의란 무엇인가》로 유명한 하버드 대학의 마이클 샌델은 그의 책 《공정이라는 이름의 착각》에서 미국의 대학 입학이 공정하지 않다고 하였다. 그 책의 결론은 핀란드와 독일이 시행하고 있는 고등학생을 대상으로 하는 능력시험이 새로운 대안이라고 제시한다. 그러나 그의 지적처럼 지필시험을 통하여 학생들의 학업능력을 평가하는 한국 수학능력검증시험(이하 '수능')은 얼마나 공정할까? 그리고 학생들의 능력주의가 학부모의 경제적 부와 상관이 없이 인정되고 평가된다고 말할 수 있을까? 이에 대한 대답으로서 이 장에서는 킬러 문항에 대한 분석을 통하여 우리가 공정하다고 믿는 대입수능검사가 사실은 학생들의 능력과 상관이 없이 부모의 경제적 지원과 밀접한 관계가 있고 따라서 또 다른 한국적 교육 불평등을 낳고 심화시키는 학교 제도임을 제시하고자 한다.

11.1 킬러 문항의 의미와 역사적 탄생

요즘 뜨거운 이슈 중 하나인 '킬러 문항'은 영역별로 다르게 나타나지만 수능 수험생 중 20% 이하의 낮은 정답률이 나오는 문항을 의미한다. 따라서 많은 학생이 문제에 대한 오답을 선택하면서 소수의 학생만이 정답을 맞혀 상대적인 고득점을 맞게 해주는 역할을 하는 것이다.

[표 11-1] 2023학년도 수능 표준점수표

등급	국어	수학	물리	화학	생명	지구	백분위
최고점	134점	145점	70점	75점	72점	73점	상위 0%
1등급	126점	133점	67점	68점	64점	66점	상위 4%
2등급	122점	126점	64점	63점	61점	63점	상위 11%
3등급	117점	119점	59점	58점	58점	59점	상위 22%

특히 이러한 킬러 문항들로 인하여 학생들의 성적은 극명하게 드러난다. [표 11-1]은 2023학년도 수능에서의 국어, 수학 영역에서의 학생들 실제 등급표이다. 국어 영역에서는 4점~5점, 수학 영역에서는 7점이라는 차이로 한 등급이 내려가는 것이다. 표에 있는 점수는 문항의 난이도를 측정하여 나타낸 점수로 7점이라고 하더라도 3점, 4점 한 문제가 아닌 어려운 문제일수록 배점이 높아진다는 의미이다. 결국 표를 해석하면 1문제의 차이로 학생들은 한 등급씩 낮아진다는 것이다.

[표 11-2] 2023학년도 전국 경제학과 합격점수

대학	국어	수학	탐구	최저 합격점수	틀린 개수
서울대	134점(1등급) 상위 1%	141점(1등급) 상위 2%	130점(2등급) 상위 6%	405점 상위 2.67%	2개
연세대	134점(1등급)	133점(1등급)	130점(2등급)	397점	4개
고려대	132점(1등급)	133점(1등급)	130점(2등급)	395점	4개
서강대	132점(1등급)	133점(1등급)	127점(2등급)	392점	5개
성균관대	132점(1등급)	131점(2등급)	127점(2등급)	390점	5개
한양대	131점(1등급)	131점(2등급)	127점(2등급)	389점	6개

이러한 차이는 특히 명문대 입학에 있어서 극명하게 드러나고 있다. [표 11-2]는 2023학년도 경제학부 합격 점수표이다. 서울대학교의 경우 1등급에서 그치는 것이 아니라 1등급 안에서도 상위 1% 안에 들어야만 합격을 할 수 있는 것이다. 또한 전체 영역에서, 많게는 8점 작게는 1점의 차이로 대학의 이름이 달라진다. 결국 학생들에게 있어서 킬러 문항은 SKY로 향하기 위해서 필수적으로 풀어야 하며, 한 문제의 차이로 하늘(SKY)로 향해 나아갈 수 있다는 의미이다.

그렇다면 이러한 킬러 문항들은 언제부터 시작이 되었는가. 킬러 문항의 역사는 수능이 전면적으로 시행되면서 차츰 생겨나기 시작했다. 1997년 교육부가 대학 입학시험인 수능을 시행하면서 학생들의 성적으로 순위를 나누고 그에 맞는 대학을 보내기로 결정했다. 하지만 순위를 결정하기 위해서는 변별력 있는 문제들이 필요했다. 이때 수능에서 점차적으로 학생들의 변별력을 가리기 위해서 킬러 문항들이 한두 문항씩 생겨나기 시작했다.

그 후 교육부는 2010년 공교육 정상화라는 이름으로 다양한 정책들을 시행하기 시작했다. 이에 EBS를 창립하고 EBS에서 발행하는 문제집들을 학교에서 사용할 수 있도록 허가해줬으며, 2011년에 EBS 강의와 연계율을 70%까지 올리는 것을 결정하였다. 이러한 결정은 학생들로 하여금 학교에서의 공부만으로 충분히 수능을 볼 수 있도록 하였지만 누구나 풀 수 있다는 '물수능'이라는 타이틀을 갖게 되었다. 이에 교육부에서는 학생들의 변별력을 높이기 위해서 학생들을 죽인다는 의미의 '킬러 문항'을 등장시키기 시작했으며, 현재까지 그 악명은 명실상부하게 이어지고 있는 것이다. 그렇다면 이제 도대체 한국의 학생들을 괴롭게 만들고 있으며, 한 문제만으로 대학이 달라지는 '킬러 문항'이 어떤 것인지 구체적으로 알아보자.

11.2 수능시험에서 킬러 문항의 종류들

학생들의 변별력을 가려내기 위하여 만들어진 수능의 킬러 문항들은 그렇다고 한다면 공교육을 정상적으로 받은 정상적인 학생들은 풀 수 있을까? 풀어야 할까? 이 질문이 바로 이 책의 주제인 한국의 그림자 교육과 학생들의 능력주의의 새로운 지렛대로 자리잡고 있는 킬러 문항의 사회불평등적 영향을 탐구하기 위한 그 첫 번째 고민이 될 것이다.

[표 11-3] 수능 킬러 문항 배점

	국어	영어	수학	탐구
킬러 문항 수	10문항	10문항	10문항	5문항
킬러 문항 총 배점	30점 / 100점	30점 / 100점	40점 / 100점	15점 / 100점
총 문항 수	45문항	45문항	30문항	20문항

앞서 말했듯 수능에서의 킬러 문항은 대체로 정답률 20% 미만의 문제를 의미한다. 그렇다면 수능에선 킬러 문항들은 어떻게 구성되어 있으며, 한 문제당 점수는 어느 정도인지 알아보고자 한다. 수능은 각 영역별로 킬러 문항들이 존재한다. [표 11-3]에서 나타내듯 킬러 문항은 한 영역당 30% 이상의 배점을 가지고 있을 정도로 높게 측정되어 있다. 앞서 점수표에서 보았듯이 한 문제를 맞히고 틀렸는가에 따라 한국 학생들의 대학이 점차 달라지고 있다는 점에서 킬러 문항은 SKY로 향하기 위해 절대로 틀려서는 안 되는 문제로 손꼽히고 있다는 점이다. 앞서 제시한 경제학과를 제외하고 모든 학생이 꿈꾸고 있는 의학대학교의 진학에서는 더욱 극명한 차이를 드러내고 있다.

[표 11-4] 전국 의대 순위 및 합격점수

순위	대학교	합격점수
1위	서울대 의예과	430점 (전 과목에서 킬러 문항이 아닌 1문제를 틀렸을 경우)
2위	연세대 의예과	429점 (전 과목에서 킬러 문항 1문제를 틀렸을 경우)
18위	인제대 의예과	416점 (전 과목에서 킬러 문항 2문제를 틀렸을 경우)

서울대학교 의예과를 입학하기 위해서는 모든 과목을 통틀어 한 문제를 틀리면 아슬아슬하게 합격할 수 있으며, 의예과 중 가장 성적이 낮은 편에 속하는 인제대학교의 경우에도 4점 킬러 문항을 2개 틀렸을 경우 아슬아슬하게 합격할 수 있는 선이다. 이렇게 학생들은 킬러 문항 한 문제로 울고 웃고 하는 실정인 것이다. 그렇다면 실제 킬러 문항이 수능에서 어떤 형태로 출제되고 있으며, 학생들이 킬러 문항을 풀면서 왜 좌절을 하고 있는 것인지 이에 대한 해답으로서 크게

다음 세 가지 불가능의 이유를 제시하고자 한다.

학교 교과서 내용을 벗어난 지식과 정보에 대한 문제들

수능 문제는 학교에서 알려주는 교과서의 내용을 벗어나지 않는 개념들로 이루어진 문제라고 평가원에서는 이야기한다. 또한 문제를 풀기 위한 개념들은 절대 교과서의 내용을 벗어나지 않는다고도 이야기한다. 하지만 실제 수능 문제에서 공교육의 개념을 크게 벗어나지 않는다. 하지만 문제의 지문이나 어휘력에서는 공교육에서 알려주지 않았던 문제들이 나오고 있는 것이다. 실제 학교에서 알려주지 않았던 지식들이 문제에 어떻게 포함되어 함께 살펴보자.

첫째, 학교에서 알려주지 못하는 지식들로 구성된 문제들이다. 한국의 학생들이라면 한국어를 모두 할 수 있으며, 한글을 읽을 수 있으면 국어 영역은 모두 풀 수 있을 것이라고 생각할 것이다. 하지만 현실은 그렇지 않다. 학생들이 단순히 국어 지문을 읽고 푸는 것이 아니라 기초 상식을 통해서 문제를 풀 수 있는 문제들이 출제되고 있으며, 그 상식도 고등학교 내에서의 상식이 아닌 것이다.

그렇다고 상식이 없다고 문제를 전혀 풀 수 없는 것은 아니다. 문제에 해당하는 지문을 꼼꼼히 읽고 분석하여 문제를 푼다면 누구나 문제를 맞힐 수 있지만 지문의 난이도 그리고 그 길이가 문제가 되고 있다. 이에 대한 예시를 한번 살펴보자.

[문항 11-1] 2023학년도 수능 국어 영역

하루에 필요한 에너지의 양은 하루 동안의 총열량 소모량인 대사량으로 구한다. 그중 기초 대사량은 생존에 필수적인 에너지로, 쾌적한 온도에서 편히 쉬는 동물이 공복 상태에서 생성하는 열량으로 정의된다. 이때 체내에서 생성한 열량은 일정한 체온에서 체외로 발산되는 열량과 같다. 기초 대사량은 개체에 따라 대사량의 60~75%를 차지하고, 근육량이 많을수록 증가한다.

기초 대사량은 직접법 또는 간접법으로 구한다. ㉠ 직접법은 온도가 일정하게 유지되고 공기의 출입량을 알고 있는 호흡실에서 동물이 발산하는 열량을 열량계를 이용해 측정하는 방법이다. ㉡ 간접법은 호흡 측정 장치를 이용해 동물의 산소 소비량과 이산화 탄소 배출량을 측정하고, 이를 기준으로 체내에서 생성된 열량을 추정하는 방법이다.

19세기의 초기 연구는 체외로 발산되는 열량이 체표 면적에 비례한다고 보았다. 즉 그 둘이 항상 일정한 비(比)를 갖는다는 것이다. 체표 면적은 (체중)$^{0.67}$에 비례하므로, 기초 대사량은 체중이 아닌 (체중)$^{0.67}$에 비례한다고 하였다. 어떤 변수의 증가율은 증가 후 값을 증가 전 값으로 나눈 값이므로, 체중이 W에서 2W로 커지면 체중의 증가율은 (2W)/(W) = 2이다. 이 경우에 기초 대사량의 증가율은 (2W)0.67/(W)0.67 = $2^{0.67}$, 즉 약 1.6이 된다.

1930년대에 클라이버는 생쥐부터 코끼리까지 다양한 크기의 동물의 기초 대사량 측정 결과를 분석했다. 그래프의 가로축 변수로 동물의 체중을, 세로축 변수로 기초 대사량을 두고, 각 동물별 체중과 기초 대사량의 순서쌍을 점으로 나타냈다.

가로축과 세로축 두 변수의 증가율이 서로 다를 경우, 그 둘의 증가율이 같을 때와 달리, '일반적인 그래프'에서 이 점들은 직선이 아닌 어떤 곡선의 주변에 분포한다. 그런데 순서쌍의 값에 상용로그를 취해 새로운 순서쌍을 만들어서 이를 〈그림〉과 같이 그래프에 표시하면, 어떤 직선의 주변에 점들이 분포하는 것으로 나타난다. 그러면 그 직선의 기울기를 이용해 두 변수의 증가율을 비교할 수 있다. 에서 X와 Y는 각각 체중과 기초 대사량에 상용로그를 취한 값이다. 이런 방식으로 표현한 그래프를 'L-그래프'라 하자.

체중의 증가율에 비해, 기초 대사량의 증가율이 작다면 L-그래프에서 직선의 기울기는 1보다 작으며 기초 대사량의 증가율이 작을수록 기울기도 작아진다. 만약 체중의 증가율과 기초 대사량의 증가율이 같다면 L-그래프에서 직선의 기울기는 1이 된다.

이렇듯 L-그래프와 같은 방식으로 표현할 때, 생물의 어떤 형질이 체중 또는 몸 크기와 직선의 관계를 보이며 함께 증가하는 경우 그 형질은 '상대 성장'을 한다고 한다. 동일 종에서의 심장,

두뇌와 같은 신체 기관의 크기도 상대 성장을 따른다.

〈보기〉

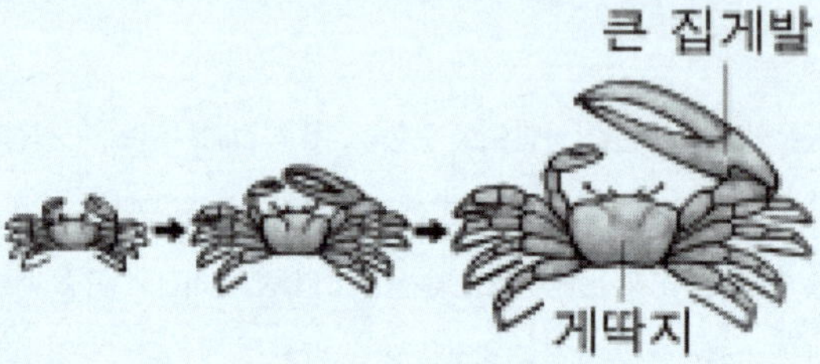

농게의 수컷은 집게발 하나가 매우 큰데, 큰 집게발의 길이는 게딱지의 폭에 '상대 성장'을 한다. 농게의 ⓐ게딱지 폭을 이용해 ⓑ큰 집게발의 길이를 추정하기 위해, 다양한 다수의 순서쌍을 확보했다. 그리고 'L-그래프'와 같은 방식으로, 그래프의 가로축과 세로축에 각각 게딱지 폭과 큰 집게발의 길이에 해당하는 값을 놓고 분석을 실시했다.

① 최적의 직선을 구한다고 할 때, 최적의 직선의 기울기가 1보다 작다면 ⓐ에 ⓑ가 비례한다고 할 수 없겠군.

② 최적의 직선을 구하여 ⓐ와 ⓑ의 증가율을 비교하려고 할 때, 점들이 최적의 직선으로부터 가로축에 수직 방향으로 멀리 떨어질수록 편차 제곱 합은 더 작겠군.

③ ⓐ의 증가율보다 ⓑ의 증가율이 크다면, 점들의 분포가 직선이 아닌 어떤 곡선의 주변에 분포하겠군.

④ ⓐ의 증가율보다 ⓑ의 증가율이 작다면, 점들 사이를 지나는 최적의 직선의 기울기는 1보다 크겠군.

⑤ ⓐ의 증가율과 ⓑ의 증가율이 같고 '일반적인 그래프'에서 순서쌍을 점으로 표시한다면, 점들은 직선이 아닌 어떤 곡선의 주변에 분포하겠군.

위 17번 문항의 경우 2023학년도 수능 국어 영역에서 84.9%의 극악의 오답률을 자랑한 문제로, 제한된 시간 내에 보기를 읽고 최적의 직선 기울기, 편차 제곱의 합, L-그래프, 일반적인 그래프 등의 개념을 파악하고 지문에서의 내용과 연결시켜 이해해야만 풀 수 있는 내용이다. 하지만 그 짧은 시간 안에 이 과정을 해낼 수 있는 학생은 많지 않을 것이라 확신한다. 한 대전의 고등학생은 인터뷰에서 이렇게 이야기하였다.

"고등학교에서는 이러한 내용을 배운 적이 없어요…. 일반적인 상식을 이용한 문제라고는 하는데 경제지표가 상식일 수가 없잖아요. 이과인 우리는 어떻게 풀까요?".

확실히 해당 국어 문제를 읽으면 학생들이 쉽게 풀 수 없다는 느낌을 그대로 받을 수 있다. 한국의 고등학생들도 우리가 느끼는 감정들을 똑같이 느끼고 있었다. 본 책의 편집자인 나도 공부를 많이 했고, 다양한 학문을 공부하고 있지만 저러한 내용들이 절대 상식처럼 알 수 있는 문제들은 아닌 것이다.

위 지문의 경우 L-그래프를 이해하고 있다면 지문을 이해하는 데 드는 시간을 그렇지 않은 학생들에 비해서 현저히 줄일 수 있을 것이다. 실제로 그 수능 지문의 제재에 대한 배경지식은 문제풀이를 함에 있어서 엄청난 도움이 된다고 할 수 있다. 난생처음 보는 주제에 관한 내용보다 한 번이라도 들어봤던 주제에 관한 내용을 이해하기 쉬운 것은 너무나도 당연하다.

국어 영역뿐만 아니라 영어의 경우에도 킬러 문항의 오답률은 굉장한 수준이다. 그렇다면 어떠한 문제가 출제되는지 살펴보자 아래는 2023학년도 수능 영어 영역에서 83%의 오답률을 기록한 문항이다.

[문항 11-2] 2023학년도 수능 영어 영역

34. We understand that the segregation of our consciousness into present, past, and future is both a fiction and an oddly self-referential framework; your present was part of your mother's future, and your children's past will be in part your present. Nothing is generally wrong with structuring our consciousness of time in this conventional manner, and it often works well enough. In the case of climate change, however, the sharp division of time into past, present, and future has been desperately misleading and has, most importantly, hidden from view the extent of the responsibility of those of us alive now. The narrowing of our consciousness of time smooths the way to divorcing ourselves from responsibility for developments in the past and the future with which our lives are in fact deeply intertwined. In the climate case, it is not that. It is that the realities are obscured from view by the partitioning of time, and so questions of responsibility toward the past and future do not arise naturally. [3점]

* segregation: 분리 ** intertwine: 뒤얽히게 하다 *** obscure: 흐릿하게 하다

① all our efforts prove to be effective and are thus encouraged
② sufficient scientific evidence has been provided to us
③ future concerns are more urgent than present needs
④ our ancestors maintained a different frame of time
⑤ we face the facts but then deny our responsibility

둘째, 전공서적 인용한 문제들로 구성된 수능 영어의 어려움이다. 위 문항은 지구과학 전공서적을 인용하여 출제한 문항인데 상식적으로 한글로 되어 있어

도 이해하기 힘든 전공서적의 내용을 영어로 바꾸어 출제하였을 때 일반적인 고등학생들은 절대 이해할 수 없는 용어들로 구성되어 있기에 더 큰 어려움을 느끼고 있는 것이다. 하지만 한국의 학생들은 저러한 극악의 문제들을 해결해야 대학에 갈 수 있다. 이러한 관점에서 학원들은 어떠한 입장을 취하고 있는지 한번 확인해보자.

학원에서는 어차피 대부분의 수험생들이 위의 지문을 현장에서 100% 이해하는 것은 불가능 하다고 생각하고 오로지 문제를 맞히기 위한 빈칸특강 등의 강의를 통해 정답을 맞히는 스킬을 강의하고 있다. 하지만 공교육만을 받는 학생들은 위와 같은 고난이도 문제는 손도 대볼 생각도 하지 못한 채 '어차피 영어는 절대평가니까' 라는 생각을 가지고 버리는 문제가 될 것이다. 부산의 한 고등학생은 인터뷰에서 이렇게 이야기하였다.

"학교 선생님이 그러셨거든요… 영어에 나오는 내용들이 논문이나 아니면 전공서적에 나오는 내용들이라고… 한글로 되어 있어도 힘들 건데 영어로 되어 있으면 어떻게…".

부산의 고등학생의 말처럼 한글로 된 전공서적들을 보면 우리도 급격하게 피로감을 느끼고 몇 장 읽다가 포기하는 경우가 많을 것이다. 그런데 한국의 고등학생들은 한글로도 어려운 저 지문들을 영어로 읽고 있으며, 정독을 하면서 해당 문제의 답을 찾아나가고 있는 것이다.

수능 지문이 이처럼 교과서의 내용과 비교할 수도 없이 어려운 내용으로 출제가 되다 보니 교과서와 EBS만을 통해서 공부하는 학생은 수능장에서 영어 지문을 온전히 이해할 수도 없을뿐더러 사교육을 받는 학생처럼 반복, 숙달된 문제풀이 스킬도 없기 때문에 상대적으로 영어영역에서 1등급을 받는 것에 어려움이 있을 것이 분명하다.

[문항 11-3] 2023학년도 수능 영어 영역

[36~37] 주어진 글 다음에 이어질 글의 순서로 가장 적절한 것을 고르시오.

The most commonly known form of results-based pricing is a practice called contingency pricing, used by lawyers

(A) Therefore, only an outcome in the client's favor is compensated. From the client's point of view, the pricing makes sense in part because most clients in these cases are unfamiliar with and possibly intimidated by law firms. Their biggest fears are high fees for a case that may take years to settle

(B) By using contingency pricing, clients are ensured that they pay no fees until they receive a settlement. In these and other instances of contingency pricing, the economic value of the service is hard to determine before the service, and providers develop a price that allows them to share the risks and rewards of delivering value to the buyer.

(C) Contingency pricing is the major way that personal injury and certain consumer cases are billed. In this approach, lawyers do not receive fees or payment until the case is settled, when they are paid a percentage of the money that the client receives. [3점]

* intimidate: 위협하다

위의 34번의 문항과 마찬가지로 고등 교육 과정 수준 이상의 전문지식인 변호사 수임료 체계를 제재로 하고 있는 지문으로서 마찬가지로 대부분의 학생은 온전한 해석이 불가능할 것이다.

"해석본을 봐도 순서가 바뀌어도 이상하지가 않거든요? 그냥 나오는 동사랑 첫 단어들만 보고 유추해서 푸는 거죠. 어차피 그렇게 할 건데 왜 이렇게 어려운 지문들을 내는지 잘 모르겠어요. 차라리 소설 같은 내용이면 읽어보고 기승전결에 따라서 순서를 맞출 건데요. 지금 영어는 누가 단어를 많이 외우나 아니면 누가 이해를 잘하냐가 아니라 어떤 스킬을 많이 들고 있는가 같아요."

— 진주의 한 고등학생의 인터뷰

그렇기 때문에 이 역시 학원에서 지문에 대한 이해를 통해 문제를 풀이하는 것이 아니라 이러한 유형의 문제를 접속사 문단의 첫 문장 마지막 문장 등에서 힌트를 찾아내어 올바른 순서로 배열하는 스킬 위주의 강의를 하고 이전 문제와 마찬가지로 그러한 스킬을 학원에서 배우지 못한 학생들이 이 문제를 맞힐 수 있는 확률은 굉장히 낮을 것이다.

킬러 문항 세 가지를 살펴보았는데 한 가지 유형은 방대한 정보량을 가지고 있는 지문을 해석하고 지문과 보기의 내용을 연결해 이해해야 풀 수 있는 문제와 전공서적을 영어로 해석야만 풀 수 있는 문제이다. 두 가지 유형의 공통점은 바로 학교에서 알려주지 않은 지식들이다. 만약 학교 정규수업만을 성실히 받은 학생은 생소한 지문들을 읽으면서 한 번에 이해할 수 없다. 그렇기에 학생들은 학교에서 알려주지 못하는 지문들의 어려움으로 인해 킬러 문항에서 큰 어려움을 겪고 있는 것이다.

고등학생들이 구사하기 어려운 수준의 고차원적 사고 기술들

지문의 어려움을 넘어서 이제는 학생들이 문제를 읽고 이해하는 것조차 어려운 수준의 지문들이 나오고 있다. 예를 들어 국어 영역에서 경제, 과학, 문화, 법학 등 고차원적인 사고가 필요한 문제들이 나오고 있으며, 수학에서도 한 가지의 사고로 가능한 문제들이 아닌 고차원적인 사고로 풀 수 있는 문제들이 출제되고 있는 것이다. 그렇다면 한국의 학생들이 문제를 풀기 위해서 어떤 고차원적인 사고 기술들을 해야 하는지 한번 알아보자.

첫째, 단순한 문제 이해가 아닌 다차원적 이해를 포함한 문제들이다. 교육부에서 국어 영역에서 강조하는 언어적인 사고력을 통해 지문과 보기를 이해하고 내용을 연결해 푸는 것이 아닌 지문에서 내용 요소 관계를 중심으로 유사한 정보의 위치를 확인하여 답을 찾는 문제풀이 스킬을 통해 정답을 맞히는 경우가 있을 것이다. 그러한 문제풀이 스킬 역시 학교 국어 교육 과정에 포함되어 있는 것이 아닌 학원에서 여러 지문과 문제를 통해 반복적으로 훈련하고 습득하게 만드는 것이다.

2022학년도 언어와 매체 영역 경제 제재 지문과 보기 문제를 한번 보자. 기본적으로 국어 영역 킬러 지문이 다 그렇듯 지문에서부터 기축 통화, 브레턴우즈 체제, 금본위 체제, 금 환 본위제, 금 태환 조항, 닉슨쇼크 등 고등학교 교과 수준을 뛰어넘는 방대한 전문지식 정보는 물론이고 문제 또한 쉽지 않았다.

[문항 11-4] 2022학년도 수능 국어 영역

[10~13] 다음 글을 읽고 물음에 답하시오.

기축 통화는 국제 거래에 결제 수단으로 통용되고 환율 결정에 기준이 되는 통화이다. 1960년 트리핀 교수는 브레턴우즈 체제에서의 기축 통화인 달러화의 구조적 모순을 지적했다. 한 국가의 재화와 서비스의 수출입 간 차이인 경상 수지는 수입이 수출을 초과하면 적자이고, 수출이 수입을 초과하면 흑자이다. 그는 “미국이 경상 수지 적자를 허용하지 않아 국제 유동성 공급이 중단되면 세계 경제는 크게 위축될 것”이라면서도 “반면 적자 상태가 지속돼 달러화가 과잉 공급되면 준비 자산으로서의 신뢰도가 저하되고 고정 환율 제도도 붕괴될 것”이라고 말했다.

이러한 트리핀 딜레마는 국제 유동성 확보와 달러화의 신뢰도 간의 문제이다. 국제 유동성이란 국제적으로 보편적인 통용력을 갖는 지불 수단을 말하는데, ㉠ 금 본위 체제에서는 금이 국제 유동성의 역할을 했으며, 각 국가의 통화 가치는 정해진 양의 금의 가치에 고정되었다. 이에 따라 국가 간 통화의 교환 비율인 환율은 자동적으로 결정되었다. 이후 ㉡ 브레턴우즈 체제에서는 국제 유동성으로 달러화가 추가되어 ‘금 환 본위제’가 되었다. 1944년에 성립된 이 체제는 미국의 중앙은행에 ‘금 태환 조항’에 따라 금 1온스와 35달러를 언제나 맞교환해 주어야 한다는 의무를 지게 했다. 다른 국가들은 달러화에 대한 자국 통화의 가치를 고정했고, 달러화로만 금을 매입할 수 있었다. 환율은 경상 수지의 구조적 불균형이 있는 예외적인 경우를 제외하면 ±1% 내에서의 변동만을 허용했다. 이에 따라 기축 통화인 달러화를 제외한 다른 통화들 간 환율인 교차 환율은 자동적으로 결정되었다.

1970년대 초에 미국은 경상 수지 적자가 누적되기 시작하고 달러화가 과잉 공급되어 미국의 금 준비량이 급감했다. 이에 따라 미국은 달러화의 금 태환 의무를 더 이상 감당할 수 없는 상황에 도달했다. 이를 해결할 수 있는 방법은 달러화의 가치를 내리는 평가 절하, 또는 달러화에 대한 여타국 통화의 환율을 하락시켜 그 가치를 올리는 평가 절상이었다. 하지만 브레턴우즈 체제하에서 달러화의 평가 절하는 규정상 불가능했고, 당시 대규모 대미 무역 흑자 상태였던 독일, 일본 등 주요국들은 평가 절상에 나서려고 하지 않았다. 이 상황이 유지되기 어려울 것이라는 전망으로 독일의 마르크화와 일본의 엔화에 대한 투기적 수요가 증가했고, 결국 환율의 변동 압력은 더욱 커질 수밖에 없었다. 이러한 상황에서 각국은 보유한 달러화를 대규모로 금으로 바꾸기를 원했다. 미국은 결국 1971년 달러화의 금 태환 정지를 선언한 닉슨쇼크를 단행했고, 브레턴우즈 체제는 붕괴 되었다. 그러나 붕괴 이후에도 달러화의 기축 통화 역할은 계속되었다. 그 이유로 규모의 경제를 생각할 수 있다. 세계의 모든 국가에서 © 어떠한 기축 통화도 없이 각각 다른 통화가 사용되는 경우 두 국가를 짝짓는 경우의 수만큼 환율의 가짓수가 생긴다. 그러나 하나의 기축 통화를 중심으로 외환 거래를 하면 비용을 절감하고 규모의 경제를 달성할 수 있다.

13. 윗글을 참고할 때, 에 대한 반응으로 가장 적절한 것은? [3점]

〈보기〉

브레턴우즈 체제가 붕괴된 이후 두 차례의 석유 가격 급등을 겪으면서 기축 통화국인 A국의 금리는 인상되었고 통화 공급은 감소했다. 여기에 A국 정부의 소득세 감면과 군비 증대는 A국의 금리를 인상시켰으며, 높은 금리로 인해 대량으로 외국 자본이 유입되었다. A국은 이로 인한 상황을 해소하기 위한 국제적 합의를 주도하여, 서로 교역을 하며 각각 다른 통화를 사용하는 세 국가 A, B, C는 외환 시장에 대한 개입을 합의했다. 이로 인해 A국 통화에 대한 B국 통화와 C국 통화의 환율은 각각 50%, 30% 하락했다.

① A국의 금리 인상과 통화 공급 감소로 인해 A국 통화의 신뢰도가 낮아진 것은 외국 자본이 대량으로 유입되었기 때문이겠군.

② 국제적 합의로 인한 A국 통화에 대한 B국 통화의 환율 하락으로 국제 유동성 공급량이 증가하여 A국 통화의 가치가 상승했겠군.

③ 다른 모든 조건이 변하지 않았다면, 국제적 합의로 인해 A국 통화에 대한 B국 통화의 환율과 B국 통화에 대한 C국 통화의 환율은 모두 하락했겠군.

④ 다른 모든 조건이 변하지 않았다면, 국제적 합의로 인해 A국 통화에 대한 B국과 C국 통화의 환율이 하락하여, B국에 대한 C국의 경상 수지는 개선되었겠군.

⑤ 다른 모든 조건이 변하지 않았다면, A국의 소득세 감면과 군비 증대로 A국의 경상 수지가 악화되며, 그 완화 방안 중 하나는 A국 통화에 대한 B국 통화의 환율을 상승시키는 것이겠군

지문에 한정적으로 주어진 정보를 통해 보기에서 주어진 상황을 추론하여야 하는 문제이며 오답률은 78.3%를 기록했다. 위 보기 문제를 보았을 때 어떠한가? 반복적이고 기계적인 문제풀이 훈련을 하지 않은 학생들은 시험장에서 문제를 풀 엄두도 내지 못했을 것이다. 우선 A국, B국, C국의 상황을 각각 지문의 내용과 연관 지어 보기를 해석할 줄 알아야 하며 어찌어찌 보기의 내용을 훌륭하게 해석해냈다 하더라도 문제풀이 경험이 적은 학생은 조건문이 달린 선지들을 읽고 답을 선택하는 데에 있어 정확하게 실수하지 않는 것은 쉬운 일이 아니다. 또한 국어 영역뿐만 아니라 수학 영역에서는 이러한 문제가 더욱 극명하게 드러나고 있다.

[문항 11-5] 2022학년도 수능 수학 영역

29. 그림과 같이 길이가 2인 선분 AB를 지름으로 하는 반원이 있다. 호 AB 위에 두 점 P, Q를 $\angle \mathrm{PAB}=\theta$, $\angle \mathrm{QBA}=2\theta$가 되도록 잡고, 두 선분 AP, BQ의 교점을 R라 하자.
선분 AB 위의 점 S, 선분 BR 위의 점 T, 선분 AR 위의 점 U를 선분 UT가 선분 AB에 평행하고 삼각형 STU가 정삼각형이 되도록 잡는다. 두 선분 AR, QR와 호 AQ로 둘러싸인 부분의 넓이를 $f(\theta)$, 삼각형 STU의 넓이를 $g(\theta)$라 할 때,
$\lim_{\theta \to 0+} \frac{g(\theta)}{\theta \times f(\theta)} = \frac{q}{p}\sqrt{3}$ 이다. $p+q$의 값을 구하시오.

(단, $0<\theta<\frac{\pi}{6}$이고, p와 q는 서로소인 자연수이다.) [4점]

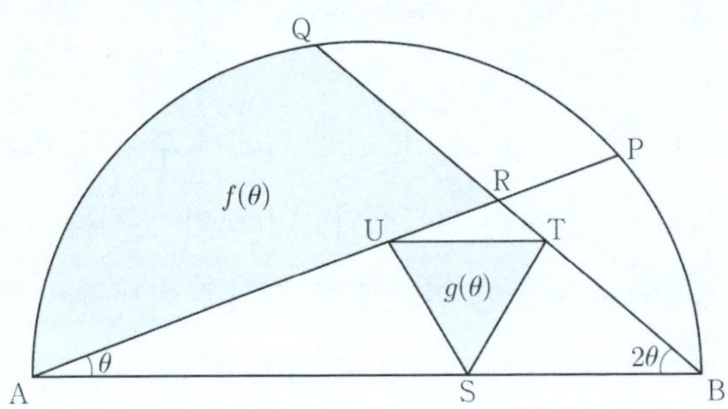

둘째, 정답을 위한 풀이법을 찾기 위해 필요한 고차원적 사고이다. 위 문제는 2022학년도 대학수학능력시험 수학 영역 중 미적분에 출제된 86%의 오답률을 기록한 문제이다. 삼각함수, 사인법칙 및 함수의 극한이 결합된 형태의 문제로 공교육에서 다루는 수준보다 훨씬 복잡한 형태로 출제가 된 문제이다. 수학 킬러 문항의 경우 보통 답을 도출하기까지 다양한 공식을 필요로 하는 경우가 많은데, 사교육을 받는 학생들은 매주 아니면 매일 수십 혹은 수백 개의 문제들을 푼다. 당연히 계산 속도도 빨라질 것이며 계산 실수의 빈도도 낮아질 것이다.

반면에 공교육을 받는 학생은 어떠할까? 교과서 혹은 EBS에 실린 한정된 양의 문제만을 접할 수밖에 없을 것이다. 그렇기 때문에 일반적인 학생은 킬러 문항을 풀 수 있는 충분한 수학적 개념이 있냐 없냐를 따지기도 전에 시간문제로 킬러 문항 풀이를 포기할 수밖에 없는 것이다. 이에 대해서 교사들은 이렇게 이야기하였다. '답지를 보면 쉽다. 하지만 그 문제에 나온 공식들의 순서만 바꿔도 문제 풀이방법은 수십 가지가 넘어간다.', '답지도 이해하지 못하는 문제들도 많고 학생들도 많다.', '교사들도 어려워서 손대기 힘든 수학', '운이 좋아서 한 번에 풀면 맞출 수 있는 문제'..... 앞의 인터뷰는 부산의 한 고등학교 수학 교사들이 했던 이야기이다. 선생님의 이야기처럼 단순히 답지를 보았을 때는 공교육에서 알려주는 기본적인 공식들을 이용하여 풀 수 있지만 그 과정까지 천 번 이상의 시행착오를 겪어야만 풀 수 있다는 것이다. 부산의 고등학교 교사의 이야기를 정리하자면 아래의 그림과 같다.

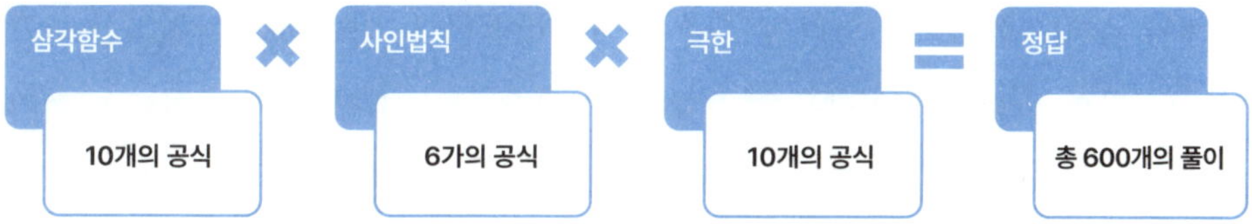

[그림 11-1] 정답 유추 가지수

일반적인 한국의 학생이 고등학교 정규수업을 듣고 독학으로 위와 같은 킬러 문항을 풀어낼 수 없다. 현직 고등학교 수학 선생님들도 위와 같은 킬러 문항을 처음 본다면 손쉽게 풀어내기 힘들 텐데 과연 일반적인 학생이 풀어낼 수 없을 것이라는 확신이 든다.

셋째, 복잡한 개념이 들어간 고난이도 문제 풀이이다. 앞의 문항은 앞에서도 말했듯이 여러 개의 수학 개념이 결합된 문제이다. 교과서에는 보통 한 단원과 그 단원에 해당되는 개념의 문제풀이 위주의 구성이다. 쉽게 말하면 더하기, 빼기, 곱하기, 나누기를 배운 초등학교 4학년들은 사칙연산 중 하나만 나오면 풀 수 있지만 여러 개념이 들어간 방정식 문제를 풀어보라고 하면 풀지 못한다. 하지만 초등학교 6학년 내용을 풀어본 아이들은 4학년 개념을 가지고도 쉽게 풀 수 있다. 앞 문제와 관련해서 이야기해보자. 고등학교 교과서에는 삼각함수 단원에서는 삼각함수 개념으로만 풀 수 있는 문제, 함수의 극한 파트에서는 함수의 극한개념으로만 풀 수 있는 문제들로 구성되어 있다. 학생들 입장에서 복잡하고 여러 개념이 혼합된 문제들을 풀어볼 경험이 절대적으로 부족할 수밖에 없는 것이다.

이처럼 한국의 학생들은 한 문제를 풀기 위해서 고차원적인 사고를 통해서 한 문제를 풀고 있는 것이다. 이러한 고차원적인 사고는 학교에서 알려주지 못하지만 개인의 역량에 따라서 달라질 수 있어 학생들 간의 변별력을 높일 수 있다고 이야기한다. 하지만 킬러 문항의 문제는 단순히 한 가지의 문제가 아닌 복합적인 문제로 이루어져 있다는 점을 생각하여야 한다. 단순히 고차원적인 사고만 요한다면 학생들의 역량을 평가할 수 있지만 한 문제만 푸는 시험이 아니기에 추가적인 문제가 발생하는 것이다. 이에 다음 탐구 주제로 시험시간 내에 풀 수 없는 시험 문항을 주제로 잡게 되었다.

주어진 시험시간 안에 풀 수 없는 많은 계산량과 문제 풀이 능력

수능에서는 국어 80문(45문항), 수학 100분(30문항), 영어 70분(45문항), 탐구 107분(40문항)으로 구성되어 있다. 결국 학생들이 1~3분 동안 한 문제를 완벽하게 풀어야 수능에서 고득점을 받을 수 있다는 이야기이다. 그렇다면 과연 수능의 킬러 문항의 경우 3분, 길게는 10분 안에 풀 수 있는 문제들로 구성되어 있을까 하는 의문점이 들었다. 이에 본 저자는 학생들이 실제적으로 겪고 있는 문제들을 푸는 데 얼마나 오랜 시간이 걸리는지 분석해보았다.

[문항 11-6] 2023학년도 수능 수학 영역

30. 집합 $X=\{x \mid x\text{는 10 이하의 자연수}\}$에 대하여 다음 조건을 만족시키는 함수 $f: X \to X$의 개수를 구하시오. [4점]

> (가) 9 이하의 모든 자연수 x에 대하여
> $f(x) \le f(x+1)$이다.
>
> (나) $1 \le x \le 5$일 때 $f(x) \le x$이고,
> $6 \le x \le 10$일 때 $f(x) \ge x$이다.
>
> (다) $f(6)=f(5)+6$

첫째, 방대한 양의 풀이법이다. 수능문제의 킬러 문항이라고 하더라도 난이도가 어떻든 공교육의 범위 내에서 출제되고 시간 안에 풀 수 있도록 구성되어야 한다. 하지만 수능의 킬러 문항들은 그렇지 않다. 이의 예시로 다음으로는 2023학년도 수능 수학 확률과 통계 영역에서 무려 96.5%의 오답률을 자랑한 확률과 통계 30번 문제와 풀이를 보자. 아까 보았던 미적분 문제에 비해서 문제 자체는 쉬워 보일 수 있다. 하지만 까다로운 조건과 문제해결 시 경우를 나누어 따져봐야 하는데 그 과정에서 계산량이 너무나도 방대하고 어려웠던 문제였다. 이 문제의 풀이를 같이 한번 보자.

보는 것과 같이 f(5)=1,2,3,4 인 경우에 대하여 각각 두 번씩 풀이해야 정답을 구할 수 있는 문제이다. 대부분의 학생은 이 문제에 대해서 어떻게 접근해야

할지 감도 잡지 못하였을 것이며, 확률과 통계 공부를 열심히 해서 문제 해결 방법을 떠올렸다고 해도 수능 시험장에서 저 방대한 계산을 하는 과정에서 실수를 하지 않기란 정말 힘들 것이다. 그 학생이 사교육을 통해 수많은 문제풀이를 한 학생이 아닌 이상. 하지만 학원에 다닌 학생들은 그렇지 않다. 저 방대한 양을 한 번에 줄일 방법들을 학원에서 알려주고 이를 암기하고 적용한다. 일반적인 고등학교 학생들이 수학자가 아닌 이상 어떻게 풀이를 줄이고 자신만의 방식을 만들어 낼 수 있을까.

"풀이를 보면 전부 쉬운 개념들밖에 없어요. 근데 풀고 있는데 풀이과정만 2장을 썼어요. 푸는 데만 20분이 걸리고요... 옆에 공부 잘하는 친구한테 물어보니까 학원에서 이 부분이랑 이 부분은 이렇게 하면 줄일 수 있다고 학원에서 알려줬다고 하더라고요. 그렇게 푸니까 10분이 안 걸리더라고요. 학원 안 다니면 제 시간 안에 풀 수 없는 거겠죠?"

- 대구의 한 고등학생의 인터뷰

이처럼 시간과 암기의 싸움인 수학 영역에서 학원에 다닌 학생들과 그렇지 않은 학생들의 차이는 오답률과 시간에서 어마어마한 차이를 발생시키고 있었다. 수학에서만 이러한 차이를 보인다면 학생들이 좀 더 공부하면 되지 않느냐는 말을 할 수도 있다. 하지만 현실은 수학에서뿐만 아니라 모든 영역에서 이러한 문항들이 제시되고 있다는 것이다.

둘째, 어마한 양의 지문의 길이이다. 해당 지문은 최명희의 〈쓰러지는 빛〉의 일부를 지문으로 출제한 것이다. 한 문제를 풀기 위해서 모든 글을 제 시간 안에 다 읽는 것은 거의 불가능하다. 또한 한 문제를 1분 안에 풀어야 하는 수능에서 지문을 꼼꼼히 읽고 푸는 것은 있을 수 없는 일이다. 그렇기에 학생들은 시험시간 내에서 모든 지문을 읽어보지 못하고 문제를 풀기에 이러한 극악의 오답률을 자랑하는 킬러 문항을 어려워하는 것이다.

지금까지 킬러 문항들이 어떻게 구성되어 있으며, 학생들이 왜 이토록 어려워하고 교육부에서 킬러 문항을 없애고자 하는지에 대하여 알아보았다. 하지만 이러한 의문점이 든다. 뉴스를 보면 수능 국어 만점자, 수학 만점자 혹은 수능 만점자라는 단어들을 심심치 않게 볼 수 있다. 그렇다면 도대체 어떤 학생들이 이러한 킬러 문항들을 맞힐 수 있는지 아이들과 여러 선생님의 이야기를 들어보고자 한다.

11.3 킬러 문항을 위한 특별 그림자 교육

많은 신문 기사, 방송의 고발처럼 (2023년, 윤석열 대통령 사교육 카르텔. 킬러 문항 배제하기 등), 학생들의 부모의 경제적 능력에 따라서 그러한 킬러 문항을 미리 공부하고 답을 찾아 많은 연습을 하는 학생들이 있으며 그러한 노력으로 명문대 입학을 한다는 자료들이 수없이 제시되고 있다.

[표 11-5] 통계 영역의 오답률

오답률 순위	문항 번호	오답률(정답률)	배점	문제 유형
1	29	97.4%(2.6%)	4	주관식
2	30	96.5%(3.5%)	4	주관식
3	22	94.5%(5.5%)	4	주관식
4	14	86.6%(13.4%)	4	객관식
5	21	84.2%(15.8%)	4	주관식

[표 11-5]는 1등급 수능 수학 점수가 91점이었던 수학 확률과 통계 영역의 오답률을 정리한 표이다. 표를 보면 킬러 문항이 상위권 대학에 가기 위해서 꼭 풀어야만 하는 문제라는 것을 한눈에 알 수 있다. 그렇다면 킬러 문항의 정답률을 보면 감탄이 절로 나온다. 오답률이 90% 중반대인 문제가 3문제나 된다. 90% 이하의 오답률로 출제된 모든 문제를 맞히고도 가장 어려운 3문제를 맞추어야 간신히 1등급의 성적표를 받을 수 있는 것이다.

하지만 고득점의 학생들은 1등급을 맞는 것이 중요한 것이 아닌 1등급 중에서도 높은 1등급을 받아야 최상위권 대학교에 입학할 수 있다. 킬러 문항은 분명 사교육 경감을 목적으로 고등수준의 공교육을 충실히 따른 학생이라면 얼마든지 풀 수 있을 정도의 난이도로 출제한다고 말하고 있다. 그러나 간단히 생각하여도 과연 고등학교 수준의 교육 과정을 충실히 따른 문제를 출제했다면 90% 후반대의 극악의 오답률이 나올 수 있는 것인가 고민이 된다. 특히 앞에 보여줬던 문제를 본다면 더욱 이해가 될 것이다.

[표 11-6] 학생들이 선정한 정답률

수능 년도	국어	수학	영어
2010학년도		가형 25번 문제 정답률: 12%	
2011학년도		가형 24번 정답률: 2.1%	26번 정답률: 9.77% 25번 정답률: 23.08% 44번 정답률: 19.39%
2014학년도		B형 29번 정답률: 9.6%	
2017학년도		가형 30번 정답률: 3.5%	
2018학년도		가형 30번 정답률: 2%	
2019학년도	31번 정답률:19.2%		
2020학년도	40번 정답률: 24%		
2021학년도	11번 정답률: 20.6% 14번 정답률: 20.8%		
2022학년도	15번 정답률: 21.7%		

수능 년도	국어	수학	영어
2023학년도	17번 정답률:15.1% 35번 정답률: 20.4% 39번 정답률: 28.9%	14번 정답률: 13.4% 22번 정답률 : 5.5%	34번 정답률: 17%

[표 11-6]은 실제 수험생들이 전혀 이해하지 못하고 풀었다고 얘기한 문제들만 선정한 표이다. 한 문제로 대학의 합격선이 오가는 상황에서 매년 2문제 이상은 킬러 문항이 나오고 있다는 점에서 학생들에게 킬러 문항의 입지는 더욱 중요해지고 있다는 것이다. 오로지 공교육만을 받은 학생이 자신의 노력만으로 킬러 문항을 풀 수 있다면 다행이다. 하지만 최근 출제되었던 킬러 문제의 경향은 공교육의 수준을 아득히 뛰어넘은 복잡한 사고능력과 고차원의 문제해결 능력을 요하기 때문에 사교육을 받은 학생들이 그렇지 않은 학생들에 비해서 고득점을 받기에 상당히 유리한 위치에 있다는 점에서 수능은 불공정한 시험이 되어버린 것이다. 집안 환경, 학군 등 외부 요인에 따라 그림자 교육을 받지 못하는 학생은 상위권 대학에 입학할 기회조차 없는 셈이 되니 말이다.

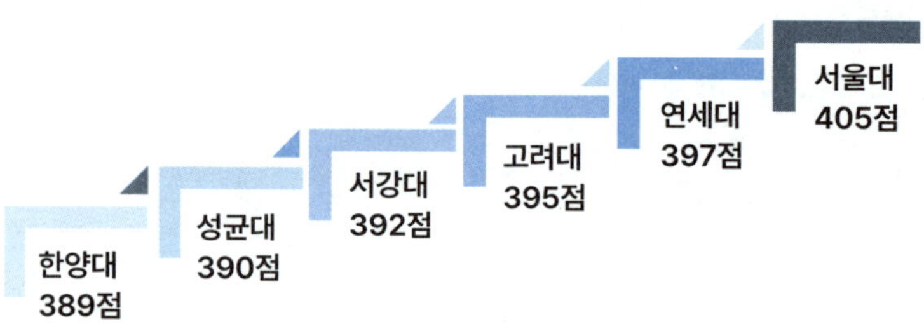

[그림 11-2] 2023학년도 경제학과 대학 순위

우리가 일반적으로 상위권 대학이라고 비교할 때는 같은 학과 혹은 학부의 수능 성적을 비교하여 나타낸다. 예를 들어 전국의 경제학과를 얘기해보자. 2023학년도 수능에서 1~5위의 대학 순위는 다음과 같다. 1위 서울대(405점), 2위 연세대(397점), 3위 고려대(395점), 4위 서강대(392점), 5위 성균관대학교(390점), 6위 한양대(389점). 대학들의 점수를 보면 크게는 8점 작게는 1점으로 대학이 달라지는 것을 볼 수 있다. 표준점수는 쉽게 말해 정답률이 낮은 문제일 경우 더 높은 점수를 부여하고 정답률이 높은 문제일수록 낮은 점수를 부여한다. 이렇게 생각해보았을 때 1점이라는 차이는 한 문제 차이가 아니라 누가 더 어려운 문제를 많이 맞혔냐는 주제로 넘어간다는 것이다. 상위권 학생들에게 낮은 난이도의 문제는 절대 틀리지 않는다고 한다면, 상위권 학생들에게 결국 수능에서 어려운 문제인 킬러 문항은 더 높은 대학교에 입학할 수 있는 열쇠인 셈이다. 그렇다면 도대체 어떤 학생들이 이러한 킬러 문항들을 맞추고 있는 것이며, 그러한 결과는 어떻게 나타나고 있는지 한 번 학생들의 이야기를 들어보고자 한다.

킬러 문항 전문 학원

"킬러 문항 전문 학원들은 더 전문적인 풀이법이나 문제집이 있다는 말이거든요. 보통 한 개 킬러 문항을 풀기 위해서 1시간 이상을 들여야 하는데 그럴 필요가 없는 거죠......."

— 서울의 고등학생의 인터뷰

앞서 말했듯이 킬러 문항을 풀기 위해서는 일반적인 고등학교 교육 과정으로는 불가능하다. 그렇기에 SKY로 향하기 위해서 학생들은 그림자 교육에 더욱더 참여하는 경향을 보이고 있다. 학생들이 어떤 그림자 교육을 받고 있는지 한 번 확인해보자.

한국의 고등학생들이 킬러 문항을 풀기 위해서 가장 많이 이용하는 그림자 교육은 '학원'이다. 학원의 종류는 단과 학원에서부터 종합학원까지 다양하다. 이러한 학원들 속에서 킬러 문항을 풀기 위한 전략들을 제공해주는 학원이 바로 킬러 문항 전문 학원(이하 '킬러 학원') 존재한다. 킬러 문항을 맞추기 위하여 상위권의 학생들은 킬러 학원에 다니며 특별화된 전략들을 배우고 있는 것이다.

[표 11-7] 킬러 학원들의 제공 서비스

특별한 강사진	수능 출제 위원들로 구성된 강사진 대학 교수 수준의 학위를 가진 강사진
킬러 문항에 특화된 문제집들	킬러 문항 배경지식을 담은 문제집 예상 킬러 문항 문제집 킬러 문항을 풀기 위한 전략집
합격생들과의 만남	SKY에 합격했던 선배와의 만남을 통한 학습 전략 파악

[표 11-8] A학원의 제공 서비스

비용	월 100~200만 원
제공 서비스	수능 출제 위원들로 구성된 강사진 출제위원들이 만든 문제집 킬러 문항을 풀기 위한 기초 배경지식 교과서 소수정예 - 강사 1명당 4명의 학생

대치동의 학원가를 가면 최상위권 킬러분석, 수준별 수능 완성과정 등과 같은 문구들을 흔하게 볼 수 있다. 수능의 킬러 문항들만을 집중적으로 알려주는 반이 있을 정도로 학원에서는 킬러 문항에 특화되어 있는 강의를 제공하고 있다. A학원의 경우 모든 강사진이 박사 학위를 취득한 전문 강사들을 채용하고 있었으며, 또한 모든 강사진이 수능 문제 출제 경험이 있는 강사진들로 구성되어 있다. 박사 학위를 가진 강사들은 킬러 문항에서 필요한 배경지식들을 정리하여 학생들에게 하나의 교과서로 만들어 제공하고 있었으며, 수능 출제 위원으로 활동했던 강사들은 예상 기출문항들을 만들어 이를 학생들에게 전문적으로 제공하고 있었다. 이러한 결과로 2023학년도 수능에서 전국 의과대학 정시 합격생 941명 중 470명이 모두 A학원생이라고 하였다. 이처럼 한국에서 킬러 문항을 한 문제라도 틀리면 들어갈 수 없는 의과대학의 합격생 중 50% 이상이 A학원에 다녔을 정도로 킬러 문항은 공교육만으로는 풀 수 없는 문제들로 구성되어 있다는 것이다. A학원에 다닌 한 학생과 학부모의 이야기를 한번 들어보자.

서울 S고등학교 3학년 학생 '태경'의 이야기

서울 대형 단과 학원에 다닌 태경(고3)은 2023년 9월 모의고사에서 전 과목 1등급을 받았다. 국어 94점, 수학 97점, 영어 100점, 생명 50점, 화학 50점. 전 과목에서 3문제를 틀린 것이다. 그렇다면 태경은 어떻게 이런 점수를 받을 수 있었을까? 태경의 일과는 다음과 같다.

월	화	수	목	금	토	일
학교 국어학원	학교 수학 학원	학교 과학 학원	학교 수학 학원	학교 수학 학원	영어 학원 수학 학원	독학

일주일 동안 일요일을 제외하고는 모두 학원에 다니고 있었다. 그리고 한 과목만 다니는 것이 아닌 전 과목을 단과 학원으로. 학원에서의 공부 시간은 2시간 남짓이었지만 그 정도의 공부로도 태경은 전 과목에서 3문제를 틀리는 결과를 받을 수 있었던 것이다.

우리는 태경의 성적표를 확인하고 도대체 얼마를 한 달에 학원 비용으로 사용하는가 태경의 부모에게 여쭤보았다. 그 대답은 다음과 같다.

국어	100만 원
수학	200만 원
영어	80만 원
과학	100만 원
총 480만 원	

즉, 한 달에 총 480만 원을 사용하고 있었으며, 태경이 2학년 때에 비해서 적게 들어가는 것이라고 했다. 만약에 태경이 시간을 더 늘리고 싶으면 추가적인 금액이 더 필요하다고 말을 덧붙였다. 태경 부모에게 이렇게까지 높은 비용을 사용하는 까닭을 물어보았고 태경의 부모는 이렇게 대답했다.

"중학교 때까지는 그냥 한 과목에 50만 원짜리를 보냈는데 고등학교 1학년이 되니까 고난이도 문제를 다 틀리더라고요. 그래서 주변의 추천을 받아서 보냈는데 금액이 너무 커서 놀랐지만, 1학년만 다녀보자는 생각으로 보냈어요. 근데 얼마 지나지 않아서 시험에서 성적이 확 좋아지는 거예요. 그래서 돈이 비싸도 보내죠"

우리는 태경의 부모가 말해주는 금액을 들으며 경악을 금치 못했고, 학생들이 킬러 문항을 풀기 위한 부모들의 노력과 비용이 천문학적 금액이 된다는 것이 놀라며 태경의 집을 나섰다.

태경의 부모처럼 사람들은 수능에서 고득점을 받기 위해서 한 시간에 20~50만 원에 해당하는 학원에 보내고 있었다. 이러한 종류의 킬러 학원뿐만 아니라 다른 킬러 학원들도 존재했다.

킬러 학원들은 특별한 프로그램만 제시하는 것은 아니었다. 킬러 학원들은 자신들만의 특별한 문제집을 제공하는 것으로 유명하다. 메가스터디, 대성마이멕 등 다양한 대형 종합학원 플랫폼에서 모의고사를 제공하기도 한다. 하지만 이는 쉬운 난이도부터 어려운 난이도까지 모든 문제가 포함된 시험지이다. 하지만 이는 킬러 문항을 위한 문제집이 아닌 수능을 경험하기 위한 경험일 뿐이다. 하지만 킬러 학원들은 학생들에게 예상 킬러 문항들만 문제집으로 만들어 판매하고 있다.

[표 11-9] B학원의 제공 서비스

B학원의 제공 서비스	과목당 80만 원
킬러 문항 포함 모의고사	강사진들이 연구하여 만든 킬러 문항이 포함된 모의고사 제공 학원 수강생에게만 제공하며, 학원 수강을 끝낼 때 모든 문제 회수
킬러 문항 공모제로 선정된 문제집	킬러 문항 공모를 통해서 선정된 문제들을 모아 놓은 문제집을 제공 한 권당 약 100만 원
킬러 문항 풀이 자료집	예측 킬러 문항들의 풀이가 적혀져 있는 자료집 제공 한 권당 약 100만 원
선배와의 만남	SKY를 합격한 선배와의 만남을 통해서 공부 전략 파악

B학원의 경우 수능 킬러 문항들만 모은 문제집을 전문적으로 판매하고 있다. 강사진이 제공하는 특별 강의뿐만 아니라 강사진이 직접 개발한 문제집을 학생들에게 제공하고 있다. 또한 이러한 예상 킬러 문항들로만 구성된 모의고사를 학원생들에게만 제공하여 수강생들이 여러 킬러 문항에서 즉각적으로 답을 맞힐 수 있도록 해주고 있다.

하지만 해당 강사진들이 모든 킬러 문항을 만들 수 없기에 해당 학원에서는 킬러 문항 공모전을 열러 선정된 킬러 문항에서 한 문제당 10~50만 원의 상금을 걸면서 B 학원만의 독자적인 문제집을 만들어서 제공하고 있다. 해당 공모전에 제출한 문제들의 제작자는 보통 대학원생, 대학 교수, 수능 출제위원 등 일반적인 고등학생들이 쉽게 생각할 수 없는 지식들을 가지고 있는 사람들이 공모전에 입상하였다. 이렇게 만들어진 문제집은 한 권에 100만 원에 판매되고 있으며, B 학원의 수강생이 아니면 살 수 없게 되어 있다. 이러한 문제집을 만드는 이유에 대해서 강사는 이렇게 이야기하였다.

> "저는 수강생들에게 문제집을 만들어줍니다. 서점에서 파는 책은 과거에 머물러 있습니다. 하지만 아이들의 시험은 미래입니다. 그렇기에 우리는 수강생이 치를 미래를 위해 준비해서 이를 책으로 만들어 제공하는 겁니다."
>
> **- 대치동 강사의 인터뷰**

우리는 강사의 말에 충격을 받았다. 학생들은 과거의 시험을 치는 것이 아니라 새로운 미래를 시험치는 것이다. 이러한 점은 그림자 교육에서만 생각할 수 있다는 점이다. 우리는 이러한 점에 대해 한 고등학교 국어 교사에게 질문을 하였다. "학교에서는 왜 미래에 치를 수능이 아니라 과거의 수능 문제를 알려주는 것이며, 왜 그렇게 하지 못하는가요?" 그에 대한 대답은 이러했다. '학교에서는 불가능하다. 학교에서 예측을 해주고 만약 틀리면 민원의 소지가 된다. 선생님들이 그렇게 까지 할 이유가 없다.' 이처럼 학원에서는 가능하지만 학교에서 알려주지 못하는 이유를 한 국어 교사가 이야기해줬다. 결국 학생들은 킬러 문항을 풀기 위해서는 그림자 교육으로 향할 수밖에 없다는 것이다.

그 이외에 다른 학원들과는 차별화된 프로그램으로 B학원은 실제 SKY에 합격한 선배와 수험생과 만남을 주선하여 합격생들이 어떻게 공부하였는지 그리고 그 전략들은 무엇이 있었는지 확인할 기회도 제공했다. 이를 통해 수강생들은 SKY로 향하는 공부 전략과 그리고 동기를 부여받으면서 학습한다고 하였다.

이처럼 학원에서는 독자적인 프로그램 그리고 독자적인 문제집들을 제공하여 학생들을 킬러 문항을 푸는 로봇으로 만들고 있다. 이러한 결과로 A학원의 경우 전국 의대 합격률 50%를 달성하였고, B학원의 경우 9년 만에 킬러 문항 최고의 학원으로 입소문을 타게 된 것이다. 하지만 학원에만 받는 것으로 끝난다면 이러한 크나큰 교육적 불평등이 야기되지는 않았을 것이다. 이보다 더 큰 비밀리의 그림자 교육이 존재한다. 바로 아무도 알 수 없는 비밀의 킬러 과외다. 그렇다면 지금부터는 SKY 합격생들이 받았던 킬러 과외를 한번 알아보도록 하자.

킬러 과외

학원의 경우에는 정형화된 문제집과 각 영역에서 전문적인 강사진들로 이루어진 프로그램을 학생들에게 제공하는 것에 큰 의의를 두고 있다. 하지만 개인별로 특정 과목에서만 킬러 교육이 필요한 학생들도 있을 것이며, 더욱 세부적으로는 교과에서도 특정 영역에서만 교육 서비스를 받기를 희망하는 학생들도 존재한다. 이러한 개인적 특성에 맞는 교육 과정을 설정하고 이를 학생들에게 실현시켜줄 수 있는 그림자 교육이 바로 킬러 문항 전문 과외(이하 '킬러 과외')라는 것이다.

[표 11-10] 킬러 과외의 제공 서비스

1. 1대1의 맞춤형 서비스
2. 한 학생만의 독자적인 풀이방법
3. 예상 킬러 문항 제공(예측률 60% 이상)
4. 인센티브제 강의

강사 1명에 다수의 학생으로 구성된 학원과는 달리 킬러 과외의 경우 한 학생만을 위한 수업이기에 그 비용은 기하급수적으로 올라간다. 예를 들어 킬러 학원에서 월 100만 원의 강의를 4명에서 듣는다고 한다면 과외는 4명 치의 비용을 모두 한 학생이 지불해야 한다는 점이다. 하지만 이러한 천문학적인 금액이라도 한국의 학생들은 SKY, 그리고 많은 학생의 꿈인 의과대학에 진학하기 위해서 천문학적인 비용을 지불하면서 킬러 과외를 받고 있다. 그렇다면 킬러 과외는 도대체 비용이 얼마이며, 어떠한 교육 서비스를 제공해주는지 학생들과 학부모들의 이야기를 한번 들어보고자 한다.

부산의 한 킬러 과외 강사는 자신을 이렇게 소개했다. "한 명만을 위한 독자적인 풀이가 가능한 강사". 그렇다. 과외에서는 수강생이 킬러 문항을 쉽게 풀 수 있도록 학생을 분석하고 학생 한 명만을 위한 독자적인 방법으로 제공하고 있는 것이다. 이러한 서비스를 제공하는 부산 킬러 과외 강사는 시간당 50만 원의 비용을 받고 있었으며, 한 과외생은 일주일에 3시간씩 하여 한 달에 600만 원을 투자하고 있었다. 이러한 학생 맞춤형 킬러 과외도 있었지만 또 다른 형태의 킬러 과외도 존재했다. 과외 중에서도 고액 과외의 경우 수학 영역에서 30문항 중 20문항의 종류를 맞춘 과외 강사도 있다고 할 정도로 킬러 문항을 넘어서 수능 만점을 위한 필수 과정으로 학생들은 받아들이고 있었다. 비밀의 고액과외를 받은 서울대 학생은 이렇게 이야기하였다.

"제가 받은 과외가 너무 고액이어서 불법이거든요? 그래서 절대 다른 사람들에게 얘기하면 안 돼요... 제가 과학이랑 수학 과외를 받았는데 과외 선생님이 알려주신 문제에서 거의 절반 이상이 나온 거예요. 특히 고난이도 있잖아요?........ 그 선생님이 서울에서 불리는 별명이 '긁지 않은 1등 로또'예요. 그 선생님을 알기만 하면 다 1등이 되니까."

— 서울대학교 학생의 인터뷰

이처럼 비밀의 고액과외에서 수능의 킬러 문항을 알려주는 과외 강사는 '로또'라고 부르고 있었다. 자신들만의 방법으로 미래 수능 킬러 문항을 예측하고 또 정확하게 맞춰서 학생들이 바로 풀 수 있도록 해주는 것이다. 우리도 로또라고 불리는 과외 강사를 만나고 싶었지만 비밀로 쌓여 있는 강사를 찾아내는 것은 거의 불가능했으며, 킬러 문항을 알아내는 방법을 끝내 찾지는 못하였다. 또한 독자적인 프로그램을 제공하는 킬러 과외의 경우 학생들의 성적에 따라서 비용을 달리 받는 강사들도 존재했다. 학생의 성적과 그리고 역량에 맞는 수업을 준비해주지만 학생의 성적이 오르고 목표 대학에 성공한다면 기하급수적인 과외비를 요구하였다. 하지만 그 금액에 맞춰서 킬러 과외 강사는 더욱 많은 킬러 문항을 제공해주었고, 한 학생의 경우 대학입시에서도 목표대학에 도달할 수 있었다. 우리는 앞에서 인터뷰하였던 서울대학교에 재학 중인 학생과 인터뷰하며 학생의 고등학교의 과정과 과외의 비용을 들을 수 있었다.

서울대학교 재학생 유빈의 고3 이야기

유빈은 중학교 때부터 과외받기 시작하였으며, 고난이도를 위한 과외는 고2부터 시작하였다고 한다. 처음에 고1까지는 한 과목당 70만 원의 과외를 받았다. 그러나 고1이 되고 모의고사를 풀면서 고난이도 문제에 큰 어려움을 겪게 되었다. 그래서 부모께 이 일을 이야기하였고 부모는 유빈을 위해 새로운 과외 선생님을 사방으로 찾아 다녔다. 그때 주변 지인으로부터 '긁지 않은 1등 로또'라는 과외 선생님의 연락처를 받았고 고1 겨울방학부터 그 선생님과 과외를 시작했다고 한다. 그 선생님의 과외 비용은 다음과 같다고 했다.

한 달 비용	과목당 300만 원
한 등급 상승	인센티브 200만 원
1등급 유지	한 달 과목당 200만 원 추가
목표 대학 성공	인센티브 2,000만 원

그 과외 선생님이 처음 제시했던 비용이 저렇게 그 후에 학생들의 상태에 따라서 비용이 계속적으로 달라졌다. 유빈은 고등학교 1학년 9월 모의고사에서 평균 3등급을 받았다. 그러나 겨울방학부터 로또 선생님과 과외를 하고 고2 모의고사에서 전 과목 1등급을 달성하였다. 이에 유빈의 부모는 유빈이 원하는 대학인 '서울대학교'에 진학시키기 위해서 고3 수능 때까지 계속적으로 과외를 시켰으며, 결국 유빈은 서울대학교 진학에 성공하였다고 한다.

유빈처럼 비밀의 고액과외의 경우 정해진 금액도 없으며, 학생이 성적이 점점 오를 때마다 그 한 달의 과외 비용이 천문학적으로 상승한다는 것이다. 유빈과 태경처럼 수능의 킬러 문항을 맞춰 SKY로 향하는 관문은 그렇게 저렴하지 않다는 것을 우리는 느낄 수 있었다.

킬러 문항의 몇 문제를 맞추기 위해서 한국의 부모들은 학생들에게 천문학적인 금액을 투자하고 있었다. 하지만 저런 금액을 매달 지불할 수 있는 부모가 한국에서 거의 없을 것이다. 결국 킬러 문항을 풀기 위해서는 돈이 필요하고 풍요로운 집과 그렇지 못한 집은 수능의 킬러 문항에서 이러한 큰 차이가 발생하는 것이다. 결국 킬러 문항으로 인해서 학생들은 대학입시에 있어서 큰 불평등을 겪고 있는 것이다.

11.4 끝맺는 말

분명 학교 선생님들도 교재연구를 하고 학생들에게 양질의 수업을 하려고 부단히 노력할 것이다. 하지만 어쩔 수 없이 학원에 비해서 제약적인 학교 수업 환경에서 하는 공부만으로는 이 장에서 보았던 킬러 문항들을 풀 가능성은 현저히 낮을 것이다. 이 때문에 교육부는 사교육의 과열을 막기 위해 교육 과정에서 벗어난 과도한 난이도의 수능문항은 출제하지 않겠다는 입장을 밝혔지만, 서론에서 말했듯 변별력이 없는 수능점수는 학생들에게 무의미하다 때문에 앞으로도 수능에서 킬러 문항은 출제가 될 것이며 킬러 문항을 풀이하는 데 있어서 사교육을 받은 학생과 받지 못한 학생의 차이점은 두드러지게 나타날 것이다.

12

SKY행 재수 학원

아빠의 1억으로 살 수 있는 SKY 합격 통지서

많은 한국의 고등학교 3학년의 학생들은 졸업하면서 대학에 간다. 하지만 이와 달리 대학이 아닌 다른 곳으로 향하는 학생들이 있다. 그 학생들이 향하는 곳은 바로 '재수 학원'이다. 재수 학원이라고 해서 단순히 대학교 입학에 실패해서가 아니라 우리나라 상류층 진입을 가능하게 만들어주는 곳으로 향하기 위해서이다. 바로 한국의 학생들이 원하는 전국의 의대, 법대, 약대 그리고 SKY대학에 입학을 위해서 인 것이다.

그러나 과거 재수생들이 고군분투하여 노력하여 합격증을 손에 넣는 시대는 이제 끝났다. 이제는 재수 역시 많은 비용을 들이면 들일수록 합격에 더욱 가깝게 다가갈 수 있으며, 남들보다 더 유리하고 효율적으로 공부시켜주고 훈련시키는 곳이 바로 재수 학원이다. 이제 이러한 합격의 문고리를 가지고 있는 재수 학원이 단순한 종합 학원이라고 말할 수는 없다. 1년 교육비가 1억 원이 넘어가고 있으며, 가난한 가정의 재수생들은 등록하지도 못할 정도의 비싼 학원인 것이다. 고등학교 3년이 끝난 이후에도 한국 학생들의 능력주의 형성은 재수 기간과 과정에서 다시 한번 부모의 경제적 투자와 능력에 영향을 받고 있는 것이다. 그렇다면 도대체 학생들의 능력주의 형성을 시키고 있는 재수 학원은 무엇인지 그리고 그 결과는 어떠한지 한번 알아보고자 한다.

12.1 재수 학원을 통한 명문대 합격자 숫자와 전공들

모든 이과 학생에게 어떤 대학에 가고 싶냐고 물어보면 이구동성으로 '의대'(의과대학교)라고 말할 것이다. 이러한 의대 진학은 모든 학생의 꿈이자 로망이 될 것이다. 한 자료에 따르면 2020년부터 2022년까지 의대 입시생들을 조사한 결과, 재수생이 현역(현 고등학교 3학년)보다 30% 이상의 비율이 훨씬 더 높은 것을 볼 수 있다. 단순히 수치만 보더라도 현재 한국의 입시에서 재수생들이 더 좋은 대학에 가는 것이 유리한지를 엿볼 수 있는 것이다.

대치&목동 소재의 S재수 학원은 다수의 의대생을 합격시킨 것으로 유명하다. S재수 학원에서 제시한 자료를 보면, 전국 의대의 경우 2022년 1,126명을 합격시켰다. 그뿐만이 아니라 의치한(의대, 치대, 한의대)의 경우 1,474명을 합격시켰으며, 의/약대(의대, 약대)의 경우 1,866명, 서울/연세대 의대의 경우 31명, 서울대학교 일반학과는 201명이나 합격을 시켰다. S학원뿐만 아니라 강남 D학원의 경우 2022년 서울대학교 134명, 연세/고려대 551명, 의치한 1,374명, 전국 의대 415명, 서울대 150명의 합격생을 배출하였다. 이러한 결과로 우리는 결국 재수 학원은 단순한 시험의 기회를 얻는 것이 아니라 학생들의 미래를 책임질 수 있는 학원으로 바뀌고 있으며, 재수에 있어서 매우 큰 비중을 차지하고 있다는 것을 알 수 있다. 또한 서울을 한 재수 학원은 학생들의 성적을 기하급수적으로 올렸다는 자료를 발표하였다. 2022학년도 수능에 있어서 수강생 중 47%가 국어 1등급, 79%가 수학 1등급, 과학 63%가 1등급을 받았다는 결과를 발표했다. 위의 수치는 작년 수능에서 국/수/탐 합 6/7/8등급을 맞은 학생들은 사실상 의대 입학이 불가능한 점수라는 것을 누구나 알 수 있을 것이다. 하지만 위의 글에서 보듯이 엄청난 수준의 등급 향상을 이루었으며 특히 수학에서의 등급 향상이 눈에 띈다. 저 정도의 점수폭의 변화면 재수하기 전에 갈 수 있던 대학들의 이름과 재수하고 난 후 갈 수 있는 대학들의 이름의 차이가 극명하게 드러나는 것이다.

그렇다면 왜 일반적인 고등학교에 다니고 있는 학생들보다 재수하는 학생들이 더 좋은 대학에 갈 수 있는지 의문점이 든다. 단순히 더 많이 공부해서 혹은 더 절실하여서라는 생각을 할 수 있지만 그 정답은 재수 학원에 있다. 고등학교 입시생들은 하루 일과를 학교에서 시작하지만 재수생들은 하루 일과를 재수 학원에서 시작한다는 매우 큰 차이점이 있다. 지금부터는 왜 재수 학원이 더 높은 점수를 받을 수 있는지 확인해보자 한다.

재수 학원의 결과들

1억을 주고 산 재수 학원의 전략들은 재수 학원 학생의 성적을 얼마나 많이 올려주고 얼마나 좋은 대학교에 갈 수 있도록 도왔을까? 이전 절까지 우리가 누구에게나 선망되는 대학교에 얼마나 많은 재수 학원의 학생들로 채워지는지 알아봤다면, 이번 절에서는 고등학교 첫 수능에서 수능을 망친 학생이 재수 학원을 통해서 얼마나 성적이 오르는지 알아보고자 한다.

우리가 만난 재수생들이 성적이 얼마나 올랐는지 알아보기 전에, 수능에서

1문제를 맞히면 갈 수 있는 대학교가 얼마나 달라질 수 있는지 우선 알아보자. 다음은 2018학년도 수능 수학 가형의 등급컷이다. 학생들이 시험을 쳐서 일차적으로 원점수를 내고, 원점수를 바탕으로 표준편차를 이용한 표준점수, 전체에 대한 자신의 위치를 드러내는 백분위 점수로 산출한다.

[표 12-1] 2018학년도 수능 수학 가형 등급컷

등급	원점수	표준점수	백분위	등급
1	100	130	100	1
	99			
1	98	128		
1	97	127	100	1
1	96	126	99	1
1	95	126	99	1
1	94	125	99	1
1	93	124	97	1
1	92	123	95	1
2	91	122	95	2
2	90	121	95	2
2	89	120	89	2
2	88	120	89	2
2	87	119	84	3
3	86	118	84	3

일반적으로 수학은 원점수 4점인 문제를 틀린다는 것을 생각하면 대학 입학에 실질적으로 영향을 미치는 표준점수, 백분위 점수는 각각 3, 2~8점이 떨어진다. 위의 사진에서 빨간색으로 마킹되어 있는 부분은 그중에서도 학생이 겨우 1점 차이로 점수가 얼마나 뒤바뀔 수 있는지 단적으로 잘 보여준다. 3점짜리 문제를 틀리느냐 4점짜리 문제를 틀리느냐에 따라서도 백분위 점수 6점이 왔다 갔다 하는 마당에서 문제 1개를 틀리는 건 점수 차이가 크다는 것이다.

그렇다면 이런 표준점수 3점 또는 백분위 점수 4점은 대학 입시에 어느 정도로 영향을 줄까? 1문제를 틀려서 서울대학교 컴퓨터과에 갈 수 있는 학생이 연세대학교 컴퓨터과에 가게 된다고 하면, 학생은 어떤 기분이 들까? 어쨌든 연세대학교라서 기뻐할까 또는 서울대를 못 가서 아쉬워할까? 다음의 표는 2018학년도 정시 입학생의 점수별 배치표이다. 매우 정확하지는 않지만, 쉽게 보기 위해서 백분위 점수 4점을 1%로 환산하여 계산하여 참고할 수 있다.

[표 12-2] 2018학년도 자연계열 정시모집 입시결과

2018학년도 자연계열 정시모집 입시결과

2018.10.31 기준 (0.1.0 Ver)

2018학년도 자연계열 정시모집

2018 시대인재 R&D 상위누적	고려대		서강대	서울대		성균관대		연세대		이화여대	중앙대		한양대	
	자연	공학	가군	자연	사범/공학	가군	나군	자연	공학	가군	가/나군	다군	가군	가군
0.01% ~ 0.05%														
0.05% ~ 0.10%				의예			의예							
0.10% ~ 0.15%	의과대학							의예						의예
0.15% ~ 0.20%														
0.20% ~ 0.25%														
0.25% ~ 0.30%				치의학 수리							의학부			
0.30% ~ 0.35%								치의예		의예				
0.35% ~ 0.40%														
0.40% ~ 0.45%		사이버국방			컴퓨터									
0.45% ~ 0.50%														

인터넷에 돌아다니는 짧은 글로 한 문제 틀릴 때마다 '어이쿠 서성한중경외시,,,' 하면서 갈 수 있는 학교가 하나씩 바뀐다는 내용이 없는 데서 나오지 않는다는 것을 알 수 있다. 그러면 다시 돌아와서, 재수를 해서 딱 한 문제를 맞히더라도 학교의 급이 달라지고 갈 수 있는 학과가 달라진다는 것을 생각하고 재수를 한 학생들의 사례를 살펴보자.

고등학생 시절 반에서 상위권이었던 학생 K군의 입시 성적표

구분		2021		2020	
		백분위	등급	백분위	등급
국어		99	1	90	2
수학		100	1	88	2
영어		—	1	—	1
탐구	탐구1	99	1	98	1
	탐구2	100	1	90	2
점수합	국수탐(2)	298.5	3	272	5.5

제 현역 시절 성적은 같은 반 친구들에 비해서는 굉장히 잘 본 편에 속했지만 제가 희망하던 의대에 가기 위해선 턱없이 부족했어요. 그래서 재수를 결심하게 되었고, 그 결과 희망하던 K대 의대에 진학하게 되었습니다. 특히 수학에서 항상 킬러 문항에서 어려움을 겪으며 1등급을 받지 못하였는데 학원 선생님들의 특강과 자체 제작 문항을 풀이하며 킬러 문항에 대한 내성을 기를 수 있었습니다. 또한 학원 사감 선생님들의 꾸준한 생활지도를 통해 자습 시간을 효율적으로 사용할 수 있었으며 수면 시간 또한 조절을 할 수 있어서 평상시에 맑은 정신으로 공부할 수 있었던 것이 성적 향상의 요인인 것 같습니다.

고등학생 시절 반에서 중위권이었던 학생 Y군의 입시 성적표

구분		2021		2020	
		백분위	등급	백분위	등급
국어		99	1	80	3
수학		99	1	83	3
영어		—	1	—	2
탐구	탐구1	98	1	54	5
	탐구2	99	1	81	3
점수합	국수탐(2)	296.5	3	230.5	10

저는 반에서 항상 중간 정도의 성적을 받았었는데 수능 때는 긴장을 해서 그런지 평소보다도 점수가 안 나왔었습니다. 좋은 대학교는 가고 싶지만, 재수는 정말 많이 망설였습니다. 주변에서 재수는 잘하는 애들이 해야 성공하지, 너처럼 어중간하게 하는 애들은 재수 실패한다는 소리를 워낙에 많이 들었기 때문에요. 그럼에도 불구하고 재수를 결심하였고 결국 좋은 성적표를 받고 Y대에 합격하게 되었습니다. 처음부터 상위권 반에서 수업을 들었다면 진도를 따라가기 힘들었겠지만 낮은 반부터 차근차근 실력을 올리며 월반하였고 수준별로 저에게 맞는 수업을 들을 수 있었다는 것이 제 실력향상의 주요한 포인트가 되었던 것 같습니다. 또 현역 시절에는 딴 짓을 하거나 자거나 하는 등 자습 시간을 낭비하였지만 학원에서는 선생님들의 지도로 시간을 효율적으로 쓸 수 있었습니다.

위 두 학생은 현역 시절 성적이 마음에 들지 않아 재수 학원행을 택하였고,

그 결과 아주 만족스러운 성적표를 받고 바라던 대학교에 입학하게 되었다. 두 학생 모두 재수 학원에서 시스템으로 효율적으로 시간을 사용할 수 있었다고 말하고 있으며 공교육에서는 사실상 불가능한 킬러 문항 대비, 자체 제작 문항, 수준별 학습 등 시스템적인 혜택을 받으며 눈부신 성적향상을 이룰 수 있었다. 이처럼 재수 학원은 학생들을 SKY로 향하는 지름길 위에 올려주고 뒤에서 밀어주면서 학생들이 좀 더 빠르게 하늘로 향할 수 있도록 만들고 있는 것이다. 그렇다면 이러한 재수 학원들이 얼마나 한국에 분포하고 있으며 그 비용은 얼마인지 좀 더 구체적으로 알아보자.

12.2 전국의 재수 학원 분포와 평균 비용들

[표 12-3] 전국 재수 학원 비용

학원명	소재지	비용
강남청솔기숙 학원	광주시	월 300 ~ 400만 원 년 4,000~5,000만 원
강남하이퍼기숙 학원	이천시 / 용인시	
이투스24/7 기숙 학원	양평군 / 안성시	
양지메가스터디기숙 학원	용인시	
서초메가스터디기숙 학원	용인시	
안성메가스터디기숙 학원	안성시	
메가스터디 러셀 기숙	용인시	
남양주대성학원	남양주시	
강남대성기숙의대관	이천시	
강남대성기숙 Sr관	이천시	
용인비상에듀기숙 학원	용인시	
양지비상에듀학원	용인시	
안성비상에듀학원	안성시	
에듀셀파 독학기숙 학원	남양주시 / 양평군	
종로기숙 학원	광주시	
SN독학기숙 학원	양평군	
광릉한샘기숙 학원	가평군	
수만휘기숙 학원	안성시	
종로니드기숙 학원	울주군	
에스대일기숙 학원	울주군	
부산대성기숙 학원	양산시	
은석학원	김해시	

먼저 '재수 학원'의 전략을 알아보기 전 재수 학원은 어떤 공간인지 한 번 확인해보자. 재수 학원의 종류에는 기숙 학원과 일반 재수 학원이 존재한다. 기숙 학원의 경우 1년 동안을 기숙사에서 생활하면서 아침 8시부터 저녁 12시까지 모든 공부를 학원에서 시켜주며 훈련하는 학원이다. 전국의 기숙형 학원은 현재 25곳을 운영 중이다. 각 기숙 학원의 비용은 모든 학원비, 숙소비, 식사비를 포함하여 월 300~400만 원으로 제공되고 있으며, 그 이외의 추가적인 비용도 든다.

[표 12-4] 전국 유명 프렌차이즈 기숙 학원

대성학원	시대인재 N	메가스터디학원
청솔학원	종로학원	강남하이퍼학원
스카이에듀학원	ETOOS	VisangEDU

기숙 학원 이외의 재수종합학원의 경우 유명한 강사진을 대표로 하여 하나의 브랜드로 자리 잡고 있을 정도로 이제는 하나의 기업이 되었다. 대표적으로 현재 9개의 브랜드가 있으며, 브랜드별로 10개 이상의 학원들이 있으며, 전국적인 개수는 100개가 넘어가고 있는 것이다.

[표 12-5] 재수 학원 비용

구분	D 기숙 학원	S 재수종합학원	C 기숙 학원
정규반 수강료	1,500,000원	2,000,000원	1,100,000원
특강 수강료	350,000원	350,000원	350,000원
기숙사비/주거비	1,100,000원	-	500,000원
식비	700,000원	-	600,000원
독서실비	150,000원	-	200,000원
기타(학용품, 간식, 피복, 모의고사 등)	350,000원	350,000원	350,000원
소계	**4,150,000원**	**2,700,000원**	**3,100,000원**

당연히 1년 치 비용이 아니고, 달마다 청구되는 금액이다. 2월부터 재수 학원에 들어간다고 하더라도 최소 3,100만 원에서 4,300만 원 가량 필요하다. 즉 일반적인 가정에서 재수 학원은 사실상 불가능하거나 빚을 져야만 가능한 수준이라는 것이다. 그런데 여기에도 빠진 비용들은 더 있다. 재수 학원에 들어가면 고등학교 3학년 때까지 다니던 다른 학원과 과외들은 다니지 않는가? 기숙 학원에 들어가지 않는 이상, 당연히 다닌다.

다음은 재수 종합 학원에 다니는 현수가 재수에 쓰는 비용을 정리한 표이다. 이번 장의 부제이기도 한 '1억'이 재수를 하는 학생들 중에서도 재벌과 같이 가정 형편이 좋은 것이 아니라, 재수를 통해 학생을 좋은 대학교에 보내기 위해서 이 정도는 써야 한다는 것을 생각하며 보면 좋을 것이다.

[표 12-6] 2021년 재수생의 재수 관련 지출 비용

12월~1월	2월~11월
국어 학원 60만 원*2개월=120만 원 수학 과외 120만 원*2개월=240만 원 영어 과외 120만 원*2개월=240만 원 과학 탐구 과외 120만 원*2개월=240만 원 의식주 및 용돈 200만 원*2개월=400만 원	재수종합학원 235만 원*10개월=2,350만 원 국어 과외 100만 원*10개월=1,000만 원 수학 과외 120만 원*10개월=1,200만 원 영어 과외 120만 원*10개월=1,200만 원 과학 탐구 과외 120만 원*8개월=960만 원 논술 과외 200만 원*2개월=400만 원 의식주 및 용돈 200만 원*10개월=2,000만 원
2020년 12월~2021년 11월까지 재수 비용: 1억 350만 원	

물론 1억까지 쓰지 않는 학생이 있을 수도 있다. 그럼에도 '돈을 많이 쓸수록' 재수 전후에 학생의 성적 향상 차가 크다는 사실은, 가정환경이 좋은 학생이 아니라면 재수할 생각조차 하기 어렵게 만들고 있다. 달마다 430만 원씩 학원비에만 써야 한다는 걸 생각해보자. 임금근로자의 중위도 아닌 평균소득이 320만 원이라는 것을 생각했을 때, 월급보다 많은 학원비를 감당할 수 있는 부모가 얼마나 될 것인가? 이 장을 처음 열 때 나왔던 '독학재수'를 하는 학생도 있을 수 있다는 이야기는 여기서 나온 것이다. 정말 좋은 대학교에 들어가고 싶다는 열정이 있음에도, 독학재수를 할 수밖에 없다는 것이다.

정말 아쉬운 경우도 있었다. 독학재수를 하는 학생 외에도, 학업적 성공에 목말라 있지만 가정의 형편이 좋지 못해 대학교로 바로 진학한 학생이 생각보다 많다는 것이었다.

재수 학원 비용이 최소 3,100만 원에서 1억 원가량 들어간다는 것과 독학재수를 해서 SKY에 가는 것이 '거의' 불가능하다는 것을 알고 있는 학생들은 결국

고등학생 때에 자신의 꿈을 포기하고야 만다. 재수 비용을 감당하지 못한 학생들이 어떻게 자신의 꿈을 포기하게 되는지 알아보자.

재수를 생각하는 한국의 학생들은 고등학교의 생활에서부터 그 차이는 확연하게 드러난다. 일반적으로 고등학교의 부류는 2가지로 나뉘게 되는데 일반적인 학생들이 다니는 일반 인문계 고등학교(이하 '일반고')와 기업 혹은 사학재단이 국가 교육 과정과 다르게 운영하는 자율형 사립 고등학교(이하 '자사고')로 나뉜다.

자사고의 경우 한 달의 학비만 평균 700만 원에서 최고는 1,000만 원 이상이 될 정도로 부유한 학생들이 다니는 곳이다. 일반 고등학교의 경우 학비는 1년에 200만 원 정도이다. 이러한 차이점에서부터 학생들이 재수를 생각할 때 비싼 비용을 생각할 수 있는 것인지를 엿볼 수 있는 것이다. 그렇다면 자사고와 일반고를 다니는 학생들이 재수까지 생각하는 과정의 이야기를 한번 들어보면 더욱 이해가 빠를 것이다.

자사고의 교무실 이야기

우리가 관찰한 한 자사고 교무실에서는 저렇게 자기 성적에 비해 높은 학교를 써도 되는 건가 싶은 학생들이 참 많았다. 그런데 더 놀라운 점은 학교 교사들이 자기 제자가 합격 가능성이 거의 없는 대학교에 원서를 쓰고 있는데 크게 말리지 않는다는 것이었다. 우리가 만난 자사고 학생인 민광이는 수능 성적이 3, 4, 2, 3, 3(국, 수, 영, 생, 지)로, 의대에 들어가기에는 한참 모자란 점수였지만, 정시 원서에 A대 의예과를 썼다. 점수로 봤을 때 합격할 가능성이 없는 곳인데 의대를 쓴 이유를 물었을 때 민광은, "아버지가 의사라 저도 의사가 되고 싶어요. 어차피 지금 성적으로는 의대를 못 가니까 그냥 복권 사는 느낌으로 미달 날 것 같은 대학교를 노려서 쓰고 떨어지면 재수해야겠다는 생각으로 썼어요."

라고 하였다. 재수 학원은 서울 강남에 있는 곳으로 일단 예약해뒀어요. 아마 한 달 회비가 400만 원이고 추가 비용이 매달 200만 원 정도로 알고 있어요. 뭐 의대에 갈 수 있다면 그 정도는 사용해도 괜찮죠. 그래서 우리는 민광이 가족의 월 소득이 얼마인지 알아보기로 하였다. 민광의 아버지는 성형외과 의사로 평균적으로 연 6억 원을 벌고 있었다.

일반고의 교무실 이야기

우리가 관찰한 한 일반고 교무실에서는 선생님들께서 학생들에게 자신의 수능 성적으로 합격할 것 같은 최대한 높은 대학교를 찾아주기에 바쁜 모습이었다. 수능을 잘 친 몇 안 되는 학생을 제외하면 자신이 원하는 학교를 포기하거나 학과를 포기하는 모습들을 보였다. 우리가 만난 일반고 학생인 민준은 수능 성적이 3, 3, 2, 3, 2(국, 수, 영, 생, 지)로, 자기 성적으로 합격이 안정적인 곳을 고르다 보니, 정시 원서로 B대 지질환경과학과를 썼다. 생활기록부에 기록된 진로 희망에는 반도체 연구원과 희망하는 학과가 전혀 달라서 지질환경과학과를 쓴 이유를 물었을 때 민준은, "우리 집은 수능 전후로 '계속 재수는 없다. 그럴 돈 없다.'라고 말씀하셨어요. 그래서 어쩔 수 없이 성적에 맞춰서 원서를 쓸 수밖에 없었어요."라고 하였다. 그래서 우리는 민준 가족의 월 소득이 얼마인지 알아보기로 하였다. 민준의 아버지는 일반적인 중소기업의 회사원으로 연 2.9천만 원을 벌고 있었다.

두 학생의 이야기를 비교해보아도 일반적인 가정에서 공부하는 학생의 경우 재수를 꿈에도 두지 못하고 있다는 점에서 큰 한계점을 보이고 있었다. 특히 광역시 등 주요 도시의 학생들과 지방 학생들의 재수에 대한 결정적 생각 차이는 위와 같은 생각의 차이로 드러나는 경우가 많았다. 자신의 아버지 또는 어머니가 얼마 정도 버는지 뻔히 알고 있는 아이들에게, 직업이 달라지면 자신이 받게 될 연봉이 크게 바뀐다는 것이 눈에 보일 리가 없었다. 학업적 열망이 가득한 학생이 정말 가끔 있긴 했지만, 대부분 이미 중고등학교 때부터 이어져 온 부자 친구들의 초고가 과외의 코스와 자신을 비교해가며 '패배감'과 '좌절', '포기'를 가지고 있었다.

결국 부모가 어찌어찌 적당히 돈을 버는 학생들은 정말 자신의 직업에 대한 뚜렷한 꿈이 없다면 비용이 얼마 들어가지 않는 독학재수마저 포기하고, 어찌어찌 자기 성적에 맞게 대학교를 맞춰가는 것이다. 물론 SKY로 가는 특급 열차인 재수 학원은 1억 정도 낼 수 있는 능력이 되는 학생들이 채우고 있을 것이다.

12.3 1억이 SKY가 되는 과정

지금까지 재수에 1억이라는 금액이 필요하다는 것, 1억을 쓰지 못하는 학생들은 1억을 쓸 수 있는 학생에 비하면 재수 기간 중 성적향상이 크지 않다는 것을 살펴보았다. 그렇다면 이번에는 재수에 1억을 쓴 학생들은 어떠한 생활을 하는지, 그 생활을 통해서 어떠한 성적 변화를 이끌어 낼 수 있었는지 알아보고자 한다.

우리는 현수와의 대화를 통해 재수 학원을 통해서 재수했을 때 얼마나 높은 성적을 받을 수 있는지 알게 되었다. 다음은 대구의 K대학교 의예과 내에서 얼마나 재수 학원 출신의 학생이 많은지 단적으로 보여주고 있다.

“제 과가 의예과다 보니 수능 성적에 단순한 상위권이 아니라 최상위권이어야 하는데, 그래서 그런지 유명 재수 학원 출신 친구들이 많습니다. 선배 또는 후배를 빼고 오로지 제 동기 중에서도 서울의 D 재수 학원 출신이 6명이더라고요.”

- 의예과 2학년 학생 현수

현수는 자신의 과에 독학재수를 한 친구들을 못 봤다며 오히려 같은 재수 학원 출신 학생들이 참 많다면서, 과 안에서 고등학교 동창 모임이 있는 것처럼 재수 학원 동창 모임도 있다고 전했다. 이처럼 재수 학원의 인기와 그 결과는 학생들을 SKY로 향하게 하는 지름길 중 하나라는 알 수 있었다. 그렇다면 과연 재수 학원에서는 어떤 지름길을 학생들에게 알려주고 있는 것인지 한 번 살펴보자.

12.4 재수 학원의 성공적 훈련과정과 교육 비밀들

전국에 있는 재수 학원의 수는 약 130곳이다. 이 중에는 재수종합학원, 기숙학원이 포함되어 있을뿐더러 각각의 학원마다 학습지도의 방법이 모두 차별화되어 있기 때문에, 모든 진학 전략을 다룰 수는 없다. 하지만 그 전략들에서 공통점을 찾아내면 결국 1억을 낼 수 있는 학생들보다 훨씬 공부에만 전념할 수 있고, 수능과 거의 비슷한 문제들을 풀어볼 수 있다는 것이다. 재수 학원의 학생들이 얼마나 편하고 쉽게 재수를 할 수 있는지, 재수 학원의 전략에 대해 한번 탐색해보고자 한다.

[표 12-7] 재수 학원의 진학 전략들

고퀄리티의 문제집 수능과 비슷한 환경에서의 모의고사 학생의 공부 습관 형성

극악무도한 공부 시간

당연하게도 재수 학원은 학교와 달리 오로지 학생의 대입만을 위해 존재하기 때문에 학교에 비해 학생에게 주는 대입 정보, 수업, 스케줄 관리 등 모든 면에서 양과 질적으로 학교보다 우세할 것이다. 재수 학원과 일반 고등학교의 차이점은 다음과 같다.

극악무도한 수능을 위한 시간표이다. 일반적인 고등학교에서는 수능에서 기출 되는 국어, 영어, 수학, 탐구 이외에도 일본어, 중국어, 기술가정, 미술, 음악 등 일반인이 갖추어야 할 덕목들을 알려준다. 하지만 이는 수능에서 기출 되는 것도 아니며, 시험에서도 큰 영향을 주지 않는다.

<table>
<tr><th>교시</th><th>시간</th><th>월</th><th>화</th><th>수</th><th>목</th><th>금</th><th>토</th><th>일</th></tr>
<tr><td>0교시</td><td>07:50-08:20</td><td colspan="5">등원, 담임 조회 및 영어 단어, 수학 Test</td><td colspan="2">9시 등원</td></tr>
<tr><td>1교시</td><td>08:30-09:20</td><td>국어</td><td>수학</td><td>영어</td><td>국어</td><td>수학</td><td rowspan="4">실전
주간평가</td><td rowspan="4">자기
주도학습
/
개별첨삭</td></tr>
<tr><td>2교시</td><td>09:30-10:20</td><td>수학</td><td>국어</td><td>수학</td><td rowspan="3">탐구</td><td>영어</td></tr>
<tr><td>3교시</td><td>10:30-11:20</td><td>영어</td><td>영어</td><td rowspan="2">확통/미적/기
하</td><td rowspan="2">화작/언매</td></tr>
<tr><td>4교시</td><td>11:30-12:20</td><td>확통/미적/기
하</td><td>수학</td></tr>
<tr><td>중식</td><td>12:20-13:20</td><td colspan="5">점심식사(외출 불가)</td><td colspan="2">점심식사</td></tr>
<tr><td>5교시</td><td>13:20-14:10</td><td>국어</td><td>화작/언매</td><td>국어</td><td>수학</td><td>수학</td><td rowspan="3">탐구2</td><td rowspan="6">질의응답
/
자기
주도학습</td></tr>
<tr><td>6교시</td><td>14:20-15:10</td><td colspan="5">수학 집중반 수업 (선택)</td></tr>
<tr><td>7교시</td><td>15:20-16:10</td><td colspan="5" rowspan="2">개별 학습 코디 진행
인강, 자율학습 (프리미엄 독서실 이용)
1:1 개별 첨삭 / 층별 선생님 상주</td></tr>
<tr><td>8교시</td><td>16:20-17:10</td><td rowspan="3">수학
집중학습</td></tr>
<tr><td>종례</td><td>17:10-17:30</td><td colspan="5">담임 종례</td></tr>
<tr><td>자율 1교시</td><td>17:30-18:10</td><td colspan="5">자기주도학습</td></tr>
<tr><td>석식</td><td>18:10-19:10</td><td colspan="5">저녁식사 (외출불가)</td><td colspan="2">저녁식사</td></tr>
<tr><td>자율 1교시</td><td>19:10-20:30</td><td colspan="7" rowspan="2">자기주도학습 / 첨삭지도 / 과목별 클리닉 / 보충선택 강의</td></tr>
<tr><td>자율 1교시</td><td>20:40-22:00</td></tr>
</table>

[그림 12-1] 한 재수학원 시간표

교시	월	화	수	목	금
1	사문E	자율	생과B	체탐	사문E
2	영어II	사문E	수탐F	화작	여행C
3	체탐	화작	여행C	실국A	일II
4	생과B	교양	영어II	일II	실국A
5	여행C	생윤D		생과B	화작
6	화작	영어II		영어II	진로
7	수탐F	실국A		생윤D	생윤D

[그림 12-2] 한 일반고등학교 시간표

[그림 12-1]은 기숙형 재수 학원의 시간표이며, [그림 12-2]는 일반 고등학교의 시간표이다. 벌써 공부를 시작하는 시간이 다르다는 것을 볼 수 있다. 고등학교의 경우 1교시가 9시부터 시작되어 오후 4시 40분 전에 모든 수업이 끝이 난다. 짧은 수업시간이지만 그 안에 수능교과 이외에도 다른 과목들을 배우고 있으며, 내신 성적 혹은 학생 생활기록부를 위해서 이를 간과할 수는 없는 것이다. 하지만 재수 학원은 다르다. 아침 7시 50분부터 공부가 시작되고 수업의 끝도 저녁 10시에 끝이 난다. 벌써 고등학생들에 비해서 하루 공부 시간이 5시간이 차이 나는 것이다.

또한 하루 일과 중에서도 수능과 관련 없는 교과목은 하나도 볼 수가 없다. 그리고 고등학교에서는 거의 볼 수 없는 주말의 교육 과정도 모두 제공한다는 점에서 극명한 차이가 드러난다. 시간표 그리고 교육 과정의 차이로 재수생과 고등학생들은 하루 동안 7시간 일주일에는 거의 70시간의 차이가 발생하는 것이다. 이를 1년으로 환산하면 거의 3,000시간, 어떻게 고등학생들이 재수생들을 따라잡을 수 있을까. 이러한 시간적 격차는 가난한 가정의 학생들이 따라잡을 수 없을 정도로 더욱 큰 격차를 불러일으키고 있는 것이다.

학교에서 제공하지 못하는 여러 수능 자료들

4차 산업혁명 시대에 있어서 정보는 돈이라는 말을 많이 한다. 많은 정보를 가지고 있는 사람이 이 시대를 이끌 수 있다는 것이다. 이제 한국 학생들의 공부에 있어서도 정보는 단순한 것이 아닌 SKY로 향하는 발자취 중 하나인 것이다. 단순히 시간에 있어서 많은 투자를 해서 SKY에 갈 수 있다면 일반 고등학교 학생들도 잠을 줄이고 주말을 반납하여 좋은 대학에 갈 수 있을 것이다. 하지만 재수 학원은 이 정도에서 끝나지 않는다.

재수 학원은 학교에서 제공하지 못하는 문제집 그리고 전략들을 제공한다.

재수 학원이 학생들에게 제공하는 문제들은 다 강사들이 하나하나 문제를 새로 만들거나 여기저기 좋은 문제들을 직접 찾아온 문제들이다.

이러한 문제집들은 시중에서 절대 볼 수 없는 그 학원만의 독자적인 문제집이다. 학교에서는 교과서 혹은 교육부가 선정한 EBS 문제집만 학교에서 선정하여 풀 수 있다. 그 이외의 문제집 혹은 자료들을 제공하면 제재받기 쉽다. 하지만 재수 학원은 그렇지 않다. 독자적인 교육 과정과 더불어 독자적인 문제집을 이용하여 재수생들이 더 쉽고 효율적으로 공부시킬 수 있다는 것이다. 재수 학원에서 제공하는 문제집이 어땠는지 한 학생은 자신이 300만 원이라는 비용을 지불하면서 받았던 문제집이 얼마나 좋았는지 그리고 그 문제들 중 실제 시험 문제에서 나왔다고 이야기했다.

그 학생은 자신이 재수 학원에서 받은 문제에서 틀린 문제가 수능을 칠 때 어려운 문제를 푸는 데 큰 도움이 되었다는 말을 덧붙였다. 그렇다면 재수 학원에서 제공하는 문제집이 얼마나 수능이 도움이 되는지 직접 문제를 살펴보며 알아보자.

C 재수학원의 적중문제

최고차항의 계수가 1인 사차함수 $f(x)$와 최고차항의 계수가 1인 이차함수 $g(x)$에 대하여 $h(x) = f(x) - g(x)$가 다음 조건을 만족시킨다.

가. $h(2) = 0, h(5) = 3$ 나. 함수 $h(x)$는 실수 전체의 집합에서 미분 가능하다.

$f'(4) = g'(4)$일 때, $g(6)$의 값을 구하시오.
(단, $g(x)$의 최고차항 계수는 1로 고정한다.)

① 6 ② 10 ③ 12 ④ 14

30. 함수 $f(x)$는 최고차항의 계수가 1인 삼차함수이고, 함수 $g(x)$는 일차함수이다. 함수 $h(x)$를

$$h(x)=\begin{cases} |f(x)-g(x)| & (x<1) \\ f(x)+g(x) & (x \geq 1) \end{cases}$$

이라 하자. 함수 $h(x)$가 실수 전체의 집합에서 미분가능하고, $h(0)=0$, $h(2)=5$일 때, $h(4)$의 값을 구하시오. [4점]

2021학년도 수능 나형 30번은 인문계열 학과를 선택하더라도 경제학과 등에서 가장 기본적으로 사용하는 함수를 문제로 출제되었다. 그렇기 때문에 고등학생들에게는 너무나 생소하면서 낯선 문제였을 것이다. 그 결과는 2021학년도 수능에서 정답률 8%인 결과를 만들어내게 되었다.

그렇다면 과연 저 문제를 맞힌 8%는 어떻게 맞췄다는 의미일까. 그에 대한 정답은 재수 학원의 문제집에 있었다. 고등학생에게는 매우 낯설 수도 있지만 이미 한번 풀어봤다면 학생들은 전혀 당황하지 않을 것이다. 수능 나형에서 30번이면 사실 공부를 열심히 하는 학생이 아니라면 문제를 읽기 전에 '포기'하는 문제고 열심히 하는 학생이라도 난이도 끝판왕의 가장 어려운 문제인데, 이미 학원에서 풀어봤다면 수능에서 문제 풀이과정을 쉽게 생각해냈을 것이다.

하지만 한 과목에서만 적중하면 종합 재수 학원에 다니는 의미가 없을 것이다. 한 재수 학원에서는 2020 수능에서 총 44문항을 적중했다는 광고가 나오고 있다. 결국 기숙 학원에 다닌 학생들은 수능을 보기도 전에 미리 한 번 풀어본 내용이며, 수능장에서는 두 번째로 풀어본다는 의미이다.

이처럼 학원에서 제공하는 문제집은 수능에 특화되어 있으며, 단순히 지식만 알려주는 것이 아닌 미리 예측하고 이를 학생들에게 높은 점수를 받을 수 있도

록 강의한다는 것이다. 이에 대하여 한 고등학교 교사는 이렇게 말하였다.

학교에서 알려주지 못하는 문제 혹은 지식들을 재수 학원에서 재수생들에게 제공하면서 공부의 시간과 더불어 그 격차는 말할 수 없도록 벌어지게 만드는 것이다.

27. 수직선 위를 움직이는 두 점 P, Q의 시각 $t\,(t \geq 0)$에서의 위치 x_1, x_2가

$$x_1 = t^3 - 2t^2 + 3t, \quad x_2 = t^2 + 12t$$

이다. 두 점 P, Q의 속도가 같아지는 순간 두 점 P, Q 사이의 거리를 구하시오. [4점]

28. 다항함수 $f(x)$가 다음 조건을 만족시킨다.

(가) 모든 실수 x에 대하여

$$\int_1^x f(t)\,dt = \frac{x-1}{2}\{f(x) + f(1)\} \text{이다.}$$

(나) $\int_0^2 f(x)\,dx = 5\int_{-1}^1 x f(x)\,dx$

$f(0)=1$일 때, $f(4)$의 값을 구하시오. [4점]

매일 매일이 수능시험

재수 학원의 특징 세 번째는 수능과 똑같은 시험장을 제공하는 것이다. 재수 학원의 학생들은 수능과 같은 압박감과 시간제한을 두고, 실제 수능 현장에서 시험을 치는 기분에서 모의고사를 친다. 덕분에 재수 학원의 학생들은 수능에서 문제를 푸는 요령, 시간 관리, 멘탈 관리에서 유리한 점을 얻을 수 있다.

독학으로 재수를 준비하는 학생과 재수 학원에 다니는 학생을 수능 시험장에서의 자세로 비교해보자. 독학재수생들은 수능까지 몇 번 풀어보지 못한다. 6월, 9월로 2번의 모의고사가 전부인 학생들이 대부분이다. 그렇다면 재수 학원에 다니는 학생들은 수능까지 몇 번의 모의고사를 볼까? 평균적으로 한 달에 한 번씩, 3달 기준으로는 한 달에 2번씩 보는 경우도 있다.

1년간 모의고사를 13번을 치고 수능을 치는 재수 학원에 다니는 재수 학원 학생과 모의고사 2번을 치고 수능을 치는 독학 재수생 중 수능의 압박감을 누가 덜 느낄까? '너무 떨려서 눈앞이 하얘졌어요.'라는 말은 거짓말이지만, '너무 떨려서 문제가 읽히지를 않아요.'는 수능 시험장에 들어간 학생들이 가장 자주 하는 말 중 하나이다.

수능과 비슷한 환경에서 모의고사를 많이 치르는 것이 과연 수험생에게 어떠한 도움을 주는지 민재의 사례를 통해 알아보자. 민재는 고등학생 때 첫 수능을 망치고 독학 재수를 한 학생이다. 평소 자신이 담력이 크다고 생각한 민재에게 사람이 많은 곳에서 다른 사람에게서 미치는 영향, 공간에서 주는 압박감이란 중요하지 않은 것들이었다. 실전과 비슷한 문제들을 많이 풀어보는 것이 중요하다는 것 정도는 알고 있는 민재는 봉투 모의고사를 많이 풀어보며 1년의 재수 기간을 보냈다. 민재는 시중에 나오는 봉투 모의고사는 웬만큼 다 풀었다고 자부하며 재수 시험장으로 들어갔다. 하지만 이게 무슨 일인가. 고등학교 3학년의 첫 수능에서도 떨지 않았던 민재는, 시험장에서 슬금슬금 '이번 수능에서 실수하면 이제 삼수다.'라는 생각을 하더니 이내 벌벌 떨게 되었다. 결국 민재는 국어를 망치고, 국어를 망쳐서 더 떨면서 남은 모든 시험도 함께 망치게 되어, 그대로 삼수를 하게 되었다. 민재에게 재수를 망친 이유는, 모의고사를 덜 풀어서가 아니라 '수능과 같은 환경에서의 모의고사'를 덜 푼 것이었다.

많은 재수생이 수능에서 별로 떨지 않았으니까, 재수에서 별로 떨지 않았을 것이라고 생각하고들 한다. 그런 학생들에게 놓인 상황은 3가지이다. 첫째, 재수 학원에서 많이 경험했기 때문에 덜덜 떨리는 상황을 어떻게 해소해야 할지 알고 있고 이대로 행동한다. 둘째, 수능 중에 덜덜 떨다가 '문제가 똑바로 읽히지 않아서' 시험을 망친다. 셋째, 덜덜 떨다가 우황청심환을 먹고 약의 부작용으로 '문제가 똑바로 읽히지 않아서' 시험을 망친다.

물론 모든 재수생이 수능에서 덜덜 떠는 것은 아니지만, 부잣집 아이들은 1억씩 내고 재수 학원에 들어가기 때문에 이러한 문제에서는 자유로울 것이다. 부잣집 아이들에게 '내가 수능에서 떨지 않을 수 있을까?'라는 걱정은 할 필요가 없는 것이다.

수능만을 위한 공부 습관 형성

또 다른 재수 학원의 진학 전략 학생의 공부 습관 형성이다. 흔히, 재수하는 학생들의 대부분은 공부에 열정이 많을 것이며 의지가 대단할 것이라고 생각된다. 반은 맞고 반은 틀린 것이, 성공은 하고 싶은데 여기저기 유혹하는 것들이 참 많아서 공부를 하지 못하는 경우가 참 많다. 재수 학원은 이러한 학생들을 '유혹하는 것들'에게서 단절시켜 주며, 닭장에 갇힌 닭들처럼 학생들이 공부만 할 수 있도록 만들어준다. 그렇다면 학생들은 재수 학원에서 얼마나 많은 시간을 공부하고 있는지, 공부하도록 만들어지는지 재수 학원에서 공부한 학생의 시간표를 통해 알아보자.

[표 12-8] 재수 학원의 시정표

M 기숙 학원	W 재수종합학원
07:00~08:00 학습계획, 아침 자습	~08:10 아침 자습
08:10~09:00 1교시	08:10~09:00 1교시
09:10~10:00 2교시	09:10~10:00 2교시
10:10~11:00 3교시	10:10~11:00 3교시
11:10~12:00 4교시	11:10~12:00 4교시
13:20~14:10 5교시	13:00~13:30 영어 듣기
14:20~15:10 6교시	13:30~14:20 5교시
15:20~16:10 7교시	14:30~15:20 6교시
16:20~17:10 특강 1교시/자율학습	15:30~16:20 7교시
17:20~18:10 특강 2교시/자율학습	16:30~17:20 8교시
19:20~21:00 자율학습1	18:30~20:00 특강 1교시/자율학습
21:30~23:00 자율학습2	20:20~21:50 특강 2교시/자율학습

재수학원에서는 학생들을 하루 최소 12시간, 평균 13~14시간을 공부하는 닭으로 만들고 있다. 어찌 되었든 이를 통해 학생들이 공부에 대한 의지가 박약하더라도 공부를 할 수밖에 없게 만들고 있다. 우리가 수강생에게 들었던 가장 흥미로웠던 이야기 중 하나는, 자신이 고등학교 3년간 풀었던 문제의 수와 재수 한 해 동안 풀었던 문제의 수를 비교하면 압도적으로 재수 한 해 동안 풀었던 문제의 수가 많다는 것이었다.

앞서 보았던 재수 학원의 시간표는, 기수가 재수한 1년 동안 아래의 사진에 나와 있는 문제집을 풀도록 만들었다. 한 수강생은 재수 기간에 일주일에 2~3권의 문제집을 풀었다며, 나중에는 웬만한 문제집은 다 풀어본 것 같다고 전하였다. 과연 재수 학원에서 기수가 공부하도록 통제하지 않았다면, 저 많은 문제집을 풀 수 있었을까? 통제하지 않았다면, 아마 또 게임방에 들었을 것이다.

재수 학원에서 좋은 문제를 주고 학생의 학습 습관을 관리해주는 전략이 언

뜻 봐서는 별거 아닌 것으로 보이기도 한다. 물론 발품 팔아가며 좋은 문제 찾을 수 있고 학생이 공부하겠다는 의지가 크면 이미 공부 습관이 형성되어 있을 수 있다. 그런데 잘 생각해보자. 일단 재수를 했다는 것에서부터 학생들은 어떻게 공부해야 할지 제대로 모르는 학생인데 과연 독학으로 재수하면 성공할 수 있었을지 의문이 든다.

12.5 끝맺는 말

지금까지 재수 학원이 무엇인지, 그 비용은 얼마나 들며, 그 결과는 어떤지를 여러 전략과 구체적인 사례들을 살펴보았다. 누군가가 SKY로 향하는 지름길을 알려준다고 하면 어떤 부모가 그것을 싫다고 하겠는가. 하지만 일반적인 중산층의 학부모들도 엄두를 내지 못하는 SKY로 향하는 재수 학원의 길은 높은 계층의 학생들에게만 열려 있는 관문이라는 것을 알 수 있다. 이러한 점에서 재수 학원은 우리 사회에서 학생들이 SKY로 향하는 불평등적인 길을 만들어내고 있는 것은 아니냐는 의문점을 제기할 수 있는 것이다.

에필로그

"Educare(에듀카레)"의 그 숭고한 뜻을 생각하며

이 책은 우리나라 학생들의 교육 불평등이 태어나서부터 대학 입학 때까지 어떻게 이루어지는지를 이해하기 위하여 현장 작업을 특징으로 하는 질적연구를 통하여 이루어졌다. 이를 위하여 저자들은 지난 7년 동안 한국 학생들이 참여하는 중요한 학습과 발달의 공간이 유치원, 초등학교, 중학교 그리고 고등학교 기간에 교육적 불평등이 어떻게 이루어지고 있는지를 자본주의의 학부모의 계층에 기초하여 분석하였다. 그 결과 우리가 일상적으로 말하는 학생들의 능력주의가 실제로는 아이의 능력과는 직접적으로는 상관이 없이 부모의 경제력에 근거하여 영향을 받고 있으며 그러한 불평등한 학습 기회의 구조가 아이들의 탄생부터 대학 입학까지 심각하게 영향을 주고 있음을 밝힐 수가 있었다.

이를 통하여 자본주의의 최전선에서 나타나고 있는 물질주의가 아이들의 교육과 성장에 지대하게 작동한다는 사실을 알게 되었다. 아이의 능력이라고 하는 것이 단순히 학부모의 경제력의 재생산이 아니라 학부모의 문화 자본과 사회적 자본과 결탁하여 다양한 형식의 교육적 경험과 기회를 구조화시키고 있어서 우리가 일반적으로 말하는 기회의 균등이라고 하는(모두가 노력하면 성공할 수 있다는 신념)이 자유주의의 기본 철학이 사실은 허구일 뿐이며 학부모의 물질과 경제적 능력이 아이의 능력 형성에 지대한 영향을 끼침을 알 수 있었다. 그리고 그러한 불평등한 구조의 형성과 확산은 우리 공교육이 추구하는 기회의 균등이나 학습경험 기회의 동등한 제공이라는 일반적 교육목적 또는 학교 목표와는 달리 심각하게 한국 아이들의 학습 발달과 성장에 불공정하게 작동함을 알 수 있었다. 이에 개천에서 용이 난다는 격언은 더 이상 불가능한 것처럼 보이며 콩 심은 데 콩 나고 팥 심은 데 팥 난다는 유전적 설명처럼 부자 아빠 밑에서 공부 잘하는 아이가 나타날 수밖에 없다는 잠정적 결론을 갖게 되었다. 천진무구한 얼굴로 운동장에서 뛰놀고 있는 저 착한 어린이들의 미래가 자기 소질이나 꿈과는 상관이 없이 아빠의 경제적 능력과 그에 기반한 특정한 사교육의 기회에 따라서 달라질 수 있다고 생각하면 더욱 착잡하기 그지없다.

아울러 그러한 불평등한 교육적 경험의 차별화를 막을 수 있는 국가 차원의 여러 가지 노력에도 불구하고 이 연구에서 나타난 결과를 반영하듯 많은 국가적 통계자료가 학부모의 경제적 능력과 학생의 성공과의 밀접한 관계에 대한 연구를 읽을 때면 과연 교육학, 교육사회학, 교육정책학은 어떤 추가 노력을 해야 할 것이며 국가의 교육부와 공교육의 목표와 방법은 그러한 해결책을 찾고 있지 못하고 있다는 사실에 실망감을 느끼지 않을 수가 없다. 물론 1960~1990년대까지 노동 계층에 대한 사회적 지원과 국가적 지원 거의 없었던 시기에 비하면 훨씬 사회적 약자들의 교육에 대한 투자는 늘었지만 말이다.

이에 이 글에서 써 내려간 한국의 아이들의 교육 불평등의 생애사적 묘사를 통하여 우리의 학생들이 어떤 학령 단계에서 부모의 경제적 능력에 따른 사교육/그림자 교육을 통하여 교육 불평등이 이루어지고 있는지를 심도 있는 현장 작업의 이야기들을 통하여 잘 이해하였을 것으로 생각한다. 그리고 그러한 교육 불평등의 일대기적/연대기적 특징에 대한 개념화는 한국의 학생들이 어떤 학령 단계에서 학생들의 능력주의가 달리 형성되고 고착화될 수 있는지를 교육학자와 교육자들이 자세하게 이해하고 그에 대한 새로운 처방을 고안할 수 있는 새로운 아이디어들을 제공해줄 수 있을 것으로 추측한다. 이에 이 책의 마지막 장인 제목: 포스트 물질주의를 거부하며라는 문장처럼 한국의 아이들이 부모의 경제적 능력에 근거하여 자신의 미래가 미리 결정되는 그러한 슬픈 미래를 모두 겪지 않기를 기대하는 바람으로 아이의 능력과 소질 그리고 미래가 학부모의 능력에 따라 완전히 결정되는 그러한 불행한 포스트 물질주의 시대가 도래하지 않을 보다 평등한 교육의 시대를 맞이해야 할 것을 제안하고자 한다.

그리고 설령 그러한 시대가 도래한다고 할지라도, 또는 많은 교육자, 정책가들, 그리고 교사들이 그러한 사실을 거부할 수는 없을 것이라고 할지라도 적어도 한 번쯤은 우리는 "교육한다"라는 그 근원적 뜻과 의미가 무엇인지를 한번 상기시키기를 기대한다면 이 책에서 묘사한 한반도의 불평등한 교육 불평등의 역사적/문화적 조감도가 조금은 다르게 작성되지 않을까 생각해본다. 교육하다를 나타내는 영어 단어 "Education"은 라틴어, Educare에서 발아되었다고 한다. 그리고 그 원래 뜻은 아이의 안에서부터 그 어떤 것을 끄집어낸다."라는 의미라고 한다. 그리고 그 어떤 것은 바로 아이가 가지고 있는 내재적/유전적/발달적 잠재력일 것이다. 이에 우리 모두가 이 심각한 한국 사회의 교육 불평등의 불편한 현실을 경험하고 특별한 감흥이 없이 받아들일지라도 우리 교육자 모두가 아이를 가르친다는 것이 그 아이의 숨겨진 잠재력을 찾아서 개화시키는 것이라고 한다면, 이 교육 불평등의 거대한 파도 속에서 그래도 적어도 어떤 숭고한 노력과 방법은 무엇이겠느냐고 생각해보아야 함을 알려준다. 그리하여 한국의 아이가 적어도 어떤 부모를 만나서 어떤 인간으로 성장하고 어떤 직업을 가진 사회인이 되었다고 할지라도 적어도 자신이 다녔던 한국의 학교에서 자신의 능력이 충분히 발아될 수 있는 교육적 기회와 그러한 선생님들과 정책들이 자기 삶 속에 가까지 있었다고 말할 수 있는 그러한 한국의 교육 그리고 한국의 사회를 만들어야 하지 않을까 생각을 해본다.

이와 관련하여 저자들은 이 책이 묘사하고 설명함 한국 사회의 교육 불평등의 현실을 조금이나마 개선하고 교육 불평등의 구조 속에서 살아가고 있는 많은 학생들의 보다 나은 교육적 평등의 기회를 위한 몇 가지 제안을 제시하면서 이 책의 끝을 마무리하고자 한다.

학교 교육 속에서의 새로 노력들

우리의 학교 교육의 다양한 정책들에는 이미 사회적 약자들과 노동 계층들을 위한 다양한 교육적 정책들과 방법들이 실천되고 있다. 특히 학교 교육 내에서도 이러한 교육적 불평등을 해소하고자 많은 노력을 증진하고 있다.

첫째, 방과후학교를 그 대표적인 프로그램으로 예를 들 수 있다. 1990년대 후반 수학능력시험이 생겨나면서 그림자 교육에 대한 의존도가 매우 증대하게 되었다. 이러한 결과는 결국 그림자 교육을 받지 못한 학생들은 대학에 가지 못하는 결과를 초래하게 되었다. 이러한 이유로 방과후학교는 공교육 내에서 다양한 학습 기회를 제공하려는 의도로 초등학교에서부터 고등학교까지 다양한 형태와 방법으로 강좌들이 개설되게 되었다. 그 후 2004년 교육부는 방과후학교 운영 지침을 마련하고 2006년 '방과후학교 활성화 종합계획'을 발표하면서 다양한 프로그램 개발과 운영 지원을 강화시켰다. 이러한 방과후학교 프로그램은 다음과 같은 프로그램으로 운영되었다. '학습 보충 프로그램', '특기적성 프로그램', '진로 탐색 프로그램', '인성 및 사회성 개발 프로그램'로 운영되었다.

특히 초등학교의 경우 예체능 프로그램과 특기적성 프로그램이 인기를 얻었으며, 중고등학교의 경우 학습 지원 프로그램(보충, 심화, 자율)이 인기를 얻었다. 하지만 점차적으로 방과후학교는 조금씩 그 본연의 의미가 변질되어 가며 몇 가지의 비판점을 받고 있다. 그 이유로 첫째, 방과후 프로그램의 질적인 차이다. 방과후학교 프로그램의 질은 학교와 지역에 따라 크게 다를 수 있다는 점이 있다. 이러한 점을 해결하고자 경남의 일부 초등학교에서는 2012년 학원 강사를 초빙하여 방과후학교 수업을 진행하였다. 하지만 비용적인 문제로 인하여 오래 가지 못했다. 둘째, 활동 위주의 운영이다. 많은 학생과 학부모의 관심을 받기 위해서 활동적인 프로그램 혹은 보여주기식 프로그램을 만드는 경우들이 생겨났다. 이러한 점에서 방과후학교는 학습을 위한 것이 아닌 놀이 중심, 체험 중심의 프로그램으로 변질되었다. 셋째, 또 다른 형평성의 차이다. 경제적으로 여유가 있는 학생들이 더 많은 방과후 프로그램을 참여할 수 있으며, 그로 인해 오히려 교육 불평등이 더 심화될 수 있다는 점이다. 마지막으로 일률적 프로그램 운영이다. 학생들 개개인의 요구와 흥미를 충분히 반영하지 못하고 일률적으로 운영되는 경우, 학생들의 참여 동기와 만족도가 매우 떨어지고 있다는 비판을 받고 있다.

둘째로, 늘봄교실의 운영이 있다. 늘봄교실이란 학생들이 방과후에 안전하고 유익한 시간을 가질 수 있도록 제공되는 프로그램이다. 윤석열 정부의 교육 개혁 과제 중 하나로 2024년부터 단계적으로 도입되어, 초등학교 1학년을 대상으로는 맞춤형 프로그램을 연중 매일 2시간씩 제공 중이다. 2025년에는 2학년까지, 2026년에는 모든 초등학생에게 확대될 예정이다. 기존의 자율활동 중심 그리고 1~2학년 중심이었던 돌봄교실과는 달리 모든 학년에 제공이 된다는 극찬을 받았다. 또한 기존의 방과후학교와 더불어 더 많은 프로그램 AI, 디지털, 심리*정서, 문화 예술 등 다양한 분야에서 학생들이 학습할 수 있다는 장점이 있다. 하지만 방과후학교와 마찬가지로 비판점도 있다. 첫째, 교육 격차 심화 가능성이다. 도서 지역의 학교나 경제적 취약 지역 학교의 경우 인력 혹은 물적 자원의 부족으로 프로그램의 질이 떨어질 수 있다는 점이다. 둘째로 정서적 지원의 부족이다. 늘봄교실이 학습 지원에만 집중하고 학생들의 정서적, 사회적 발달을 충분히 고려하지 못하는 경우도 존재한다. 이러한 경우 Educare의 진정한 의미인 학생들의 잠재력을 끌어내지 못하는 경우가 발생하는 것이다.

셋째, 교육복지우선지원사업(학생맞춤통합지원사업)이다. 이는 저소득층, 다문화가정, 한부모가정 등 교육적 배려가 필요한 학생에게 다양한 교육 프로그램을 제공하여 학습 기회를 확대하는 사업이다. 이에 대한 예로는 다문화가정의 아이들에게 한국어 교실을 제공하고, 기초학력이 미달인 학생에게는 기초학력 전담교실 운영, 그리고 다양한 봉사 프로그램과 문화 체험 프로그램을 통하여 궁극적으로 학생들이 일상적인 학교 생활에 적응할 수 있도록 도와주는 프로그램이다. 하지만 교육복지우선지원사업에도 비판점이 있다. 첫째, 학교별로 인적 자원의 차이로 교육의 질이 달라질 수 있다는 점이다. 둘째, 일회성의 프로그램이다. 프로그램이 끝난 후에도 학생들이 체계적인 지원을 받을 수 있는 체계적인 방안이 없다는 점이다. 마지막으로 일률적인 지원 방식이다. 방과후학교, 늘봄교실과 마찬가지로 일률적인 지원으로 인하여 학생 개개인의 필요에 맞춘 맞춤형 지원 부족할 수 있다는 점이다.

마지막으로 한국의 학교에서는 기초학력 보장제도를 운영 중이다. 이는 모든 학생이 기본적인 학습 능력을 갖출 수 있도록 지원하는 제도이다. 이를 위해서 다양한 프로그램을 제시하고 있다. 첫째로 학습 종합 클리닉 센터이다. 이는 학습에 어려움을 겪는 학생들을 대상으로 맞춤형 학습 진단과 상담, 개인별 학습 프로그램을 제공하는 센터이다. 전문 상담사와 교사가 학생들의 학습 문제를 분석하고, 효과적인 해결책을 제시하는 프로그램이다. 둘째, 기초학력 책임지도제이다. 아는 교사가 학생 개별의 학습 상황을 면밀히 파악하고, 필요한 경우 개별 학습 계획을 수립해 지도하는 제도이다. 교사와 학생 간의 긴밀한 소통과 맞춤형 학습 지도가 이루어진다.

셋째, 기초학력교실 운영이다. 경상남도의 경우 두드림교실 그리고 누리교실이라고 하여 기초학력이 부족한 학생들을 대상으로 담임교사 혹은 전담교사가 학생 개개인을 위해 1대1 수업을 진행하고 있다. 하지만 이러한 프로그램들도 비판점이 있다. 먼저 효과성의 한계이다. 정해진 시간에만 진행되는 이러한 프로그램은 학생들의 장기적인 학업 성취에 미치는 영향이 제한적일 수 있다는 점이다. 둘째, 재정적 한계이다. 재정적 한계로 인해 모든 필요한 학생들에게 지원 이루어지지 않는 경우가 많다. 마지막으로 학생 개별 맞춤형 지원의 부족이다. 모든 학생의 학습 필요와 상황이 다르기 때문에, 일률적인 프로그램으로는 개별 학생의 필요를 충족시키기 어려울 수 있다. 개인별 학습 계획과 맞춤형 지원 부족할 경우, 일부 학생들은 충분한 도움을 받지 못할 수 있다는 단점이 있다. 이에 저자들은 학교 교육을 통한 교육 불평등 해소와 개선을 위한 새로운 정책과 방법으로서 다음 4가지를 제안한다.

첫째, 활동 중심의 학교 방과후 프로그램의 개선이다. 많은 한국의 학생들을 만나보면서 기존의 방과후학교에서 제공하는 '수학, 과학, 국어, 영어' 등의 프로그램은 활동 위주의 프로그램이었으며, 학습적인 전략과 성공을 발휘할 수 없다고 이야기하고 있었다. 이러한 점에서 기존의 학교 방과후 프로그램을 다음과 같이 개선한다면 더욱 학생들의 잠재력을 이끌어낼 수 있을 것으로 생각한다. 첫째, 학교 교육 과정과 연계된 방과후학교 프로그램의 구성이다. 현재 활동 위주의 프로그램들은 학생들이 학교 생활에 적응할 수 있도록 돕는 것이 아닌 단순 흥미 위주의 프로그램으로 구성되었다. 이러한 점을 학교 교육 과정과 연계한다면 학생들이 학업적 성취가 더욱 성장할 수 있을 것이라고 생각한다. 둘째 그림자 교육과 방과후학교와의 연계이다. 그림자 교육의 경우 수년간의 노하우를 통해서 학생들의 학업적 성공을 이끌어낼 수 있도록 도와주고 있다. 이러한 노하우를 방과후학교에 도입함으로써 좀 더 진보적인 교육이 만들어질 수 있을 것이라고 생각한다. 마지막으로 방과후학교에서도 개인 맞춤형 학습 플랜을 제공하는 것을 제안한다. 각 학생의 학습 수준과 필요에 맞는 맞춤형 학습 프로그램을 제공하여 학습 격차를 줄이고 각자의 학습 목표를 달성할 수 있도록 하는 것이다. 이를 통해 방과후학교가 단순한 놀이 시간이 아니라 실질적인 학습 시간이 될 수 있다. 두 번째로 개인 맞춤형 학습 플랜 제공: 각 학생의 학습 수준과 필요에 맞춘 맞춤형 학습 플랜을 제공하여, 학습 격차를 줄이고 각자의 학업 목표를 달성할 수 있도록 지원한다.

둘째, 공교육과 연계된 외부 체험 프로그램의 수용이다. 부잣집 아이들과 그렇지 못한 흙수저의 아이들의 문화 자본의 차이는 상상을 할 수 없을 만큼 어마어마하다. 학습 불평등의 시작인 '영어 유치원'부터 시작해서 그 과정에서 어학연수, 마지막으로 재수 학원까지 학습의 처음에서 그 마지막까지 문화 자본의 차이는 한 해가 갈수록 더 커지게 된다. 어학연수를 다녀온 한 학생은 이렇게 이야기했다. "꼭 영어 공부를 하는 것이 목표는 아니죠. 남들이 보지 못한 것을 볼 수 있고 거기서 제 꿈을 찾을 수도 있고요." 이 말에서 우리는 포스트 물질주의는 우리의 사회에 만연하게 흩어져 있으며, 이러한 모습을 탈피할 수 있는 순간이 지금이라고 생각한다. 그래서 우리는 이러한 다양한 프로그램들을 학교 안에서 제공할 수 있다면 어떨지 고민해볼 시점이다. 다양한 외부 프로그램을 수용하는 학교의 예로는 서울의 한 중학교에서 시행한 '글로벌 리더십 프로그램'이 있다. 이 프로그램은 해외 봉사활동과 현지 문화 체험을 통해 학생들에게 국제적인 시각을 심어주었다. 프로그램에 참가한 학생들은 자신감과 리더십이 크게 향상되었으며, 이러한 경험은 대학 입시에도 긍정적인 영향을 미쳤다. 학교에서 제공하는 프로그램 중 영어 유치원, 어학연수, 재수 학원까지 제공할 수 있다면 이러한 문화 자본의 격차는 해소할 수 있다고 생각한다. 구체적인 방안으로 첫째, 국제 교류 프로그램이 있다. 외국의 학교와 자매 결연을 맺고, 학생들이 해외 학교와의 교류를 통해 다양한 문화와 언어를 접할 수 있도록 할 수 있다. 두 번째로 다양한 체험 활동 제공이다. 봉사활동, 현장 학습, 기업 탐방 등 다양한 체험 활동을 통해 학생들이 교과서에서 배울 수 없는 실질적인 경험을 쌓을 수 있도록 할 수 있다. 이를 통해 문화 자본을 높여 학업적 성취를 높일 수 있을 것이다.

셋째, 학생 맞춤형 학습환경의 제공이다. 학습환경은 학생들의 학업 성취도에 큰 영향을 미친다. 예를 들어, 서울의 한 고등학교에서는 학생들에게 개별 학습 공간을 제공하고, 최신 IT 기기를 활용한 스마트 교실을 운영하고 있다. 이러한 환경은 학생들의 집중력과 학습 효율성을 높이는 데 큰 기여를 하였다. 우리는 다양한 한국의 학생들을 만나보았다. 집에 책상도 없는 학생부터 모든 조건이 갖춰져 있는 학생까지 만나보았다. 또한 금수저 아이들은 기본적으로 자신의 노트북 그리고 태블릿을 들고 있었다. 이러한 점에서 벌써 한국의 학생들은 학습의 환경에서 취약해질 수밖에 없는 상황에 빠져 있는 것이다. 이러한 점을 해결하고자 학교에서 학생들에게 공부할 수 있는 다양한 환경을 제공하는 것이 매우 중요한 시점이 되었다. 요즘 학생들은 책상 위에 한쪽에는 태블릿 다른 한쪽에는 문제집을 펴놓고 공부하고 있다. 하지만 흙수저의 아이들은 태블릿은 과유이며, 문제집도 없는 상황이다. 이러한 점에서 우리는 학생들 개개인의 욕구에 맞는 학습환경을 제공하여 학생들이 더 학업적 성공에 집중할 수 있는 환경을 조성하는 것이 더욱 중요하다고 생각한다. 이러한 구체적인 방안으로는 학습 공간 다양화가 있다. 도서관, 스터디 카페, 그룹 스터디 룸 등 다양한 학습 공간을 제공하여, 학생들이 자신의 학습 스타일에 맞는 환경에서 공부할 수 있도록 할 수 있다.

마지막으로 모든 아이가 성공할 수 있다는 교사들의 믿음이다. 많은 교사가 부잣집 아이들이 공부를 잘할 것이라는 신념을 가지고 있고 또 그렇게 실천하는 경향이 있다. 초등학교 저학년 아이들의 한두 학년의 성취에 근거하여 아이의 발달과 미래를 미리 점치고 예측하는 경향이 많다. 이렇게 교사들이 학생들의 능력에 대해 부정적인 믿음을 가질 경우 학생들의 학업적 성취도에 부정적인 영향을 미칠 수 있다. 이를 '골렘 효과(Golem Effect)'라고 하다. 골렘 효과는 교사가 학생에게 낮은 기대를 가지면, 학생이 그 기대에 맞추어 실제로 성취도가 떨어지는 현상을 의미한다. 결국 교사가 학생들을 어떻게 믿는지에 따라 학생들의 학업 성취도도 변할 수 있다는 것이다. 이에 교사들에게 본 저자들은 다음과 같은 믿음을 가지도록 이야기하고 싶다. 첫째, 높은 기대 설정이다. 교사들은 긍정적인 믿음을 바탕으로 학생들에게 높은 기대를 설정하고, 이를 통해 학생들이 더 높은 목표를 향해 노력하도록 격려해야 한다. 이는 학생들의 자기효능감을 높이고, 도전 과제를 극복할 수 있다는 자신감을 심어줄 수 있을 것이다. 둘째, 격려와 지원다. 긍정적인 믿음을 가진 교사들은 학생들에게 지속적으로 격려와 지지를 보낸다. 이는 학생들이 학습 과정에서 겪는 어려움을 극복할 수 있도록 도와주며, 학습 동기를 높이는 데 기여할 것이다. 마지막으로 개별화된 지도이다. 교사들은 학생들의 개별적 특성과 학습 스타일을 이해하고, 이에 맞춘 맞춤형 지도를 제공해야 한다. 이는 학생들이 자기 능력과 잠재력을 최대한 발휘할 수 있도록 도울 수 있을 것이다.

지금까지 학교 교육 내에서의 다양한 정책들과 그 방안들을 제시하였다. 이러한 학교 안에서의 긍정적인 변화로 인하여 학생들로 하여금 노동 계층 그리고 취약계층의 변화를 이끌어 낼 수 있을 것이라고 생각한다.

학교 교육 바깥에서의 새로운 노력들

학교라는 울타리를 넘어서 학교 바깥에서도 새로운 노력은 필요하다. 학생들의 전인적인 발달을 위해서 그리고 궁극적인 학업적 성공을 위해서 학교 바깥의 노력은 무엇이 있었고 해결책들은 무엇이 있는지 제시하고자 한다.

첫째, 교육적 정보 및 성공적 학습 전략에 대한 부모 교육 프로그램의 제공이다. 이는 상류층이 아닌 학부모들 그리고 저소득층 학부모들에 대한 그림자 교육에 대한 정보와 교육적 성공에 대한 여러 정보를 제공받을 수 있는 프로그램을 뜻한다. 우리가 만난 금수저 이상의 학부모들은 학생들보다 아니 우리보다 더 많은 교육적 정보를 가지고 있었다. 어디 학원이 좋은지, 어떤 프로그램이 더 효과적인지 더 넘어서 학생의 학습계획을 작성해주는 학부모까지 다양한 교육적 관여를 하고 있었다. 이러한 교육적 관여가 있을 수 있었던 이유는 스타벅스라는 학부모들의 교육 정보의 교류 공간이 있었기 때문이었다. 부모가 교육적인 정보를 더 많이 알고 있을 때, 학생의 학업적 성공은 한 층 더 높아질 수 있다는 것이다. 이는 한 연구에서도 말하고 있다. 김경리(2022)는 자녀의 학업적 성공을 위한 어머니의 교육적 실천에 대하여 다음과 같이 말하였다. 학부모가 자녀를 학업적으로 성공시키기 위한 여러 교육 실천이 큰 영향을 끼치고 있다. 그리고 그러한 방법으로 '가치 내면화', 효과적인 공부 방법 전달', '사교육에 대한 투자', '교육적 정보 수집'을 이야기하고 있다. 이러한 교육적 정보를 얻기 위하여 교육 설명회, 학부모 모임 등 다양한 방법을 채택하고 있었다. 부모 교육 프로그램의 예로는 그림자 교육 기업에서 주최하는 학습 성공 설명회가 있다. 이 프로그램은 부모들에게 자녀 교육에 대한 다양한 정보를 제공하고, 자녀와의 소통 방법을 교육한다. 프로그램에 참여한 부모들은 자녀의 학업 성취도와 정서적 안정에 긍정적인 영향을 미쳤다고 보고하였다. 또한 매년 교육부에서 주최하는 교육박람회가 있다. 이는 다양한 지역의 교육청, 대학 그리고 그림자 교육 기업이 참여하여 자신들의 정보를 공유하여 학생들과 그리고 학부모들에게 교육적 성공에 대한 다양한 방법과 지식을 제공하고 있다. 이러한 점을 근거하여 학교 밖에서 학생들에게 전달할 수 있는 다양한 학부모 교육 프로그램을 개설하여 교육 정보의 격차를 해결할 수 있을 것이라고 생각한다.

구체적인 방안으로는 첫째, 온라인 부모 교육 프로그램이 있다. 바쁜 부모들도 쉽게 접근할 수 있도록 온라인 부모 교육 프로그램을 제공하여, 언제 어디서나 필요한 정보를 얻을 수 있도록 한다. 그림자 교육, 교육청, 대학들에 대한 정보를 어디서나 제공할 수 있는 플랫폼을 제공하여 한국의 언제 어디서든 이 정보를 열람하고 습득할 수 있도록 할 수 있다. 둘째, 많은 횟수의 교육박람회 개최이다. 현재 한국의 교육박람회는 1년에 1회로 거의 한정되어 있으며, 이마저도 대학, 교육청, 그림자 교육 기업이 모두 함께 개최하는 경우가 많다. 이러한 점에서 1번에 모든 정보를 학부모가 습득한다는 것은 거의 불가능하다. 그래서 각 기관별 혹은 지역별로 다양한 교육박람회를 제공하여 이러한 정보를 쉽게 획득할 수 있도록 할 수 있을 것이다.

둘째, 상류층의 학생들만 독점하고 있던 다양한 그림자 교육 학습 기회의 제공이다. 질 높은 그림자 교육들 즉, 학원, 개인과외, 어학연수들 상류층의 학생들만 접할 수 있었던 그림자 교육들을 저소득층의 아이들에게도 제공하는 것을 의미한다. 저소득층의 학생들이 그동안 질 높은 그림자 교육을 받지 못했던 이유로는 경제적 불평등, 지역적 불평등, 정보적 불평등에 의해서 발생하고 있었다. 현재 한국에서는 '교육급여 바우처' 혹은 '통합문화이용권' 사업을 진행하고 있다. 하지만 교육급여 바우처의 경우 초등학생은 연간 41만 5천 원, 중학생은 연간 58만 9천 원, 고등학생은 연간 65만 4천 원을 제공하고 있다. 또한 통합문화이용권 제도에서는 2024년 기준으로 연간 13만 원을 제공하고 있다. 앞서 만났던 상류층의 학생들의 한 달 학원비가 300만 원이 넘어간다고 생각했을 때, 터무니없이 낮은 금액이 지원되고 있다는 점을 알 수 있다. 이러한 점에서 한국의 인터넷 보급률이 90%가 넘어가고 모든 학생에게 스마트 단말기가 보급되어 있다는 점에서 온라인 학습으로 저소득층의 아이들도 언제든 질 좋은 그림자 교육에 접근하고 무료로 접근할 방안이 필요할 것이다. 이러한 해결책으로 다음과 같다.

첫 번째 해결안으로 온라인 학습 플랫폼의 제공이다. 현재 공교육과 관련하여 EBS를 제외하고는 거의 온라인 코스 및 학습 리소스를 제공하는 플랫폼이 거의 전무하다. 현재 EBS만으로 학생들의 수능을 만족시키지 못한다고 하여 강남구청인터넷수능방송이 개설되었지만 그 이외의 플랫폼은 찾아볼 수가 없다. 이러한 점에서 이제는 가정에서도 학생들이 쉽게 찾을 수 있고 접할 수 있는 온라인 코스 및 학습 리소스를 제공하는 플랫폼을 확장해야 하는 시점이라고 생각한다. 그래서 다양한 과목의 강의를 무료로 제공하는 온라인 플랫폼을 구축 혹은 강화하여 학생들이 언제든지 필요한 과목을 학습할 수 있도록 제공해야 할 것이다. 둘째, 온라인 학습 자료 공유 플랫폼의 개발이다. 이는 저소득층의 학생들이 교사나 혹은 학원 강사 그리고 과외 강사가 만든 자료들을 탑재하여 언제든 다운로드 받을 수 있는 플랫폼을 의미한다. 현재 한국의 모든 학생에게 개인용 스마트기기가 제공되었으며, 인터넷 보급률이 90%가 넘어가는 시점에서 어느 공간이든 언제든 접속할 수 있는 온라인 플랫폼을 통해서 학생들의 학습 격차와 학습 자본의 차이를 해결할 수 있을 것이라고 생각한다.

셋째, 저소득층 학생들을 대상으로 한 학습정보 교류 모임의 활성화이다. 이는 저소득층 학생들이 다양한 그림자 교육이나 혹은 학교에서 학습정보를 교류하지 못하기 때문에 국가적 차원 혹은 학교 차원에서 학습 방법, 지식 그리고 입시 정보들을 교육할 수 있는 모임을 구성하는 것을 의미한다. 학부모의 교육적 정보력에 따라 학업적 성공이 달라질 수도 있지만 학생들 간의 교육적 정보로도 달라질 수 있다. 예를 들어 학원과 개인과외를 듣고 있는 학생 그리고 거기서 학습 전략들을 배운 학생들의 경우 그렇지 못한 학생들과 학습 방법에 대한 매우 큰 격차가 발생하게 된다. 하지만 이러한 점은 학생들의 공부 모임을 통해 해결할 수 있다. 학습정보 교류 모임의 예로는 '스터디 그룹'이 있다. 이 모임은 학생들이 자발적으로 모여 학습정보를 공유하고, 서로의 학습 방법을 배우는 모임이다. 이러한 모임은 학생들의 학습 동기를 높이고, 학습 방법의 다양성을 경험하게 하여 학업 성취도를 높이는 데 기여할 수 있다. 학부모가 교육 모임을 통해서 학생들에게 새로운 교육적 정보들을 제공할 수 있었다면 실제적으로 학업에 매진하고 있는 학생들 간의 교육정보 교류로 학업적 성공을 야기할 수 있다. 실제한 재수 학원에 다니는 학생은 그 학원에서 서울대에 합격한 선배와의 대화를 통해서 자신의 공부 방법과 학습 전략을 찾을 수 있다고 이야기하였다. 이처럼 다른 학생들에게도 학습 전력을 들을 기회 그리고 자신 꿈과 관련한 선배와 만날 수 있는 공부 모임을 통하여 학업적 성공을 야기할 수 있다. 또 다른 방안으로 멘토링 혹은 코칭 프로그램이 있다. 학생 개개인의 목표와 요구는 다르다. 이는 학생 간의 학습의 방법도 다르고 해결할 수 있는 전략도 다르다는 점이다. 하지만 금수저의 부모들은 재력과 인맥을 이용하여 이러한 점을 해결해주고 있었지만 흙수저의 아이들은 그러한 해결 방법을 알지도 접해보지도 못했다. 이러한 문제점은 개개인의 요구에 맞춘 멘토링 혹은 코칭 프로그램을 이용하여 해결할 수 있다. 자신의 욕구에 맞는 멘토 혹은 코치와 만나 자신의 학업을 점검하고 수정하고 이를 해결하는 과정에서 금수저의 학생과의 격차를 크게 줄일 수 있을 것이다.

한국의 사교육, 아포리아 그리고 반성적 텍스트

이 책의 마지막 장에서는 한국의 사교육 불평등을 해소하기 위한 몇 가지 방법을 제안하였다. 하지만 이 책의 진정한 목적은 정책 보고서가 아니기 때문에, 한국의 현장에 접목할 수 있고 효과적일 수 있는 방법들을 간단하게 제시하고자 하였다. 직접적인 해결책은 아니지만 책에는 아이들의 생애사 속에서 학교교육에서 차용할 방법과 아이디어가 곳곳이 숨겨져 있다. 그러한 측면에서 이 책은 학교교육과 교사 그리고 많은 관련 연구자와 정책 설계자들이 사교육 불평등의 한국적 현상을 이해하고 해결하기 위한 기초적인 읽기 자료로서 읽히기를 바란다. 공교육 12년 동안 한국의 학생과 학부모들이 날마다 겪고 있는 이 중요한 한국적 불평등 현상에 대하여 학술적 · 경험적 현장 연구가 거의 없었다는 점에서 이 책은 그러한 시대가 올 수 있는 자극적인 텍스트가 되기를 바란다.

그러한 점에서 그동안 국가 교육부가 해왔던 사교육 통제 중심의 교육정책과 교육개혁은 달라져야 할 것으로 보인다. 현재 교육부 산하의 사교육 국가 연구, 그리고 한국연구재단의 지원을 받는 국내 대학의 연구소 연구들 역시 현장과 관련이 없는 사교육 현황에 대한 연구나 사교육비 지출과 학생들의 학업 성장에 관한 상관관계 연구에 머무르고 있다. 이미 이러한 통계 연구는 한국을 비롯한 서구 교육학 연구에서 그 결과들이 명료하게 밝혀졌기 때문에 새로운 현상, 새로운 주제, 그리고 새로운 연구 질문이 필요한 시점이다. 물론 중국 시진핑 정권처럼 국가가 나서서 한국 1960~1980년대식의 사교육 통제와 검열 중심의 정책을 할 수도 있겠다. 중국 상하이 부자 학부모의 초등학생의 1년 사교육비가 한국의 상류층보다 많은 연 5,000만 원이 넘었기 때문에 중국 정부는 중국 학부모들의 불평을 달래기 위하여 그렇게 할 수밖에 없었을 것이다.

그러나 한국의 경우 자본주의 상품으로 팔리는 사교육 구매와 소비에 대하여 누구 하나 간섭할 수 없는 세상이다. 세계 최고의 유모차, 내 아이를 위한 조기 유학, 기러기 아빠 등 내 아이 하나를 위하여 인생 모두를 희생하는 한국의 부모들에게 그러한 정책은 아무런 감흥이 없는 남의 집 이야기일 것이다. 이제는 공교육과 사교육, 두 학습 공간에 대한 대치의 관점을 버리고 탈경계적인 포스트모던 관점에서 사교육 불평등에 관한 연구 입장과 접근이 필요하다. 그러나 한국의 사교육 통제 역사(1970~1980)가 실패로 끝났고 교육부 주도 사교육 경감을 목적으로 시도되었던 많은 학교 프로그램과 정책(수준별 교육과정, 선행학습 법적 금지, 방과후 학습 등)은 거의 실패로 끝난 듯 보인다. 그래서 그런지 일본과 호주는 차라리 저소득층 아이들을 위한 학원비를 교육정책으로 실천하고 있다.

이 책은 교육불평등의 원흉으로서 한국 사교육을 다루고 있지만 그림자교육이 갖는 그 교육적 장점과 영향에 대한 인정 역시 필요하다. 한국의 많은 연구가 국가 정책에 영향을 받아서 그런지 대부분의 연구가 사교육이 효과가 없다거나 미미하다는 연구 결과를 보여주고 있는데 얼마나 사교육 연구 결과가 푸코가 개념화한『권력과 지식』의 관계를 잘 반영하고 있는 듯이 보인다. 한국의 연구 결과와는 다르게 국제적인 개방적 측면에서의 사교육의 효과는 최근에 와서 그 긍정적인 측면의 연구 결과들이 더욱 증가하고 있다. 즉, 사교육이 끼치는 불평등 해악과 함께 그 학교 바깥의 보충학습과 속진학습이 한 개인에게 주는 긍정적 영향력에 관한 심층적인 연구 역시 필요하다. 몇 년 전 한국 출신과 중국 출신의 미국 사회학과 두 교수는 미국에서 그 많은 소수인종 중에서 동북아시아 이민자 가정의 아이들이 왜 백인들을 제치고 미국 IVY 리그 대학에 더 많이 입학하는지 질적연구를 통하여 설명해 미국 교육정책 그리고 사회 정책 연구에 새로운 충격을 주었다. 두 학자의 주요 결론은 동북아시아 출신의 이민자 2세대 가정의 학생들은 미국 학생들과 다르게 고등학교 수업이 끝난 후 놀러 가지 않고 학원에 가기 때문이라고 한다. 미국 학생들보다, 다른 소수자 민족의 학생들보다 학교 바깥에서 체계적으로 그리고 오랫동안 공부를 더 하기 때문에 대학 진학에서 놀라운 결과를 얻는다는 것이다. 사교육이 학생들의 학업적 성공과 대학 진학에 긍정적으로 기여한다는 연구 결과와 논문들은 한국과 다르게 최근에 더욱 증가하고 있다. 다른 한 예로서 호주, 영국의 동북아시아 학생들이 더 공부를 잘하는 이유 역시 학교 바깥의 사교육으로 설명하는 문화적 연구들이 많다. 몇 년 전 미국 교육학 연차 학술대회에 발표하기 위하여 미국 뉴욕시에 간 적이 있었다. 시내에서 한번 건물을 바로 보았는데 일본에서 만든 세계적 사교육 프로그램인 구몬 빌딩이 다섯 개나 보였다. 이제 미국과 캐나다의 중산층 학부모들은 일본과 한국의 학습지 프로그램에 열광하고 있고 미국 공립학교에서 가르쳐주지 않는 글쓰기, 수학, 논리적 탐구 등의 기초 학력 기술 연마에 많은 도움을 주고 있다고 한다.

그러한 점에서 한국의 교육열로 대표되는 사교육에 대한 새로운 탐구는 그 오리엔탈적 표현 역시 달라져야 할 것이며, 보다 탈식민적 측면에서 이해하고 연구될 필요가 있을 것이다. 이에 그동안 사교육과 관련되어 항상 인용되어 왔던 암기, 문제 풀이. 반복학습 등으로만 사교육을 개념화하고 비판하는 식민적 관점에서 벗어나 더 토착적이고 범국제적 관점에서 이 현상에 대한 탐구가 나타나기를 기대한다. 그 예로서 전 세계 젊은이들이 선택하게 될 미래의 최고 직업에 학원강사가 뽑혔다는 통계는 사교육에 대한 전 세계적 변화를 여실히 보여주고 있다. 그러한 측면에서 〈스카이 캐슬〉, 〈펜트하우스〉 드라마처럼 성공은 하지 못하였지만 〈졸업〉이라는 TV 드라마에서 작가는 한국인들이 모르는 또는 알고 싶어 하고 싶지 않은 또 다른 교육자로서 학원강사들에 대한 진솔한 성장 이야기를 한국인 모두에게 전달해 주고 싶다고 하였다. 몇 년 전 전 세계를 또 들썩하게 하였던 한국의 일제 이산의 역사를 다룬 〈파친코〉. 이민진 작가는 자신의 마지막 작품으로 가제 〈학원〉을 집필 중이라고 한다. 이 훌륭한 세계적 작가가 학원에 대하여 그 어떤 역사적/문화적/탈식민적 관점에서 이 현상을 문학적 상상력으로 표현해줄 것인지 기대하고 있다.

감사의 글

이 책이 만들어지기까지 많은 사람의 도움이 있었습니다. 이에 이 책의 출간이 그분들의 도움에 대한 보답으로 전달될 수 있기를 진심으로 기대합니다. 먼저 이 연구작업을 위하여 참여관찰과 심층면담에 많은 도움을 주신 학부모들, 학교 교사들, 그리고 학원 강사들에게 감사함을 표합니다. 이 분들의 적극적인 도움이 없었다면 이 책에 담겨진 많은 현장작업의 자료들은 수집하기 어려웠을 것으로 믿고 있습니다. 그분들의 다양한 경험들과 생각들은 한국 교육불평등 해소를 위한 훌륭한 자료들로 읽혀질 것으로 생각합니다.

아울러 책의 주제에 맞는 현장자료 수집과 정리에 도움을 준 진주교육대학교 학부 학생들에게 이 책을 통하여 감사함을 표합니다. 이제 4학년이 된 김자민 학생, 김영준 학생, 김승준 학생 그리고 부산 성북초등학교 윤재희 교사의 현장자료 수집과 자료 정리는 이 책을 마감하는데 상당한 도움을 주었습니다.

마지막으로 이 책의 중요한 목적을 이해하고 조금이나마 책의 저술을 위하여 연구기금을 제공해주신 진주시 프라임에셋 이종도 센터장님께 이 책으로 그 감사함을 보답합니다.

2024. 10. 14.

금수저 교육 불평등 세대

발행일 2025년 1월 20일 초판 1쇄 발행
저자 김영천, 방기홍, 윤여선
발행인 이한성 **발행처** ㈜아카데미프레스
주소 서울특별시 마포구 월드컵북로 5길 33, 2층
전화 02-3144-3765 **팩스** 02-6919-2456 **웹사이트** www.academypress.co.kr
등록번호 제2018-000184호

ISBN 979-11-91791-26-6 93370
정가 25,000원